메소드연기로 가는 길 2

연기와 예술 그리고 인생

메소드연기로 가는 길 2

연기와 예술 그리고 인생

김준삼 지음

도서출판 동인

길을 잃은 것이 아니다.
길을 나서지 않은 것뿐이다.
길을 나서라.
길을 나서서 모든 것을 찾고 만나고 발견하라.

상처 입은 인간에서 자유로운 인간으로
닫힌 존재에서 열린 존재로

　배우가 된다는 것은 자유롭고 아름다운 존재가 되는 것이다. 이미 진정 자유롭다면 배우훈련은 필요 없다. 그저 연기하면 된다. 그런데 나에게 연기를 배우러 온 모든 배우들은 처음에 자유롭지 못했다. 모두 '상처 입은 인간'이었기 때문이다. 상처 입었기에 닫히고 잠기고 막혀 있는 일그러진 존재들이었다. 삶을 산다는 것은 상처 입기와 다르지 않다. 삶을 살면서 상처 입는 것이 문제라는 것은 아니다. 인간은 마음을 가지고 있고 마음을 '쓰기' 때문에 필연적으로 상처를 입을 수밖에 없다. 마음을 주지 않으면 마음이 다칠 일은 없다. 상처를 입는 것 자체는 문제가 아니다. 문제는 우리가 상처를 입었을 때 그 상처의 경험을 그대로 드러내고 표현하고 위로받을 수 있는 치유의 시공간이 없어서 그 상처를 그냥 안고 살아가야 한다는 데에 있다.

　상처를 입으면 나를 가리게 된다. 가리지 않으면 상처가 드러나고 남들이 알아보기 때문이다. 알아보고 판단하고 비난하기 때문이다. 그래서 두꺼운 보호막과 갑옷으로 나를 감싼다. 그러면서 나는 나도 모르는 사이에 나 스스로를 단단히 닫고 잠그고 막힌 상태로 내몬다. 옴짝달싹할 수 없는 '부동'과 '고립'의 감옥에 스스로를 가두게 되는 것이다. 빛조차 빠져나올 수 없는 블랙홀처럼, 보호막 안에 스스로를 가두고 나면 사람은 자신의 모든 빛을 잃어버리게 된다. 살아있다는 것은 나와 바깥세상이 상호작용하고 하나로 연결되어 있을 때 드는 느낌이다. 그러나 스스로를 바깥세상으로부터 차단하고 나면, '살아있다'라거나 '자유롭다'라거나 '나답다'라는 느낌은 없어진다. 그렇게 상처 입은 인간은 '자신을 잃어버린 인간'이 되어버린다. 상처 입었다는 사실 자체보다 그것이 더 슬픈 일이다.

상처 입은 인간으로 배우훈련과 연기훈련을 시작하는 것이 꼭 나쁜 일은 아니다. 상처 입은 인간이기에 가장 보편적인 인간상, 즉 '상처 입은 캐릭터'를 연기할 수 있는 토대와 자격이 이미 주어져 있기 때문이다. 알코올중독자 모임에 나가 "나는 OOO이고 나는 알코올중독자입니다"라고 솔직하게 시인하는 것으로부터 알코올 중독에서 벗어날 수 있는 여정이 시작되듯이, 자기 자신이 상처 입었다는 사실을 인정하는 것에서 정직하게 연기의 여정과 배우의 삶을 시작하게 되는 것이다. 상처는 항상 나와 타인을, 그리고 나와 캐릭터를 '즉각' 그리고 '깊이' 연결해주는 확실한 연결고리다. "Take your broken heart into your art"라는 메릴 스트립의 조언 그대로 하면 배우는 상처 입은 인간을 아름답고 고귀한 인간으로 다시 태어나게 하는 예술가가 된다.

연기를 가르치고 수백 명의 배우들을 만나면서 내게 가장 보편적인 인간상은 상처 입은 인간이 되어버렸다. 그 상처를 치유하지 않고는, 그 상처받은 마음을 어루만져주지 않고서는 자유롭고 아름다운 배우를 길러낼 수 없었다. 다행이었던 것은 내게 내가 알지도 못하는 치유의 힘과 능력이 있다는 것이었다. 난 치유사도 아니고 정신과 의사도 아니지만, 내게서 배우훈련을 받은 배우들은 하나같이 내 앞에서 자신을 열어 보였고, 극심한 두려움과 고통을 딛고 스스로를 치유함으로써 자신의 빛과 색을 찾아갔다. 배우훈련이 막힌 곳을 뚫어주고 닫힌 곳을 열어주고 잠긴 곳을 풀어주었기에 꼭꼭 가두어 두었던 자신만의 빛과 색이 다시 발하기 시작한 것이다.

연기를 가르치면서 내가 느끼는 가장 큰 보람은 여기에 있다. **배우들에게 자신만의 빛과 색을 찾아가게 하는 것.** BTS의 "소우주"가 말하듯이, 모든 인간은 스스로 빛을 발하는 별과 같은 존재들이다. 영화 <라라랜드>가 말하듯이, 꿈을 꾸며 자신만의 이야기를 할 때, 인간은 스스로 빛나는 별(스타)이 되어 사람들의 시선과 관심과 사랑을 끌게 된다. 스스로 빛을 발하는 존재들은 '매력', 즉 '끄는 힘'을 갖게 된다. 매력을 가진 배우만이 사람들의 생각과 마음을 움직일 수 있는 존재가 된다. **배우는 사람의 생각과 마음을 움직이는 예술가이다.** 예술은 정직하다. 맑은 영혼에서 맑은 예술이 나오고, 고귀한 영혼에서 고귀한 예술이 나온다. 예술가로서 배우가 연기하는 모든 순간에 배우의 영혼이 함께 한다. 그렇기에 배우가 되고자 하는 자는 배우훈련과 연기훈련을 통해서 자신의 영혼을 해방시켜야 한다. 그래야 모든 연기적 상상과 표현들이 배우의 영혼에서부터 시작된다. 배우는 영혼의 예술가이다.

예술과 인생에 대해 이야기하기에는 아직 개인적으로 가야 할 길이 멀다. 다만 살면서 이 나이에 이르러 기쁘고 신기한 일은 삶의 시간을 거쳐 오면서 내 안에 자리 잡은 모든 것이 서서히, 그러면서도 가속적으로 '융합'되고 있다는 것이다. 그 융합 덕분에 이 책은 태어나게 되었다. 하지만 나는 철학자나 사상가가 아니다. 지식인이라고 부르기에도 부끄럽다. 나는 그저 극과 배우를 사랑하는 배우일 뿐이다. 책에서 다루고 있는 이야기들 중에서 충분한 폭과 깊이와 결을 갖추고 있지 못한 부분이 있다면 내 앎과 삶이 아직은 얕기 때문일 것이다. 그럼에도 불구하고, 젊은 배우들이 연기의 길을 가면서 어떤 방향으로 나아가려 해야 하는지를 질문하고 생각할 거리를 던져주고 싶은 마음에서 이 글을 쓰게 되었다.

이 책은 연기의 구체적인 훈련법을 제시하지는 않는다. 훈련법을 위해서는 필자가 이전에 출간한 『메소드연기로 가는 길』, 『배우, 시간여행자』, 『배우적 상상력으로 희곡 읽기』를 들여다보기를 바란다. 연기와 관련된 모든 기술들은 예술혼과 정신의 산물이다. 몸과 마음이 분리될 수 없는 것처럼 기술은 그것을 낳은 정신과 분리될 수 없다. 그러나 연기의 기술에만 매진하다 보면, 본래의 그 정신을 망각하게 되는 경우가 많다. 기술은 예술이 되어야 한다. 그러기 위해서는 배우는 기술을 낳은 정신의 현현(顯現)이 되어야 한다.

배우가 중심을 잃었다고 느껴질 때, 길을 잃었다고 느껴질 때, 초심을 잃었다고 느껴질 때, 벽에 부딪히고 틀에 갇혔다고 생각될 때, 연기에 회의와 싫증을 느낄 때, 순수와 사랑을 되찾고 싶을 때 이 책이 연기에 대한 재미와 의미를 되찾아 자신만의 즐거운 연기 여정을 다시 갈 수 있게 해주는 나침반이나 길잡이의 역할을 해줄 수 있다면 참으로 기쁜 일이겠다.

2021년 10월 첫 한파가 찾아온 날
고향 경주에서

메 소 드 연 기 로 가 는 길 , 두 번 째 여 정

차 례

배우에게는 모든 극과 대본이 새로운 인식과 사고를 가능하게 하는 '무기'가 되어야 한다. 그런 관점에서 극적 인간을 뜻하는 캐릭터에 '문자, 기호, 부호'라는 뜻이 함께 있다는 것은 참으로 의미심장하다. 극은 배우에게 하나의 사고체계이자 언어체계이며, 캐릭터는 배우에게 인식의 창이자 틀로서 삶과 인간을 이해할 수 있는 무기가 되는 셈이다.

– 본문 중에서

1

질문과 추구 · 모색
question & quest

    배우와 캐릭터를 움직이는 동력은 '질문'(question)이다. 배우와 캐릭터는 이미 알고 있는 것을 행하는 존재가 아니라, 모르는 것을 질문하고 그 질문에 대한 답을 찾아가는 '추구와 모색'(quest)의 여정을 걸어가는 존재이다. 영단어 question과 quest의 형태를 보면 질문과 추구 · 모색이 얼마나 하나로 연결되어 있는지 그대로 보인다.

    배우와 캐릭터는 모르는 것을 알고자 한다. 그래서 질문한다. 그리고 그 질문이 이끄는 추구 · 모색으로부터 배우와 캐릭터는 보고 듣고 찾고 생각하고 말하고 행동하게 된다. 햄릿이 "사느냐, 죽느냐, 그것이 문제로다"의 독백을 하는 동안, 햄릿은 알고 있는 것을 말하는 것이 절대 아니다. 살아야 할지 아니면 죽어야 할지 모르기 때문에 질문을 하고 그 질문에 대한 답을 찾기 위해 '생각한다.' 생각하는 행동은 햄릿이라는 캐릭터를 <햄릿>에 등장하는 다른 모든 캐릭터와 확연히 구분하는 가장 중요한 행동이다. 햄릿을 가장 햄릿답게 하는 '생각하기'는 질문에서 시작된다.

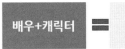 질문과 추구 · 모색   배우와 캐릭터를 움직이는 것은 질문이다

배우와 캐릭터를 움직이는 동력은 질문(question)이다

배우와 캐릭터는 이미 알고 있는 것을 행하는 존재 ✖

배우+캐릭터 **=** 모르는 것을 질문하고
그 질문에 대한 답을 찾아가는
'추구와 모색'(quest)의 여정을 걸어가는 존재

 question ⇄ quest

영단어 question과 quest의 형태를 보면
질문과 추구 · 모색이 얼마나 하나로 연결되어 있는가가 그대로 보인다

사느냐, 죽느냐, 그것이 문제로다. 포악한 운명의 화살이 꽂혀도 죽은 듯 참는 것이 장한 일인가. 아니면 창칼을 들고 노도처럼 밀려드는 재앙과 싸워 물리치는 것이 옳은 일인가. 죽는 건 잠자는 것... 그뿐 아닌가. 잠들면 마음의 고통과 육체에 끊임없이 따라붙는 무수한 고통을 없애준다. 죽음이야말로 우리가 열렬히 바라는 결말이 아닌가. 죽는 건 잠자는 것! 잠들면 꿈을 꾸겠지. 아, 그게 괴로운 일이겠지. 이 세상의 번뇌를 벗어나 죽음 속에 잠든 때에 어떤 악몽이 나타나지 않을까 하는 생각을 하면 망설이지 않을 수가 없구나... 그 때문에 결국 괴로운 생애를 그대로 이끌고 가는 것이 아닌가. 그렇지 않으면 누가 세상의 채찍과 모욕을 참겠는가. 폭군의 횡포와 권력자의 오만함을, 좌절한 사랑의 고통을, 지루한 재판과 안하무인의 관리 근성을, 덕망 있는 사람에게 가하는 소인배들의 불손을 참을 수 있겠는가. 한 자루의 칼이면 깨끗이 끝장을 낼 수 있는 것을 말이다. 죽은 뒤에 밀어닥칠 두려움과 한번 이 세상을 떠나면 다시는 못 돌아오는 미지의 나라가 사람의 결심을 망설이게 하는 것이 아닌가. 알지도 못하는 저세상으로 뛰어드느니 차라리 익숙한 이승의 번뇌를 감내하려는 마음이 없다면, 그 누가 무거운 짐을 걸머지고 괴로운 인생을 신음하며 진땀

을 뺄 것인가? 이래서 분별심은 우리를 모두 겁쟁이로 만들고 만다. 그리하여 결심이 갖는 천연의 혈색 위에 사색의 창백한 병색이 그늘져 이글이글 타오르던 웅지도 잡념에 사로잡혀 길을 잘못 가고, 결국 실천과는 멀어지고 마는 게 아닌가.

햄릿은 산다면 어떻게 살아야 할지 다시 질문한다. 맞서 싸워야 할까 아니면 꾹 참아야 할까 질문한다. 어느 쪽이 더 고귀한 삶일까를 묻는다. 햄릿은 산다면 고귀한 삶을 살고 싶다. 하지만 그 질문에 대한 답이 쉽게 찾아지지 않는다. 그래서 죽음에 대해 질문하는 것으로 넘어간다. 죽는다는 것은 무엇일까? 죽는다는 것은 잠이 드는 것과 같은 것일까? 잠이 들면 육체와 마음에 따라붙는 모든 고통이 사라진다. 그렇다면 그것이야말로 모든 사람들이 열렬히 바라는 것이 아닐까? 그런데 왜 사람들은 죽지 않는 걸까? 왜 죽지 못하는 걸까? 내가 뭘 놓치고 있나? 다시 생각해보자. 죽는다는 것은 잠이 드는 것과 같다. 잠이 들면 어떻게 되지? 꿈을 꾸겠지. 아, 사람들이 왜 죽지 못하는지 알 것 같다. 죽음이라는 깨어날 수 없는 잠에 들었을 때 악몽을 꾸게 되면 어떨까? 이 현실의 고통보다 훨씬 더 큰 고통을 악몽 속에서 겪게 되고 그 꿈에서 영원히 깨어나지 못한다면? 사는 것보다 더한 고통을 죽어서 느낀다면 어찌 죽을 수 있겠는가? 그래서 세상 속 모든 불합리와 부조리, 불의와 부정을 그저 참고 견디며 살아갈 수밖에 없는 거겠지. 사람 목숨이야 칼 한 자루면 깨끗이 끊을 수 있는 거 아닌가? 너무나 간단한 일 아닌가? 하지만 죽음이라는 미지의 강을 건너간 사람들 중에 다시 살아 돌아온 사람은 없지 않은가? 그러니 죽음 다음에 무엇이 기다리고 있는지 아무도 알 수 없잖은가? 그래서 사람들은 미지의 것에 대한 두려움 때문에 선뜻 죽기로 선택할 수 없는 것이다. 이렇게 생각은 우리 모두를 겁쟁이로 만들어버린다. 그래서 애초에 품었던 큰 뜻도, 뜨거웠던 마음도 생각을 하고 또 하다 보면 길을 잃고 헤매며 결국 무엇을 해야 할지 모르는 상태에 도달해버리고 마는 것이 아닌가?

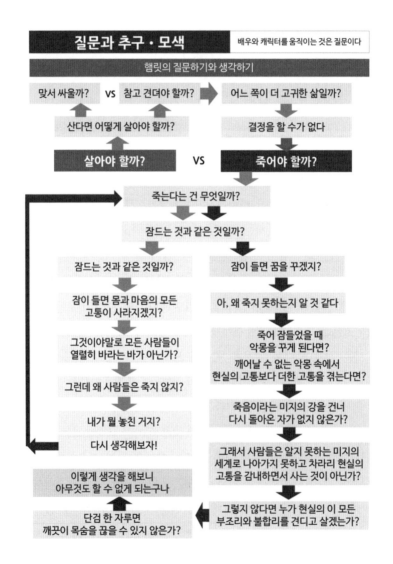

치열한 생각의 과정이 햄릿이 하는 모든 말을 낳는 것이다. 치열한 생각의 과정을 생략하고 햄릿의 독백을 하게 되면 그것은 아무것도 아닌 것이 되어버린다. 햄릿을 연기하는 배우는 캐릭터가 하는 치열한 생각의 과정을 그대로 거쳐야 하고, 자신의 모든 소리언어와 신체언어를 통해 관객이 그 생각의 과정을 고스란히 함께하게 해야 한다.

배우는 예술적 수준의 연기에 도달하기 위해서 끊임없이 질문해야 하고 그 질문에 대한 답을 찾고 모색해야 한다. 누군가가 쉽게 답을 가르쳐 주기를 바라서는 안 된다. 쉽게 찾은 답은 답이 아니다. 우리 모두는 답을 모르는 상태를 잘 견디지 못한다. 그러다 보니 쉬운 답을 빨리 찾으려고 한다. 하지만 그렇게 찾은 답은 스스로를 함정에 빠뜨리는 답이다. 하나의 답을 찾았다면 그것은 다음 단계의 답을 찾기 위한 새로운 질문으로 이어져야 한다. 연기가 끝날 때까지 질문이 멈추어서는 안 된다. 설사 누군가가 답을 제시하더라도 그것이 진정 자신만의 답이 되기 위해서는 여전히 스스로 거쳐 가야 할 과정이 남아있다.

배우가 묻는 질문들은 다음과 같은 것이어야 한다. "예술로서의 연기란 무엇인가?", "예술로서 연기의 목적과 의미는 무엇인가?", "예술적 수준의 연기란 무엇인가?", "예술적 수준에 도달할 수 있는 전문적인 방법은 무엇인가?" 그리고 배우는 캐릭터에 도달하기 위해서 캐릭터가 하는 질문들을 먼저 찾아야 한다. 답부터 찾으려고 해서는 안 된다. 캐릭터가 하는 질문들은 캐릭터 자신이 아니라 캐릭터 밖에 있는 것에 관한 것이어야 한다. 캐릭터가 사는 세상에 관한 것이어야 하고, 캐릭터가 사이를 맺고 있는 상대와 대상들에 관한 것이어야 하고, 캐릭터가 마주한 중요한 삶의 문제들에 관한 것이어야 한다. 캐릭터는 자기 자신에 대해 생각하거나 자기 자신에게 집중해 있지 않다. 자기 자신에게 집중해 있는 배우는 배우라고 부를 수 없다.

배우들은 "어떻게 해야 하지?"라는 질문들을 많이 한다. 그러나 그 질문은 답을 찾는 모색과 추구의 질문이 아니다. "어떻게 해야 하지?"라는 질문이 도달하는 곳은 항상 "모르겠어" 혹은 "못 하겠어"이다. 왜냐하면 애초에 "어떻게 해야 하지?"라는 질문은 **두려움에 빠진 상태에서 던지는 절망의 말이기** 때문이다. 배우와 캐릭터를 움직이게 하고 행동하게 하고 앞으로 나아가게 하는 질문은 "무엇이 보이지?", "무엇이 들리지?", "상대가 왜 이런 말을 하지?", "상대의 저 눈빛과 표정은 무슨 말을 하고 있는 거지?", "상대의 저 소리는 어떤 마음에서 나오는 거지?", "상대의 저 행동은 어디에서 나오는 거지?", "말하고 있지 않은 것은 무엇이지?", "무엇을 위해서 싸워야 하지?", "무엇에 대항해서 싸워야 하지?", "목숨보다 중요한 것은 무엇이지?", "어디에서 와서 어디로 가고자 하고 지금 왜 여기에 머물러 있는 거지?", "상대를 A에서 B로 바꾸고자 한다면 A와 B는 무엇이지?"와 같은 질문이어야 한다. 그리고 배우는 연기적 문제에 봉착할 때마다 "내가 두려워하는 것은 무엇이지?"라고 스스로에게 정직하게 물어야 한다. 연기와 관련된 모든 문제는 두려움에서 발생하기 때문이다. **어떤 질문을 하는지가 당신이 어떤 배우이자 예술가인지 말해준다.**

많은 질문을 던지면서 이 책은 시작될 것이다. 질문이 질문을 낳을 것이다. 그 질문들이 이 연기 여정의 지도이자 나침반이 될 것이다.

호기심과 관심關心

궁금해하는 마음, 알고 싶어 하는 마음, 새롭고 신기한 것을 좋아하는 마음, 즉 '호기심'은 배우의 가장 중요한 덕목이다. 모르는 것을 해야 할 때, 해보지 않은 것을 해야 할 때 훈련된 배우는 불안해하거나 염려하거나 두려워하지 않고 "재밌겠는데? 한번 해보지 뭐"라며 즐거워한다.

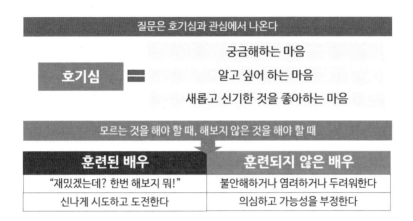

어떤 것에 마음이 끌려 주의를 기울이는 것을 우리는 '관심'이라고 한다. 예술가로서 배우가 가지는 질문들은 그가 무엇에 관심을 가지는지를 결정한다. 또한 역으로 관심을 가진 것들과 관련해 배우·예술가는 꼬리에 꼬리를 무는 질문들을 갖게 되기도 한다. 예술가로서 배우가 관심을 가져야 하는 대상은 '인간, 삶, 생명, 진실, 예술적 아름다움'이다. 인간에 대한 관심도 없으면서 인간을 연기할 수 없다. 삶에 대한 관심이 없으면서 연기에 삶을 담아낼 수 없다. 생명에 대한 존중과 사랑이 없으면서 살아있는 인간, 유일무이하고 고유한 인간을 창조할 수 없다. 눈에 보이지 않는 진실에 관심이 없으면서 '보이지 않는 것을 보이게 하는' 배우의 본업을 이행할 수 없다. 예술적 아름다움을 보고 알고 높은 수준에서 구현할 수 없다면 배우는 예술을 할 수 없다.

관심은 나와 타자를 연결하고 그 연결과 사이 속에서 나는 존재한다. 연결과 사이 없이는 나도 캐릭터도 존재하지 않는다. 캐릭터들이 가진 관심사가 다 다르기 때문에 여러 캐릭터를 폭넓게 연기하고자 하는 배우는 자신이 가진 관심의 폭을 넓고 깊게 해야 한다. 한정된 관심사만을 가지고 살아간다면 배우가 연기할 수 있는 영역은 좁아진다. 배우로서도 캐릭터로서도 관심을 갖는 대상이 곧 집중의 대상이 된다. 집중의 대상이 나로부터 **삶의 열의(熱意, passion and willingness)**를 발생시킨다. 관심과 집중의 대상이 중요하면 중요할수록 삶의 열의도 커지게 된다. 예술가도 캐릭터도 열의 없이 존재할 수 없다.

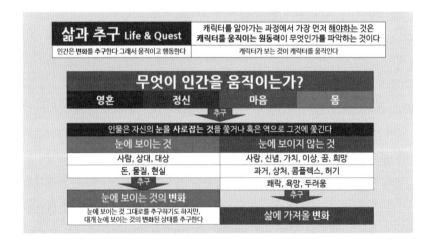

2

배우훈련 vs 연기훈련
actor-training vs acting-training

　　연기는 누구나 할 수 있다. 그러나 **전문예술가로서의 배우**가 되는 것은 전혀 다른 문제로, 아무나 배우가 될 수 있는 것은 아니다. 배우가 된다는 것은 운동으로 치면 선수가 되는 것이다. 그것도 국가대표 혹은 세계선수권자, 올림픽 메달리스트가 되고자 하는 것이다. 그런 수준의 선수가 되기 위해서는 반드시 거쳐야 할 과학적이고 체계적인 훈련 과정이 기다리고 있고, 그 과정을 끝까지 다 마치기 위해서는 피나는 노력과 끈기·패기 그리고 열정이 필요하다. 누구나 연기를 할 수 있다 보니 많은 이들이 아마추어 수준에서 연기를 하면서 자신이 배우가 되었다고 혹은 될 수 있다고 착각하고 있다.

극이 배우에게 요구하는 능력

배우는 극이 요구하는 것을 자유자재로 능수능란하게 그리고 아름답게 해내야 하는 예술가이다. 극은 배우가 되고자 하는 이들에게 다음과 같은 질문들을 던진다.

1. 무엇이든 상상할 수 있는가? (예민한 감각과 상상력)
   −인간이 상상할 수 있는 모든 이미지를 떠올릴 수 있는가? 가상의 환경 속에서도 감각기관이 제대로 작동하는가?
2. 무엇이든 생각할 수 있는가? (사고력・지성)
   −인간이 하는 모든 생각을 할 수 있는 지적 능력을 가지고 있는가?
3. 무엇이든 느낄 수 있는가? (감수성・공감력)
   −인간이 가슴에 품는 모든 마음을 공감하고 느낄 수 있는가?
   −인간이 느끼는 모든 감정을 자유자재로 느낄 수 있는가?
4. 인간이 하는 모든 몸짓・동작・행동・움직임을 해낼 수 있는가?
   (유연하고 민첩한 몸)
5. 인간이 낼 수 있는 모든 소리를 낼 수 있는가? (자유로운 음성)
6. 인간이 하는 모든 말을 말할 수 있는가? (언어능력・화술)
7. 이 모든 것을 거침없이 변화무쌍하게 다채롭게 아름답게 표현・전달할 수 있는가?
   −억지 표현, 가짜 표현이 아니라 상상・생각・마음・감정이 눈과 몸과 소리로 투명하게 드러남으로써 표현하고 전달할 수 있는가?
   −자극과 충동에 즉각 반응하는 상상・마음・몸・소리를 가졌는가?
8. 사람의 생각과 마음을 움직일 수 있는 강력한 힘을 가지고 있는가?

(내면의 힘과 매력)

9. 다른 예술가들과 창의적으로 협력할 수 있는가?

    (공동창작을 위한 윤리와 태도)

10. 극을 잘 알고 있는가? 서브텍스트를 읽을 수 있는가?

    (극과 대본에 대한 이해력)

11. 극이 요구하는 장르와 스타일을 구현할 수 있는가?

    (장르·스타일에 대한 감각)

12. 이 모든 것을 전문적이고 예술적인 수준에서 할 수 있는가?

    (전문성과 예술성)

    −아마추어 수준에서 하고 있지는 않은가? 그것에 만족하고 있지는
     않은가?

이 모든 질문은 결국 단 하나의 질문으로 집약된다. **배우훈련과 연기훈련
이 되어 있는가?**

극은 또한 극이 요구하는 것들을 구현할 수 있기 위해서 '무엇보다
먼저' 배우가 자기 자신에게 다음과 같은 질문을 하도록 요구한다.

1. 자신이 가진 모든 이미지를 떠올릴 수 있는가? (자유)

    −자신의 상상이 해방되었는가?

    −모든 상상이 눈·몸·소리·말로 그대로 드러나고 변화하는가?

2. 무엇이든 생각할 수 있는가? (지성)

    −자신이 하는 모든 생각이 눈·몸·소리·말로 그대로 드러나고 변
     화하는가?

3. 자신이 느끼는 모든 것을 과감하게 드러내고 거침없이 표현하고 아름답게 전달할 수 있는가?

   −자신의 모든 마음을, 자신이 느끼는 모든 감정을 눈·몸·소리·말로 그대로 드러내고 표현할 수 있는가?

4. 습관과 억압에서 벗어나 있는가? (unblocked)

   −몸과 마음에 막혀 있고 닫혀 있고 잠겨 있는 곳은 없는가?

5. 정직한가? (integrity)

   −자기 자신을 완전히 아름답게 표현할 수 있는가?

   (투명성 transparency)

   −자신도 표현할 수 없다면 타인을 표현할 수 없다.

   −다른 인간을 표현한다는 것은 정직이 요구되고 책임이 따르는 일이다.

이상의 질문은 결국 다음의 질문으로 이어진다.

6. 자유로운가? 반응하는가?

7. 비예술적인 허위·가식·상투·진부와 싸우고 있는가?

8. 박수 소리에 도취되지는 않았는가?

   −인기를 얻는 데에 정신이 팔린 것은 아닌가?

9. 예술가가 되기 위한 소양을 쌓고 있는가?

10. 전문적 배우훈련·연기훈련·자기수련을 중단 없이 하고 있는가?

배우훈련 vs 연기훈련

　스타니슬라프스키는 배우를 훈련함에 있어서 "자기 자신에 대한 작업"과 "역할에 대한 작업"으로 구분하여 연기훈련시스템을 정립하였다. 스타니슬라프스키의 표현도 좋지만, 우리는 그것을 '배우훈련'과 '연기훈련'으로 구분지어서 보다 쉽게 이야기할 수 있다. 대부분 배우훈련과 연기훈련을 혼동해서 혼용하고 있지만, 여기서는 다음과 같이 구별하고자 한다.

　배우훈련은 배우를 자유롭게 하는 훈련이다. 배우훈련이 제대로 되지 않은 상태에서, 즉 자유롭지 못한 상태에서 배우가 작업에 참여하게 되면, 그로 인해 작업의 모든 과정이 방해받게 된다. 한 마디로 민폐가 된다. 배우훈련의 목표와 방향은 다음과 같은 것으로 구성된다.

1. 자유로운 존재로 거듭나기
2. 상상을 해방시키기
3. 습관·보호막·갑옷 벗기
4. 억압과 금기에서 벗어나기
5. 두려움과 마주하기
6. 자신의 온 경험과 역사를 포용하기
7. 감각을 새롭게 하고 감수성 키우기
8. 상상에 반응하는 신체와 음성을 단련하기
9. 다양한 보기의 능력을 기르고 갖추기
10. 사고력과 지적 능력 키우기
11. 본연의 나를 되찾기

12. 순수성 회복
13. 예술가적 소양 기르기

연기훈련은 배우가 극을 구현하고 극에서 주어진 역할을 예술적으로 수행할 수 있게 하기 위한 훈련으로 구성되어 있다. 전문적이고 예술적인 수준의 연기는 오로지 '극 안'에서만 이루어지기 때문에 극을 잘 알지 못하면 연기를 제대로 해낼 수 없고 따라서 배우가 될 수 없다. 극과 현실을 혼동하는 배우들은 잘 훈련된 배우라고 말할 수 없다. 생각보다 그런 배우들이 꽤 많다. 극과 현실을 혼동하면 배우 개인의 삶은 불행해진다. 현실의 삶에서는 나로서 살고 무대에 올라서기만 하면 배우로서 살아야 한다. 무대에서 현실의 나처럼 살고 현실에서는 배우처럼 사는 것은 배우를 정신적·심리적·정서적으로 불안정한 상태로 내몬다. 건강한 배우라면 마땅히 현실과 극을 잘 구분할 일이다.

1. 극이 요구하는 존재로 거듭나기
2. 현실과 무대를 구분하기
3. 서브텍스트를 읽고 구현하는 능력 키우기
4. 극과 극의 구조에 대한 이해
5. 극이 구축하고 있는 세계에 대한 이해
6. 극적 관계에 대한 이해
7. 극적 행동(action)에 대한 이해
8. 행동과 연쇄반응의 능력 키우기
9. 캐릭터의 유형에 대한 이해
10. 장르와 스타일, 매체에 대한 이해

11. 연출과의 상호작용에 대한 이해

12. 공동작업에 필요한 윤리와 태도 기르기

13. 관객과의 상호작용에 대한 이해

배우훈련과 연기훈련을 다 거치고 나면, 배우는 다음과 같은 상태와 수준에 도달하게 된다. 여기에 도달했을 때에만 제대로 된 배우훈련과 연기훈련을 마쳤다고 말할 수 있다.

1. 가상의 극적 환경 속에서 배우＋캐릭터의 감각기관이 극적 세계 안에 존재하는 모든 것을 지각·인지하고,

2. 그것에 배우＋캐릭터의 영혼·정신·마음·몸·음성이 반응하고,

3. 상상이 상상을 낳고 생각이 생각을 낳으며 의식의 흐름이 형성되고,

4. 기억이 일깨워지고 마음이 움직이고 감정이 생성되고 변화하며,

5. 충동이 발생하고 언어적·신체적 행동이 유발되면서,

6. 배우＋캐릭터가 자신의 외부에 있는 모든 상대와 대상과 끊임없이 상호작용하며,

7. 생생히 살아 존재하는 상태

이 상태는 두려움·불안·염려에서 벗어나 자유로운 예술혼만이 충만한 상태이며, 배우와 캐릭터, 배우와 배우, 배우와 관객이 하나로 연결된 상태이다. 배우훈련이든 연기훈련이든 훈련이 제대로 되어 있지 않으면, 앞서 이야기한 과정에 문제가 생기고 배우＋캐릭터＋관객이 하나가 된 상태에 도달할 수 없다.

배우가 되기 위해서 연기훈련을 받는다는 것은 끊임없는 도전에 나서는 일이다. 그 도전은 모든 인위적이고 상투적이고 가식적이고 진부한 사고방식·상상의 방식·표현방식에 대한 거부이자, 변화하지 않으려는, 움직이지 않으려는 몸과 마음의 견고한 습관에 대한 철저한 거부이자, 자유로운 상상에 근거한 예술적 원리를 온몸과 온 마음으로 터득하고자 하는 몸부림이자 아우성이다. 쉽게 끝날 것 같지 않은 긴 싸움이 시작된 것이다.

배우가 되기 위한 도전과 싸움은 자신을 깨뜨리고 다시 자신을 되찾는 과정의 연속으로 향한다. 배우훈련은 자신을 부정함으로써 인정하고 인정함으로써 부정하는 역설의 시간에 자신을 온전히 내놓는 일이다. 그 역설의 싸움 끝에 배우는 비로소 자신이 가장 두려워하는 것, 하지만 그토록 오래 갈망해 온 바로 자기 자신의 참모습과 마주하게 된다.

— 『배우, 시간여행자』 중에서

삶에서 길러지는 연기력

전문적이고 예술적인 연기는 극 속에서만 존재하지만, 사실 연기는 삶의 중요한 일부분이고 연기력은 삶을 살아가는 핵심적인 생존 능력 중 하나이다. 다리에 장애가 없다면 누구나 달리기를 할 수 있는 것과 마찬가지로, 사람이라면 누구나 연기를 할 수 있다. 그래서 누구나 배우가 될 수 있을 것처럼 착각한다. 그러나 전문적이고 예술적인 배우가 되는 것은 전혀 다른 문제이다. 달리기를 잘하는 것과 달리기 선수가 되는 것은 완전히 다른 문제이다. 특히 자신의 목표가 세계선수권자, 올림픽 메달리스트라면 달리기 재능만 가지고는 절대 그런 선수가 될 수 없다.

어쨌거나 삶을 사는 것만으로 우리에게 길러지는 중요한 연기력들이 있다. 이 능력은 계발해야 한다기보다는 연기에 자유자재로 적용하는 과정이 필요할 뿐이다. 그리고 자신에게 이미 있는 놀라운 능력들을 부정하지만 않으면 된다.

삶에서 길러지는 연기력

때, 장소, 상대에 따라 다르게 생각하고 느끼고 말하고 행동하는 능력

숨기고 감추는 능력, 거짓말하는 능력, ~인 척하는 능력

몸과 마음이 서로 다른 곳에 가있는 능력

자신이 생각하고 싶은 것을 생각할 때 다른 것은 보이지도 들리지도 않는 능력

상상 · 환상 · 공상의 능력, 꿈꾸는 능력

연습없이 삶을 사는 능력, 즉흥의 능력

훈련이 필요 없음, 연기에 자유자재로 적용하기 위한 연습만 필요할 뿐

1. 때 · 장소 · 상황 · 상대 · 몸 상태에 따라서 저절로 달라지는 능력

우리 모두는 삶을 살면서 늘 저절로 달라진다. 일부러 달라지려고 하는 것이 아닌데도 놀랍도록 빠르고 능숙하게 저절로 달라진다. 마치 내가 '다른 나'가 되듯이 말이다. 우리 모두는 때 · 장소 · 상황 · 상대 · 몸 상태에 따라서 저절로 달라진다. 보는 것도 달라지고 생각하는 것도 달라지고 마음과 기분도 달라지고 느끼는 것도 달라지고, 그에 따라 말하고 행동하는 것도 달라진다. 하루 중 새벽의 나, 아침의 나, 점심의 나, 오후의 나, 저녁의 나, 밤의 나는 다 다르다. 집에 나 혼자 있을 때, 밖에 나왔을 때, 학교나 직장에 있을 때, 자연 속에 있을 때, 콘서트장이나 록페스티발에

갔을 때, 클럽에 갔을 때, 술집에 있을 때, 카페에 있을 때, 경기장에 있을 때, 집회 현장에 있을 때, 외국에 나갔을 때 나는 달라진다. 기분 좋은 상황에 있을 때와 불쾌한 상황에 있을 때, 편안한 상황에 있을 때와 불편한 상황에 있을 때, 급박한 상황에 있을 때와 느긋한 상황에 있을 때 우리는 보는 것도 생각하는 것도 느끼는 것도 저절로 다 달라진다. 그리고 남자친구·여자친구와 단둘이 있을 때의 나, 아버지나 어머니와 단둘이 있을 때의 나, 가장 친한 친구와 단둘이 있을 때의 나, 낯선 사람과 단둘이 있을 때의 나도 다 저절로 달라진다. 몸 상태가 좋을 때의 나와 몸 상태가 나쁠 때의 나는 믿기지 않을 정도로 다른 나이다.

이렇게 수없이 많은 다른 나로 달라지는 능력이 배우가 연기를 할 때 기반이 되는 능력이 된다. 배우가 캐릭터로 변신할 수 있는 것도 기본적으로는 이 능력에 바탕을 두고 있다. 그리고 캐릭터들도, 고정되고 단편적인 캐릭터가 아닌 이상, 나 자신과 마찬가지로 때·장소·상황·상대·몸 상태에 따라서 저절로 달라진다. 중요한 캐릭터들도 나 자신과 마찬가지로 '시시각각 변화하는 존재'이다. 캐릭터가 무엇을 생각하고 무슨 마음을 품고 어떤 감정을 느끼는가는 때·장소·상황·상대·몸 상태에서 결정되는 것이다. 캐릭터의 생각·마음·감정이 캐릭터가 스스로 발생시키는 것이라고 간주하고 그것을 파악하려고 하는 것은 그 시도 자체부터가 오류이다. 연기는 '사이'에 관한 것이고 캐릭터가 생각하고 느끼는 모든 것은 사이로 결정된다.

2. 감추고 숨기는 능력, 거짓말하는 능력

우리는 삶을 사는 동안 그때그때 자신이 생각하고 느끼는 것을 솔직히 드러내거나 마음껏 표현할 수 있는 순간들이 별로 없다. 그렇게 했을 때 칭찬을 받기보다 평가나 비난을 받는 경우가 훨씬 많기 때문이다. 그대로 표현했다가 마음만 다친 경험을 누구나 한다. 혼자 있을 때에도, 사랑하는 사람과 있을 때에도, 사회생활을 할 때에도, 우리는 자신이 생각하고 느끼는 것을 감추고 숨겨야 하는 순간들이 훨씬 많다. 그러다 보니 살면 살수록 감추고 숨기고 아닌 척하는 능력이 놀라울 정도로 커지게 된다.

그리고 누구나 성장하면서 거짓말하는 능력이 발달하게 된다. 거짓말을 하게 되는 경험들은 우리가 삶 속에서 '경계에 서서 갈등하는' 중요한 경험이다. 캐릭터들도 극 속에 존재하는 동안 진심을 말하지 않고 자신의 진심을 감추고 숨기는 행동을 하기 때문에, 감추고 숨기는 능력도 중요한 연기력이 된다. 이 능력이 삶에서 제대로 길러지지 않아서 연기에 문제가 생기는 경우를 보지 못했다. 그만큼 삶을 사는 것만으로 이 능력은 잘 길러진다.

감추고 숨기고 아닌 척하는 능력이 발달하게 되는 또 한 가지 매우 중요한 원인은 우리가 삶을 살아가면서 입게 되는 '상처'이다. 삶을 산다는 것은 '상처 입기와 다르지 않다' 싶을 정도로 우리는 살면서 몸과 마음의 상처를 입는다. 누군가·무언가에 마음을 다 주었다가 깊은 마음의 상처를 입거나, 사건·사고 그리고 폭력·학대의 경험으로 인해 트라우마가 형성된다. 그래서 자기 자신을 스스로 보호하고자 보호막이나 갑옷을 마련하게 되는데, 감추고 숨기고 아닌 척하는 능력이 그 보호막과 갑옷에 해당되는 것이다.

3. 집중력

연기적 상상과 연기력은 집중력으로 결정되는데, 사실 집중력 자체는 놀라울 정도로 모든 사람이 '이미' 갖추고 있다. '멀쩡하게 눈을 뜬 상태'로 우리 모두는 딴생각을 할 수 있는 경이로운 능력을 가지고 있다. 그 딴생각에 깊이 빠져들면 몸과 마음이 마치 다른 곳에 가 있는 듯한 상태에 도달한다. 그래서 현실의 소리가 더 이상 귀에 들리지 않게 된다. 학창 시절 수업 시간에 딴생각을 해본 적이 있다면 쉽게 이해할 수 있을 것이다. 그리고 귀에 이어폰을 꽂고 음악을 듣다가 어떤 생각에 잠기면 음악 소리가 더 이상 들리지 않는 경험도 누구나 해보았을 것이다. 집중을 하면 귓속에 꽂아 넣은 이어폰에서 나오는 음악조차 들리지 않는 놀라운 능력을 우리는 이미 가지고 있다.

그런데 연기를 할 때는 그 정도의 집중력을 발휘하지 않으려고 들거나 그런 능력이 없는 것처럼 구는 경우가 비일비재하다. 이미 잘 길러져 있는 집중력을 연기할 때 발휘하기만 하면 연기에 아무런 문제가 없을 텐데, 이상하게도 그러지 않으려고 드는 것이다. 집중이라는 것은 무언가를 '가장 중요하게 여기다', '~에 심취하다', '~이 나의 전부이다'라고 믿는 마음가짐이 낳는 상태를 말한다. 삶에서 우리가 딴생각을 하는 동안은 마음속에 떠오르는 것이 그 순간 가장 중요해지고 그것에 나도 모르게 심취하기 때문에 다른 것은 보이지도 들리지도 않는 상태에 도달하게 된다. 연기할 때도 연기적으로 자신에게 주어진 것들을 가장 중요한 것처럼 여길 때 이런 집중력이 발휘될 것이다.

집중이 되지 않는다는 것은 사실 다른 것을 더 중요하게 여기고 있기 때문이다. 연기하는 동안 그것이 그렇게 중요한 것이 아닌데도 그것을 중요하게 여기고 있기 때문이다. 집중해야 할 것에 집중하지 못하는 것은 두려움 때문이다. 두려움에 대해서는 이후에 상세하게 이야기해 보겠다.

4. 즉흥의 능력: 연습 없이 삶을 살아가는 능력

삶에서 길러지는 연기력 중에 가장 중요한 능력은 '연습 없이 삶을 사는 능력', 즉 **즉흥의 능력**'이다. 즉흥의 능력은 인간이 가진 가장 위대한 능력 중의 하나이고 우리가 가진 생명력과 상상력이 발달시켜주는 능력이다. 연기에 있어서 즉흥의 능력이 가장 중요한 이유는, 캐릭터들도 극속에서 연습 없이 삶을 살고 몸과 마음의 준비가 전혀 안 된 상태에서 극의 모든 순간을 맞이하기 때문이다. 그리고 즉흥일 때 배우+캐릭터가 가진 모든 능력이 극대화되기 때문이다. 많은 배우의 연기가 대부분 죽은 연기에 지나지 않는 이유는 배우들이 이 즉흥의 능력을 마음껏 살려서 '연습 없이 사는 캐릭터의 삶'을 진정으로 경험하려고 하지 않기 때문이다. 배우들이 연습을 하는 이유는 모든 것이 처음인 것처럼 보이게 하기 위해서다. '처음'의 느낌이 사라지는 순간 연기는 죽은 것이 된다.

삶을 사는 것으로 저절로 길러지는 연기력은 일종의 연기적 '재능'이 된다. 그로 인해 삶에서 길러지는 연기력만으로 프로 배우가 될 수 있다고, 재능만 있으면 연기를 할 수 있다고 착각하게 만든다. 그러나 전문적이고 예술적인 배우가 되기 위해서는 삶에서 길러지지 않는 연기력까지 훈련을 통해서 갖추어야 한다.

삶에서 길러지지 않는 연기력

삶을 살고 경험하는 것만으로 배우에게 길러지는 연기력이 연기의 중요한 토대가 되는 것은 맞지만, 예술가가 되기 위해서는 삶에서 길러지지 않는 연기력을 훈련을 통해서 세련되게 계발해야 한다. 배우는 세상 모든 사람이 보고 듣는 모든 것을 보고 듣고, 사람이 하는 모든 생각을 생각할 수 있고, 사람의 모든 마음을 마음에 품을 수 있어야 하고, 사람이 느끼는 모든 감정을 느낄 수 있어야 할 뿐만 아니라, 그 모든 것을 자신의 몸과 소리를 통해서 아름답고 변화무쌍하게 자유자재로 솔직히 드러낼 수 있어야 한다. 삶을 사는 동안 자신이 생각하고 느끼는 것을 몸과 소리를 통해 솔직히 그리고 완전히 드러내지 못하기 때문에 감추고 숨기는 능력이 발달하는 반면, 자신의 생각과 느낌을 있는 그대로 거침없이 드러내고 표현하는 능력이 키워지지 않는다. 그래서 훈련이 필요한 것이다. <u>훈련이 필요한 부분과 훈련이 필요 없는 부분을 정확히 나누어서 훈련에 임해야 한다.</u> 배우는 드러내는 것으로 표현하고 드러내는 표현을 통해 관객이 배우+캐릭터에게 일어나는 모든 일을 눈과 귀로 알 수 있게 하기 위해 존재하고 연기한다. **보호막과 갑옷을 벗고 무엇이든—드러내기 가장 어려운 것조차—관객 앞에서 투명하게 드러낼 수 있는 자만을 배우라고 부를 수 있다.** 피터 브룩은 그런 배우를 "**투명한 배우**"(transparent actor)라고 불렀다.

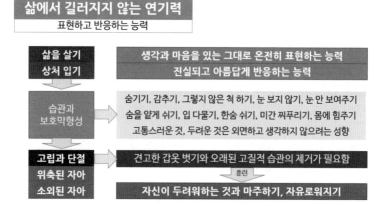

1. 눈으로 말하는 능력, 눈을 드러내는 용기

연기에서 제일 중요한 부분이 배우의 '눈'이다. 연기의 50% 이상을 배우의 눈이 담당한다고 말해도 과언이 아니다. 사실 삶을 살면서 우리는 자신의 눈을 타인에게 잘 보여주지 않는다. 눈을 통해서 자신 안에 있는 무언가가 타인에게 보이기를 원하지 않기 때문이다. 그래서 늘 의식적·무의식적으로 자신의 눈을 가린다. 눈은 영혼의 거울이며 상상의 창이다. 관객이 아무리 먼 거리에 있더라도 배우의 눈빛을 볼 수 있어야 한다. 그래야 관객이 캐릭터의 영혼을 볼 수 있고 캐릭터의 상상을 함께 할 수 있다. 연출가나 감독이 특별히 요구하지 않는 이상 배우는 자신의 눈을 관객·시청자가 항상 볼 수 있게, 그래서 배우＋캐릭터의 내면에 어떤 일이 일어나는지 알 수 있게 연기해야 한다. 관객·시청자에게 눈을 보여주지 않는 배우는 정직하지 않은 연기자이다. 말은 거짓말을 할 수 있지만 눈은 거짓말을 할 수 없다. 입이 말하지 않는 것을 눈은 항상 말한다. 눈을 보지 않고 관객은 캐릭터를 알 수 없다. 캐릭터는 상대 캐릭터에게 자신의 눈을 감출 수 있다. 그러나 관객에게는 절대 감출 수 없다.

삶 속에서는 자신의 눈을 잘 보여주지 않을뿐더러 다른 사람의 눈을 깊이 들여다보지도 않는다. 연기는 '사이'와 '관계' 속에서만 할 수 있다. 캐릭터는 사이·관계가 없이는 존재하지 않는다. 사이·관계는 배우＋캐릭터가 눈을 통해 그리고 마음의 눈을 통해 볼 때에만 형성된다. 배우＋캐릭터는 자신의 안팎에 존재하는 무수히 많은 것들과 사이와 관계를 맺고 있다. 그 모든 연결은 눈을 통해서만 가능하다. 눈으로 보지 않고 눈으로 관객에게 말하지 않고서는 배우가 될 수 없다.

2. 속마음 · 기억 · 생각 · 상상 · 감정을 소리 · 말 · 몸으로 드러내는 능력

삶에서는 매 순간 자신이 생각하고 느끼는 것을 드러내거나 표현할 수가 없기 때문에 생각과 느낌이 겉으로 드러나지 않게 하기 위해서 몸에 힘을 주어 참게 된다. 몸에 힘을 주면 투명한 몸이 '불투명한 몸'으로 바뀌면서 내 안의 것이 드러나지 않게 된다. 연기할 때 몸에 힘을 주어 참는 것을 '자연스러운' 것으로 착각하는 배우들이 있다. 그것은 전혀 자연스러운 것이 아니라 삶에서 표현하지 못해서 생긴 견고한 '습관'에 불과하다. 몸에 들어가는 힘은 순전히 신체적인 것만이 아니라 심리적 긴장이 된다. 심신은 하나로 연결되어 있기 때문이다. 보이지 않는 몸과 마음의 힘을 빼고 내 안에서 일어나는 모든 것이 겉으로 투명하게 드러나도록 훈련해야 한다.

몸에 힘이 가장 많이 들어가고 그 결과 소리가 가장 억눌리는 때가 감정이 북받쳐 올 때이다. 전문적이고 예술적인 배우가 되기 위해서는 어떠한 감정 상태에도 불구하고 소리를 아름답게 낼 수 있고 말을 제대로 할 수 있어야 한다. 감정 때문에 소리와 말이 망가진다면 그리고 눈을 감는다면 아마추어다. 가장 소리 내기 어려울 때가, 가장 말하기 어려울 때가 진짜 소리 내기의 시작이고 말하기의 시작이다. 문제는 감정 상태에도 불구하고 눈으로 계속 말하고 소리와 말이 망가지지 않게 하는 훈련은 오로지 감정 상태가 되었을 때에만 할 수 있다는 데에 있다. 걷잡을 수 없는 감정이 솟구치지도 않는데 소리를 제대로 내는 훈련을 할 수는 없다. 그래서 특별한 배우훈련의 과정이 필요한 것이다.

작은 소리도 배우들이 자연스럽다고 착각하는 것 중의 하나이고, 작은 소리에서 벗어나지 못하면 연기하는 내내 문제가 된다. 사회가 발달할수록 작은 소리로 말하는 것이 미덕이 되어간다. 그러다 보니 자신이 낼 수 있는 모든 크기의 소리를 자유롭게 활용해서 말하고 표현하지 못하고 극도로 한정된 크기와 음높이의 소리만 사용해서 삶을 살게 된다. 배우가 되기 위해서는 이 제약에서 벗어나야 한다. 소리가 작아지면 존재도 작아지고 캐릭터도 작아진다. 많은 캐릭터는 배우 자신보다도, 보통 사람들보다도 훨씬 더 큰 존재들이다. 작은 소리로는 구현이 불가능하다. 타고난 내 몸이 낼 수 있는 모든 크기의 소리, 모든 높낮이의 소리, 모든 빠르기의 소리, 모든 색깔의 소리를 사용해서 내 안의 모든 것이 투명하게 드러나게 해야 한다. 그래야 캐릭터가 될 수 있다.

배우가 하는 표현은 '차이'를 통해서 표현되었을 때만 진짜 표현이 된다. 차이로 표현되지 않으면 관객은 알아볼 수도 알아들을 수도 없다. 그래서 소리의 크기·높낮이·빠르기·색채에 있어서 다양한 차이를 구현할 수 있는 폭과 깊이가 배우가 가진 연기력의 폭과 깊이가 된다.

3. 신체언어

삶 속에서 우리는 우리의 신체를 매우 제한적으로만 사용하면서 살아가게 된다. 제한된 신체의 사용은 사회생활을 함에 있어서는 매우 바람직한 것이다. '사회적 거리'라는 말이 있듯이, 우리는 사회적 관계에 따라 매우 적절한 신체 관계를 유지해야 한다. 그러나 모든 인간—인간 이상의 인간과 인간 이하의 인간을 포함해서—의 모든 생각·기억·상상·마음·의지·감정·몸짓·동작·움직임·행동을 자신의 신체로만 표현해야 하는 배우는 이런 제한적 신체 사용에서 벗어나야 한다. 연기는 소리와 말의 언어와 신체 언어를 통해서 관객에게 전달된다. 소리와 말의 언어가 잘 발달되어 있을수록, 신체 언어가 잘 발달되어 있을수록 배우가 관객에게 전달하고자 하는 모든 것이 더 선명하게 표현된다. 언어적·신체적 어휘력과 구사력을 발달시키기 위한 노력을 배우는 평생 멈추지 않고 꾸준히 해야 한다. 배우는 소리언어와 신체언어의 마술사이어야 하기 때문이다.

재능, 훈련, 노력

연기를 할수록 훈련된 배우는 도약하고 재능에만 의존하는 배우는 하락한다. 재능에만 의존하는 배우들의 연기는 많아야 세 작품 정도 보고 나면 더 이상 볼 것이 없게 된다. '3'이라는 숫자는 셰익스피어를 비롯한 많은 극 작품에서 마(魔)의 숫자가 되는데, 배우들의 연기력과 수명을 시험하는 숫자이기도 하다. 천재적인 연기를 선보인 히스 레저조차 살아남아서 연기를 계속했더라면 <다크 나이트>나 <브록백 마운틴>에서 보인 최고의 연기를 계속 보여줄 수 있었을지 아무도 알 수 없다. 한두 작품에서 인상적인 연기를 보여준다고 연기를 잘한다거나 좋은 배우라고 말할 수 없다. 한두 번 TV나 영화에 나왔다가 사라지는 배우들이 부지기수이다. 일생에 걸쳐서 계속 좋은 연기를 보여주는 배우, 그런 커리어를 가진 배우는 극소수에 불과하다. 연기라는 것이 한번 잘하게 된다고 계속 잘하게 되지 않기 때문이다.

기초공사가 튼튼해야 건물이 오래 무너지지 않고 지진도 견뎌낼 수 있듯이, 기초가 탄탄한 배우들만이 지속적으로 오랫동안 좋은 연기를 할 수 있다. 배우의 수명을 결정하는 기초와 토대는 재능보다는 훈련으로, 그리고 그 모든 훈련을 감당해내려는 노력과 끈기, 근성으로 형성되고 결정된다. 아인슈타인이 한 유명한 표현을 빌리자면 배우는 1%의 재능과 99%의 훈련과 노력으로 탄생한다. 세계 최고 수준의 배우들은, 운동선수와 마찬가지로, 재능과 체계적이고 과학적인 훈련 그리고 피나는 노력이 결합해서 탄생한다. 많은 배우는 자신의 훈련과 노력이 부족해서 생기는 문제들을 자신의 재능이 부족한 문제로 여기는 경향이 있다. 재능은 1%만 있어도 충분하다.

연기력을 구성하는 요소들

연기력은 여러 가지 구성 요소가 통합적으로 작용하면서 생겨나는 것이다. 전문적이고 예술적인 배우가 되고자 하는 자는 각 구성 요소들에 대한 능력을 키워나가기 위해서 중단 없는 정진을 해야 한다. 연기력을 구성하는 요소들은 다음과 같다.

1. 생명력
2. 열정
3. 사랑·인간애
4. 순수성과 투명성, 아이와 같은 호기심
5. 정직함과 진정성
6. 정신력과 기개
7. 도전·저항정신
8. 집중력, 순간 집중력
9. 예민한 감각과 감수성 + 상상력 + 기억
    −보기의 능력: 있는 그대로 보기, 들여다보기·꿰뚫어 보기, 다르게 보기·새롭게 보기·낯설게 보기, 차이를 보기, 보이지 않는 것을

보기, 비전을 보기, 구조·근원·연관·인과관계 보기

−눈썰미

−듣기의 능력: 마음을 헤아리는 능력, 속마음을 읽는 능력

−공감(共感)의 능력: 감정이입(感情移入)과 역지사지(易地思之)의 능력

10. 소통의 능력 = 영향력과 설득력

11. 즉흥의 능력: 우리에게는 연습 없이 삶을 살아가는 놀라운 능력이 있다.

12. 언어능력과 말재주

13. 사고력(비선형적 사고)

14. 창의성과 혁신성

15. 예술성과 전문성

16. 음악성

17. 용기와 배짱, 대범함

18. 적극성과 능동성

19. 끈기와 근성

20. 의지와 패기

21. 아름다움과 미적 감각

22. 변신의 능력

23. 유연성과 민첩함

24. 극에 대한 이해도

25. 서브텍스트를 읽는 능력

26. 매체·장르·스타일에 대한 감각

27. 협동성, 공동작업의 윤리

배우는 아이와 같은 **순수성과 호기심**을 가져야 한다. 순수성은 모든 것을 포용하고 무엇이든 가능하게 하는 자질이고 호기심은 궁금해하고 알고 싶어 하고 그래서 능동적으로 찾아 나서게 하는 자질이다. 배우는 **예민한 감각과 상상력**을 가져야 한다. 감각·기억·상상은 불가분의 관계로 하나로 연결되어 있다. 배우는 보통 사람들이 보지 못하는 것을 보고 듣지 못하는 것을 듣고 감지 못 하는 것을 감지하는 감각, 그리고 그것이 불러일으키는 생각과 상상의 나래를 마음껏 펼칠 수 있는 자질을 가져야 한다. 그리고 배우는 보고 듣고 감지하는 모든 것에, 생각하고 상상하는 모든 것에 온몸과 마음이 쉽게 그리고 최대한으로 영향을 받는 능력, 즉 **vulnerability와 sensibility**가 필요하다. 배우는 **불굴의 의지와 끈기**가 있어야 한다. 불가능해 보이는 모든 것을 가능할 때까지 시도하고 도전하는 정신력과 꺾을 수 없는 의지, 무엇을 하든 '끝까지 간다'는 자세가 필요하다. 그리고 배우는 무엇보다 인간을 사랑하고 자신의 사랑을 기꺼이 널리 나누어주는 존재가 되어야 한다. **인간애** 없이 배우가 인간을 연기할 수 없다. 인간애 없이 배우가 관객 앞에 설 수 없다. 배우는 인간에 대한 존중과 인간적 가치들이 세상에 더 널리 퍼져나가게 하는 전도사이다.

배우에게 요구되는 자질을 살피면서 우리는 또한 배우가 스스로 경계해야 하는 자세와 태도를 생각해보아야 한다. 배우는 무감각, 무반응·자동화된 반응, 수동성, 습관, 매너리즘, 고정된 시각·고정된 사고, 맹목, 편협, 무관심, 대충 보기·대충 듣기, 좌절·포기, 재능 탓하기, 적당히 하는 태도, 회피하는 태도, 자기방어적 태도, 이기심·이기주의에 빠지거나 갇히지 않기 위해서 늘 경계해야 한다.

연기력	연기력을 구성하는 요소들
연기력은 1%의 재능과 99%의 훈련으로 키워진다	

생명력	열정	용기와 배짱, 대범함
사랑 · 인간애		적극성과 능동성
순수성과 투명성		끈기와 근성
정직함과 진정성		의지와 패기
정신력과 기개		극에 대한 이해도
도전 · 저항정신		섭텍스트를 읽는 능력
집중력, 순간집중력		매체 · 장르 · 스타일에 대한 감각

예민한 감각과 감수성	
상상력과 기억	

보기의 능력	➤	있는 그대로 보기, 들여다보기 꿰뚫어 보기, 다르게 보기 새롭게 보기, 낯설게 보기 보이지 않는 것을 보기 비전을 보기
		구조 · 근원 · 연관 · 인과관계 보기
눈썰미		
듣기의 능력	➤	마음을 헤아리는 능력 속마음을 읽는 능력
공감의 능력	➤	감정이입과 역지사지의 능력

소통의 능력	영향력과 설득력
즉흥의 능력	사고력(비선형적 사고)
언어능력과 말재주	협동성, 공동작업의 윤리
창의성과 혁신성	아름다움과 미적 감각
예술성과 전문성	변신의 능력
음악성	유연성과 민첩함

기상^{氣像}, 기개^{氣槪}, 지조^{志操}

기상(氣像)	사람이 타고난 올곧은 마음씨와 그것이 겉으로 드러난 모양
기개(氣槪)	씩씩한 기상과 꿋꿋한 절개
지조(志操)	옳은 원칙과 신념을 지켜 끝까지 굽히지 않는 꿋꿋한 의지. 또는 그러한 기개

배우는 세상에서 그 존재만으로 가장 특별한 존재이다. 그런 존재가 되기 위해 배우가 반드시 갖추어야 하는 덕목이 있다. 바로 드높은 **기상**, 꺾이지 않는 **기개**, 굽히지 않는 **지조**이다. 기상은 '사람이 타고난 올곧은 마음씨와 그것이 겉으로 드러난 모양'을 뜻한다. 올곧은 마음이 그대로 몸에도 체화되어 있는 상태이다. 기개는 '씩씩한 기상과 꿋꿋한 절개'를 뜻한다. 지조는 '옳은 원칙과 신념을 지켜 끝까지 굽히지 않는 꿋꿋한 의지. 또는 그러한 기개'를 가리키는 말이다. 이 세 가지 덕목은 하나로 연결되어 있고 '순수성·정직'과 함께 배우의 '**도덕성**'을 형성한다. <u>세상 그 무엇도 그 누구도 배우의 영혼을 더럽힐 수 없고 고귀한 정신을 짓밟을 수 없으며 올곧은 의지를 꺾을 수 없을 것 같을 때, 세상 그 무엇도 그 누구도 배우의 예술적 행보를 멈출 수 없을 것 같을 때</u> 배우는 진정 만인의 사랑을 받는 예술가가 될 수 있다. 그리고 그러한 자신으로부터 더럽힐 수 없는 영혼과 짓밟을 수 없는 정신과 꺾을 수 없는 의지를 가진 고귀한 캐릭터를 창조하고 구현할 수 있다. 오만, 뻔뻔함, 아집과 구분되는 기상·기개·지조는 그 자체로 배우를 세상에서 가장 특별하고 고귀한 예술가가 되게 한다. 그 차이를 알고 그 차이를 체득한 사람만이 숭고한 예술을 할 수 있다.

나도 그렇소 나도 꽃으로 살고 있소

다만 나는 '불꽃'이오

거사에 나갈 때마다 생각하오

죽음의 무게에 대해.

그래서 정확히 쏘고 빨리 튀지. …

그렇게 환하게 뜨거웠다가 지려 하오. 불꽃으로.

죽는 것은 두려우나

난 그리 선택했소.

– 고애신, 〈미스터 션샤인〉

배우 선언

세상 그 무엇도 그 누구도 나의 영혼을 더럽힐 수 없다.

세상 그 무엇도 그 누구도 나의 정신을 짓밟을 수 없다.

세상 그 무엇도 그 누구도 나의 상상을 검열할 수 없다.

세상 그 무엇도 그 누구도 나의 올곧은 의지를 꺾을 수 없다.

나는 오직 생명과 인간과 예술을 사랑한다.

세상 그 무엇도 그 누구도 나를 멈출 수 없다.

배우가 스스로에게 물어야 하는 질문들

배우는 질문하는 자이다. 그 질문은 배우로 사는 동안 계속되어야 한
다.

1. 나 자신의 신체적·정신적·정서적·언어적 습관에서 벗어나기 위해
   나는 매일 무엇을 시도하는가?
   －배우가 된다는 것은 자신을 하나로 고정시키는 습관과 중단 없는
   싸움을 해나간다는 뜻이다.

2. 유연하고 무한한 상상이 가능하기 위해서 나는 매일 무엇을 시도하
   는가? －연기는 상상의 예술이다.

3. 내 몸과 마음에서 닫히고 잠기고 막힌 부분을 열기 위해서 나는 매
   일 어떤 시도를 하는가?

4. 내가 두려워하는 것이 무엇인지 자신에게 정직하게 묻고 있는가?
   －연기에 있어서 모든 문제는 내가 가진 두려움에서 발생한다.

5. 상상과 표현의 제한을 없애기 위해서, 무엇이든 상상하고 표현할 수
   있기 위해서 나는 매일 무엇을 시도하는가?

6. 내 삶의 모든 경험, 역사, 기억을 연기에 담아내기 위해서 나는 어떤
   노력을 하는가? －연기에는 삶이 담겨야 한다.

7. 살아있는 것, 생명, 삶에 관심이 있는가? 죽어있는 것, 정지, 고정된
   것을 거부하기 위해 나는 어떤 노력을 하는가?

8. 나의 연기가 진실하고 진정성을 가진 것이 되게 하기 위하여 나는
   어떤 노력을 하는가?

9. 인간으로서의 나뿐만 아니라, 타인에게 관심이 있는가?

－연기는 인간에 관한 예술이다.

10. 선입관과 편견 없이 타인을 따뜻하게 바라보는가?

　　－연기의 바탕은 인간애이다.

11. 타인의 말을 눈과 귀와 심장으로 몸으로 듣고 있는가?

　　－연기는 '듣기'의 예술이다. 듣지 못하면 말하지 못한다.

12. 내 영혼을 다해서 연기에 임하고 있는가? 영혼을 다해 연기를 사랑하고 있는가? －배우는 영혼의 예술가이다.

13. 세상과 인간을 바라보는 넓고 깊은 눈을 갖기 위해 나는 어떤 노력을 기울이고 있는가?

　　－보지 못하면 알지 못하고 알려고 하지 않으면 연기할 수 없다.

14. "아름다움이란 무엇인가"라는 질문을 묻고 있는가? 아름다움을 내 안에 쌓기 위해서 나는 어떤 노력을 하는가?

　　－배우는 아름다운 존재이어야 한다.

15. 나 자신보다 연기와 예술을 더 중요하게 생각하고 있는가?

16. 삶과 연기(예술)의 경계는 무엇이며, 삶과 연기의 관계는 어떠한가?

17. 연기를 통해 무엇을 표현하고 무엇을 관객과 공유하고 싶은가?

18. 나의 연기가 관객에게 공유를 요구할 만큼 가치 있는 것인가? 관객이 시간과 노력을 들여서 볼 만한 것인가?

19. 나의 연기를 통해 관객이 삶에서 보지 못하는 것을 보게 되는가? 알지 못하는 것을 알게 되는가? 아는 것을 다르게·새롭게 보게 되는가?

20. 나의 연기가 사람들의 생각과 마음을 움직이고 있는가?

21. 공인에게 요구되는 책임을 알고 감당하고 해내려고 하는가?

　　－배우가 된다는 것은 '공인'이 되는 것이다.

22. 허영심에 사로잡혀 있지 않은가?

23. 아류가 되지 않기 위해서 나에게 필요한 것은 무엇인가?

24. 동료들에게 나는 함께 작업하고 싶은 동료인가? 무엇이 특정 배우를 더 함께 작업하고 싶은 존재로 만드는가?

25. 인간적 신뢰, 동료로서의 신뢰, 예술가로서의 신뢰는 무엇을 통해서 쌓이는가?

26. 나는 타인과 어떻게 소통하는가? 동료들과 소통도 못 하면서 관객과 소통하려고 하지는 않는가? ―연기는 소통의 예술이다.

27. 나는 열정과 영감과 용기와 사랑을 나누고 있는가? 그것을 나누는 데에 기여하고 있는가?

    ―배우는 열정과 영감과 용기와 사랑을 나누는 존재이다.

28. 다른 배우들과 구분되는 나의 남다른 점은 무엇인가? 남다른 무언가를 갖기 위해 남다른 노력을 기울이고 있는가?

    ―배우는 '남다른' 존재이어야 한다.

29. 나는 극과 대본을 이해하기 위해 어떠한 노력을 하고 있는가?

    ―연기는 극 안에서만 이루어진다.

30. 작품과 프로덕션에 기여하고 있는가? 기여하는 연기를 하고 있는가?

    ―배우는 극과 작품이 하고자 하는 이야기에 기여하는 존재이다.

질문을 한다는 것은 그 질문에 대한 답을 '쉽게' '성급하게' 찾는다는 것이 아니다. 그것에 대해 **계속 생각한다**는 뜻이다. 생각에 답이 따라올 것이다. 생각이 멈추면 답도 멈춘다. 답은 고정된 것이 아니다. 고정된 것은 죽은 것이다. 배우와 예술가로서 우리의 여정은 자신만의 답을 찾는 여정이라기보다는 자신의 여정에 함께 할 자신만의 질문을 찾는 여정일지도 모른다.

배우훈련 vs 연기훈련		연기는 누구나 할 수 있다 그러나 전문예술가가 되는 것은 전혀 다른 문제이다
배우훈련	VS	**연기훈련**
자기 자신에 대한 작업	스타니슬라프스키	역할에 대한 작업
자유로운 존재로 거듭나기		극이 요구하는 존재로 거듭나기
상상을 해방시키기		현실과 무대를 구분하기
습관 • 보호막 • 갑옷 벗기		섭텍스트를 읽고 구현하는 능력 키우기
불필요한 힘 빼기		극과 극의 구조에 대한 이해
억압과 금기에서 벗어나기		극 세계에 대한 이해
두려움과 마주하기		극적 행동(action)에 대한 이해
자신의 온 경험과 역사를 포용하기		극적 관계에 대한 이해
감각을 새롭게 하고 감수성을 키우기		행동과 연쇄반응의 능력 키우기
다양한 보기의 능력을 기르기		캐릭터의 유형에 대한 이해
본연의 나를 되찾기 • 순수성의 회복		장르와 스타일, 매체에 대한 이해
예술가적 소양을 기르기		연출과의 상호작용에 대한 이해
상상에 반응하는 신체와 음성을 단련하기		공동작업에 필요한 태도와 윤리 기르기
사고력과 지적 능력을 키우기		관객과의 상호작용에 대한 이해

가상의 극적 환경 속에서

배우+캐릭터의 감각기관이 극적 세계 안에 존재하는 모든 것을 인지하고

그것에 배우+캐릭터의 영혼 • 정신 • 마음 • 몸 • 음성이 반응하고

상상이 상상을 낳고 생각이 생각을 낳으며 의식의 흐름이 형성되고

기억이 일깨워지고 마음이 움직이고 감정이 생성되고 변화하며

충동이 발생하고 언어적 • 신체적 행동이 유발되면서

배우+캐릭터가 자신의 외부에 있는 모든 상대와 대상과 끊임없이 상호작용하며

살아 존재하는 상태에 도달

두려움 • 불안 • 염려에서 벗어나 자유로운 예술혼만이 충만한 상태
배우와 캐릭터, 배우와 배우, 배우와 관객이 하나로 연결된 상태

3 _____

숨과 소리
breathing & voice

　　배우훈련의 시작은 제대로 된 숨쉬기에서 시작된다. 그런데 숨이란 무엇일까? 숨을 쉰다는 것이 그냥 공기만 들이마시고 내뱉는 것일까? 만약 그러하다면, 배우훈련에서 숨쉬기는 그다지 중요할 리가 없다. 숨쉬기란 누구나 저절로 그리고 쉬지 않고 하는 것이니까.

　　숨쉬기는 심장박동과 연결되어 있다. 숨을 쉰다는 것은 심장이 뛴다는 것이고 우리가 살아있다는 것이 된다. 인위적으로 조절하지 않는다면 (인위적으로 호흡을 조절할 수 있는 것은 우리가 의식적인 노력을 기울이는 동안에만 가능하고, 숨을 참는 것은 길어야 몇 분만 가능하다), 숨을 쉬는데 심장이 뛰지 않거나, 심장이 뛰는데 숨을 쉬지 않는 경우는 없다. 심장박동이 빨라지면 호흡도 빨라진다. 숨을 쉬기에 심장이 뛸 수 있다는 것이다. 숨을 쉬기에 우리는 살아있을 수 있다. 무대 위에 살아있는 인간을 창조하기 위해서는 숨을 쉬어야 한다. 무대 위에서 숨 쉬는 것이 현실의 삶 속에서 숨을 쉬는 것과 무엇이 다를까?

숨이란 무엇인가?

숨이란 내 몸 밖에 있는 기운(에너지)이다. 우리 눈에 보이지 않지만, 우리가 사는 지구와 그 지구가 위치한 우주는 에너지의 흐름과 중력으로 살아 움직인다. 숨을 마신다는 것은 내 몸 밖의 기운(에너지)을 내 몸 안으로 받아들이는 일이다. 밥은 하루 세 끼만 먹으면 되지만, 우리는 매 순간 내 몸 밖의 기운(에너지)을 몸 안으로 받아들여서 살아 있을 수 있는 것이다. 그런데 이 역시 우리가 쉬지 않고 숨을 쉰다면 저절로 되는 것이 아닐까? 그렇지 못하다. 그래서 문제가 되는 것이고, 배우훈련은 숨쉬기를 '되찾는' 것에서 시작된다. '되찾는다'라는 표현을 쓴 이유는 우리가 태어나서 유아기 아동기를 거치는 동안에는 이 숨쉬기에 문제가 없었기 때문이다. 갓난아이가 숨을 쉴 때 배의 움직임을 살펴보라. 갓난아이가 온몸으로 우는 소리를 들어보라. 그것이 원래의 자연적인 숨쉬기와 소리내기이다. 대개 사춘기 이후부터 우리는 타고난 숨쉬기를 잃어버리게 된다. 이 시기에 세상과 밖을 향해서 활짝 열려있던 우리의 몸과 마음이 급격하게 닫히기 시작한다. 어렸을 때는 연기를 아주 잘하던 아역 배우들도 이 시기를 거치면서 연기력을 잃어버리게 된다. 저절로 잘 되던 것들이 더 이상 잘되지 않는다. 몸과 마음이 닫히면서 상상력도 표현력도 위축되기 때문이다.

다시 처음으로 돌아가서, 숨이 에너지이고 그 에너지를 내 몸 안으로 받아들이는 것이 숨을 마시는 것이라면, 내 몸 밖의 기운을 내 몸 어디까지 받아들이느냐의 문제가 발생한다. 어느 누구도 사춘기 전까지는 문제가 되지 않던 이런 숨쉬기가 왜 어떤 이유로 흐트러진 것일까? 숨은 기운이기 때문에, 그 기운을 내 몸 안으로 받아들이면, 우리의 몸과 마음이 그

에너지에 영향을 받게 된다. 몸속 가장 깊은 곳까지 그 기운을 받아들이면 그 기운에 내 몸 전체가 영향을 받게 되고 그에 따라 내 정신과 마음도 영향을 받게 된다. 그런데 대개 사춘기부터 우리는 우리 몸 밖에 있는 기운과 에너지에 영향받기를 꺼리게 된다. 그래서 무의식적으로 점차 숨을 얕게 들이마시게 된다. 아마도 나 자신이 이미 불안정한데 바깥에 있는 기운이 들어와서 그 불안정한 상태를 더욱 나빠지게 하기 때문일 것이다. 우리 모두는 불필요한 영향을 받고 싶어 하지 않는다. 혼란과 불안정, 그리고 그로부터 발생할지도 모르는 고통을 좋아하는 사람은 없기 때문이다.

숨이 얕아지는 또 한 가지 이유는 숨이 기운이고 그 기운이 내 몸 안에 들어와서 영향을 주면 반드시 '반응'이 일어나기 때문이다. 우리가 의식할 수는 없지만, 외부의 기운이 들숨을 통해 내 안에 들어오면, 내 몸이 그것에 반응하고 그 반응이 고스란히 날숨에 담겨서 내 몸 밖으로 나가게 된다. 내 몸 밖으로 나가는 것은 아무 문제가 없어 보이지만, 사실 그렇지 않다. 내 몸 안에서 일어난 반응들이 내 몸 밖으로 나간다는 것은 외부에 내 반응이 알려질 위험이 따르게 된다는 것을 의미한다. 나도 모르게 내 안의 진실이 외부에 노출되는 것이다. 그래서 바깥의 기운이 내 몸 안에 최대한 얕은 곳까지만 들어오도록 숨을 쉬게 되는 것이다. 이 과정은 살다 보면 무의식적으로 일어나고 굳건한 습관으로 자리 잡게 된다.

연기할 때, 이렇게 얕은 숨쉬기가 왜 문제가 되는 것일까? 얕게 숨을 쉬면서 산다고 생명에 지장이 있는 것도 아닌데 말이다. 연기만 하지 않는다면, 삶 속에서 우리는 지금까지처럼 그냥 숨 쉬고 살아가면 된다. 하지만 배우가 극 속에 캐릭터로 존재하는 모든 순간에 배우+캐릭터는 외부의 모든 것으로부터 '최대한' 영향을 받고 그 영향이 곧바로 반응으로 연결되는 상태로 존재해야 한다. 그 영향은 배우＋캐릭터의 온몸과 온 마음에 영향을 주는 것이어야 하고, 배우＋캐릭터의 영혼에까지 영향을 주는 것이어야 한다. 그래서 얕게 숨을 쉬는 배우는 애초에 극 속에 캐릭터로 존재할 수 없게 된다. 영향받지 않으려고 하거나 적당히 영향받으려는 자는 배우가 될 수 없다. 영향받은 것이 그대로 반응이 되기 때문에, 온몸과 마음으로 영향을 받는 배우는 불필요한 힘을 줄 필요가 전혀 없이 저절로 반응하고 저절로 표현하게 된다. 그렇지 못한 배우는 반응을 만들어 내고 억지로 꾸며서 표현하려고 든다. 그것은 연기라고 부르기조차 어려울 정도의 수준 낮은 무엇이 되어버리고 만다. 그리고 배우는 사람이면서 사람보다 뛰어난 존재, 사람보다 거대한 존재가 되어야 하는데, 숨을 얕게 쉬는 자는 작고 미약한 존재에 그치게 된다. 존재의 거대함은 물리적인 신장의 차이가 아니라 기운의 크기로 결정되는데, 숨을 얼마나 깊이 쉬는지가 배우의 크기를 결정해 주기 때문이다. 온몸으로 숨 쉬는 자만이 거대한 배우가 될 수 있다.

다시 또 처음으로 돌아가서, 숨쉬기를 공기의 관점에서만 이야기해 보도록 하자. 숨쉬기는 분명 공기를 마시고 내뱉는 일이다. 공기는 우리 몸의 폐로만 들어간다. 몸의 다른 부분에 공기가 들어가면 큰일이 난다. 우리 몸에 공기가 들어가는 방식은 우리가 공기를 들이켜서 폐로 들어가는 원리가 아니라 폐가 팽창하면서 공기가 빨려 들어가고 폐가 수축하면서 공기가 빠져나가는 식으로 이루어진다. 이렇게만 생각하면, 숨쉬기는 전적으로 폐의 운동에 국한된 것처럼 들린다. 그러나 숨쉬기는 폐의 움직임에만 국한된 것이 아니다. 상상해보자. 우리의 몸통은 일정한 크기를 유지한다. 그 몸통 안에서 폐가 팽창하게 되면 몸 안에 어떤 일이 일어날까?

우리 몸은 중간에 횡격막이 있어서 몸통을 둘로 나누어 놓고 있다. 횡격막 위에 있는 장기들은 모두 둘로 되어 있지만—예를 들어, 심장도 두 쪽, 폐도 두 쪽으로 되어 있다—횡격막 아래에 있는 장기들은 하나로만 되어 있다. 신장(콩팥)만 예외인데, 콩팥은 한쪽만 있어도 기능에 이상이 없는 것으로 봐서 예비로 하나 더 있는 셈이다. 횡격막 아래에 있는 장기들이 흔히 감정의 영역으로 간주되는 이유는 둘로 되어 있는 우리의 신체기관이 외부에서 감지한 것들이 들어와서 하나로 되어 있는 장기에 이르러 서로 충돌하면서 감정을 발생시키기 때문일 것이다.

　　원래의 이야기로 돌아가서, 공기가 들어가서 폐가 팽창하게 되면, 몸통의 크기는 일정하기 때문에 횡격막을 아래로 누르게 된다. 그렇게 되면 횡격막 아래에 있는 장기들이, 우리가 의식할 수는 없지만, 움직이지 않을 수 없게 된다. 즉 공기를 들이마실 때마다 횡격막 아래의 장기들이 움직인다는 뜻이 된다. 움직인다는 것은 '영향을 받는다' 그리고 '반응이 일어난다'는 것을 의미한다. 많이 움직인다는 것은 '크게 영향을 받는다' 그래서 '큰 반응이 일어난다'는 것을 의미한다. 즉, 순수하게 공기를 들이마신다고 해도 결국 숨쉬기는 우리 몸 안의 가장 깊은 곳들이 영향을 받고 그로부터 반응이 일어나게 된다는 뜻이 된다. 숨을 얕게 쉬면 영향을 적게 받고 반응이 작기 때문에 표현도 작아진다. 작은 반응을 감추기 위해서 배우는 억지로 표현을 꾸미게 되는 것이다. 꾸민 연기는 숨쉬기에서 이미 시작된다. 꾸민 연기는 가식이지 예술이 아니다.

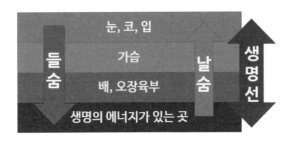

이와 같은 이유로 해서, 배우훈련의 시작이 숨쉬기로 시작되는 것이다. 흔히들 "단전호흡", "복식호흡" 같은 말을 쓰는데, 타당한 표현이면서 부당한 표현이기도 하다. "복식호흡"은 호흡할 때 장기가 움직여야 한다는 것을 말해주고 있고, "단전호흡"은 숨쉬기가 배꼽 밑 3센티미터에 위치한 것으로 알려진 단전과 관련이 있음을 말해준다. 숨을 들이마신다면 어디까지 들이마셔야 하는 것일까? 어디까지 들이마셔야 그야말로 우리의 몸과 마음이 최대한 영향을 받게 될까? 최대한의 영향은 최대한의 반응과 그에 따른 거짓 없는 표현을 가능하게 해준다. 최대한의 영향은 우리가 몸 밖의 기운을 우리의 '생명의 에너지가 있는 곳'까지 받아들일 때 가능하다. 바로 "단전"이라고 부르는 곳이다. 그런데 "단전"이라는 명칭이 야기하는 문제는, 이 명칭이 우리에게 아무런 이미지도 떠오르지 않게 한다는 데에 있다. 상상의 결부에 따라서 모든 것이 달라지게 되어 있는데, "단전"이라는 명칭은 아무런 이미지도 불러일으키지 못하면서 기계적으로 단전호흡을 해야 한다는 강박에만 휩싸이게 한다. 그래서 필자는 "단전"이라는 말보다는 "내 생명의 에너지가 있는 곳"이라는 표현을 쓴다.

자, 이제 상상하면서 숨쉬기를 해보자. 상상하면서 하지 않으면, 모든 것은 기계적인 것으로 전락하고 기계적인 모든 것은 예술의 반대이자 적이다. 기계적인 연기를 할 거면 연기와 관련된 모든 것은 배울 필요가 없다. 바닥에 눕거나 의자에 편히 기댄 상태에서 온몸에 힘을 빼고 숨을 상상해보자. 바닥에 누워서 한다면, 궁극적으로는 배우가 일어서거나 앉아서도 누워있을 때처럼 숨을 쉬게 하기 위해서이다. 누워있을 때만 그렇게 숨을 쉬라는 것이 아니다. 수평으로 몸을 눕히면 우리의 몸과 마음은 뇌의 지배, 더 정확히는 좌뇌의 '통제'에서 벗어날 수 있게 된다. 수직적인 몸은 좌뇌의 통제하에 의식적인 표현에 적합하게 된다. 하지만 머리끝에서 발끝까지 온몸으로, 우리의 의지와 통제를 벗어나서 스스로 알아서 움직이는 자율신경계까지 협력하게 하면서 연기하기 위해서는 좌뇌의 통제에서 벗어나야 한다. 그 통제에서 벗어나지 못하면 제대로 된 연기는 할 수 없게 된다. 모든 창조적 예술은 우뇌의 작용에서 나온다.

다시 숨쉬기로 돌아가서, 눕거나 의자에 편히 기댄 상태에서 온몸의 힘을 빼고, 내 몸 밖의 기운(에너지)을 내 생명의 에너지가 있는 곳까지 기꺼이 받아들이는 상상을 하면서 숨을 들이쉰다. 코와 입, 목, 가슴, 배를 지나서 생명의 에너지가 있는 곳까지 그 숨이 다다르게 하고, 그 숨이 가진 에너지에 내 몸의 모든 부분이 영향을 받도록 내버려둔다. 이제 숨을 내쉴 때, 비록 우리가 의식할 수는 없지만, 내 몸 안에서 일어난 모든 영향과 반응들이 들숨의 역순으로, 즉 생명의 에너지 → 장기 → 심장 → 목 → 얼굴의 순으로 담겨서 내 몸 밖으로 나가는 상상을 한다. 그렇게 상상하면서 숨쉬기를 이어나간다. 그렇게 숨을 쉬면서 내 몸 전체가 연결되는 상상을 한다. 내 몸의 중앙을 관통하는 이 호흡의 라인을 '생명선'이라고 불러도 좋겠다. 이렇게 온몸으로 숨을 쉬는 상태에 도달했을 때, 내 몸의 밖과 안이 숨을 통해서 하나로 연결되었을 때, 우리는 숨쉬기만으로 이미 다른 존재가 되며, 다음 배우훈련을 이어갈 준비가 된다.

숨과 소리

숨은 소리에 선행한다. 즉, 소리는 숨이 있어서 가능하다. 그래서 소리내기와 숨쉬기는 불가분의 관계로 연결된 하나가 된다. 그리고 숨은 생명의 에너지가 있는 곳에서부터 나오는 것이기 때문에 소리를 내고자 하는 모든 욕구는 생명의 에너지가 있는 곳에서 시작된다. 절대로 목에서 시작되는 것이 아니다. 그래서 배우에게 목소리는 없고 '몸소리'만 있을 뿐이다. 흔히 "호흡이 뜬다"라는 표현을 많이 쓰는데, 배우의 소리가 생명의 에너지가 있는 곳에서부터 나오지 못하고 목으로만 소리를 낼 때 생기는 문제를 대개 그렇게 표현한다. 좋은 소리는 항상 4층짜리 소리이다. 음악 악보에 있는 5선지는 다섯 개의 줄이 아니라 사람의 몸통을 4등분 해놓은 표시이다. 음표의 위치는 소리가 몸의 어느 부분에서 중점적으로 만들어지는가를 나타내는 것이고, 음표에 위아래로 선을 긋는 것은 호흡으로 몸 전체가 연결되어야 함을 나타낸다. 몸의 네 부분이 모두 소리에 담겨야 하고, 몸의 네 부분은 우리가 의식할 수는 없으나 늘 각기 다른 것을 숨과 소리를 통해서 말하고 있다. 그래서 좋은 소리는 깊고, 단순하게 파악될 수 없는 많은 것이 담겨 있다는 느낌을 듣는 이에게 준다.

내 몸 밖의 기운이 내 안으로 들어가서 영향과 반응을 불러일으키고, 그 영향과 반응들이 나오면서 성대를 떨리게 하면 '진동'이 만들어진다. 그러나 이 진동은 아직 우리가 들을 수 있는 크기의 소리가 되지 못한다. 그래서 '증폭'이 되어야 한다. 성대의 떨림이 우리의 입속 공간에 있는 몸에 부딪히면서 우리가 들을 수 있는 크기의 울림으로 바뀌는 것이다. 소리는 기운이 만들어내는 정직한 울림이다.

그런데 숨(에너지)이 울림으로 온전히 전환되는 데에 문제가 있어서 배우에게는 발성훈련이 필요해진다. 이 문제는 애초에 왜 어떻게 발생한 것일까? 성대의 떨림이 손실 없이 울림으로 증폭되기 위해서는 우리 몸에서 증폭기 역할을 하는 입속 부분들이 원래의 크기로 있어야 한다. 그런데 살면서 우리는 입과 턱에 힘을 주어서 살게 되고, 입 주변에 가장 큰 긴장을 축적하게 된다. 입속이 납작해져서 완전한 울림통의 역할을 하지 못한다. 왜일까? 그것은 삶이 우리로 하여금 우리가 그때그때 생각하고 느끼는 것을 입을 열어 솔직하고 자유롭게 표현하게 하는 것이 아니라 표현을 억압하기 때문이다. **표현한다는 것은 소리 낸다는 것이다.** 그런데 살면서 우리가 우리의 생각과 마음과 느낌을 있는 그대로 소리 낼 수 있는 순간은 거의 없다. 소리 내면 안 되는 순간이 훨씬 많고 소리를 냈을 때 칭찬보다는 비난이나 질책을 받는 상황이 훨씬 더 많기 때문이다. 그래서 소리를 내지 않기 위해서 힘을 주어 입을 다물게 된다. 굳게 다물게 된다. 그리고 무수히도 힘겨운 상황들을 "이를 악물고" 참게 된다. 사회문화적으로, 이를 악물고 참는 것을 마치 미덕인 것처럼 강요하면서, 우리의 소리내기가 억압받는다. 삶을 경험하면서 소리 내어 표현해야 할 것이 많으면 많을수록, 그것을 표현하지 않기 위해서, 밖으로 드러내지 않기 위해서 입 주변에 더 많은 힘이 들어가게 된다.

살면서 우리가 생각하고 느끼는 모든 것을 자유롭게 소리 낼 수 있다면, 발성훈련 같은 건 필요 없어질 것이다. 이렇게 우리 몸에 들어가는 불필요한 힘을 우리는 "긴장"이라고 부른다. 이 긴장은 신체적인 것에 머무는 것이 아니라, 심리적이고 사회문화적이고 심지어 정치적인 긴장이 된다. 이 긴장에서 자유로운 배우를 우리는 훈련된 배우라고 부른다. 이 긴장에서 자유롭지 못한 배우는 훈련을 받지 못하거나 훈련이 부족한 상태이다. 그런 상태로는 배우가 전문예술가로서 자신의 역할을 거침없이 아름답게 해낼 수가 없다.

　입을 다물고 살아야 하면서 생기는 긴장을 풀고 턱을 자유롭게 해야 소리가 온전히 만들어지고 내 몸 밖으로 깨끗하게 나올 수 있다. 소리가 제대로 만들어지기 위해서는 입의 겉모양이 아닌 입속 모양이 중요하다. 성대에서 만들어진 떨림이 입속 공간에 도착해 부딪히면서 증폭이 되는데, 입속 모양이 좁고 납작하면 이런 증폭 작용이 제대로 일어날 수가 없다. 그래서 입속을 열어줘야 한다. 입속을 여는 가장 좋은 방법은 '입을 다물고 하품을 하는 것'이다. 입을 다물고 하품을 하면 입속에 달걀을 세워놓은 것처럼 입천장은 위로 올라가고 목젖은 밑으로 내려가면서 입속이 활짝 열리게 된다. 입속이 활짝 열린 것이 내게 완전히 '자연스러운 것'으로 바뀔 때까지 계속 의식적으로 이런 노력을 계속해 나가야 한다. 배우 훈련을 한다는 것은 습관을 바꾸는 일이다. 습관은 상상을 초월할 정도로 견고하다. 특히 소리와 말하기와 관련된 습관은 철옹성처럼 쉽게 바뀌지 않는다. 입을 다물고 소리 내지 않고 살아온 세월을 뒤집는 일이 그렇게 쉽게 간단하게 짧은 시간에 되리라는 기대는 버리는 것이 좋다. 배우로 살아가는 내내 습관과의 싸움을 계속해가지 않으면 배우는 '매너리즘'에 반드시 빠지게 되어 있다. **배우와 예술가로 살아간다는 것은 습관과의 끝나지 않는 싸움을 계속해가는 것이다.** ① 하던 대로 하거나, ② 쉽게 하거나, ③ 편하게 하고 있다면, 그것은 매너리즘에 빠졌다는 명백한 신호이다. 입을 다물고 '마음껏' 하품을 여러 번 해본다. 가장 좋은 소리가 만들어지는 입속 모양은 하품이 막 시작될 때의 입속 모양이다.

　생명의 에너지가 있는 곳까지 숨이 들어가고 그곳으로부터 숨이 나오며 입속이 열리고 나면 이제 소리 낼 준비가 된 것이다. 소리는 내 몸밖의 기운이 내 안에 들어가서 일으킨 영향과 반응들, 즉 생명의 에너지가 있는 곳에서 일어난 반응들, 오장육부의 반응들, 심장의 반응, 그리고 마지막으로 뇌의 반응이 담긴 에너지가 내 성대를 떨리게 하면서 만들어 지고, 입속 공간에 가서 부딪히면서 온전한 울림으로 바뀐 것이다. **소리 는 울림이다.** 그 모든 기운과 에너지가 손실되거나 낭비되지 않고 온전히 울림으로 변환되게 하는 것이 배우의 소리내기이다.

숨(기운, 에너지)을 손실 없이 울림으로 전환하는 가장 좋은 방법은 '허밍'을 하는 것이다. 진정한 소리를 내기 위해서는 조급하게 입을 벌리 고 싶은 충동을 잠시 억제해야 한다. 울림이 온전히 만들어진 다음에 입 을 열어 울림이 내 몸 밖으로 나가게 해주면 되는 것이다. 입은 울림을 몸 밖으로 나가게 하는 기능만 하면 된다. 생각·기억·상상·마음을 담 은 소리가 자음을 통해 정교화되기 전까지, 입은 안에서 이미 만들어진 울림이 몸 밖으로 나갈 수 있게만 하면 된다. 그러니 숨(기운, 에너지)이 완전히 울림으로 변환될 수 있도록 인내심을 가지고 허밍을 하도록 한다. 숨을 생명의 에너지까지 들이켜는 동시에 입 다물고 입속을 활짝 연 상태 로 "아~~~~" 하듯이 허밍을 한다. 물론 입을 다물었기 때문에 "아~~ ~~" 소리는 실제로는 입 밖으로 나가지 않는다.

속으로 "아~~~~" 소리를 낼 때, 같은 음높이로 소리를 내지 말고 높은음에서 낮은음으로 서서히 떨어지게 소리를 내야 한다. 왜냐하면 그 것이 '자연적인 억양'이기 때문이다. **자연적인 억양은 호흡과 더불어 음 높이가 떨어지게 되어 있다.** 인위적인 억양, 흔히 "조"라고 하는 것은 불 필요한 음절에 과도하게 힘이 들어가면서 호흡과 더불어 음이 떨어지지 않고 오르락내리락하기 때문에 일어나는 현상이다. 세상 어떤 사람도 말 을 할 때 독특한 말투를 가질 수는 있으나 인위적인 억양을 가진 사람은 없다. 인위적인 억양은 진짜 말이 아닌 가짜 말을 하는 배우들이나 성우들에게서만 발견되는 현상이다. 살아있는 사람의 몸은 사람이 하고 싶은 말을 할 수 있게 알아서 움직인다. 호흡과 말이 하나가 되고, 숨이 나아감에 따라서 음높이가 점차 낮아진다. 음이 낮아지는 기울기, 즉 얼마나 급격하게 낮아지는지는 말하는 사람이 어떤 말을 어떻게 하고 싶은가에 달려있다. 그것 역시 인위적으로 조절할 수 있는 것이 아니다. 인위적인 호흡이 인위적인 말투를 낳는다. 인위적인 모든 것은 예술의 적이고, 예술가로서 배우는 인위적인 것에 맞서 싸워야 한다. 허밍은 숨이 완전한 울림으로 바뀌도록 튜닝(tuning)하는 나만의 시간이다. 어느 누구도 그 시간을 방해할 수 없다.

제대로 된 허밍을 하게 되면 눈썹과 눈 사이에서 가슴 부위까지 몸이 떨리는 것을 느낄 수 있다. 그 부분이 우리 몸에서 울림통 역할을 하는 것이고, 기타나 악기의 울림통은 우연히 눈사람 같은 형태가 된 것이 아니라, 사람 몸의 울림통 모양을 본떠서 만들어진 것이다. 허밍을 하면서 손바닥을 몸에 대어보면 내 몸의 어떤 부분이 어떻게 떨리는지를 알 수 있다. 음이 높을수록 눈과 얼굴 주변이, 낮을수록 가슴 쪽 울림이 더 많아진다. 전자를 우리는 흔히 "두성"이라고 부르고 후자를 "흉성"이라고 부른다. '머리에서 나는 소리'와 '가슴에서 나는 소리'라는 뜻이다. 그러나 좋은 소리는 절대 한쪽 울림만을 가진 소리가 아니다. 두성과 흉성의 비율은 음높이에 따라 시시각각 바뀐다. 높은음일수록 두성이 많아지고 낮은음일수록 흉성이 많아진다. 그러나 다른 쪽 소리가 완전히 없어져서는 안 된다. 대개 여자들은 두성이 더 발달되어 있고 흉성이 부족하기 때문에 여배우들은 흉성을 보강해야 한다. 반대로 남자들은 흉성이 상대적으로 더 발달되어 있고 두성이 부족하기 때문에 두성을 훈련해야 한다. 두성은 소리를 선명하게 만들고 멀리 가게 만들며 소리의 크기와 관련이 있다. 그리고 가장 좋은 두성은 천상의 소리와 같은 아름다움을 가진다. 소프라노 조수미의 소리를 생각하면 알 것이다. 대신 두성은 인간적인 느낌, 진실한 느낌은 주지 못한다. 흉성은 소리에 진정성, 진실성, 인간적 느낌이 나게 해준다. 그래서 흉성을 제대로 살리지 않고 하는 말은 진심에서 우러나온 말처럼 들리지 않는다. 우리가 삶에서 흔히 들을 수 있는 "어서 오십시오, 고객님~!"을 생각해 보라. 손님을 친절하게 대해야 하기 때문에 그들은 예의를 차려 친절한 소리로 인사하려고 한다. 그러나 힘겹게 일하는 그들이 자신의 몸과 마음의 상태에 상관없이 말을 해야 하기 때문에, 그들은 흉성이 부족한 상태로, 즉 자신의 진짜 마음과는 상관없이 소리를 내고 말을 하게 된다. 우리는 이렇게 거짓된 소리, 마음에도 없는 소리를 내는 데에 아주 능숙하다.

소리는 매우 정직하며, 지문처럼 소리를 내는 자만의 특별한 울림을 담고 있다. 각각의 배우들이 내는 소리를 예민하게 들어보면, 배우의 몸과 마음이 얼마나 열려있고 자유로운지, 배우가 상상을 하는지, 실제로 생각하고 느끼고 있는지 아니면 그런 척하고 있는 것인지 고스란히 알 수 있다. 우리 몸은 자율신경계와 비자율신경계로 나뉘어 있고, 우리의 몸은 우리의 의식과 의지와 상관없이 알아서 움직인다. 숨쉬기도 마찬가지이다. 우리가 필요에 따라 의식적으로 숨쉬기를 조절하기는 하지만, 절대 자율신경계에 의해 움직이는 숨쉬기를 인위적으로 멈추게 할 수는 없다. 심장박동과 하나가 되어 움직이는 숨쉬기와 그에 따른 소리내기는 우리의 의식적 통제 너머에 있는 어떤 원리로 이루어진다. 다만 우리가 의식적으로 할 수 있는 것은 숨쉬기와 심장박동과 상상과 소리내기가 원래대로 하나가 되게 하기 위해서 자연적인 숨쉬기를 방해하는 인위적인 요인들을 제거하는 일뿐이다.

소리는 사람의 생각과 마음을 움직인다

좋은 소리는 좋은 음악처럼 사람을 움직이는 힘을 갖는다. 배우가 소리를 내는 궁극적인 이유는 그 소리를 듣는 상대 캐릭터를 넘어서 관객들의 생각과 마음을 움직이기 위해서이다. 그렇지 않다면 배우는 어떤 소리도 낼 필요가 없다. 듣는 사람의 생각과 마음을 움직이는 소리에는 어떤 특별한 '힘'이 담겨있다. 그 힘은 아마도 배우의 영혼이나 정신과 마음에서 나오는 힘일 것이다. 그 힘이 숨과 하나가 되어 배우의 온몸을 울리면서 듣는 이의 생각과 마음을 움직이고 정신과 영혼에 깊은 영향을 주는 소리로 바뀔 것이다. 그러니 배우는 듣는 이의 영혼까지 움직일 수 있는 소리를 갖기 위해서 평생 노력해야 한다.

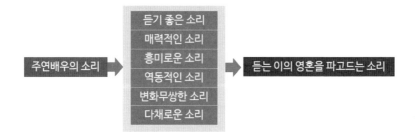

대사가 있는 역할과 없는 역할은 출연료에서부터 엄청난 차이가 난다. 방송 드라마에서 대사가 없는 역할은 보조출연자들의 몫이다. 대사가 있는 역할을 연기하고자 하는 배우라면 응당 듣는 이의 생각과 마음을 강력하게 움직일 수 있는 힘 있는 소리를 가져야 한다. 그 소리는 오랜 시간에 걸친 훈련과 노력 끝에 갖게 되는 어떤 것이다. 주연급 배우가 되기 위해서는 관객이 그 배우의 소리를 오랫동안 흥미롭게 들을 수 있어야 한다. 최소 1시간 이상은 듣고 있기에 흥미로운 소리를 가져야 한다. 그런 소리는 역동적이며 변화무쌍하고 다채로운 소리이어야 하며 소리를 들었을 때 본능적인 거부반응이 일어나지 않는 소리이어야 한다. 잠깐씩 등장하는 조·단역 캐릭터의 경우에는 특징적인 소리로 연기해도 상관없지만, 오래 많이 들어야 하는 주연배우는 오래 들을 수 있는 소리를 꼭 가져야 한다. 단지 오래 많이 들을 수 있느냐에만 그치지 않고, 듣는 이들이 그 소리에 젖어들고 그로 인해 영혼과 정신과 마음과 몸이 그 소리에 영향을 많이 받아야 한다.

숨쉬기와 소리내기에 문제가 생기는 것은 앞에서도 언급했듯이, 우리가 살면서 소리를 내서 표현할 수 없기 때문이다. 소리를 낼 수 없기 때문에 소리를 내고자 하는 충동과 욕구를 억눌러야 한다. 그것을 억누를 수 있는 방법은 오로지 몸에 힘을 주어서 참는 것뿐이다. 몸에 힘을 주는 것이 '자연스럽게' 느껴질지는 모르나, 그것은 절대 자연적인 것이 아니라 현실의 삶 속에서 우리가 소리 낼 수 없기에 생긴 습관에 불과하다.

몸에 힘을 주면 무슨 문제가 발생하는가? 소리는 울림이라고 했다. 그런데 몸에 힘이 들어가면 울림이 제대로 만들어질 수 없다. 북을 상상해 보자. 북을 그냥 손으로 치면 소리가 잘 난다. 그런데 한 손을 북 위에 가만히 올려놓고(힘을 줄 필요도 없다) 다른 손으로 북을 치면 소리가 둔탁해지고 제대로 울리지 않는다.

우리 몸에는 이렇게 소리의 울림이 제대로 만들어지지 못하게 하는 '보이지 않는 손'이 올려져 있다고 보면 된다. 그것을 우리가 신체적·심리적 긴장이라고 부른다. 배우가 되기 위해서는 이 신체적·심리적 긴장을 풀어야 한다. 쉽게 말해서 몸에 힘을 빼야 한다. 몸에 힘을 주지 않고 온전한 울림으로만 표현할 수 있도록 우리의 몸을 재훈련해야 하는 것이다. 몸에 힘을 주는 것이 자연스럽게 느껴져서 몸에 힘을 주는 식으로 표현하는 배우들은 좋은 배우가 아니다.

연기는 시작부터 끝까지 힘 빼기이다. 무엇이든 잘하는 사람들을 보면 힘을 주지 않고 쉽게 하는 것처럼 보인다. 불필요한 힘이 전혀 들어가지 않기 때문이다. 애초에 이 힘은 소리를 내지 않으면서 생겨난 것이기 때문에, 정확히 소리를 내는 만큼, 모든 것을 소리로 표현하는 만큼 힘이 빠지게 된다. 그래서 배우의 몸풀기는 반드시 소리를 내면서 힘을 빼면서 진행되어야 한다.

공명과 공감을 통한 이해와 소통

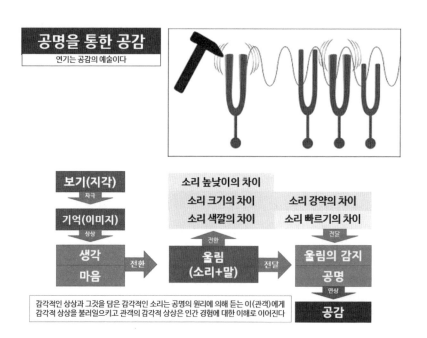

감각적인 상상과 그것을 담은 감각적인 소리는 공명의 원리에 의해 듣는 이(관객)에게 감각적 상상을 불러일으키고 관객의 감각적 상상은 인간 경험에 대한 이해로 이어진다

허밍을 통해서 울림이 온전히 만들어지면, 이제 그 울림을 내 몸 밖으로 내보낼 차례이다. 그 울림을 내 몸 밖으로 내보내서 그 울림을 듣는, 아니 몸으로 느끼는 모든 이들이 그 울림을 듣고 알 수 있게 해야 한다. 생명의 에너지까지 숨을 들이켜고 동시에 입을 활짝 열어서 "아~~~~" 소리가 내 몸 밖으로 나가게 한다(마찬가지로 호흡과 더불어 음높이가 높은음에서 낮은음으로 내려오게끔 해야 한다). 나의 온몸이 만들어 낸 울림이 온 세상에 울려 퍼질 것처럼 말이다. 생명의 에너지가 있는 곳에서 시작된 소리가 나의 온몸을 울리고 그 울림이 고스란히 밖으로 뻗어나가게 한다. 소리는 귀로만 듣는다고 생각하지만, 달팽이관으로만 소리를 인식한다고 생각하지만, 소리가 울림이자 진동이라면 분명 듣는 이들은, 비록 의식할 수는 없더라도, 몸으로도 반드시 그 진동을 느낄 것이다. 몸으로 느껴지는 진동을 통해서 비로소 알 수 있게 된다. 배우＋캐릭터의 내면에 일어나는 모든 것을 알 수 있게 될 것이다.

과학 수업 시간에 누구나 "공명"의 원리에 대해서 배울 것이다. 소리를 내는 쪽도 소리를 감지하는 쪽도 힘이 들어가 있지 않다면, 한쪽에서 만들어진 울림이 고스란히 다른 쪽에 전파되어 같이 공명하게 한다. 배우의 소리는 이런 '공명의 힘'을 가져야 한다. 공명만이 무언가/누군가를 진정으로 이해할 수 있는, 그리고 듣는 이를 변화시킬 수 있는 유일한 방법이기 때문이다. 즉 소리를 내는 것은 듣는 이가 몸으로 울림을 느끼고 같이 공명하면서 알 수 있게 하기 위해서이다. 관객이 알지 못하게 하기 위해서 배우가 소리를 내는 경우는 없다. **말은 거짓말을 할 수 있지만, 소리는 거짓말을 할 수 없다. 눈이 거짓말을 할 수 없는 것과 마찬가지이다.** 대사의 90% 이상은 거짓말이나 마찬가지이다. 캐릭터가 꼭 거짓말을 하려고 들기 때문이 아니라(그런 경우도 없지는 않지만), 캐릭터가 안에서 일어나는 일들을 말로 다 하지는 않기 때문이다. 항상 말하지 않는 것들이 있다. 좋은 배우들의 연기에는 항상 말로 하지 않는 무언가가 담겨있다. 하지만 **눈과 소리는 항상 모든 것을 말한다.** 그래서 소리내기는 보통의 말하기와 구분되어야 마땅하다. 소리내기는 눈과 울림을 통해서 말하기이다.

"오겡끼데스까!"

소리의 울림은 물리적으로 거리가 떨어져 있는 타인들과 나를 연결한다. 그리고 공명을 통해 공감을 가능하게 하고, 공감을 통해서 소통과 이해를 가능하게 한다. 그것이 울림으로서의 소리가 가진 가장 강력한 힘이고, 연기에서 소리가 가장 중요한 전달과 표현의 매체가 되는 이유이다.

캐릭터가 내는 소리는 종종 물리적으로 닿기 불가능한 상대나 대상을 향해 나아가기도 한다. 영화 <러브 레터>의 유명한 "오겡끼데스까?" 그리고 <엽기적인 그녀>의 "견우야!"가 대표적 예이다. 소리를 내는 캐릭터는 그 소리가 상대에게 가서 닿지 못할 것이라는 생각 같은 것은 하지도 않는다. 오로지 내 소리가 가서 닿았으면 하는 마음만으로 온몸과 마음을 다해 소리 내고 있을 뿐이다. 그러면 신기하게도 배우＋캐릭터의 몸은 그 소리를 낼 수 있도록 알아서 움직인다. 생각보다 자주 캐릭터들은 자신의 소리가, 그리고 그 소리에 담긴 생각과 마음이 신에게까지 닿기를 바라며 온 세상 사람들이 다 들었으면 하는 마음으로 소리를 낸다. 그런 소리는 간절한 기도 같거나 맞서고 저항하는 절규와 같은 소리이다. 불굴의 영혼이 빚어내는 소리이다.

이상에서의 숨쉬기, 입속 열기, 온몸으로 울림을 만들어내기, 입을 활짝 열어 소리가 밖으로 나가게 하기가 자연스럽게 느껴질 정도로 새로운 습관이 될 때까지, 즉 의식하지 않아도 항상 그렇게 소리가 날 때까지 의식적인 노력을 계속하여야 한다.

소리훈련에서 경계해야 할 것들

호흡과 발성 그리고 화술과 관련된 훈련에 있어서, 항상 유의하고 경계해야 하는 것들이 있다. 그것은 바로 인위적인 호흡과 그로 인해 발생하는 인위적인 발성과 인위적인 화술에 빠질 위험이다. 예술가로서 배우가 흐트러짐 없이 추구해야 하는 것은 자연적인 호흡과 발성, 자연적인 화술이다. 그리고 가장 자연적인 것이 가장 역동적이고 가장 변화무쌍하며 가장 다채로운 것이 되는 방향으로 나아가야 한다. 그래서 자연적인 숨쉬기의 원리를 파악하는 것이 중요하고, 그것이 숨과 소리에 관한 이 글이 이렇게까지 길어지고 있는 이유이다.

모든 소리와 말은 소리를 내는 자가 소리 내고 싶은, 즉 무언가를 표현하고 전달하고 싶은 충동과 욕구에서 발생한다. 무언가를 표현하는 소리를 내는 훈련을 하지 않고 그냥 소리만 내는 훈련을 한다면 그 훈련은 인위적인 발성만을 낳게 된다. 그렇다면 배우가 소리훈련을 하는 동안, 무엇을 표현하려고 해야 할까?

사실 앞에서의 과정을 충실하게 한다면, 배우는 의식적으로 무언가를 표현하려고 하지 않아도 이미 표현을 하고 있는 상태가 된다. 왜냐하면 표현을 하지 않기 위해서는 숨을 얕게 쉬기, 울림을 대충 만들어내기, 입

다물기, 몸에 힘주기를 해야 하는데, 위의 과정에서는 그 어떤 것도 하지 않기 때문이다. 생명의 에너지까지 숨을 들이켜고, 그것이 불러일으키는 영향과 반응을 정직하게 그리고 완전히 울림으로 전환시키고, 입을 활짝 열어서 내 몸 밖으로 나가게 한다면, 우리는 이미 우리가 의식할 수는 없지만, 지금 이곳에 있는 자기 자신을, 고정되거나 정지해 있지 않은 살아 있는 생명체로서의 자기 자신을 표현하는 소리를 내고 있는 것이다. 다만 심리적으로 내 안의 모든 것을 기꺼이 소리에 담아서 내보내겠다는 태도만 요구될 뿐이다. 지금 여기에 있는 자기 자신도 소리로 표현하지 못한다면 배우가 제대로 표현할 수 있는 것은 아무것도 없다. 억누르는 소리, 표현하지 않는 소리는 훈련할 필요가 없다. 연기적으로 그런 소리가 필요하다면 훈련하지 않아도 이미 잘 할 수 있다. 훈련이 필요한 소리는 무엇이든 내 안의 모든 것들이 완전히 담겨 저절로 표현되는 소리이다.

또한 소리와 말은, 소리를 내고 말을 하고자 하는 욕구와 충동은 항상 우리의 외부에 있는 상대나 대상에 의해서 생겨난다. 내가 소리를 내고 말을 하는 것 같지만, 사실은 상대와 대상이 나한테서 소리가 나오게 하고 말이 나오게 하는 것이다. 그래서 소리와 말에는 항상 방향과 도달점이 있다. 상대와 대상이 있는 방향으로 그 상대와 대상에게 도달하게끔 소리와 말이 나와야 하는 것이다. 그렇기 때문에 상대와 대상을 먼저 생각하지 않고 하는 모든 발성과 화술은 거짓된 것이고 인위적인 것으로 전락한다.

소리를 내게 하는 상대는 눈에 보이는 상대일 수도 있고 눈에 보이지 않는 상대일 수도 있다. 대상은 캐릭터의 극세계 안에 존재하는 모든 물리적 실체들뿐만 아니라, 타인의 눈에는 보이지 않지만 배우＋캐릭터의 마음에, 눈에 보이는 이미지들일 수 있다. 대개 생각·기억·상상의 형태로 이루어지는 이미지 보기가 소리와 말을 발생시키는 것이다. 배우는 그 생각·기억·상상의 이미지들이 자신의 몸 밖에 있는 것처럼, 관객과 카메라가 있는 방향에 있는 것처럼 그 이미지들을 상상의 스크린에 펼쳐 보이고 그 이미지들을 향해서 소리 내고 말해야 한다.

　어떤 소리를 내야 하고 말을 어떻게 해야 하는지는 내가 결정하는 것이 아니다. 상대와 대상이 결정하는 것이다. 상대와 대상이 구체적이고 진짜라면 소리와 말은 저절로 다르게 나오게 되어 있다. 그것은 우리가 현실의 삶 속에서 늘 연습하고 있는 것들이다. 삶에서 우리는 때와 장소에 따라, 상황에 따라, 누구와 함께 있느냐에 따라 내는 소리도 저절로 달라지고 말하는 태도도 몹시 달라진다. 심지어 때와 장소, 상황, 상대에 따라 애초에 생각하고 느끼는 것도 달라진다. 즉 자연적인 소리와 말은 늘 때와 장소, 상황, 상대와 대상에 따라 저절로 달라져야 하는 것이다. 이런 능력은 삶에서 어느 정도 길러지기 때문에 그 능력을 최대한 활용하고, 극이 요구하는 수준에까지 이를 수 있도록 그 능력을 강화하고 또 강화해야 한다. 내가 할 일은 소리와 말을 '막지 않는 것'이다. 내가 막지 않는다면, 적절한 소리와 말이 매 순간 나에게서 샘솟게 될 것이다. 오로지 배우들이 연기할 때만 생겨나는 인위적인 발성과 화술은 모두 ① 소리와 말이 밖에 존재하는 상대와 대상에 의해, 그리고 ② 때와 장소와 상황의 조건값에 의해 나오게 내버려두지 않고 배우가 혼자서 소리와 말을 억지로 내려고 들면서 생겨나는 것이다. "이 대사를 어떻게 쳐야 하지?"라는 질문만큼 인위적인 대사를 낳게 하는 질문도 없다. 대사를 어떻게 해야 할지 생각하지 말고 상대와 대상에 주목하라. 나에게 집중하지 말고 상대와 대상에 집중하라. 그럼 소리와 말은 저절로 나올 것이다.

소리와 말에 대한 감각은 '듣기'에서 생겨난다

상대와 대상에 집중한다는 것은 상대와 대상을 보고 듣는다는 것을 의미한다. 보기와 듣기는 상대와 대상에 대한 **관심, 호기심, 사랑**에서 생겨난다. 그것은 나 자신보다 상대와 대상을 더 중요하게 여기는 태도이다. 우리는 이 태도를 '**집중**'이라고 부른다. 집중한다는 것은 **가장 중요하게 여긴다**는 뜻이다. 나 자신보다 나의 외부에 있는 상대와 대상에 집중해야 하는 것이 배우이자 캐릭터이다. 캐릭터는 전부 자신의 밖에 있는 상대와 대상에 눈과 귀가 팔리고 마음을 빼앗긴다. 자기 자신에만 관심이 있고, 자기 자신을 가장 중요하게 여기고, 자기 자신만 생각하는 자는 좋은 배우가 될 수 없는 이유가 여기에 있다. **자신의 모든 것을 상대와 대상에게 내어주는 것이 배우＋캐릭터이다.**

소리와 말과 관련된 우리의 능력은 평소에 우리가 무의식적으로 어떻게 듣는가에 달려있다. 억지로 혹은 의식적으로 배운 것보다 그냥 보고 배운 것이 우리의 배움과 앎의 가장 큰 부분을 차지한다. 청각을 잃은 채로 태어나는 사람은 소리도 제대로 낼 수 없고 말도 할 수 없다. 소리내기와 말하기에 문제가 있거나 제한을 가지고 있는 한 가지 근본적인 이유는 바로 듣기에 문제가 있기 때문이다. 소리와 말과 관련된 능력을 키우고 싶다면, 제일 먼저 그리고 꾸준히 해야 하는 것이 세상 사람들이 실제로 내는 소리와 말을 듣는 것이다. 그 소리와 말에 담긴 것을 듣는 것이다. 듣는 만큼 언어적 능력이 커지게 되어 있고, 고정되고 편협한 언어 습관에서 벗어날 수 있게 된다. 들을 수 있는 만큼 알고 이해할 수 있게 된다. 그와 같은 태도는 인간에 대한 관심과 애정 없이는 불가능하다. 그래서 연기는 **사랑**에서 비롯되는 것이고, 배우의 가장 중요한 덕목은 상상력이상으로 **인간애**가 된다. 결국 내가 내는 모든 소리는 사랑의 결과이다.

정서적 인식

연기와 관련된 모든 것은 인간애에서 시작되는 '소통'을 위한 것이다. 배우와 캐릭터의 소통, 배우와 배우의 소통, 창작팀원들 간의 소통, 배우와 관객과의 소통을 위한 것이다. 스타니슬라프스키는 소통이란 "에너지를 주고받는 것"이고 "호흡을 주고받는 것"이라고 했다. 그래서 **기운/에너지로서의 숨쉬기**와 **공명과 공감을 가능하게 하는 소리**가 <u>소통의 가장 근본적 통로</u>가 되는 것이다.

가식적이거나 장식적인 것들, 겉치레로는 소통이 불가능하다. 그런 것들은 배우의 연기가 '쇼'(show)가 되게 할지는 모르나, 예술이 되게 하지는 않는다. 관객의 눈과 귀를 현혹하기는 쉽다. 그러나 관객의 영혼과 정신과 마음을 정말로 움직이는 일은 너무나 어렵다.

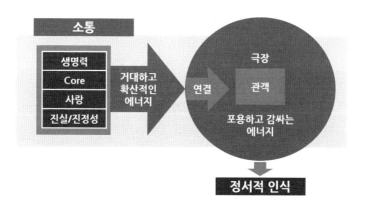

인간을 움직이는 소통은 배우＋캐릭터의 가장 깊은 곳에 있는 **생명력, core, 사랑, 진실/진정성**이 발생시키는 거대하고 확산적인 에너지가 극장 안에 있는 모든 이들을 연결하고 감싸 안을 때 가능한 일이다. 연기를 통한 소통은 관객의 **'정서적 인식'**(눈이나 머리로 아는 것이 아니라 가슴으로 알고 깨닫는 인식, 영혼을 흔드는 인식)을 가능하게 하는 소통이고, 관객의 정서적 인식은 **관객의 삶을 바꾸어 놓는다.** 배우의 위대함이 바로 여기에 있는 것이다.

통하다

생각은 생각을 낳고
상상은 상상을 낳고
영감은 영감을 낳고
용기는 용기를 낳고
열정은 열정을 낳고
진심은 진심을 낳고
가치는 가치를 낳고
사랑은 사랑을 낳는다.
그럴 때 우리는 "통했다"라고 말한다.
그것이, 개인적으로나 집단적으로나,
예술창작을 할 때의 작업방식이어야 한다.
자기 자신과도, 동료 예술가들과도 통하지 못한 무언가를 가지고
관객과 소통하려고 들 수 없다.
'통하다'를 통해서 우리는 자신을 뛰어넘어 더 크고 깊은 존재가 된다.
그것이 우리가 함께하는 이유이다.

소리가 나를 자유롭게 하리라

배우는 소리 내어 표현함으로써 스스로를 자유롭게 한다. 소리가 진리이다. 소리를 내지 않는 것이 참는 것이 아니라 온몸으로 숨 쉬며 온몸의 울림으로 소리를 내는 것이 참는 것이고 이겨내는 것이고 강해지는 것이 되게끔 자신을 새롭게 태어나게 해야 한다.

소리는 정직하다. 소리는 배우가 육체적·정신적·심리적·정서적으로 얼마나 자유로운지를 그대로 드러낸다. 정직하지 못하고 투명하지 못한 배우는 소리를 억압함으로써 자신을 감추고자 한다. 그러나 정직하고 투명한 배우의 소리에는 가장 정직하고 아름다운 울림이 있고, 그 울림은 마음껏 타인과 세상을 향해 퍼져나간다.

소리를 내면 낼수록 몸과 마음에 불필요한 힘이 사라진다. 소리를 내면 낼수록 깨끗하고 흐트러지지 않고 멀리 가는 소리가 된다. 소리를 내면 낼수록 듣는 이의 몸과 마음을 움직이는 소리로 바뀐다. 소리를 내면 낼수록 드러내고 표현하는 훈련이 된다. 소리를 내지 않으면 감추는 것이 되고 감추는 것은 훈련이 전혀 필요 없다. 무엇보다 중요한 것은, 소리를 내면 낼수록 무엇이든 마주하고 감당하고 이겨낼 수 있게 된다. 소리를 내지 않는 것은 도망가는 것이다. 소리를 내면 낼수록, 소리로 표현하면 할수록 배우는 자유로워지고 아름다워진다. 소리를 낼수록 배우는 안전해진다. 소리를 내면 낼수록 참다운 나에 가까워진다. 소리는 지문처럼 나만의 것이다. 소리는 소리 내는 자의 영혼을 담고 있다. 소리를 듣는 이들은 그 영혼의 소리를 듣는 것이다.

4

감각과 경험

感覺과 經驗, the senses & experience

감각, 경험의 통로

실제적인 연기에 대한 모든 이야기는 감각에 대한 이야기에서 시작되어야 한다. 연기가 특정한 세상 속 특정한 상황에서 특정한 인간이 하는 '경험'에 관한 것이라면, 경험은 감각의 경험에서부터 시작되기 때문이다. 따라서 배우가 대본을 읽고 캐릭터를 상상하면서 가장 먼저 관심을 가져야 하는 것도 마땅히 캐릭터의 감각적 인식과 경험이다. 상상만으로 캐릭터의 감각적 경험을 배우가 몸소 할 수 있을 때 배우는 저절로 캐릭터가 된다. 캐릭터가 보는 것을 보고 캐릭터가 듣는 것을 들으면 저절로 캐릭터가 생각하는 것을 생각하게 되고 캐릭터가 느끼는 것을 느끼게 되며 캐릭터가 행하는 모든 행동을 연습 없이도 수행할 수 있게 된다.

살아있는 생명체로서 우리가 무언가를 경험할 수 있는 것은 우리에게 감각기관이 있기 때문이다. 시각, 청각, 후각, 미각, 촉각의 감각기관은 모든 경험이 시작되는 시발점이자 경험의 통로이다. 만약 우리가 볼 수 없고, 들을 수 없고, 냄새 맡을 수 없고, 맛볼 수 없고, 피부로 느낄 수 없다면 우리가 경험할 수 있는 것은 아무것도 없다. 감각에 대한 이해가 인간의 경험을 이해하는 토대가 된다. 그런데 감각에 대한 올바른 이해를 위해서는 몇 가지 매우 복잡하고 어려운 문제를 생각해 보아야 한다.

감각의 경험이 이미지(기억)를 생성한다

감각은 상상과 불가분의 관계에 있다. "감 떨어졌다", "감이 무뎌졌다"라는 표현은 우리가 상상력이 무뎌졌다는 의미로 사용하는 표현인데, 감각과 상상이 얼마나 하나로 연결되어 있는지를 단적으로 보여준다. 상상력이 뛰어난 사람들은 사실 상상력이 아니라 감각이 남다른 사람들이다. 상상력을 발달시키기 위한 모든 배우훈련은 사실 감각을 일깨우고 키우고 감을 기르기 위한 것들이다. 모든 것이 체화되어 배우의 감각에 질적인 변화가 일어났을 때 배우는 비로소 머리로 통제해서 연기하는 존재가 아니라 몸이 스스로 상상하고 표현하는 존재가 된다.

감각과 상상이 하나로 연결되어 있는 이유는 감각의 경험이 이미지를 생성하고 이미지를 떠오르게 하기 때문이다. 우리의 몸은 우리가 감각으로 한 경험 중에서 저장할 필요가 있는 것들을 이미지의 형태로 우리 안에 저장한다. 망각이 기본 모드로 되어 있기 때문에 절대로 모든 것을 저장하지 않는다. 저장할 필요가 있는 것들만 저장한다. 살면서 그렇게 우리 안에 이미지들이 생겨나고 쌓여가게 된다. 그리고 그 이미지들을 가지고 우리는 상상한다. 상상에 관해서는 다음 장에서 상세하게 이야기할 것이다.

감각으로 무언가를 경험하게 되면 우리는 그것을 '인지'(perception & cognition)하게 된다. 즉 알게 된다. 그리고 이미지들이 생성되고 나면 우리가 감각적 경험을 할 때마다 우리의 상상력은 우리 안에 저장되어 있는 이미지들을 뒤져서 우리가 감각으로 인식하고 있는 것이 이미 했던 경험인지, 그래서 알고 있는 경험인지 아니면 새로운 경험인지를 확인한다. 기존의 이미지가 존재하면 우리의 상상력은 지금 감각으로 경험하고 있는 것을 기존의 이미지와 비교하면서 '인식'(recognition)하게 하고 동시에 인식하고 있는 것과 관련된 이미지들을 순식간에 한꺼번에 연쇄적으로 떠오르게 하면서 우리에게 실감 나는 깨달음을 준다(지각, realization). 그렇기 때문에 감각의 인지ㆍ지각ㆍ인식과 경험은 늘 상상과 함께 하게 된다.

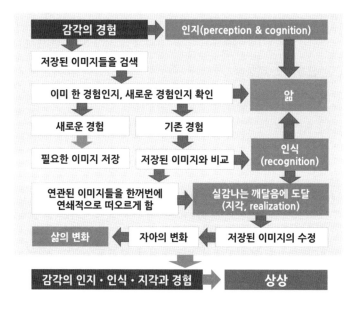

감각이 예민할수록 이미지들은 더 선명하게 저장되며 연관 이미지들이 더 빨리 더 쉽게 떠오르게 된다. 자유롭고 활발한 상상을 위해서 배우는 자신의 감각을 예민한 상태로 유지해야 하고 늘 새롭게(refresh) 해야 한다. 감각은 같은 정도의 자극에 계속 노출되면 무뎌지기 때문에 새롭게 하려는 노력을 하지 않으면 제대로 된 감각적 경험과 상상을 할 수 없다. 맛을 감별하는 감별사들은 하나의 맛을 보고 나면 반드시 물로 입을 헹구고 나서 다른 맛을 감별하려고 시도한다. 그렇게 하지 않으면 맛을 식별할 수 없을뿐더러 부정확한 감별을 하게 되기 때문이다.

그런데 현실의 삶을 살아가야 하는 우리에게 예민한 감각과 그것이 불러일으키는 활발한 상상은 우리의 삶을 곤란하게 하고 힘들게 만든다. 감각이 예민할수록 감수성이 커지는데, 감수성이 커지면 삶의 모든 순간에 우리는 몸의 외부에 있는 것들과 꼬리에 꼬리를 물고 마음속에 떠오르는 이미지들에게 아주 큰 영향을 받게 되기 때문이다. 예민한 감각과 상상은 현실에서는 고통의 원인이 된다. 그래서 우리는 현실 속에서 우리의 감각을 죽이려고 노력한다. 상상과 관련해서 문제가 발생하는 한 가지 근본적인 이유는 우리가 이렇게 우리의 예민한 감각을 무뎌지게 하려고 노력하는 데에 있다.

감각적 상상이 곧 몸의 상상이 된다

감각훈련은 메소드연기에서 배우훈련의 핵심을 이루고 있는 시그니처훈련법이다. 감각적 상상만이 상상이 자유롭게 샘솟는 상태를 가져온다. 그래서 감각훈련이 곧 상상력훈련이 된다. 메소드배우는 감각으로 상상하기에 곧 몸으로 상상하는 예술가가 된다. 그리고 감각과 몸으로 상상하기에 진짜 생각·기억·상상을 하며 진정 '경험'하는 존재가 된다. 심리는 몸과 마음의 경험으로부터 형성된다. 메소드배우를 몸과 상관없이 심리에만 치중한다고 곡해하고 비하하는 사람들은 메소드연기를 전혀 이해하지 못하는 사람들이다. 메소드배우는 절대 머릿속으로만 생각하거나 상상하는 존재가 아니다. 메소드배우의 모든 상상은 소리와 말의 언어 그리고 신체 언어를 통해서 투명하게·아름답게·변화무쌍하게·역동적으로 드러난다.

감각은 몸 밖을 향해 열려있다

우리는 감각기관만을 통해서 무엇인가를 경험하고 알 수 있다. 그런데 이 감각기관이 나를 아는 데에는 전혀 도움이 되지 않거나 부정확하다. 우리는 눈이 있지만 나를 볼 수 없다. 매 순간 자신이 어떤 눈빛을 드러내고 어떤 표정을 짓는지 알지 못한다. 우리는 귀가 있지만 자신이 내는 소리를 정확히 듣지 못한다. 내가 듣는 내 목소리와 다른 이들이 듣는 내 목소리는 다르다. 우리는 코가 있지만 자신의 냄새를 알지 못한다. 감각기관을 통해서만 무엇인가를 알 수 있는데 감각적 경험으로 우리 자신을 제대로 알 수 없는 것이다. 그래서 인간은 절대 자기 자신을 완전히 알 수 없다.

우리의 감각기관은 우리의 몸 밖을 향해서 열려있고 우리 자신이 아니라 우리 외부에 있는 것을 인식하도록 되어 있다. 자기 자신을 향해서 쓰라고 되어 있지 않은 감각기관을 우리 자신을 향해서 과도하게 쓰려고 하면 우리 모두는 나르시즘에 빠지게 된다. "거울아 거울아 세상에서 누가 제일 예쁘니?"라고 묻는 동화 속 캐릭터와 같은 상태에 빠진다. 나르시즘에 빠져서 하는 인식은 전혀 자기 인식이 아니다. 우리가 할 수 있는 일은 우리의 몸이 타고난 그대로 끊임없이 밖을 향하는 것뿐이다. 다음 장에서 상세하게 설명하겠지만, '나'라는 것은 감각기관이 저장한 이미지들로 인해서 생겨나고 가능해진다. 우리가 밖에 관심을 갖고 감각으로 경험하면 할수록, 몸과 마음을 활짝 열고 경험하면 할수록 이미지들이 형성되고 그 이미지들이 나를 이루게 된다. 사는 동안 일정 나이까지 이미지들이 계속 형성되고 증가하기 때문에 우리는 자기 자신을 고정적으로 규정할 수 없다. 우리가 할 수 있는 유일한 일은 계속해서 몸 밖에 있는 모든 것에 관심을 가지고 계속 살아가는 것이고 그로부터 계속 이미지가 저장되게 하는 것이며 그 이미지들이 확장하고 팽창하게 하는 것뿐이다.

감각은 주관적이고 상대적이다

감각과 관련해서 발생하는 또 하나의 어려운 문제는 우리가 가지고 태어난 감각들이 개인별로 다르다는 데에 있다. 인간은 누구나 오감을 가지고 태어나는 것이 맞지만, 각 감각의 예민함 정도는 개인별로 다 다르다. 색·형태·구조·구도·공간을 인식하는 시각적 능력은 개인별로 다 다르다. 소리의 세기·높이·빠르기·강도·음색·리듬을 식별하는 청각적 능력은 개인별로 다 다르다. 냄새를 구분하는 능력도 맛을 구분하는 능력도 개인별로 다 다르다. 애초에 감각의 예민함이 다르기에 감각이 우리 안에 저장하는 이미지들도 달라진다. 우리 모두가 두 눈으로 보는 것은 맞지만 각자 실제로 보는 것은 다르다. 그래서 저장되는 이미지도 다르고 아는 것도 다르다. 그래서 우리는 '주관적'일 수밖에 없다. 모든 사람이 똑같은 것을 본다면, 그리고 똑같은 이미지가 저장된다면 '주관'은 사라질 것이다. 그래서 캐릭터가 달라지면 배우가 보고 들어야 하는 모든 것도 달라져야 한다. 같은 것을 같은 식으로 보고 있다면 배우는 전혀 캐릭터가 될 수 없다. 캐릭터의 주관적 감각과 주관적 이미지, 그에 따른 주관적 인식을 가지지 않고 캐릭터가 될 수 없다.

주관이 없으면 줏대가 없는 사람이 되어버린다. 그러나 주관만 있으면 주관적인 인간으로 전락한다. 주관과 심지가 있는 인간이면서도 주관적인 인간이 되지 않기 위해서 우리는 늘 다른 사람들 눈에는 무엇이 어떻게 보이고 다른 사람들 귀에는 무엇이 어떻게 들리는지에 관심을 가져야 한다. 그래야 주관과 객관이 균형을 이루게 된다. 주관과 객관이 균형을 이룰수록 우리가 무언가를 조금 더 제대로 보고 알 수 있는 가능성이 생긴다.

감각과 관련된 또 한 가지 문제는 감각이 상대적이라는 데에서 발생한다. 우리의 감각은 늘 외부의 자극을 있는 그대로 똑같은 정도로 인식하지 못한다. 왜냐하면 우리의 감각적 인식과 지각은 우리의 정신·심리·정서 상태에 지대한 영향을 받기 때문이다. "체감온도"라는 말이 있듯이 우리의 몸은 하나의 물리적 기온을 같은 정도로 느끼지 못한다. 똑같은 영상 10도라도 여름에서 가을로 가면서 느끼는 10도와 겨울에서 봄으로 가면서 느끼는 10도는 매우 다르다. 몸이 더운 상태에서 마시는 따뜻한 물과 몸이 차가운 상태에서 마시는 따뜻한 물은 물의 온도가 같더라도 매우 다르게 느껴진다. 살아있는 인간은 살아있기에 시시각각 변화하는 몸상태·정신상태·심리상태·정서상태에서 자유로울 수 없다. 극적 상황 속에서 캐릭터의 몸상태·정신상태·심리상태·정서상태가 캐릭터의 감각적 인식과 지각에 어떠한 영향을 주는지 끊임없이 관심을 가지고 살펴야 배우는 살아있는 인간을 창조할 수 있다. 어떤 것도 절대시·당연시 여겨서는 안 된다.

감각은 상대적이기 때문에 상상에 의해서 우리가 감각하고 지각하는 모든 것은 극적 상황과 캐릭터의 몸상태·정신상태·심리상태·정서상태에 따라 현격히 달라질 수 있다. 겨울바다에서 여름바다 장면을 연기해야 하거나 한여름에 뜨거운 조명기 아래에서 두꺼운 옷을 입고 겨울을 연기해야 하는 극한적 연기 상황에서도 우리의 강력한 상상력과 집중력이 우리의 감각과 몸으로 하여금 현실의 계절과 반대되는 극의 계절을 창조하고 실감할 수 있게 해준다.

눈뜬장님

"눈뜬장님"이라는 명사가 있다. 두 눈 멀쩡하게 뜨고 있으면서도 우리가 아무것도 제대로 보지 못할 때 쓰는 표현이다. 세 개의 단어가 하나의 명사가 될 만큼 보편적으로 인간을 설명하는 용어가 되었다. 오이디푸스는 자신이 멀쩡한 두 눈으로 아무것도 제대로 보지 못했다는 인식에 도달하고는 자신의 두 눈을 뽑아버린다. 이천오백 년 이상 된 연극의 역사에서 극은 항상 "눈뜬장님"과도 같은 인간의 인식 상태와 그로부터 발생하는 문제들을 다루어왔다. 누군가는 우리가 눈을 뜨고 있지만 사실은 아무것도 제대로 보지 않는 잠든 상태로 삶을 살고 있다고까지 말한다. 그리고 이 문제는 단지 시각만의 문제가 아니라 모든 감각에 관련된 문제이다.

우리가 눈뜬장님이 되는 이유는 익숙한 자극을 더 이상 자극으로 인식하지 못하기 때문이다. 무언가를 보는 것 같지만 그것을 처음 보는 것처럼 보지 않기 때문이다. 그것에 대해 상상하지 않기 때문이다. 예민한 감각들은 같은 자극에 지속적으로 노출되면 훨씬 더 급격하게 그 자극에 무뎌진다. 매운 것만 먹는 사람들은 같은 것을 계속 먹으면 더 이상 맵다고 느끼지 못한다. 그래서 더 매운 것을 찾게 된다. 마약에 중독된 사람들은 점점 더 강한 마약을 찾게 된다. 같은 냄새를 오래 맡고 있으면 우리는 그 냄새를 더 이상 맡을 수 없는 상태에 도달한다. 그래서 모든 사람들은 자기 냄새를 모른다. 그것은 집단이나 국가적으로도 마찬가지다. 한 집 안에서 사는 사람들은 그 집에서 어떤 냄새가 나는지 알지 못한다. 한 나라 안에서만 사는 사람들은 그 나라에서 어떤 냄새가 나는지 알지 못한다.

세상 모든 것에 인간은 이름을 붙인다. 이름을 붙일 수 없는 것에 우리는 두려움을 느낀다. 그래서 어떻게든 빨리 그것에 이름을 붙이려고 안간힘을 쓴다. 이름 붙여서 규정하려고 한다. 그리고 이름을 붙여버리고 나면 더 이상 그것에 두려움을 느끼지 않게 되고 그것을 상상하지 않게 된다. 자극을 자극으로 느끼지 못하는 몸은 '반응하지 않는 몸'이 되어버린다. 그런 관점에서 상상하는 방법은 의외로 간단할 수 있다. 모든 것의 이름표를 떼어버리면 된다. 그러면 우리는 세상 모든 것을 아이의 눈으로 새롭게 볼 수 있게 될 것이다.

캐릭터의 눈으로 보기 위해서 우리는 모든 것을 처음 보는 것처럼 다시 보아야 한다. 나한테 익숙한 방식이 아니라 낯선 방식으로 다시 보아야 하는 것이다. 보던 대로 보고 듣던 대로 듣고 있다면 우리가 캐릭터가 될 수 있는 가능성은 사라진다. 좋은 배우들에게서 아이와 같은 모습을 자주 발견하게 되는 것은 그들의 감각적 상상이 전혀 이름과 틀에 얽매이지 않기 때문이다. 어쩌면 우리는 아무런 편견과 선입견, 걱정과 염려, 두려움 없이 몸과 마음으로 마음껏 신나게 경험하는 '아이로 돌아가기 위해서' 배우훈련과 연기훈련을 하는 것인지도 모른다.

시각에의 의존 → 감각과 상상의 균형

상상에 대한 이야기로 넘어가기 전에 시각적인 것에 과도하게 의존하게 되는 현실에 대해 언급할 필요가 있겠다. 우리의 몸은 다섯 가지 감각이 조화로운 균형을 이루며 경험을 하게 되어 있다. 그러나 볼거리가 지나치게 많은 세상에 살다 보니 이와 같은 균형이 흐트러지게 된다. 우리는 태어날 때부터 눈을 뜨고 태어나지 않는다. 시각을 제외한 다른 감각으로 세상을 경험하고 난 후에 눈을 뜨게 된다. 이야기인즉슨, 시각보다는 다른 감각이 더 근본적이고 중요한 감각이라는 것이다.

감각이 예민할수록 상상은 쉽게 일어나는 법인데, 배우들은 시각적 상상에 자신을 국한시키는 경향이 있다. 우리가 무언가를 볼 때 보고 있는 그것이 내 몸 안으로 들어온다는 느낌을 받지는 않는다. 그러나 냄새나 맛 같은 경우에는 그 냄새가 내 몸 안으로 들어온다는 느낌을 주고 음식물은 실제 내 몸 안으로 들어오게 된다. 그래서 후각과 미각이 사실 나에게 훨씬 더 영향을 많이 주는 감각이 된다. 영향을 많이 주는 감각이 저장한 이미지들이 사실 상상하기 훨씬 쉽고 수월하고, 떠올랐을 때 나의 심신에 즉각적인 영향을 준다. 그러나 배우들은 연기할 때 후각적인 상상을 하지 않는 경향이 있다. 예를 들어 캐릭터가 어떤 공간에 들어가게 되면 그곳의 냄새와 기운을 후각으로 먼저 감지한 게 되고 배우는 그것을 상상해야 한다. 또 캐릭터가 특정한 캐릭터를 몹시 싫어한다고 할 때 배우가 상대 캐릭터에게서 자신이 가장 싫어하는 냄새가 난다고 상상한다면 상대 캐릭터가 누구든 무엇을 하든 저절로 싫어질 것이다. 영화 <기생충>에서는 냄새로 인한 모멸감이 살인의 동기까지 된다. 그리고 특정한 사물이나 사람을 상상하고자 할 때 그 사물·사람의 냄새를 먼저 상상해본다면 그 사물·사람과 관련된 모든 이미지가 순식간에 떠오르게 될 것이다.

우리가 집중하고 상상하기 위해서 눈을 잠시 감는 경우, 내 눈을 어지럽히는 것들을 차단하고 마음의 눈으로 보고자 함이기도 하지만, 눈을 감아 시각에 대한 의존을 낮추고 다른 감각들이 더 살아나게 함으로써 상상이 더 원활하게 이루어지게 하기 위함이다.

살면서 우리는 시각에 지나치게 의존하지 않도록 경험의 균형을 맞추려고 노력해야 한다. 시각이 아닌 다른 감각들이 주된 경험의 통로가 되는 경험들을 많이 해보아야 한다. 그렇지 못하면 인터넷과 메타버스의 시대에 우리의 경험이 이미지의 경험에 국한됨으로써 심각한 인식의 불구에 빠지고 말 것이다. 간접 경험의 비중이 커질수록 직접 경험의 시간을 늘리려는 노력을 멈추지 않아야 한다.

물론 세련되고 아름다운 시각적 상상물들을 많이 접하면 세련됨과 아름다움에 대한 감각이 길러질 수도 있지만, 자칫 다른 이들의 상상물을 수동적으로 수용하는 상태에 빠질 위험이 있다. 배우는 자신만의 이미지들을 가지고 스스로 상상하는 존재이며 자신만의 상상을 세상에서 하나뿐인 자신의 몸과 소리로 드러내고 표현하는 예술가이다. 상상의 수용자가 아니라 상상으로 창조하는 자이다. 예로부터 책을 많이 읽으면 상상력이 발달한다고 하는 것은 책에 언어로 적혀 있는 모든 것이 상상의 집약체이기 때문이고 언어가 배우 자신만의 상상을 불러일으키기 때문이다. 오디오북도 상상력을 위한 매우 좋은 매개체이다. 녹음을 한 성우·배우의 소리적·언어적 역량에 따라 현격한 차이가 나기도 하지만, 소리로만 되어 있는 것을 들을 때 우리의 상상은 샘솟게 되어 있다. 좋아하는 음악을 들을 때 자신만의 상상을 하며 그 상상으로 몸과 마음의 상태가 변화한 경험을 누구나 해보았을 것이다. 그와 같은 경험으로부터 소리가 우리에게 얼마나 크고 깊은 영향을 주는지 실감할 수 있다.

직접 경험과 간접 경험

우리가 살아 숨 쉬는 모든 순간에 밖을 향해 열려있는 우리의 감각은 정말 부지런히 일한다. 우리는 경험에 대해서 이야기할 때 '직접 경험'에 국한되어 생각하는 경향이 있지만, 사실 우리의 경험은 직접적인 경험과 간접적인 경험, 그리고 의식적인 경험과 무의식적인 경험 모두를 포함한다.

직접적인 경험은 대개 우리가 그것을 경험하고 있다는 것을 아는 의식적인 경험을 말하는 것 같지만, 직접 경험이 다 의식적인 경험인 것은 아니다. 직접적인 경험 중에서도 우리가 경험에 몰입하게 되면 심리적 거리가 확보되지 않아 그 경험을 의식하지 못하는 경험들이 있다. 우리가 말을 배우는 것은 귀로 듣기 때문인데 귀로 듣는 모든 것을 우리가 직접 '경험'하고 있다는 것을 우리는 의식하지 못한다. 경험 끝에 우리가 어떤 인식이나 깨달음에 도달하게 되는 것은 그 경험과 물리적·심리적 시간이 확보되고 난 다음에야 가능하다. 그리고 우리는 몸으로 어떤 활동·행위·행동을 하면서 어떤 일을 겪을 때만 경험을 한다고 생각하지만 사실 우리가 깨어있는 모든 순간에, 감각이 작동하고 있는 모든 순간에 늘 경험을 하고 있다. 깨어있는 감각이 하는 모든 경험은 우리가 의식하지 못하더라도 사실 다 직접 경험이다.

직접적인 경험들이 가장 강력해 보이지만 꼭 그런 것만은 아니다. 우리 안에 저장되는 이미지들 중에는 직접적이고 의식적인 경험보다 간접적이고 무의식적인 경험으로 생성된 이미지들이 아주 크고 중요한 부분을 차지하기 때문이다. **우리 안에 저장되는 이미지들은 대부분 우리가 그것을 저장하려는 어떠한 노력도 하지 않았는데 알아서 저장된 이미지들이다.** 그래서 우리의 의지로 그 이미지들을 지우거나 없앨 수 없다. 우리가 잊고 싶어 한다고 해서 잊힐 일은 결코 없다. 잊고 싶어 할수록 이미지는 더 깊은 곳으로 숨어버릴 뿐이다. 우리가 의식적으로 무언가를 저장하려고 했을 때 얼마나 저장하기 어려운지 모두들 경험해 보았을 것이다. 우리의 몸과 상상력이 어떠한 기준에서 특정한 감각적 경험을 이미지로 저장하기로 선택하는지 우리는 알 수 없다. 어쨌거나 간접 경험으로부터 저장된 이미지들도 직접 경험으로부터 저장된 이미지들만큼이나 생생하고 강력하다.

무한한 상상의 보고인 모든 책과 예술작품은 우리의 간접 경험을 형성하는 가장 중요한 통로이다. 책과 예술작품은 우리가 현실의 한계, 시간적·공간적 제한을 뛰어넘어 아름답고 강력한 상상의 세계로 나아가게 한다. **인간의 정신은 현실의 세계에만 머무르지 않고 끊임없이 상상의 세계로 나아가 자신을 확장하고 팽창시킨다.** 책과 예술작품은 그와 같은 정신의 중요한 활동터이다.

배우에게 있어서 모든 극은 간접 경험의 장이다. 극 속 세계와 극적 상황을 경험하고 극적 인간들을 만나는 것 자체가 매우 중요한 간접 경험인 것이다. 사실 배우가 극이 불러일으키는 자신만의 상상을 강력한 집중 상태에서 자신의 온몸과 마음으로 몸소 경험하기 때문에 연기는 간접 경험이 아니라 직접 경험이라 불러도 틀리지 않을 만큼 강력한 경험이다. **극 자체를 경험하는 것, 그것이 배우가 연기를 함에 있어서 가장 근본을 이루는 부분이다.** 연기 연습을 할 때 그냥 연습한다고 생각하지 말고 극 자체를 경험하려고 하자. 그러기 위해 먼저 극과 캐릭터를 정말로 만나자. 연기는 '만남'이다.

경험	직접 경험	자신의 감각과 몸으로 직접 한 경험
	간접경험	매개체를 통해 상상으로 한 경험
	의식적인 경험	경험하고 있다는 것을 의식할 수 있는 경험
	무의식적 경험	경험하고 있다는 것을 의식할 수 없는 경험

5

상상

想像, imagination

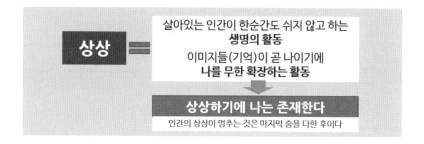

시인, 사랑에 빠진 자, 광인,

모두 상상력으로 가득 찬 자들.

(중략)

시인의 눈은

보이지 않는 걸 본다.

하늘에서 땅을 보고

땅에서 하늘을 보고

그 땅과 하늘 사이

상상력으로 채운다.

— 테세우스, 〈한여름 밤의 꿈〉 5막 1장

연기의 정의

연기는 상상의 예술이다. 모든 예술이 그러하듯이, 각별하면서도 구체적이고 생생한 상상이 없다면 그 어떤 연기적 시도도 예술이라고 부를 수 없다. 그러나 연기적 상상은 연기를 어떻게 정의하느냐에 따라 달라질 수밖에 없다. 연기란 무엇인지부터 정의해 보자.

> **시간구조**(plot)로 구축된 **극세계** 속에 **극적 인간**(character)으로서 **존재**하며, 가상의 시공간 속에서 **주어진 조건**(given circumstances) 하에 **상상**으로 **리얼리티**를 **창조**함으로써, 하나의 **인간상**을 구현·제시하면서, **인간 존재와 삶의 의미**를 밝히고 그것을 **관객과 나누는** 일

1. 이미지의 세계 속에서 이루어지는 상상

연기는 극(drama, play, theater) 안에서만 이루어진다. 따라서 연기는 극과 불가분의 관계에 있고, 극에 대한 이해 없이 연기는 불가능하다. 극이 시간구조로 구축되어 있기에 연기는 시간구조로 싸인 극 속 시공간을 자유자재로 여행하는 일이다. 시간여행이 불가능하다면 연기도 불가능하다. 또한 연기는 가상의 시공간에서 이루어진다. 가상의 시공간은 모든 것이 '이미지'로 이루어진 **이미지의 세계**이다. 따라서 **이미지를 보는 능력**으로서의 **상상력**이 연기력의 근간을 이룬다.

2. 상상의 조건값 하에서 진짜를 창조하는 일

상상은 무(無)의 상태에서는 일어나지 않는다. **조건값**이 있어야 한다. 조건값이 모든 상상에 형태와 형식을 부여하게 된다. 극이 제시하는 상상의 조건값이 **'주어진 상황'**(given circumstances)이다. 연기는 주어진 조건값 하에서 **상상만으로 '진짜'**(reality)를 창조하는 일이다.

3. 주관적 리얼리티

진짜(reality)는 **주관적**이다. 배우가 캐릭터의 관점에서 보고 듣고 느끼고 경험함으로써 믿는 것들, 그것이 리얼리티이다. 그 리얼리티는 눈에 보이는 것일 수도 있고 눈에 보이지 않는 것일 수도 있다. 육안으로 보든 마음의 눈으로 보든, 세상 모든 리얼리티는 그것을 보는 자의 눈에 따라 각기 다른 것으로 보인다. 연기는 캐릭터가 경험하기에 '진짜'라고 믿은 것들을 몸소 직접 경험함으로써 배우도 믿게 되는 일이다.

4. 인간상의 구현과 존재의 의미를 관객과 공유

연기는 자신의 주관적 관점에서 진짜로 보고 듣고, 진짜로 생각하고 느끼고, 진짜로 말하고 행동하는 인간을 구현하는 것이다. 현실 속의 인간에 비해 위축되어 있지 않기에 더욱 거대하고 생생한 인간, 위태로운 인간, 문제적 인간을 구현하는 일이다. 극세계 속에서 각기 다른 역할을 하는 인간들 간의 첨예한 충돌을 통해서 지켜보는 관객으로 하여금 스스로에게 '인간이란 무엇인가?', '삶이란 무엇인가?', '무엇이 인간다움인가?', '인간적 가치란 무엇인가?'라는 존재론적 질문을 하게 하는 일, 그것이 연기이다.

연기의 정의 　　　　　　　연기는 상상의 예술이다

시간구조(plot)에 의해 구축된 극세계 속에서 극적 인물(character)로서 존재하며,
가상의 시공간 속에 주어진 조건(given circumstances) 하에 **상상에 의해 리얼리티를
창조**함으로써, 하나의 인간상을 구현/제시하면서, 인간 존재와 삶의 의미를 밝히는 일

1 이미지의 세계 속에서 이루어지는 상상	연기는 극(drama, play, theater) 안에서만 이루어진다 따라서 극과 불가분의 관계에 있고, 극에 대한 이해 없이 연기는 불가능하다
	연기는 시간구조로 짜여진 극 속 시공간을 자유자재로 여행하는 일이다
	연기는 가상의 시공간 속에서 이루어진다 가상의 시공간은 모든 것이 '이미지'로 이루어진 이미지의 세계이다
	따라서 이미지를 보는 능력, 즉 상상력이 연기력의 근간을 이룬다

2 상상의 조건값 하에서 진짜를 창조하는 일	상상은 무(無)의 상태에서는 일어나지 않는다. 조건값이 있어야 한다
	극이 제시하는 상상의 조건값이 주어진 상황(given circumstances)이다
	연기는 주어진 조건값 하에서 상상만으로 '진짜'를 창조하는 일이다
	연기는 가상과 허구의 이미지들 속에서 진짜를 창조해야 하는 역설적 작업이다

3 주관적 리얼리티	진짜는 '주관적'이다 인물의 관점에서 인물이 보고 듣고 느끼고 경험함으로써 믿는 것들, 그것이 '리얼리티'이다
	그 리얼리티는 눈에 보이는 것일 수도 있고, 눈에 보이지 않는 것일 수도 있다
	연기는 인물이 경험함으로써 '진짜'라고 믿는 것들을 배우가 직접 몸소 경험함으로써 배우도 믿게 되는 일이다
	배우가 몸소 경험함으로써 믿는 리얼리티를 관객도 보고 듣고 느끼며 믿게 된다

4 인간상의 구현 & 존재의 의미	자신의 주관적 관점에서 진짜로 보고 듣고, 진짜로 생각하고 느끼고, 진짜로 말하고 행동하는 인간의 구현
	현실 속의 인간에 비해서 위축되어 있지 않기에 더욱 거대하고 생생한 인간, 위태로운 인간, 문제적 인간의 구현
	극세계 속에서 각기 다른 역할을 하는 인간들 간의 첨예한 충돌을 통해서 지켜보는 관객으로 하여금 '인간이란 무엇인가? 삶이란 무엇인가? 인간적 가치란 무엇인가?'라는 존재론적 질문을 스스로에게 하게 하는 일, 그것이 연기이다

연기의 모든 것은 관객의 눈과 귀를 향한 것이다. 관객이 보고 들으며 감정이입과 역지사지를 통해 **공감**하거나 깊이 **생각**하게 함으로써 '**정서적 인식**'을 통한 '**이해와 소통**'을 위한 것이다. 그를 위해서 **관객은 어떤 식으로든 극을 만나고 경험해야 한다.** 그리고 관객의 경험을 가능하게 하는 가장 중요한 통로가 배우의 연기이다. 왜냐하면 배우는 캐릭터로서 자신이 하는 경험을 매 순간 관객과 함께 나누고자 하기 때문이다.

경험하는 연기

경험하는 연기는 연기의 정의에 따라 배우가 가상의 시공간 속에서 실제로 캐릭터가 하는 경험을 몸소 직접 경험함으로써 캐릭터로서 존재하고자 하는 연기이다. 모든 연극이 배우에게 경험하는 연기를 요구하는 것도 아니고, 경험하는 연기가 아닌 방식으로 연기하는 배우들도 있다. 그러나 메소드연기는 배우들이 오로지 캐릭터의 경험을 몸소 직접 할 때에만 캐릭터를 진정으로 이해할 수 있다고 믿는다. 인간을 이해하는 유일한 길은 한 인간의 관점에서 그 인간이 하는 경험을 할 때에만 가능하다. 그렇지 못한 이해는 사실상 모두 피상적인 이해에 그치고 만다. 온몸과 마음으로 직접 겪어본 것만이 관객과 공유할 가치와 의미를 갖게 된다. 경험은 어떻게 이루어지는 것일까?

인간의 모든 경험은 감각의 경험에서 시작한다. 따라서 경험하는 연기를 위해서는 가상의 시공간 속에서도 상상만으로 감각적 경험을 할 수 있는 능력이 요구된다. 그리고 감각적 상상에 몸과 마음과 소리가 그대로 반응할 수 있는 능력이 요구된다. 그와 같은 능력을 갖추기 위해서 상상의 자극에 생생하게 반응할 수 있도록 배우는 감각을 재훈련해야 한다. 가상의 시공간 속에서 생생하게 경험할 수 있는 감각을 가지게 되면 배우는 연기를 하는 것이 아니라, 상상하고 반응하면서 살아있는 인간으로서 극 속에 존재할 수 있게 된다. 살아있는 인간은 절대 한순간도 숨쉬기, 반응하기, 상상하기를 멈추지 않는다. 경험하는 연기는 인간의 상상력에 대한, 그리고 연습 없이 삶을 살아온 즉흥의 능력에 대한 깊은 믿음을 전제로 한다.

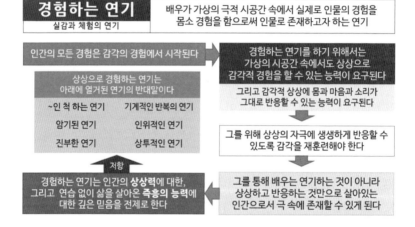

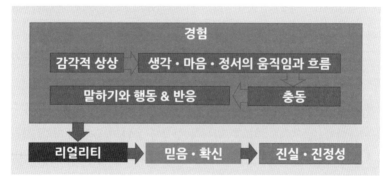

상상으로 경험하는 연기는 ~인 척하는 연기, 기계적인 반복의 연기, 암기된 연기, 인위적인 연기, 진부한 연기, 상투적인 연기의 반대말이다. 경험하는 연기의 원리는 다음과 같이 정리해 볼 수 있다.

1. 감각적 상상에 의한 경험은 생각·마음·정서의 움직임과 흐름을 낳는다.
2. 생각·마음·정서의 흐름은 즉각적으로 충동과 이어져 말과 행동 그리고 반응을 낳는다.
3. 경험하는 것이 곧 리얼리티가 된다.
4. 경험으로부터 창조된 리얼리티가 믿음과 확신을 갖게 한다.
5. 경험함으로써 믿게 되는 리얼리티로부터 연기의 진실성과 진정성이 생겨난다.

경험하는 연기는 마음이 움직이는 연기이다. 마음이 움직이고, 마음을 쓰고, 상대의 마음을 움직이려고 하고, 그러면서 배우＋캐릭터 자신의 마음도 움직이고, 마음이 오가고, 서로의 마음을 알아보는 일이다. 마음을 쓰고 마음이 오가는 일이 캐릭터들 사이에 쉴 새 없이 일어나는 것, 그것이 경험하는 연기에서 가장 중요한 부분이다. 이렇게 마음이 움직이는 연기를 할 수 있기 위해 배우는 자신의 마음을 넓고 깊게 움직일 수 있는 상태가 되어야 한다. 마음이 움직이지 않게 스스로가 자신에게 채운 족쇄와 자물쇠를 열기 위해 훈련해야 한다. 역설석으로, 삶에서 한 가장 중요한 경험들, 마음을 가장 많이 쓰고 그만큼 아파한 경험들이 내 몸과 마음에 단단한 족쇄와 자물쇠를 채우게 한다. 그 경험들을 상상으로 재경험하면서 자신에게 일어나는 모든 일을 소리 내어 표현하는 것이 족쇄와 자물쇠를 열게 한다. 정말로 마음이 동한다면 감정은 저절로 생겨날 것이고, 적절하게 표현되고, 알아서 변화하기 마련이다.

0.917, 진실의 수치

'0.917'이라는 수치가 있다. 정신분석학에서 의식과 무의식의 관계를 나타내기 위해서 주로 사용하는 수치이다. 이 수치는 과학적인 수치로 빙산에서 나온 것이다. 빙산은 수면 위로 드러난 부분과 수면 밑에 있어서 보이지 않는 부분으로 나뉘는데, 빙산의 91.7%는 수면 밑에 잠겨있다. 이 수치는 빙산에만 해당되는 수치가 아니다. 과학적인 수치라고 하면, 불변의 진리이고, 우연이 아니라 우주의 구성원리와 맞닿아 있는 수치이다. 연기적으로 이 수치는 연기의 모든 면에 적용된다. **인물이 말하는 것(텍스트)과 말하지 않는 것(서브텍스트), 겉으로 드러난 것과 드러나지 않은 것, 눈에 보이는 것과 보이지 않는 것, 아는 것과 모르는 것, 배우와 캐릭터 모두에게 내가 아는 나와 내가 모르는 나의 비율, 겉과 안의 비율은 모두 8.3% 대 91.7%이다.** 이 91.7%를 볼 수 있는 눈과 심장, 영혼을 가졌느냐 아니냐가 배우의 예술을 근본적으로 다르게 한다. 연극과 영화는 눈에 보이지 않는 것들, 보지 않으려고 하는 것들을 관객들이 볼 수 있게 하는 예술인데, 겉으로 드러나서 보이고 아는 것만을 가지고 하는 연기와 예술은 피상적인 수준에 그치고 만다. 사실 피상적인 것은 어떠한 것도 연기나 예술이라고 부를 수 없다. **진실은 항상 보이지 않는 것이고, 보이지 않는 것을 보이게 하기에 연기는 진실한 예술이 된다.** 눈에 보이는 것은 사실(事實)이고, 그것은 예술이 아니라 언론이나 과학의 영역이다.

8.3%	91.7%
캐릭터가 말하는 것(텍스트)	말하지 않는 것(섭텍스트)
겉으로 드러난 것	드러나지 않는 것
눈에 보이는 것	보이지 않는 것
아는 것	모르는 것
내가 아는 나	내가 모르는 나
겉	안

연기는 배우 자신과 타인 그리고 대본에 대해 보이지 않는 것, 모르는 것, 말하지 않는 것에 대한 깊이 있는 탐구이다. 여러모로 어려운 것이 당연한 탐구이다. 쉽기를 바라지 말고 쉽게 하려고도 하지 말라. 연기와 예술은 깊이 있고 진정성 있는 치밀한 탐구를 통해서 배우가 한 발견들을, 그것을 보지 못하고 알지 못하는 관객에게 보고 알게 하기 위한 것이다. 그렇기에 호기심과 관심으로부터 보이지 않는 것을 보고 알지 못하는 것을 찾고 모르는 것을 포용하며 그를 통해 스스로를 변화·성장시키려는 능력과 태도는 배우가 연기를 하면서 내내 길러야 하는 능력과 태도이다. 연기의 근간을 형성하는 능력과 태도이기 때문이다.

"너 자신을 알라"

소크라테스가 했다는 너무나 유명한 말이지만, 앞뒤 문맥 없이 제시되다 보니 이 말의 뜻을 곡해하게 된다. 소크라테스는 인간의 지혜가 신에 비하면 하찮은 것에 불과하다는 입장에서 무엇보다 먼저 인간이 자신의 '무지'(無知)를 아는 엄격한 철학적 반성이 중요하다고 하여, 이 격언을 자신의 철학적 활동의 출발점으로 두었다.

우리는 자기 자신을 온전히 알 수 없다. 자기 자신을 다 안다고 생각하는 사람들은 어쩌면 '오만'에 빠져있거나 아니면 자신의 무지를 가리기 위해서 아는 척하는 것이다. 우리가 자기 자신을 온전히 알 수 없다는 것이 나쁜 소식은 아니다. 우리가 자신을 알 수 없는 것은 우리가 살아있기 때문이다. 살아있다는 것은 멈춰있거나 고정되어 있지 않다는 것을 의미한다. 고정되고 정지되지 않은 것은 어떤 것도 완전히 분석될 수 없다. 그러니 우리가 살아있는 자기 자신을 온전히 알지 못하는 것은 지극히 당연하고 심지어 바람직스럽기까지 하다. **완전히 알 수 없기에 살아있는 나는 신비한 존재가 된다. 모든 생명체는 신비하다. 캐릭터도 마찬가지이다.**

'나'란 무엇일까? 나 자체를 완전히 알 수는 없지만, 나에 대해 우리가 알아야 할 몇 가지 사실에 주목해 보면 나에 대한 이해가 조금은 더 가능해질 것이다. 많은 영화나 드라마의 소재가 되어왔듯이, 사람이 기억을 잃어버리면 자기 자신이 누군지 모르게 된다. '나'라는 생각 자체가 가능한 것은 '기억'이 있기 때문이다. 기억을 잃으면 자기 자신을 모르게 된다는 것은 기억이 곧 나 자신이라는 것을 말해 준다.

기억

그럼 기억이란 무엇일까? 대체 무엇이길래, 기억이 지워지면 나는 사라지는 것일까? 기억은 **내 안에 저장되어 있는 이미지들의 총합**이다. 기억이 곧 나이고 기억이 이미지들이라면, 내 안에 존재하는 이미지들이 곧 내가 되는 것이다(나＝이미지들). 배우는 자신 안에 존재하는 이미지들,

즉 '나'를 가지고 상상하는 존재가 된다. 억지로 기억하려고 하는 것들은 금방 잊힌다. 그래서 무언가를 의식적으로 기억하는 것은 정말 어렵다. 그런데 내가 의식적으로 기억하려고 한 것도 아닌데 살면서 내 안에는 나도 모르게 셀 수 없는 이미지들이 생겨나는 것이다. 그리고 **이미지들은 모두 상상의 재료**가 된다. 이미지들은 마치 우주가 팽창하듯이, 별들이 생성과 소멸을 거듭하듯이, 끊임없이 생성과 소멸을 거듭하며 일정 나이까지 **팽창**한다. 따라서 그 팽창이 멈추기 전까지 **나는 팽창하는 존재**인 것이다. 내가 나 자신을 고정적으로 규정할 수 없는 이유이다.

> 시간이라는 게 말이야... 그냥 지나가고 사라져 버리는 게 아니라, 우리의 몸에 계속 쌓이고 흡수되는 것 같아. 하루하루 살아가며 없어져 버린 줄 알았던 <u>시간들이 모여 기억이 되고, 삶이 되고, 인생이 되고, 결국 나 자신이 '완성'되는 거니까.</u> 사는 동안 흐르는 시간이 의미가 있는 이유가 바로 이거야. 흘러간 시간들이 모여 결국 나 자신이 '완성'되는 거니까. 지금 이 흐르는 시간도 아주 의미 있고 중요하단 얘기지.
>
> — 드라마 〈시간〉 중에서

시간과 기억, 역사로서의 기억

기억의 이미지들은 삶의 집약체이다. 이미지에는 삶의 시간들이 입축 저장되어 있다. 기억의 이미지들이 일깨워지는 순간 순식간에 압축된 시간이 다시 펼쳐지며 셀 수 없이 많은 이미지가 한꺼번에 살아나게 된다. 그리고 그 기억과 관련된 삶의 경험을 고스란히 재경험하게 한다. 압축된 경험이 압축 해제되었을 때 떠오르는 그 많은 이미지를 하나씩 일일이 상상한다는 것은 불가능하다. 그래서 기억의 이미지들은 그 밀도에서 의식적인 상상을 훌쩍 뛰어넘는다.

기억은 지워지지 않는, 지워질 수 없는 내 삶의 역사이다. "역사를 잊은 민족에게 미래는 없다"라는 말처럼, 자신의 역사를 모르거나 부정하면서 자기 자신을 알 수 없다. 역사로서의 기억에 대한 탐구는 자기 자신에 대한 완전히 새로운 인식을 가져다주게 될 것이다. 그리고 그렇게 달라진 인식으로 인간과 삶을 새로운 시각에서 보게 될 것이다.

그래서 상상에 기억을 담아낼수록 배우의 연기에는 시간과 역사와 삶이 담기게 된다. 시간과 역사와 삶이 담긴 연기는 가장 가치 있는 연기가 된다.

상상

상상(像想)이라는 말은 상(像)을 상(想)하다, 즉 **이미지를 떠올린다**는 뜻이다. 상상력은 이미지를 떠올리는 능력을 말한다. 영어로는 'the ability to make images'가 imagination이다. 그 말은 내 안에 '이미' 이미지들이 있다는 것을 의미한다. 내 안에 없는 이미지는 떠올릴 수 없다. **내 안에 이미 존재하고 있는 모든 이미지가 기억이기에, 상상은 기억의 이미지들을 바탕으로 이루어진다.** 상상은 살아있는 인간이 한순간도 쉬지 않고 하는 **생명의 활동**이며, 이미지들(기억)이 곧 나이기에 상상은 **나를 무한 확장하는 활동**이다. **'상상하기에 나는 존재한다'**라고 해도 과언이 아니다. 인간의 상상이 멈추는 것은 마지막 숨을 다한 후이다.

　그렇다면 나를 구성하고 있는 이미지들은 얼마나 될까? 다시 말해 내 안에 얼마나 많은 이미지가 있을까? 그 이미지들 하나하나를 '작은 나'(mini me)라고 한다면, 내 안에는 얼마나 많은 '나'가 있을까? 한마디로 말한다면, 내 안에는 우주의 별만큼 많은 이미지와 '나'가 있다. **인간은 누구나 자기 자신 안에 우주의 별만큼 많은 이미지를 가지고 있다.** 너무 많아서 셀 수도 없고, 자신 안에 그런 이미지가 있다는 것조차 모르는 이미지들이 가득하다. 그러니 "너 자신을 알라"는 애초에 불가능한 요구이다. 마치 지구에서 우주에 얼마나 많은 별이 있는지 관측하는 것과 같다. 망원경의 발달로 정말 많은 별을 발견했지만, 여전히 우주 전체에 있는 별의 수에 비하면 극히 미미한 숫자의 별들만 그 존재를 아는 것과 마찬가지이다. 그 말인즉슨, **최소한 이미지의 숫자가 적어서 상상에 문제가 있는 사람은 아무도 없다는** 것이다. 상상에 문제가 있는 경우, 이미지의 숫자가 문제가 아니라, 그렇게 많은 이미지가 자유롭게 떠오르지 못하게끔 막고 있는 요인들이 있어서 문제가 발생하는 것이다. 그 요인들을 제거한다면 이미지는 마구 떠오르기 마련이다. 상상은 저절로 솟구치는 것이다.

소우주^{microcosm}

BTS 노래 중에 "소우주"란 노래가 있다. 우리 모두가 우주의 별처럼 스스로 빛을 발하는 빛나는 존재임을 말하는 노래이다. 내 안에는 우주의 별만큼 많은 이미지가 있고, 그 이미지들은 모두 각각의 빛과 색을 가지고 있다. 그래서 **내가 나만의 상상을 할 때, 나는 나만의 빛을 발하고 나만의 색을 가진 존재가 된다.** 상상에 문제가 있는 경우, 자신이 가진 빛과 색을 스스로 가리고 있게 된다. 상상의 해방은 나를 다시 빛나는 별이 되게 하는 일이다. 배우들을 흔히 "스타"라고 부르는 것은 보통 사람들이 봤을 때 눈부시게 빛나는 존재이기 때문이다. 배우가 된다는 것은 자신의 빛을 되찾아 그 빛을 사람들에게 비추어주는 존재가 되는 일이다.

영화 <라라랜드>에서 "라라랜드"는 "스타들의 도시", 즉 스스로 빛을 발하는 사람들의 도시이다. 이들이 스스로 빛을 발하는 것은 자신의 상상을 하기 때문이고, 꿈을 꾸기 때문이며, 사랑을 하기 때문이다. "약간의 광기"(a little bit of madness)로 현실의 틀을 벗어나 삶을 자신만의 색으로 칠해갈 때, 절실하고 치열하게 자신만의 이야기를 할 때, 꿈꾸는 사랑, 꿈을 이루는 사랑을 할 때, 우리는 모두 "스타"가 된다.

꿈, 한없이 팽창하는 나

우리가 잘 때 꾸는 꿈은 우리의 상상력이 우리 안에 저장된 모든 이미지를 가지고 하는 시뮬레이션이다. 꿈에서는 모든 것이 가능하다. 가능하지 않은 것이 없다. 그 말인즉슨, 꿈은 우리 안에 저장된 이미지들만으로 이루어져 있기 때문에 **우리 안에 저장된 이미지들만 가지고 상상을 하더라도 불가능한 것이 없다**는 말이 된다. 그러니, 다시 한번 강조하지만, 이미지의 숫자가 적어서 상상에 문제가 있는 사람은 아무도 없다. **꿈에서는 모든 것이 가능하고, 우리는 꿈에서 상상으로 '이미' 모든 것을 경험해 본 존재이다.** 적어도 연극과 영화에 나오는 극적 상황과 사건들 중에서 우리가 이미 꿈에서 경험해 보지 못한 것은 없다. 그러니 경험이 없어서 연기를 할 수 없다는 생각 같은 건 버리자. 의식할 수는 없지만, **나는 '이미' 모든 것을 경험해 본 존재이다.** 상상은 그렇게 우리를 위대한 존재로 만든다.

상처

그 많은 이미지와 '나'가 자유롭게 떠오른다면 배우훈련이 잘 되어있거나 연기적 재능을 타고났다고 할 수 있다. 하지만 거의 대부분의 사람들은 이미지가 잘 떠오르지 않게 잠금장치를 마련한 채로 삶을 살아간다. 그 잠금장치를 풀지 않고서 자유롭게 상상하는 존재로서의 배우·예술가가 되기는 불가능하다. 왜 그런 잠금장치가 마련된 것일까? 이미지가 자유롭게 떠오른다는 것, 자유롭게 상상한다는 것은 신나고 즐거운 일일 것 같지만, 사실 그렇지만은 않다. 삶의 현장에서 삶을 힘차게 열심히 살아가는 사람들에게 원치 않는 이미지들이 시노 때도 없이 떠오르는 것은 매우 곤란하고 고통스러운 일이 되기 때문이다. 그래서 이미지가 함부로 떠오르지 않게 잠금장치를 마련하는 것이다. 산다는 것은 상상을 억압하고 상상을 죽이고자 하는 투쟁이나 다름없다. 특히나 삶에서 한 경험들 중에서 마음을 주고 쓰고 그래서 마음을 다친 경험들과 관련된 이미지들은 절대 떠오르지 않게 꽁꽁 묶어놓고 숨겨놓고 닫아놓게 된다. 떠오르면 너무 아프고 고통스럽기 때문이다. 자유롭게 상상하는 예술가, 인간 영혼의 고통을 구현하는 예술가가 되기 위해서 배우는 자신 안에 있는 나를 아프게 하는 이미지들을 열고 풀어놓아야 한다. 그 이미지들이 연기할 때 가장 필요하고 가장 중요한 이미지들이기 때문이다. 자신을 아프게 하는 이미지들을 열어서 풀지 않은 채로 연기한다면 배우는 매우 피상적이고 가식적인 연기를 하게 될 것이다. 자신의 고통도 표현하지 못하면서 인간의 고통을 주된 탐구의 대상으로 하는 연기를 하겠다는 것은 위선이자 거짓된 행보이다. 상처는 내가 인간임을 말해주는 가장 분명한 증거이다. 내가 연약한 영혼과 마음을 가진 생명체임을 말해주는 증거이다. 상처는 인간의 영혼과 정신이 그 상처를 딛고 일어섬으로써 고귀하고 위대한 존재가 되게 하는 토대이다.

집중

상상은 집중력과 불가분의 관계로 연결되어 있다. 집중한다는 것은 무엇일까? 사실 우리 모두는 놀라운 집중력을 '이미' 가지고 있다. 학생 시절을 생각해 보라. 수업 시간에 강단에서 선생님이 강의를 하는 동안 딴생각을 해본 경험, 몸은 교실에 있지만 마음은 딴 데 가 있는 경험을 누구나 해보았을 것이다. 신기한 건 우리의 정신과 마음이 다른 곳에 있는 다른 무언가를 골똘히 생각하는 동안 교실이라는 환경은 희미해지고 선생님의 강의 소리도 더 이상 들리지 않는다는 것이다. 또 다른 예로, 귀에 이어폰을 꽂고 음악을 듣다가 어떤 기억이나 생각이나 상상에 깊이 빠져들게 되면 바로 귀에 꽂아둔 음악조차 들리지 않는 경험을 해보았을 것이다. 누군가 가르쳐주지 않았지만, 우리 모두는 이런 집중력을 다 가지고 있다. 어떻게 이런 놀라운 집중이 가능한 것일까?

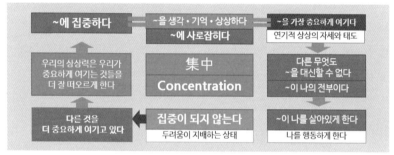

우리는 자신이 생각하고 싶은 것을 마음껏 생각할 때는 몸과 마음이 마치 딴 곳에 가 있는 듯한 집중력을 발휘한다. 그런 집중이 가능한 것은 우리가 그 순간 생각하는 것을 정말로 '중요하게' 여기고 있기 때문이다. 마치 그 순간에는 세상 다른 어떤 것도 중요하지 않은 것처럼 그것만 생각하고 있기 때문에 가능한 것이다. 따라서 '집중하다'의 다른 이름은 '**가장 중요하게 여기다**'이다. 가장 중요하게 여기기에 눈과 귀가 사로잡히고 정신이 팔리고 마음을 뺏기는 것이 바로 '집중하다'인 것이다. 상상을 한다는 것은 그와 같은 집중의 상태에서 상상하는 것에 온전히 '심취'하는 것을 의미한다. 다시 한번 강조하지만, 그와 같은 상상력과 집중력은 누구나 가지고 있다.

그렇다면, '집중이 안 된다'라는 말, 배우들이 너무나 쉽게 자주 사용하는 이 말은 진정 무슨 뜻일까? 그것은 '다른 것을 더 중요하게 여기고 있다'는 것을 의미한다. 다른 것에 신경을 쓰고 자기도 모르게 신경 쓰는 그것을 더 중요하게 여기고 있는 것이다. 배우가 다른 것을 중요하게 여기고 있는 상태는 심리적 긴장에서 자유롭지 못한 상태로 배우훈련이 제대로 되어 있지 않다는 뜻이 된다.

중요한 것을 중요하게 여기는 것이 배우의 집중이고, 우리의 상상력은 우리가 진실로 중요하게 여기는 것과 관련된 것들이 더 많이 떠오르게 하고 잘 생각나게 한다. 배우에게 상상이란 중요한 것을 중요하게 여겼을 때 저절로 떠오르는 모든 이미지를 보고 만나는 일이다. 그리고 그것이 내 눈과 몸과 소리를 통해 투명하게 드러나게 하는 일이다.

취하라

─ 보들레르

항상 취하라
그것보다 우리에게 더 절실한 것은 없다
시간의 끔찍한 중압이 네 어깨를 짓누르면서
너를 이 지상으로 궤멸시키는 것을 느끼지 않으려거든
끊임없이 취하라

무엇으로 취할 것인가
술로, 시로, 사랑으로, 구름으로, 덕으로,
네가 원하는 어떤 것으로든 좋다
다만 끊임없이 취하라

그러다가 궁전의 계단에서나
도랑의 푸른 물 위에서나
당신만의 음침한 고독 속에서

당신이 깨어나 이미 취기가 덜하거나
가셨거든 물어보라
바람에게, 물결에게, 별에게, 새에게, 시계에게,
지나가는 모든 것에게, 굴러가는 모든 것에게,
노래하는 모든 것에게, 말하는 모든 것에게 물어보라

그러면 바람이, 물결이, 별이, 새가
시계가 대답해 줄 것이다

취하라. 시간의 노예가 되지 않으려면
취하라.
항상 취해 있으라.
술이건, 시이건, 미덕이건 당신 뜻대로

환상 fantasy

상상은 현실적이고 사실적인 것에 국한된 것이 아니다. 사실 상상의
훨씬 더 크고 넓은 영역은 비현실적인 상상에 있다. 우리는 살면서 늘 현
실의 모든 벽을 뛰어넘는 상상을 끊임없이 한다. 그 상상들은 대개 '환상'
이 된다. 환상은 비현실적으로 느껴질 수도 있지만, 다른 이의 눈에는 보

이지 않을 수도 있지만, 우리는 늘 현실에 없는 것을 꿈꾼다. 그리고 지금 당장은 아닐지라도, 그 꿈은 언젠가 현실이 될지도 모른다. 환상이 있기에 우리는 인간으로서 현실에 묶이지 않는 존재가 된다. 사실 환상은 인간의 삶을 형성하는 가장 중요한 부분이다. 영화 <라라랜드>는 꿈을 꾸는 자들이 "바보"일지도 모르고 "미친 자"일지도 모르지만, "약간의 광기"가 우리로 하여금 우리의 삶을 완전히 다른 색깔로 볼 수 있게 한다고 말한다. 그래서 세상은 "광인(狂人), 시인, 화가, 배우를 필요로 한다"고 말한다. 늘 현실을 자신의 상상과 결합시켜야 한다고 말한다. **현실과 상상을 결합하는 것, 그래서 현실을 뛰어넘고자 하는 것, 그것이 인간의 삶**이라고 말한다.

캐릭터들도 자신만의 환상을 가지고 있다. 캐릭터의 환상까지 들여다볼 수 있다면, 배우에게 캐릭터는 완전히 다른 차원의 존재로 이해될 것이다. 배우들이 사실적인 연기만 하다 보면, 자신의 상상력을 현실적인 상상에만 묶어놓는 오류에 빠지게 된다. 비사실적인 작품에서 상상의 나래를 마음껏 펼치려는 노력이 따라야 한다. 그래서 사실적인 상상과 환상적인 상상의 조화와 균형을 잃지 않으려고 해야 한다. 환상에서는, 꿈과 똑같이, 모든 것이 가능하다. 논리에 얽매일 필요가 전혀 없다. 논리는 전혀 중요하지 않다. 상상은 논리를 포용하겠지만, 논리에 국한된 것이 전혀 아니다.

상상은 리얼하다

> 당신이 상상할 수 있는 모든 것들은 리얼하다.
>
> —파울로 피카소

눈에 보이는 것만이 리얼한 것이 아니다. 눈에 보이지 않는 것들이 더 리얼하다. 우리가 생생하게 상상하는 모든 것은 눈에 보이지는 않지만 눈에 보이는 것들보다 더 리얼하다. 상상은 아직 현실화되지 않은 리얼리티인 것이다. 예술은 현실보다 더 리얼한 상상에 형상을 입혀서 가시화·구체화하고자 한다. 그리고 예술이 형상화하는 모든 것은 언젠가는 현실이 될지도 모른다. 우리는 상상하기에 살아 존재한다. 자신이 상상하는 모든 것을 아끼고 사랑하도록 하자.

상상 = 가능성에 대한 믿음

소우주로서의 배우는 가능성을 믿는 자이자 꿈을 꾸는 자이다. 가능성을 믿고 꿈을 꾸기에 눈이 별처럼 빛나는 자이다. 눈이 살아있지 않은 자는 배우라고 부를 수 없다. 상상은 가능성에 대한 믿음이자 꿈꾸기이다. 상상은 집중과 믿음에서 시작되는 것이고 가능하다고 믿으면 모든 것이 가능해진다. 꿈에서는 모든 것이 가능하기에 상상은 꿈꾸기와 다름없다.

상상은 실험을 통한 탐구이다. 상상과 탐구는 가능성에 대한 믿음에서 출발한다. 가능성을 믿고 그 가능성을 실현하고자 할 때 진정한 탐구는 가능하다. 가능성을 믿지 않으면 배우의 연기는 자신이 아는 것 안에만 갇힌 자의적이고 편협한 것으로 전락한다. 아는 것, 할 수 있는 것의 범위 내에서 이루어지는 것은 예술이 아니다. 연기는 가상의 영역, 미지의 영역에서 가능성을 믿는 자들이 불확실성에도 불구하고 중단 없는 도전과 시도들로부터 찾아내고 깨달은 것들로 구성될 때 예술의 수준에 도달한다. 가능성에 대한 믿음은 극이 제시하는 전제와 조건값을 기꺼이 수용하는 것에서 시작된다.

담쟁이

저것은 벽
어쩔 수 없는 벽이라고 우리가 느낄 때
그때
담쟁이는 말없이 그 벽을 오른다.
물 한 방울 없고 씨앗 한 톨 살아남을 수 없는
저것은 절망의 벽이라고 말할 때
담쟁이는 서두르지 않고 앞으로 나아간다.
한 뼘이라도 꼭 여럿이 함께 손을 잡고 올라간다.
푸르게 그 절망을 다 덮을 때까지
바로 그 절망을 다잡고 놓지 않는다.
저것은 넘을 수 없는 벽이라고 고개를 떨구고 있을 때
담쟁이 잎 하나는 담쟁이 잎 수천 개를 이끌고
결국 그 벽을 넘는다.

　　　　　　　　　　　　　　－도종환, 〈흔들리지 않고 피는 꽃이 어디 있으랴〉

배우가 연기를 함에 있어서 먼저 가져야 하는 가능성에 대한 믿음은 다음 세 가지로 요약된다.

1. **자기 자신의 무한 가능성에 대한 믿음**

   －자기 자신이 '소우주'와 같은 존재로서 내 안에는 우주의 별만큼
   많은 이미지가 이미 들어있다는 믿음.

2. **연기를 하는 모든 순간에 캐릭터가 나이고 내가 곧 캐릭터라는 믿음**

   －연기를 하는 동안 나한테 생각나는 모든 것들, 내 안에 일어나는
   모든 일이 곧 캐릭터의 생각이고 캐릭터의 내면이라고 여기는 믿
   음. 나와 캐릭터는 분리될 수 없는 '하나'라는 믿음.

3. **상대 배우가 상대 캐릭터라는 믿음**

   －배우들은 자기 자신이 캐릭터가 되는 데에 열중할 뿐, 상대 배우를
   상대 캐릭터로 보는 상상을 게을리한다. 상대 배우를 상대 캐릭터
   라고 믿지 못하는 상태에서 배우는 절대 캐릭터가 될 수 없다.

다정

똑같은 시간에 태어나고 똑같이 생긴 두 여자가 있어요. 한 명은 폴란드인
이고 한 명은 프랑스인이고 친척도 아니고 만난 적도 없는데 서로를 느껴
요. 한쪽이 갑자기 죽으면 다른 한쪽은 영문도 모르면서 갑자기 막 눈물
터지고 (걸음을 멈추더니 손에 쥐고 있던, 영도가 뽑기 기계에서 뽑아 준
똑같은 인형 두 개를 보면서) 도플갱어, 그런 게 실제로도 있을까요?

영도

그럴 수도 있죠. (중략) 가까운 사람을 잃어보면 뭐든 믿을 수 있게 돼요.
영혼, 천국, 환생 같은 거 다! "이제 아픈 몸에서 벗어났으니까 가고 싶었
던 데 훨훨 날아다니겠지", "하늘나라에서는 먹고 싶은 거 다 먹으면서 행
복하게 지내겠지", "내가 너무 보고 싶어 하면 바람이 되어서 한 번쯤 나
를 스쳐가 주겠지"…

－〈너는 나의 봄〉 4화

"A Dream of Passion" = an Imagination of Passion

배우의 상상이 어떠해야 하는가, 배우의 상상이 어떻게 달라야 하는가를 가장 잘 집약해 놓은 표현이 <햄릿> 2막 2장에 나온다. 햄릿의 다음 대사는 메소드연기의 모든 훈련을 관통하는 원리이다.

배우란 참 엄청나단 말이야.
단지 꾸민 이야기(fiction) 속에서, **정열의 꿈(a dream of passion)** 속에서,
자신의 온 **영혼을 상상에 쏟아부으니**,
그 상상으로 인해, 얼굴은 창백해지고, 눈에는 눈물이 가득 차고,
표정은 고통으로 일그러지고, 목이 메고,
온몸의 기능이 그 상상에 형상을 입히지 않던가.

여기서 "dream"은 상상(imagination)의 다른 이름이다. 꿈에서처럼 **모든 것이 가능한 상상**을 말하는 것이다. "passion"은 몇 가지 중요한 의미를 가지는데, 첫 번째는 '집중'과 관련된 것이다. 즉 가장 중요하게 여기는, 다른 어떤 것도 중요하지 않은 상상을 의미하며, 그와 같은 상상은 배우의 상상을 **영혼의 상상("영혼을 상상에 쏟아붓는" 상상)**이 되게 한다. 영혼의 상상은 정신과 마음만의 작용이 아니라, 머릿속에서만 일어나는 일이 아니라, **신체로 그대로 드러나는 상상, 몸과 마음이 하나가 된 상상**이다. **배우의 상상은 상상만으로 몸의 변화가 일어나는 상상이어야 한다.** 상상을 표현하기 위해서 배우가 인위적으로 뭔가를 할 필요가 없다. **진정한 상상은 몸을 통해 스스로를 표현한다.** 그런 상상을 하지 못하는 배우들은 표현을 꾸미게 된다. 꾸밈을 표현이라고 착각하는 것이다. 표현은 결코

꾸밈이 아니며, 꾸밈은 결코 표현이 아니다. 상상이 그대로 몸으로 드러나지 않는다면, 아직 보호막과 갑옷을 벗지 못했기 때문이다. 보호막과 갑옷을 벗고, 상상이 가장 정직하고 아름답게 드러날 수 있게 하기 위해 지속적이고 철저한 훈련을 해야 한다. 이와 같은 영혼의 상상을 하는 배우는 최종적으로 자신의 상상을 작품의 주제, 예술적 형식·스타일과 하나로 결합시킴으로써 예술로서의 연기를 완성하게 된다.

이미지가 캐릭터들을 움직인다

눈앞에 보이는 것들을 쫓는 캐릭터들도 있지만, 중요한 캐릭터들을 움직이는 진정한 동력은 눈에 보이지 않는 것, 즉 상상의 이미지들인 경우가 훨씬 더 많다. 캐릭터의 상상이 캐릭터를 행동하게 하는 것이다. 캐릭터를 사로잡는 이미지를 파악하지 않은 채로 행하는 모든 행동은 그래서 거짓된 것이 된다.

상실^{喪失}과 상상: 잃어버린 나를 찾아서

『상실의 시대』라는 유명한 소설 제목처럼, 우리는 상실의 시대를 살아간다. 즉 산다는 것이 무언가를 잃어버리는 일이 되어버린 시대에 살고 있는 것이다. 상실로 인한 텅 빈 공허감을 안고 살아가거나, 빈 곳을 다시 채워줄 무언가를 찾아 헤매며 살아간다. 많은 사랑을 받은 영화 <국제시장>의 주인공은 잃어버린 아버지와 동생을 찾아 평생을 살아간다. 아버지의 두루마기와 동생의 찢어진 옷소매를 간직하며 평생 그들을 기억하고 생각하고 찾고 기다린다. 아버지가 돌아오실지 몰라서 꽃분이네라는 가게를 끝까지 팔지 않는다. 영화의 결말에 자신이 세상을 떠날 무렵이 되고 나서야 비로소 가게를 처분하기로 결정한다. 이처럼 많은 극에서 잃어버린 것을 찾아 움직이고 행동하는 것은 캐릭터들의 진정한 동기이자 동력이 되고 더 나아가 존재의 이유가 된다.

사라져 가는 것들을 끝내 놓지 않으려는 것도 캐릭터를 움직이는 근본적 동인이 된다. 삶의 모든 순간이 상실의 경험으로 이어진다. 테네시 윌리엄스 작품에 나오는 주인공들—<여름과 연기>의 앨머, <욕망이라는 이름의 전차>의 블랑쉬 등—은 캐릭터 자체가 사라져 가는 것들의 상징이면서 동시에 세상에서 사라져 가는 것들, 파괴되는 것들에 대한 깊은 애정을 가지고 있고 그것들을 놓지 않으려고 최선을 다한다.

무엇을 잃어버렸는지 캐릭터가 알고 있는 경우도 있지만, 생각보다 훨씬 더 자주 캐릭터들은 자신이 무엇을 잃어버렸는지도 정확히 모르면서 무언가를 찾아 헤맨다. 그와 같은 상실은 대개 아이가 사춘기를 거쳐 어른이 되어가며 잃어버린 것들이다. 그런 상실을 경험한 캐릭터들은 그것을 되찾아야만 다시 자신의 참모습을 찾을 수 있을 것 같은 무의식적 강박에 시달린다. **'무언가를 잃어버린 아이', 그것이 많은 캐릭터들의 원형(原型)인 것이다.**

갈망渴望과 상상

상상은 또한 갈망이다. 목마른 사람이 물을 바라듯이 간절히 바라고 열망하는 것이 캐릭터의 상상이다. 그래서 배우의 상상도 갈망이어야 한다.

인간은 항상 현실에 반대되는 것을 갈망한다. 없는 것을 갈망한다. 갈망하기에 상상한다. 언젠가 갈망하는 것이 현실이 될 수 있기를 바라면서 상상한다. 추운 겨울날에는 따뜻한 햇살과 봄날을 상상하고 그리워하며 더운 여름날에는 시원한 바람과 가을 하늘을 갈망한다. 단조롭고 정체된 삶에서는 변화와 모험을 갈망하고 현란하게 급변하는 삶 속에서는 안정과 평화를 갈망하게 된다. 현실에 존재하는 것에 100% 만족한다면 인간은 아무것도 상상하지 않을 것이다. 어떠한 능동적 행동도 하지 않을 것이다. 그러나 현실에 '100%'란 존재하지 않는다. 지금의 내가 절대 나의 전부일 수 없으며, 지금 나의 삶이 삶의 전부일 수 없다. 지금껏 내가 경험한 것이 내가 경험할 수 있는 것의 전부일 수 없다. 삶의 어디를 보더라도 100% 완벽한 것은 없다. 그래서 우리 모두는 현실에 없는 것, 보이지 않는 것을 끊임없이 보고 갈망하고 상상한다. 그리고 그 갈망이 갈망에 그치지 않게 하기 위해서 움직이고 행동한다.

갈망하다를 뜻하는 영어 단어 'aspire'는 옥스퍼드 영어사전에 따르면 "희망과 꿈을 성취로 향하게 한다"(direct one's hopes and ambitions towards achieving something)라는 의미를 가지고 있다. 그리고 성취를 향한 갈망은 인간을 "우뚝 솟게 한다"(rise high, tower). 즉, 갈망에는 '방향성과 목적성'이 있고 '능동적 모색과 추구 그리고 도약'의 의미가 내포되어 있는 것이다. 그렇게 갈망과 행동은 하나가 된다. 행동하지 않는다면 갈망이 아니라 부질없는 몽상(夢想)에 그치고 만다. 행동하지 않는 자는 몽상가이다. 갈망과 상상이 없다면 세상과 인간은 정지해 있을 것이다. 배우는 캐릭터가 갈망하고 상상하는 것을 찾아야 하고 그 갈망과 상상이 캐릭터를 움직이고 있다는 것을 보아야 한다.

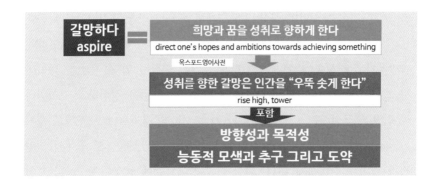

Vulnerability

연기는 반응이다. 상상도 반응이다. 살아있는 모든 존재는 끊임없이 반응한다. 반응한다는 것은 '영향을 받는다'는 것을 의미한다. 그래서 자유롭고 거침없는 상상과 반응을 위한 전제는 'vulnerability'이다. 존재하는 모든 것은 인간에게 감각적 자극이 된다. 그리고 그 자극이 영향을 주어 상상과 반응을 불러일으킨다. 자극에 영향을 받지 않는 상태, 무감각과 둔감한 상태, 갑옷과 보호막으로 자신을 가두어 놓은 상태가 상상과 반응을 막는 것이다.

상상하고 반응하는 길로 나아가는 길은 분명하다. 갑옷과 보호막을 벗고 자기 자신을 어떤 자극에도 취약한 상태로 만드는 것이다. 문제는 그것이 쉽지 않다는 것이다. 길은 분명하지만, vulnerability에 이르는 과정은 길고 고통스러운 길이다. 배우훈련은 배우를 vulnerable한 상태로 되돌리는 것이다. 그것이 배우훈련의 전부라고 해도 과언이 아니다. 도망치거나 포기하거나 중단하지 않는다면 그 고되고 고통스러운 훈련의 끝에 배우는 가장 순수하고 아름다운 자신, 모든 것을 포용하는 자신, 모든 것이 가능한 놀라운 자신을 되찾게 될 것이다. 연기하려고 하지 않고 그저 상상하고 반응하는 자신을 되찾게 될 것이다.

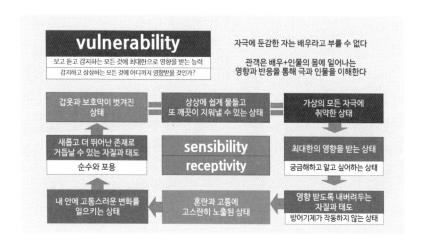

창조성에 도달하는 상상

배우의 상상은 '창조성'의 상태에 도달하기 위한 상상이다. 창조성의 상태는 의식적 노력 너머에 있는 어떤 것이다. 놀이처럼, 배우가 연기의 모든 순간을 즐기지 않으면, 연기와 관련된 모든 요소를 마음껏 가지고 놀지 못하면, 우리는 그 진정한 창조의 상태에 도달할 수 없다. 그래서 연기는 '**play**'(놀이)인 것이다. 우리가 의식적인 노력을 기울이는 것은 무의식적인 창조의 상태에 도달하기 위한 것이다. 마치 기계가 발동·시동을 걸면 이후엔 저절로 계속 움직이고 작동하듯이 말이다.

창조성의 상태는 기억의 이미지들이 자유롭게 떠오르고 상상이 저절로 일어나며 **상상이 상상을 낳는 상태**이다. 배우는 그와 같은 상상에 몸과 마음으로 반응하는 존재이다. 진정한 상상은 빛의 속도로 일어날 때에만 가능한데, 창조성의 상태에 도달하면 상상은 빛의 속도로 진행된다. <u>빛의 속도로 진행되는 상상은 배우가 의식할 수 있거나 의식적으로 조절할 수 없다.</u> 창조성의 상태는 슬픔과 기쁨이 하나로 통하는 '궁극'의 상태이며, 아무런 불안도 염려도, 주저와 부끄러움도, 자책과 자의식도 없는 상태이다. 배우가 자기 자신이 아닌, 자신의 밖에 있는 모든 것에 정신과 마음이 팔려 있고 그것들과 확고히 연결된 상태이다. 그래서 배우에게 **변화가 자유롭게 일어나는 상태**이다. 창조성의 상태에서 배우는 늘 새로운 나들을 만난다.

연기적 상상의 과정

연기적 상상은 의식적 상상에서 무의식적 상상으로 나아가 마침내 창조성의 상태에 도달하고자 하는 것이다. 연기적 상상의 시작은 항상 감각적 상상을 통한 인지·지각이다. 감각으로 인지한 것이 기억을 자극하고 이미지들을 마음속에 떠오르게 한다. 그 이미지들이 곧 연상·상상, 기억·생각이 되고 그로부터 사고의 과정이 형성된다. 이미지의 흐름과 사고의 과정에 감정이 발생한다. 사고와 감정으로부터 충동이 발생하고 캐릭터는 소리와 말 그리고 몸짓과 움직임을 통해 지각에 대한 반응으로서의 행동을 상대에게 하게 된다. 그리고 행동이 상대에게 어떤 영향을 주었는지를 예의주시하게 된다. 이 모든 과정을 ① 모르는 것을 알고자 하는 노력과 ② 상대를 변화시키려는 의지가 관장하게 된다. 이와 같은 연기적 상상의 과정에서 하나만 빠져도 기계적인 연기로 전락한다. 이 과정에 문제가 생기는 것은 배우의 어딘가가 막혀있거나 닫혀있기 때문이거나, 두려움으로 인해 다른 것에 집중해 있기 때문이거나, 상상의 연기가 아닌 외적 모방에 국한된 방식으로 연기해 온 습관과 매너리즘 때문이다.

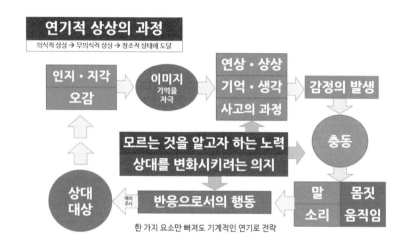

상상의 양축과 동력

살아있는 모든 인간은 두 가지 양극 혹은 상반된 양면 사이를 오가며 존재한다. 이는 우리 몸이 둘로 되어 있기 때문이다. 뇌도 심장도 폐도, 눈과 귀도, 손과 발도 둘로 되어 있다. 둘로 된 심장이 박동하듯이, 우리가 자연적으로 가지고 있는 양축·양극·양면이 생명의 시그널과 생명의 리듬을 만들어낸다. 살아있는 것은 절대 고정되거나 정지하거나 일정하지 않다. 상상도 마찬가지이다. 살아있는 상상은 양축을 오간다. 그리고 양축이 상상의 동력을 제공한다. 하나만 상상하면 동력이 생기지 않는다. 상반된 둘이 동력이 낳고 배우를 움직인다. 배우는 항상 둘을 찾고 둘을 상상하고 둘 사이를 오가야 한다. 경계의 중간에서 경계 양쪽을 상상해야 한다. 캐릭터는 극 속에서 매 순간 '~을 할까 말까', '~가 맞나 아닌가'의 양극에서 자유롭지 못하며, 양극이 내적 갈등을 발생시키고 캐릭터를 움직인다.

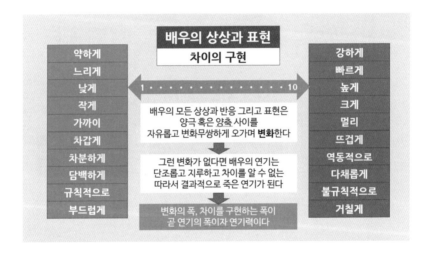

배우의 모든 상상과 반응 그리고 표현은 양축·양극·양면 사이를 자유롭고 변화무쌍하게 오가며 변화해야 한다. 그런 변화가 없다면 배우의 연기는 단조롭고 지루하고 차이를 알 수 없는, 따라서 결과적으로 죽은 연기가 된다. 관객은 '차이'를 통해서만 배우가 연기하는 것을 인식할 수 있다. 변화의 폭, 차이를 구현하는 폭이 곧 연기의 폭이자 연기력이다.

상상의 조건값

모든 상상은 조건값 하에서 이루어진다. 상상을 잘 그리고 제대로 하려면 조건값을 명확히 하여야 한다. 극이 제시하는 상상의 조건값을 스타니슬라프스키는 "주어진 환경"(given circumstances)이라고 불렀다.

극은 가상의 실험이다. 실험에는 반드시 조건값이 있어야 한다. 조건값이 바뀌면 실험의 결과가 달라진다. 조건값은 극의 전제이다. 전제에 대한 수용과 완전한 믿음만이 좋은 상상을 가능하게 한다. 전제와 조건값은 배우가 그냥 받아들이고 믿어야 하는 것들이다. 음악의 멜로디와 박자를 그대로 받아들이고 노래하는 가수처럼 말이다. 전제의 타당성을 따지느라 집중과 노력을 허비하지 않아야 한다. 극이 제시하는 조건값의 타당성을 따지느라 연기적 상상에 들어가지 못하는 배우들이 꽤 많다. 그런 '의심'의 상태는 심리적 긴장과 두려움에 사로잡혀 있는 상태에 불과하다. 순수한 배우, 훈련된 배우는 극의 전제와 조건값을 그대로 받아들인다. 아이들이 소꿉놀이를 할 때처럼 말이다.

배우는 극이 설정하는 조건값을 그대로 받아들이고 조건값 하에서 상상하고 연기하여야 한다. 두 집안 사이에 오랜 반목과 대립이 있고 로미오와 줄리엣이 서로를 보자마자 사랑에 빠진다는 조건값에서 <로미오와 줄리엣>이라는 실험은 진행된다. 왜 두 집안이 대립하는지, '왜' 줄리엣이 로미오를 사랑하는지를 물을 필요가 없다. 조건값에 들이대는 '왜'라는 질문은 진정한 동기를 찾는 '왜'라는 질문과 다르다. 조건값에 대해서 '왜'라고 묻는 것은 대부분 두려움에서 기인한 것으로 하지 않으려는 핑곗거리를 찾는 것이다.

Uniqueness와 Originality

독창성(originality)과 고유함(uniqueness)은 배우의 상상이 지향해야 하는 방향이다. 만약 배우의 상상에서 조금이라도 독창적이고 고유한 것이 없다면, 그 배우의 존재 가치는 사라질 것이다. 독창성과 고유함이 없다면 상상이 아니라 무언가에 대한 '답습'이기 때문이다. 답습은 예술이 아니다.

독창성과 고유함을 기르는 것은 매우 어렵다고 여겨진다. 하지만 생각보다 쉬울 수도 있다. 영화 <가든 스테이트>에서 샘(나탈리 포트만 扮)은 "하루 한 번 이 세상 어떤 사람도 내보지 않은 소리를 내보고 이 세상 어느 누구도 해보지 않은 몸짓을 해보라"라고 조언한다. 그런 시도를 하는 그 순간이 바로 당신 인생에서 "가장 독창적인(original) 순간"이 될 것이라고 이야기한다. 잠깐 동안만이라도 자신만의 소리와 몸짓을 시도해 보는 것, 그 시도를 중단하지 않는 것이 고유함과 독창성을 향한 쉽고 분명한 길이다.

온·오프라인으로 미디어의 강력한 지배를 받는 지금의 시대는 자신만의 소리와 몸짓이 아니라 다른 사람의 소리와 몸짓을 잘 따라 하는 것이 재주인 것처럼 여겨지는 풍토가 있다. 다들 TV에서 유명인들이 하는 말과 몸짓, 소리와 춤을 그대로 따라 하기에 여념이 없다. 그러면서 획일적으로 되어 가고 자신만의 소리와 몸짓을 잃어간다. 자신만의 소리와 몸짓을 부끄러워한다. 예술가로서 배우가 되고 싶다면 절대 '아류'(亞流)가 되어서는 안 된다. '평범·보통·적당'(mediocre)이라는 수식어는 예술가에게는 욕이나 다름없다.

예술가는 자신만의 상상을 자신만의 방식으로 표현하고 전달하는 예술가이다. 배우의 표현은 오로지 배우의 소리와 몸짓으로만 가능하기에 배우는 자신만의 상상을 자신만의 소리와 몸짓으로 드러내는 예술가인 것이다. 캐릭터를 창조한다는 것은 유일무이한 존재를 창조하는 일이다. 비슷한 유형의 캐릭터가 있을 수는 있지만 똑같은 캐릭터는 있을 수 없다. 스스로 유일무이하고 고유한 존재로서 배우는 유일무이하고 고유한 캐릭터를 창조하는 예술가이다.

자기 인식과 상상

무의식은 현실 속의 감각 자료와 상상 속의 감각 자료를 구별하지 못한다. 그렇기 때문에 머릿속에서 자기 모습을 어떻게 그리느냐에 따라 정신과 신체는 그에 맞춰 변화하게 된다. 생각하는 대로 내 모습을 바꿀 수 있는 것이다.

―『아들러의 감정 수업』

메소드연기의 감각훈련은 배우의 무의식으로 하여금 현실의 감각 자료와 기억과 상상의 감각자료를 구분하지 않고 극적 상황 속의 연기적 상상에 마음껏 자유자재로 활용할 수 있게 한다. 그래서 생각하고 상상하는 대로 메소드배우는 변화·변신할 수 있는 것이다. 메소드배우들이 변신의 귀재가 되는 중요한 원리가 여기에 있다.

"나는 원래 이러이러하다", "나는 이런 사람이야", "난 이렇게 안 해"와 같은 말들은 언뜻 보기에는 자기 인식의 말 같아 보인다. 그러나 사실은 자기 자신을 부정하고 스스로를 틀 속에 가두는 말이다. "난 재능이 없나 봐", "내가 너무 부족한가 봐"와 같은 말은 자신의 무한 가능성을 부정하는 말이다. "어려워", "모르겠어", "못 하겠어", "하기 싫어"와 같은 말은 고립과 마비와 부동을 낳는 말로 두려움이 지배하는 '절망'에 빠져있음을 드러내주는 말이다. 절망이란 다른 것이 아니라 '변화, 성장, 발전, 꿈, 가능성, 신비를 부정하는 상태'를 말한다.

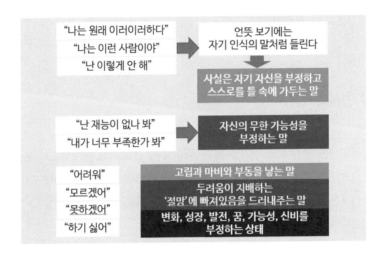

배우에게 바람직한 자기 인식은 항상 "나에게 이런 면이 있어"라고 이야기하고 그와 동시에 자신 안에 다른 면들이 얼마든지 있을 것이라는 가능성을 믿는 것이다. 캐릭터에 따라 변화무쌍하게 변화해야 하는 배우가 "나는 이러이러해"라는 고정된 자기 인식을 갖는 것은 바람직하지 못하다. "나는 얼마든지 달라질 수 있어", "나는 무엇이든 할 수 있어"가 배우에게 필요한 자기 인식이다.

나들과 나

내 안에는 '내가 아는 나'(정체성), '내가 모르는 나', '내가 부정하는 나'(반정체성), '내가 두려워하는 나', '더 큰 나', '더 아름다운 나', '초월적인 나', '사회적 가면을 쓴 나', '가식적인 나', '허위적인 나', '허영에 찬 나' 등 셀 수 없이 많은 '나'들과 이미지들이 있고, 그 모든 '나'들과 이미지들이 캐릭터가 되기 위한 나만의 상상의 재료가 된다. 내 안에 있는 모든 '나'들과 이미지들은 나만의 것이고 나만이 볼 수 있다. 타인은 내 눈을 통해서 간접적으로 들여다볼 수 있을 뿐이고, 그 이미지들이 떠올랐을 때 내 몸에 나타나는 모든 신호를 통해서 그리고 내 몸에 드러나는 빛과 색의 변화와 차이를 통해서 그리고 내 온몸이 만들어내는 울림의 차이를 통해서 추측할 수 있을 뿐이다. 나만이 나의 이미지들을 볼 수 있다는 것, 거기에 상상의 자유가 있다. 어느 누구도 나의 상상을 검열할 수 없다.

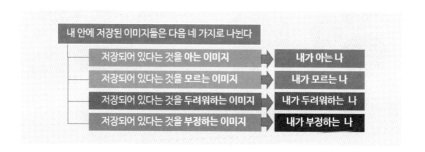

마찬가지로 나도 남의 이미지를 볼 수 없다. 다른 사람의 기억을 가지지 않는 한, 우리는 다른 사람이 될 수 없다. 자신의 눈앞에 있는 사람을 보라. 자신의 가장 친한 친구를 보라. 과연 그 친한 친구가 될 수 있는가? 내 눈앞에 있는 확실한 존재도 될 수가 없다면 어떻게 형체도 없는 캐릭터가 될 수 있다는 것일까? 배우가 캐릭터가 되는 것은 어떻게 가능할까? 캐릭터가 된다는 것이 정말 다른 사람이 되는 것일까?

캐릭터(character)라는 말은 그리스어로 '가면'이라는 뜻이다. 서양 연극의 근원은 기원전 5세기 그리스 연극에 있다. 태초에, 연기가 시작되는 시점에 '캐릭터가 된다'는 말은 없었다. 배우가 캐릭터(탈)를 '쓸' 뿐이었다. 배우가 탈을 쓰게 되면 무슨 일이 일어나는 것일까? 일상적 삶에서는 나오지 않던 '나'들이 탈을 통해서 나오기 시작하는 것이다. 극적 상황은 일상생활에서는 나오지 않던 다른 '나'들이 나오게 만든다. 그래서 다른 '나'들이 나오면서 배우가 달라지는 것이다. 그것이 곧 캐릭터가 되는 것이다. 즉, **캐릭터가 된다는 것은 배우가 캐릭터를 만나서 평소에 나오지 않던 '나'들이 나오면서 배우에게 변화가 일어나는 것**을 의미한다.

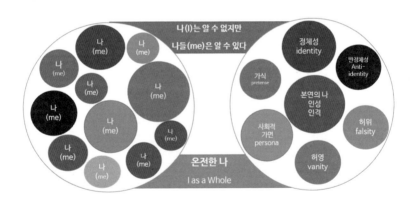

배우 자신 안에 있는 모든 '나'들이 자유롭게 나온다면 그리고 모든 이미지들이 자유롭게 떠오른다면 배우는 훈련이 되었거나 훈련이 필요 없는 준비된 상태가 된다. 그렇지 못하다면 배우는 훈련이 안 되어 있거나

훈련 부족 상태에 놓여있는 것이다. 평소에는 나오지 않던 '나'들이 나오면서 배우는 점점 더 자기 자신에 대해 더 많은 것을 알게 되고 점점 더 큰 존재가 되어간다. 보다 많은 극적 상황과 캐릭터들을 만날수록 배우는 점점 더 많은 자신을 만나게 되고 그렇게 자기 자신을 **실현**해 나가게 된다. 연기의 여정은 모든 나들을 만나고 그 모든 나들을 포용함으로써 진정한 내가 되고자 하는 여정이다. 캐릭터에 관한 이야기는 이후 「캐릭터/페르소나」 장에서 더 상세하게 살펴볼 것이다.

상반된 나들

모든 사람은 마치 낮과 밤처럼 자기 자신 안에 상반된 나들을 함께 가지고 있다. 절대 어느 한쪽만을 가지고 있는 것이 아니다. 그 각각의 나에 형용사를 붙여보자.

다음의 표에서처럼, 내 안에는 수많은 상반된 나들이 있다. 일일이 열거할 수 없을 정도로 많다. 표를 살펴봤을 때, "나에게 이런 나는 없어"라고 생각되는 나는 없을 것이다. 누구에게나 다 상반된 나들이 있다. 표에서 예를 든 나 말고도 무수히 많은 다른 나들이 있다. 이렇게 내 안에 있는 상반된 나들은 때, 장소, 상황, 상대, 상태 등등에 따라 '드러나는 나'와 '드러나지 않는 나'로 나뉜다. '많이 드러나는 나'와 '조금 드러나는 나', '거의 드러나지 않는 나', '절대 드러나지 않는 나'로 나뉜다. 캐릭터는 나에게서 거의 드러나지 않는 나나 절대 드러나지 않는 나가 겉으로 드러나게 한다. 그래서 배우가 평소의 자신과는 크게 달라 보이게 되는 것이다.

때, 장소, 상황, 상대, 상태 등에 따라서 각기 다른 '나들'이 밖으로 드러남			
용감한 나	비겁한 나	따뜻한 나	차가운 나
뻔뻔한 나	수줍은 나	불같은 나	싸늘한 나
대범한 나	소심한 나	진실한 나	거짓된 나
초연한 나	집착하는 나	친절한 나	야비한 나
똑똑한 나	멍청한 나	겸손한 나	거만한 나
힘 있는 나	힘 없는 나	현실적인 나	꿈꾸는 나
정상인 나	비정상인 나	이성적인 나	본능적인 나
아름다운 나	추한 나	자신있는 나	열등감에 싸인 나
사랑을 주는 나	사랑을 잃은 나	공격적인 나	방어적인 나
확신에 찬 나	혼란스러운 나	주체적인 나	의존적인 나

상반된 나들이 상상의 양축과 동력이 된다. 음극과 양극이 접촉하면 스파크가 튀듯이, 상반된 나들도 충돌하면서 불꽃을 일으킨다. 예를 들어 밝은 나와 어두운 나가 충돌하면서, 서로를 제압하려고 하면서, 밝음과 어두움 사이의 많은 빛깔들이 보이게 된다. 그 스펙트럼이 배우가 가진 연기적 재능이 된다. 한쪽만 가지고 있다면 그런 스펙트럼의 빛깔은 생겨나지 않을 것이다. 좋은 배우들은 항상 상반된 빛과 색과 에너지를 가지고 있다. 상반된 나들은 서로 섞이기도 하고 서로 충돌하면서 연기적 상상을 가능하게 한다.

정체성^{identity} vs 반정체성^{anti-identity}

상반된 나는 종종 정체성과 반정체성의 형태로 나타나기도 한다. 정체성(identity)이란 우리가 스스로를 "난 이런 이런 사람이야"라고 생각하고 여기는 '자아'를 가리키는 말이고, 반정체성(anti-identity)란 반대로

"난 이런 이런 사람이 아니야"라고 부정하는 억눌린 자아를 가리키는 말이다. 우리는 부정하지만 반정체성도 우리의 일부이다. 만약 우리의 일부가 아니라면 우리는 그런 사람이 되지 않으려는 노력을 애초에 할 필요가 없다. 정체성과 반정체성은 늘 충돌한다. 우리는 늘 어떠한 사람이 되고자 노력하며 살고, 또 동시에 어떠한 사람이 되지 않으려고 노력하면서 살아간다. 데클란 도넬란이 지적하듯이, 우리는 이 노력에 의식적이든 무의식적이든 엄청난 에너지를 쏟아부으며 삶을 살아간다. 이와 같은 노력은 건강한 시민으로 민주 사회와 상생의 사회를 살아가는 데에 있어 각 개인이 반드시 해야 하는 노력이다.

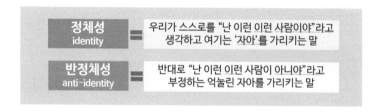

캐릭터들도 마찬가지다. 스스로 자신이 바라는 정체성을 가지고 있다고 생각한다. 그런데 극은 캐릭터의 정체성을 시험한다. 혹시나 반정체성으로 규정하고 억압하는 것이 실제로는 진짜 정체가 아닌지 극은 묻고 또 묻는다. 배우가 캐릭터를 만나 캐릭터에 대해 분석을 한다면, 캐릭터의 정체성과 반정체성에 대해서 깊이 생각해 볼 필요가 있다. 정체성과 반정체성의 충돌이 캐릭터의 행동을 결정하기 때문이다. 캐릭터들은 정체성을 유지하려고 최선을 다한다. 그 최선의 노력이 가장 좋은 울림의 소리들을 내게 한다. 그러나 극적 사건과 극적 갈등은 극이 진행될수록 캐릭터의 심신에 극도의 긴장을 불러일으키고 정체성을 뒤흔든다. 정체성이 흔들리면서 반정체성이 고개를 든다. 오셀로는 끝내 반정체성에 패배하고 만다. 다른 캐릭터들은 전혀 보지 못했던 오셀로의 반정체성을 이아고는 처음부터 본다. 이아고가 특출한 안목을 가졌다고 할 수도 있지만, 애초에 이아고는 인간 안에 정체성과 반정체성이 둘 다 있다는 사실을, 다른 사람들은 외면하고 부정하려는 사실을 그냥 받아들이고 있었기에 반대의 오셀로를 볼 수 있었을 것이다. 오셀로의 문제가 자신의 반정체성을 오만하게 부정함으로써 오히려 통제 불가능한 반정체성의 거센 역습을 초래한 것에 있다면, 이아고의 문제는 반정체성을 억누르고 정체성을 지키려는 인간의 필사적인 노력을 비하하고 조롱한 것에 있다.

뮤지컬 <지킬 앤 하이드>의 넘버 "confrontation"(직면)은 한 인간 안에서 벌어지는 정체성과 반정체성 사이의 치열한 싸움을 가장 강렬한 형태로 극화하고 있다. 하이드가 자신의 또 다른 자아임을 내내 부정하던 지킬은 작품의 말미에 하이드도 자신의 일부임을 비로소 인정하게 된다. 브레히트 작 <사천의 착한 선인>에서 셴테는 신들의 명령대로 착하게 삶을 살고자 한다. 그러나 신들이 명령한 방식대로 살다가는 생존할 수 없다는 것을 알게 되고 급기야 슈이타라는 반정체성의 캐릭터를 이끌어내어 또 다른 존재로서 이중생활을 시작한다. 극이 끝날 때 셴테는 신들 앞에서 자신이 셴테이자 슈이타임을 고백하며, 착하게 살라는 신들의 명령이 자신을 두 조각으로 나뉘게 했다고 항변한다. 이렇게 극은 캐릭터로 하여금 이중적이고 분열된 자아를 갖게 한다. 그리고 나서 극은 묻는다. 과연 그 이중성과 분열의 원인이 어디에 있느냐고 말이다. 그 원인이 개인적인 것인지 사회적인 것인지 묻는다.

영화 〈블랙 스완〉의 예

　정체성과 반정체성에 대해 선명한 인식을 제공하는 영화가 <블랙 스완>이다. <블랙 스완>에서 백조의 여왕(Swan Queen)이 되기 위해서는 백조(white swan)와 흑조(black swan)를 모두 연기할 수 있어야 한다. 그런데 주인공 니나는 백조를 연기하는 데에는 타의 추종을 불허하지만, 흑조를 연기하는 데에 큰 어려움을 겪는다. 영화는 주인공 니나가 흑조를 연기해야 하면서부터 자신에게 발생하는 이상(異常) 현상들을 추적해가다가 결국 부정하고 두려워하던 모든 것이 모두 자신의 또 다른 모습이라는 것을 깨닫고 인정하고 포용하면서 "완벽한"(perfect) 자신에 이르는 과정을 보여준다. 지킬이 결국 하이드가 자기 자신이라고 인정하는 것처럼 말이다. 다시 말해, 니나는 "흑조"라는 캐릭터를 만나 평소 자기 자신에게서는 전혀 나오지 않던 나들이 나오면서 두려워하고 혼란스러워하지만 결국 그 모든 것을 자기 자신의 일부로 포용함으로써 자기실현과 예술적 완성에 이른다. 영화의 주인공 니나는 발레리나이지만, <블랙 스완>은 배우가 캐릭터를 만나 반정체성까지 포함해서 기꺼이 자기 자신을 캐릭터에게 내어주고 캐릭터가 요구하는 가장 깊숙하고 은밀하고 위태로운 면들을 드러냄으로써 캐릭터와 하나가 되는 과정을 잘 집약하고 있다. '블랙 스완'이라는 말 자체는 '극단적으로 예외적이어서 발생 가능성이 없어 보이지만 일단 발생하면 엄청난 충격과 파급효과를 가져오는 사건'을 가리키는 용어이다. '흑조'라는 것은 존재할 가능성이 없는 것으로 여겨지지만, 일단 발견되고 나면 기존에 백조에 대해서 우리가 가지고 있는 인식을 완전히 전복하기 때문이다. 배우가 가진 반정체성은 실제 삶에서는 거의 드러날 일이 없다. 저절로 나오지도 않고 나온다 하더라도 매우 바람직하지 않다. 그런데 그런 배우의 반정체성이 캐릭터를 통해서 모습을 드러내고 나면, 관객은 '흑조'를 본 것과 맞먹는 충격에 빠지게 될 것이다.

정체성의 혼란

정체성과 반정체성의 충돌은 캐릭터들이 극심한 '정체성의 혼란'을 겪게 한다. 피하지 않고 혼란을 고스란히 거치며, 그리고 그 혼란이 낳는 고통까지 감당해내며 캐릭터들은 진정한 자신을 찾아간다. 극적 상황과 사건들은 캐릭터가 부정하거나 외면했던 자신을 마주하고 인정하고 포용하면서 완전한 자신을 되찾게 해준다. 혹은 미처 알지 못했던 새로운 나와 미지의 나를 만나서 더 큰 나로 성장하게 해준다.

발견과 포용을 통한 캐릭터의 성장·확장은 그 여정을 연기하는 배우에게도 그대로 적용된다. 배우는 캐릭터의 정체성과 반정체성을 통해서 캐릭터의 변화과정을 빠짐없이 거치면서 진정한 나, 새로운 나, 미지의 나를 찾아간다.

혼란 없이 변화는 일어나지 않는다. 혼란을 두려워하면 배우는 나아가지 못한다. 현재의 상태에 그대로 머물고 갇히게 될 뿐이다. 혼란 없이 무언가를 하고 있다면, 배우는 그저 이미 알고 있는 것과 어려움 없이 할 수 있는 것만을 하고 있을 뿐이다. 그런 연기는 전혀 연기가 아니다. '안주'에 불과하다. 캐릭터가 겪는 혼란을 받아들이고 그 혼란 속에서 자신을 기꺼이 시험할 때 배우는 늘 새로운 존재로 거듭나게 된다.

사회적 가면^{persona}과 츤데레

정체성·반정체성과 비슷하면서도 구별되는 인간의 또 다른 얼굴이 바로 사회적 가면(페르소나)이다. 페르소나는 원래 '탈', '캐릭터'란 뜻이지만, 사회적 가면이라는 강한 의미를 추가로 가지게 되었다. 사회적 가면은 인간이 공적으로 드러내는, 그래서 사람들이 자신을 어떠어떠한 사람으로 보기를 바라면서 내보이는 얼굴이다. 언뜻 생각하기에도 가식적이거나 거짓된 얼굴처럼 생각되기에, 사회적 가면은 부정적인 어감을 가지고 있다. 인간이 자신의 참모습을 사회적 가면 뒤에 숨기고 드러내지 않는다고 보기 때문이다. <지킬 앤 하이드>의 세계가 그러하다. 모든 인간이 자신의 실체를 "facade" 뒤에 철저히 가리고 있다. 그래서 <지킬 앤 하이드>의 세계는 거짓과 가식과 위선의 세계가 된다. 겉으로는 도덕적인 인간의 탈을 쓰고 있지만, 뒤에서는 모두 타락한 쾌락과 욕망만을 좇는다. 그런 표리부동(表裏不同)의 세계가 인간을 극도로 분열시킨다고 <지킬 앤 하이드>는 고발하고 있다.

하지만 사회적 가면이 반드시 부정적인 것만은 아니다. 모든 인간은 '공적인 자아'와 '사적인 자아'를 가지고 있고, 사적인 자아를 공적인 장소에서 드러내는 것은 사회적으로 부적절하고 미성숙한 행동이기 때문이다. 우리는 모두 때와 장소, 상황과 상대에 따라 다른 사람이 된다. 그것은 매우 바람직하기도 하다. 평소에는 예의범절을 크게 중요시하지 않는 사람도 공석인 자리에 나가게 되면 일정 수준 이상의 예의범절을 갖춘 사람으로 보이고 싶어 한다. 그것은 모순적일 수는 있으나 반드시 가식적이거나 거짓된 것이라고 할 수는 없다. 브레히트는 인간을 모순된 존재로 보았다.

요즘 많이 쓰는 "츤데레"라는 표현도 사회적 가면에 관한 것으로 볼 수 있다. 츤데레는 쌀쌀맞고 인정이 없어 보이나 실제로는 따뜻하고 다정한 사람을 가리키는 말이다. 겉으로 드러내 보이는 사회적 가면과는 달리 안에 든 본 모습은 반대의 얼굴을 하고 있는 것이다. '츤데레'는 그와 같은 인간을 부정적으로 인식하기보다는 긍정적으로 인식하면서 나온 말로 보인다. 자신의 마음을 있는 그대로 드러내지 못하는 것에 많은 사람이 공감하고, 심지어 그 사람을 응원하는 듯 보인다. 아쉬운 것은 왜 그 사람이 겉으로는 그런 모습을 보일 수밖에 없는지에 대해 깊이 알려고 하지 않는다는 점이다. 그냥 츤데레임을 아는 것으로, 즉 안에 악의가 없다는 것을 확인하는 것으로 그냥 안도하고 만다. 츤데레는 외강내유형의 인간이다. 전통적으로는 내강외유의 인간을 바람직한 인간으로 바라봤지만, 현대에는 외강내유의 인간을 더 높이 사는 경향이 있다.

외유내강, 외강내유, 표리부동 등의 표현은 우리가 타인과 캐릭터를 겉모습만으로 알고 이해할 수 없다고 말하고 있다. 자본주의 사회는 고도로 발전하면서 사회구성원들에게 높은 수준의 교양과 세련됨을 요구한다. 그리고 인간 안에 존재하는 무수한 면 중에 사회가 규정하는 바람직하지 않은 면들을 억압하게 된다. 그에 따라 인간의 내면과 외면이 일치하기보다는 불일치하는 괴리와 모순의 상태가 심화된다. 소위 선진국에 사는 사람들일수록 겉과 안이 불일치하는 비율이 커지고, 삶의 이면에서 욕망의 분출구와 과격한 일탈을 도모하게 되는 것이다.

그렇기 때문에 재주를 부려 외적 특징 몇 가지를 갖추고 그것으로 사람들의 눈과 귀를 현혹하면서 그것이 캐릭터라고 말하는 것은, 그리고 대사의 겉뜻만을 가지고 그 캐릭터가 어떤 캐릭터인지 단정 짓는 것은 정말 말도 안 되게 수준 낮은 연기이다. 거짓과 위선과 부정을 감추기 위한 것이든, 진심을 들키지 않기 위한 것이든, 사회적 가면 너머를 보아야 그 사람의 본 모습을 볼 수 있다. 캐릭터는 문자(대사, 텍스트)로만 존재하기 때문에, 텍스트는 사회적 가면과 마찬가지일 수 있다. 서브텍스트를 보아야 진짜 캐릭터를 만날 수 있게 된다. 겉과 속이 완전히 일치하는 인간이란 없다. 캐릭터도 마찬가지다. 들여다보고 또 들여다보아야 한다.

"너를 버려라"

연기를 시작하는 이들이 가장 먼저 듣는 말이 "너 자신을 버려라"이다. 왜 '나'를 버려야 하는지 이유도 영문도 모른 채 배우가 되고자 하는 이들은 자기 자신을 '부정'해야 하는 강압적 분위기에 놓이게 된다.

"너를 버려라"는 말은 현실이라는 굴레에 갇힌 위축되고 왜소화된 자신, 한계에 갇힌 자신, 무한 가능성을 부정하는 자신, 습관에 얽매인 자신, 고정된 자신, 변화를 거부하는 자신, 반응하지 않는 자신, 영향받지 않으려는 자신, 절망에 빠진 자신, 불투명한 자신, 스스로를 정직하게 드러내지 못하는 자신, 잘 보이려는 자신, 잘하려는 자신, 타인의 시선을 신경 쓰는 자신, 두려움에 빠진 자신, 방어기제가 작동하는 자신과 "싸우라"는 의미에서 하는 말이다. 그런데 "너를 버려라"라고 말하는 이들은 배우가 자신의 모든 것을 버려야만 캐릭터가 될 수 있고 연기할 수 있다고 잘못 말하고 있다.

"너를 버려라"	→	나를 무작정 부정하라는 말

되찾기

진정한 나	순수한 나
아름다운 나	정직하고 투명한 나
고귀한 나	상상하고 반응하는 나
무엇이든 시도할 수 있는 나	모든 것을 포용하는 나
사랑을 하는 나	위대한 나

그런 나가 되는 것을 가로막는 모든 것을 버리라는 의미

**나를 찾기 위해 나를 부정하는 것이지
나를 잃기 위해 나를 부정하는 것이 아니다**

"너를 버려라"	=	싸우라

대항

현실이라는 굴레에 갇힌 자신	절망에 빠진 자신
위축되고 왜소화된 자신	불투명한 자신
한계에 갇힌 자신	정직하게 드러내지 못하는 자신
무한 가능성을 부정하는 자신	잘 보이려는 자신
습관에 얽매인 자신	잘하려는 자신
고정된 자신	타인의 시선을 신경 쓰는 자신
변화를 거부하는 자신	두려움에 빠진 자신
반응하지 않는 자신	자의식에 휩싸인 자신
영향받지 않으려는 자신	방어기제가 작동하는 자신

배우는 자신이 삶에서 한 모든 직·간접적 경험과 역사 그리고 그것이 배우 안에 저장한 모든 이미지들을 바탕으로 해서 독자적인 상상을 하는 예술가이다. 모든 예술가는 자기 예술을 해야 한다. 남이 하는 예술을 따라 하는 존재가 아니다. 자신을 버리면 자기 예술을 할 수 없다. "너를 버리라"라는 말은 나를 무작정 부정하는 말이 아니라, 진정한 나, 순수한 나, 아름다운 나, 위대한 나, 고귀한 나, 상상하고 반응하는 나, 무엇이든 시도할 수 있는 나, 모든 것을 포용하는 나, 사랑을 하는 나를 되찾게 하는 말이 되어야 한다. 그런 내가 되는 것을 가로막는 모든 것을 버리라는 의미이어야 한다. 나를 찾기 위해 나를 부정하는 것이지 나를 잃기 위해 나를 부정하는 것이 아니다.

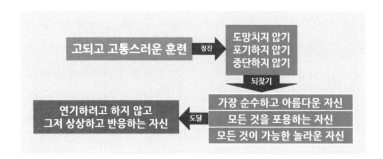

연기의 모든 순간에 머리끝에서 발끝까지 배우의 온몸과 몸소리를 통해서 드러나고 보이고 전해지는 모든 것은 배우 자신만의 것이다. 자신이 아닌 것을 가져왔다면 그것을 자기 자신과 분리될 수 없게 하나로 완전히 결합한 것이다. 그것은 아주 새로운 나이다. 여전히 나이다.

배우 자신은 세상에 하나밖에 없는 존재이다. 배우의 영혼은 단 하나의 영혼이다. 배우의 몸소리는 세상에서 하나밖에 없는 소리이다. 참으로 소중하지 않은가? 유일무이함이 배우로서 존재할 수 있는 전제이다. 그리고 유일무이한 나는 그 안에 우주의 별만큼 많은 이미지와 각기 다른 나를 가진 무한한 존재이다. 유일무이하고 무한한 존재로서 캐릭터를 맞아야 하고 그런 나와 캐릭터를 하나로 결합해서 합일의 상태에 도달하며 새로운 내가 되어야 한다. 캐릭터는 배우를 만나 늘 새롭게 태어날 운명이다. 배우도 캐릭터를 만나 새로운 나로 다시 태어나는 존재이다.

살아있는 것은 복사될 수 없다

생명을 복제하는 과학기술이 계속 발전하고 있지만, 생명은 복제될 수 없다. 생명체의 몸은 복제할 수 있을지 모르나 그 안에 깃든 영혼은 복제할 수 없기 때문이다.

배우가 자신만의 상상으로 살아있는 인간을 연기한다면 그것은 세상 어느 누구도 그대로 복제·복사할 수 없다. 배우가 상상하면서 떠올린 모든 이미지는 배우 자신만의 것이고 그 이미지들은 배우라는 유일무이한 존재의 살아있는 몸과 마음 그리고 세상에서 하나뿐인 소리를 통해서 드러나고 구현된다. 그러므로 배우가 연기하면서 드러낸 모든 것은 캐릭터이면서 동시에 필연적으로 자기 자신일 수밖에 없다. 자기 자신이 아니라면 다른 배우들이 똑같이 복사할 수 있어야 한다. 데클란 도넬란이 정확하게 지적했듯이 오로지 고정된 것, 정지한 것, 죽은 것만이 복사될 수 있다. 그러나 영혼을 가진 살아있는 인간은 절대 복사될 수 없다. 배우는 복제될 수 없다.

배우 스스로도 자신이 극 속에서 정말로 살아있는 인간으로서 보고 듣고 생각하고 상상하고 느끼고 행한 모든 것은 절대로 똑같이 두 번 재현할 수 없다. 진짜는 복사가 되지 않는다. 그래서 배우가 이전에 했던 '좋은' 연기를 기억하고 그대로 하려고 하면 절대로 좋은 연기를 다시 할 수 없다. 이전에 했던 연기가 그대로 되지 않을 때마다 배우의 집중만 깨진다. 연기가 좋았던 것은 살아있는 인간으로서 존재하며 상상만으로 살아있는 경험을 충실하게 그리고 충만하게 했기 때문인데, 그것을 그대로 재현하려고 하는 순간 생명과 삶은 사라지기 때문이다.

살아있는 인간을 연기하고자 하는 배우는 늘 처음부터 다시 상상하고 처음부터 다시 경험해야 하는 운명이다. 무대에 서는 배우는 매번 캐릭터로서 처음부터 다시 살아야 하는 운명이다. 어떤 것도 똑같이 되풀이할 수 없다. 배우가 열 번의 공연을 한다고 하면 똑같은 공연은 하나도 없다. 똑같이 하려고 해도 절대 똑같아질 수 없다. 배우는 컴퓨터가 입력해 놓은 것을 그대로 이행하는 로봇이 아니다. 대부분의 공연에서 배우가 '죽은' 연기를 하게 되는 이유는 연습한 것을 그대로 되풀이하려고 하기 때문이다. 삶은 늘 즉흥이고 재생불가이다. 관객은 살아있는 인간의 진짜 경험을 목격하고 그 경험을 함께하기 위해서 극장에 간다. 배우는 매번 캐릭터의 삶을 처음부터 다시 살아야 한다.

살아있는 인간은 그 안에 거대한 우주를 담고 있는 신비로운 존재이다. 완전한 분석과 이해가 불가능한 신비로운 존재로서 배우는 극 안에서 캐릭터를 통해 자신의 우주를 마음껏 펼치는 존재이다. 현실 속의 위축되고 한정된 내가 절대 '진정한'(authentic) 나일 수 없다. 살아있는 나가 없다면 캐릭터는 껍데기나 허수아비에 불과하다. 나를 어떻게 보느냐가 배우의 모든 연기를 결정짓는다.

층^{layers}과 결^{texture}

배우가 자기 자신으로부터 캐릭터를 빚어낸다는 것은 여러 가지 다른 나들이 층을 이루게 하고, 몇 갈래의 나들을 하나의 섬유조직처럼 엮어내는 것이다. 문제는 어떤 나를 '지배적인 나'로 삼느냐다. 그 지배적인 나가 가장 밑바탕의 층을 이루게 되거나 혹은 겉으로 가장 두드러지게 되면서 캐릭터에 대한 일차적인 선명한 '인상'을 형성하게 된다.

캐릭터의 층과 결을 형성하기 위해서는 처음부터 한꺼번에 여러 개의 나를 가지고 연기하려고 하지 말고 한 번에 하나씩 차근차근 각기 다른 나를 드러내 보고 탐색해 보아야 한다. 한 가지 나가 되어서 대사를 해보고 행동을 해보는 것이다. 그러고 나서 다른 나가 되어서 같은 대사를 다시 해보고 같은 행동을 다시 하면서 말과 행동이 달라지게 내버려두는 것이다. 이와 같은 작업이 축적되면 캐릭터의 층과 결이 저절로 형성되어 간다. 층이 많을수록, 가닥과 갈래의 숫자가 많을수록 캐릭터는 더 '깊이'와 '폭'을 가진 존재가 된다.

관객 입장에서는 배우인지 캐릭터인지 구분되지 않는 존재, 한 명의 '인간'을 만나게 되고 캐릭터의 말과 행동을 통해 그 인간의 어떤 면들을 보고 알게 된다. 그리고 배우＋캐릭터를 통해서 보이는 인간적인 면들이 자기 자신 안에도 있다는 것을 관객은 알아본다. 배우＋캐릭터는 그렇게 관객 자신의 거울 속 이미지가 된다.

모든 배우 안에는 더 크고 위대하고 고귀한 나도 있지만, 인간이기에 불완전한 나, 결함이 있는 나, 불안정한 나도 있다. 그런 나들도 캐릭터를 통해 그대로 드러내게 되면 배우가 창조하는 캐릭터는 살아있는 인간으로서 관객을 매료시키게 된다. 관객들이 자신 안에 있는 결함을 캐릭터에게서 발견하고 웃음 짓기 때문이다. 신에게 도전하는 캐릭터들조차도 인간이기에 완전하지 않고 결함을 가지고 있다. 고전 비극의 주인공들은 거의 완벽한 인간이지만 한 가지 결함 때문에 파멸한다. 결함은 인간을 인간이게 한다. 그러니 내 안에 있는 결함조차 사랑해야 한다. 그 결함은 내가 인간임을 말해주는 증거이다.

떨리는 나, 힘겨워하는 나조차도 배우를 캐릭터가 되게 하는 토대가 된다. 왜냐하면 모든 캐릭터는 극 속에서 떨고 있기 때문이고 몹시 힘겨운 것들을 감당해내야 하기 때문이다. 떨지 않는 인간은 사실 무시무시한 인간이다. 모든 초인·철인도 힘겨움을 느낀다. 그 모든 떨림과 힘겨움에도 불구하고 계속 알고자 하고 궁금해하고 행동하고자 하는 것이 바로 캐릭터이다.

본성, 인성, 인격, 성격

인간의 가장 깊은 곳에 있는 core, 그것이 인간의 본성이고 참 얼굴일 것이다. 어쩌면 우리는 타인의 본성을 완전히 볼 수 없다. 눈부신 햇빛을 뚫고 태양을 관측했을 때 우리는 흑점의 폭발이라든지 태양풍 같은 것을 포착할 수는 있어도 태양의 핵에서 어떤 일이 일어나고 있는지는 전혀 알 수 없다. 그저 표면에서 일어나는 격렬한 현상에도 불구하고 태양의 핵은 안정적이기를 바랄 뿐이다. 마찬가지로 우리는 한 인간이 외적으로 드러내는 모든 것을 감지하고 그것이 어떠한 본성에서 나왔으리라고 추측할 수 있을 뿐이다. 가진 본성에 따라 외적으로 드러나는 것이 전혀 다르기 때문에 그 차이를 보는 눈을 가지게 되면, 본성을 직접 볼 수는 없더라도 완전히 그른 것을 보지 않을 수 있는 가능성이 생겨나기는 한다. 인간과 캐릭터가 겉으로 드러내는 모든 것은 그 인간/캐릭터의 본성과 인성, 인격과 성격을 엿볼 수 있는 신호들이다. 그 신호들을 종합적으로 살폈을 때 우리는 타인과 캐릭터를 조금 더 잘 이해할 수 있게 될 것이고, 타인과 캐릭터에 대한 이해가 깊어지면 질수록 자기 자신에 대한 이해가 역으로 넓고 깊어질 것이다. 몇 가지 신호를 포착하는 것만으로 타인과 인간을 다 아는 것처럼 굴지만 않는다면 말이다.

애초에 보는 것이 가능하지도 않은데 타인의 본성을 보고자 노력하는 것이 왜 그리도 중요할까? 안 봐도, 몰라도 상관없는 것이 아닌가? 아마도 그것은, 역설적으로 들리겠지만, 인간이 자기 자신을 보고 싶어 하기 때문일 것이다. 인간은 자기 자신을 직접 볼 수 없다. 오직 자신을 비추는 거울을 통해서만 자기 자신을 볼 수 있다. 타인이 자기 자신의 거울이 된다. 영화 <아바타>의 대사처럼, "나는 너를 본다. 나는 너의 눈을 통해 나 자신을 본다." 우리 모두는 자기 자신을 직접 볼 수 없지만 알고 싶어 한다. 몹시 알고 싶어 한다. 그래서 거울을 들여다본다. 거기서 자신의 모습을 찾는다. 그 거울이 되는 존재가 타인이자 극 속 캐릭터이다. 극장과 극은 인간이 자기 모습을 볼 수 있는 거울이다. 연극과 영화는 인간이 자기 자신을 보고 싶어 하면서 태어난 예술이다. 타인의 본성을 보고 싶은 것은 자신의 본성을 알고 싶기 때문이다. 타인의 본성을 혹시라도 보게 된다면, 우리는 타인과 자신이 별개의 존재이면서도 하나로 연결된 존재임을 알게 될 것이다. 나는 혼자서 존재할 수 없기에 나의 core와 타인의 core는 어떤 식으로든 연결되어 있다.

이미지와 말

    대본 속 캐릭터는 언어로만 존재한다. 따라서 언어가 곧 캐릭터가 된다. 캐릭터의 언어를 제대로 파악하는 배우만이 캐릭터의 언어를 제대로 구사함으로써 캐릭터가 될 수 있다.

    대본에 담긴 언어는 문자가 아니라 살아있는 인간의 살아있는 말이다. 말은 이미지다. 더 정확히 말하면, 말은 이미지의 흐름이다. 그리고 그 말이 곧 캐릭터가 된다. 대본은 캐릭터에 대한 모든 정보를 캐릭터가 입 밖으로 꺼내놓은 말들에 집약하고 있다. 캐릭터의 보기, 지각과 인식, 통찰력, 상상력, 사고체계와 사고방식, 성격과 판단, 인간관과 세계관, 인성, 욕구와 욕망, 타인을 대하는 태도, 감정을 감당해내는 방식, 호흡과 심장박동 등이 모두 캐릭터가 구사하는 언어에 고스란히 담겨있는 것이다.

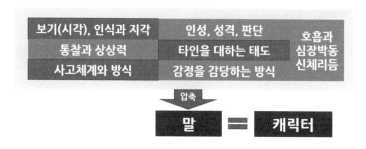

    말하기는 이미지 보기이다. 이미지를 보기에 말하기는 곧 상상하기다. 우리가 말을 할 때 이미지들이 빛의 속도로 지나가기 때문에 이미지를 보고 있다는 것을 전혀 의식할 수 없다. 하지만 이미지가 빛의 속도로 지나가지 않는다면 말을 할 수 없다. 이미지의 흐름이 말이라면, 배우에게는 다음과 같은 문제가 발생한다. 어떻게 주어진 대사를 암기해서 말하는 것에서 벗어나 빛의 속도로 이어지는 상상으로서 말하기를 가능하게 할 수 있을까?

캐릭터가 배우의 모든 나들이 드러날 수 있는 촉매가 되는 것처럼, 캐릭터들의 말이 배우 안에 있는 모든 이미지들을 불러내는 매개체가 된다. 배우가 할 일은 인위적으로 말을 만들어서 하려고 하지 말고, 그냥 캐릭터의 말에 자신의 전부를 내어주면 된다.

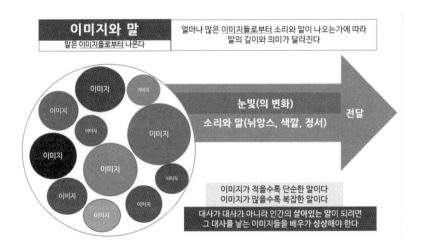

입으로 내뱉기만 한다고 말이 되는 게 아니다. 말은 이미지이기 때문에 그 이미지들이 배우의 눈을 빛나게 한다. 이미지는 에너지와 빛과 색을 가지고 있기 때문에 이미지들이 떠올랐을 때 눈빛이 바뀌고 표정이 저절로 변화하며 배우의 몸에 흐르는 에너지가 달라지고 달라진 에너지가 배우의 몸으로부터 완전히 다른 울림을 만들어낸다. 말하기란 입으로 말하기가 아니라 사실 온몸으로 말하기인 것이다. 이미지들이 배우의 몸 전체를 휘감고 그때그때 다른 신체언어와 소리언어를 만들어낸다. 보고 듣는 사람이 말을 이해하게 되는 것은 단순히 입 밖으로 나온 말만 들었기 때문이 아니라, 이미지들이 불러일으키는 모든 신체적·소리적 변화를 감지하면서 보고 듣고 알게 되는 것이다.

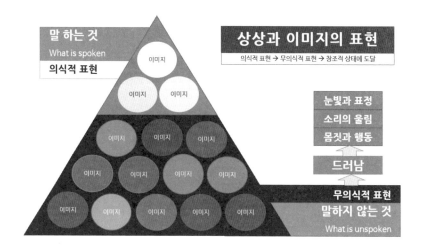

암기된 대사의 전달이 아니라 살아있는 인간의 말을 구현하려면 배우는 그 대사를 낳는 이미지들을 상상해야 한다. 그러기 위해서 배우는 대사를 들여다보면서 그 안에 담겨있는 캐릭터의 감각적 지각과 인식, 그에 따른 기억과 사연, 생각과 상상, 마음의 움직임, 가장 깊은 곳에 있는 욕구와 욕망 등을 읽어내려고 해야 한다. 그리고 의식적인 상상에서 시작해서 무의식적 상상으로 나아가야 한다. 이미지들이 알아서 샘솟는 상태로 나아가야 한다. 말하기는 극적 행동, 특히 내적 행동에서 비롯되는 것이기 때문에, 캐릭터와 관계를 맺고 있는 모든 '사이'들을 살피고 그 사이들과의 관계에서 어떤 일이 정말로 일어나고 있는지를 깊이 들여다보아야 한다. 그러면 배우 안에 있는 이미지들이, 배우가 막혀있거나 닫혀있거나 잠기지 않았다면, 알아서 빛의 속도로 떠오를 것이다. 그리고 그 이미지들은 스스로를 배우의 몸을 통해서 드러내고 표현할 것이다. 의식적인 상상은 의식적인 표현을 낳고 무의식적인 상상은 무의식적인 표현을 낳는다.

네 꿈을 펼쳐라: 상상의 연기를 향해서

상상의 연기는 처음에는 더 어려운 것처럼 느껴질지도 모른다. 그러나 상상의 연기를 일단 터득하고 나면 다른 식의 연기 접근방법보다 훨씬 더 쉽고 즐거우며, 연기를 하면 할수록 배우는 자유로워지고 아름다워지고 성장·변화하는 자신을 만나는 기쁨을 누리게 될 것이다.

상상의 연기는 내가 가진 모든 이미지들을 마음껏 펼치는 일이다. "네 꿈을 펼쳐라", 세상 누구보다 배우를 위한 말이다. 꿈은 지금의 나를 바탕으로 해서 가능한 모든 나를 어떠한 제한도 없이 그리고 거침없이 펼쳐 보이는 참으로 가슴 벅찬 상상이다.

상상 = **꿈**

상상하기는 꿈꾸기와 같다   가장 자유로운 상상, 모든 것이 가능한 상상

잠이 들면 심신의 긴장(힘)이 빠진다 → 깨어있는 동안 억눌려 있던 상상이 미친 듯이 살아난다

우리의 상상력이 우리 안에 있는 모든 이미지들을 가지고 자유롭게 시뮬레이션을 하는 것이 꿈이다

우리의 상상력은 일어날 확률이 0.00001%인 것도 반드시 시뮬레이션을 해본다

매일 밤 우리는 꿈에서 주연배우와 감독이 되어서 연극과 영화를 만든다

실제 삶에서 일어날 확률은 없지만, 그래도 우리의 상상력은 혹시라도 있을지 모르는 상황에 우리를 대비시키고자 한다

연극과 영화는 인간이 꾸는 꿈에서 탄생한 예술 → 꿈에서 우리가 경험해보지 못한 것은 없다

단지 기억하지 못할 뿐이다

의식적인 경험은 우리 안에 잘 저장되지 않는다

← 극에 나오는 모든 상황들 중에 우리가 꿈에서 경험해보지 못한 것은 없다

극히 작은 부분에 불과한 직접 경험, 의식적 경험보다 꿈에서 한 무의식적 경험이 훨씬 더 중요하다

꿈에서처럼 모든 것이 가능한 상상을 우리는 이렇게 부른다 ← 꿈에서는 모든 것이 가능하듯이, 우리는 극속에서 무엇이든 상상할 수 있다

집중과 하나된 상상 = 가장 중요하게 여기기

"A Dream of Passion" = **An Imagination of Passion**

영혼의 상상   몸과 마음과 소리에 변화를 가져오는 상상

"배우란 참 엄청나단 말이야.
단지 꾸민 이야기(fiction) 속에서, 정열의 꿈(a dream of passion) 속에서,
자신의 온 영혼을 상상에 쏟아부으니,
그 상상으로 인해, 얼굴은 창백해지고, 눈에는 눈물이 가득차고,
표정은 고통으로 일그러지고, 목이 메고,
온몸의 기능이 그 상상에 형상을 입히지 않던가."
- 〈햄릿〉, 2막 2장

정서적 반응을 불러일으키는 상상

몸과 소리를 통해 드러나는 상상

상상, 신체, 정서, 소리는 하나이다. 상상은 심신의 변화를 통해 **스스로**를 표현한다

상상에서는 모든 것이 가능하다. 모든 것이 가능할 때 비로소 **배우**라고 부를 수 있다

모두 다 사랑하리: 사랑하기에 우리는 존재한다

꿈을 펼친다는 것은 모든 상상을 사랑하는 일이다. 상상으로 만나는 모든 것을 사랑하는 일이다. 연기의 모든 순간을 사랑하는 존재, 연기를 통해 만나는 모든 것을 사랑하는 존재, 그 이름이 바로 배우이다. 사랑보다 인간을 더 고귀하고 위대하게 하는 것은 없다. 사랑을 하는 고귀하고 위대한 존재, 그 이름이 바로 배우이다. 사랑하기 우리는 존재한다. 사랑하기에 우리는 행동한다.

상상하고 반응하는 연기로 가는 길

알아서 하는 것이 아니라, 하면서 알게 되는 것이다.

1. 자신의 전 역사를 살핀다

자신을 자유롭게 하기 위해 그리고 인간을 진정으로 이해하기 위해 자신이 살아온 중요한 순간들을 상상하고 재경험하고 표현한다. 내 몸과 마음을 닫히게 · 잠기게 · 막히게 하고 고정시키는 것, 나의 상상을 억압하는 것이 무엇인지를 발견해간다. 내가 두려워하는 것이 무엇인지를 자각하고 그것과 마주한다. 그를 통해 연기가 영혼의 작업이 되게 한다.

2. 자신의 근원을 본다

자신의 삶과 행동을 결정하는 근원적 경험이 무엇인지를 깨달아간다.

그것을 바탕으로 무엇이 진정으로 캐릭터와 인간을 움직이는지 볼 수 있는 눈을 기른다. 나의 영감과 열정과 용기와 사랑의 원천이, 내 생명력의 원천이 어디에 있는지를 깨달아간다.

3. 과정에 충실한다

결과에 집착하지 않고 과정의 차이가 결과의 차이를 낳을 것이라 믿는다. 과정을 달리해서 다른 결과가 저절로 도출되도록 한다. 과정을 실험한다. 어떤 과정을 밟아가느냐가 당신이 어떤 예술가인지를 말해준다. 과정은 작품에 따라, 캐릭터에 따라 달라져야 한다. 과정은 고정될 수 없다.

4. 상상의 재료를 마련한다

상상에는 구체적인 재료가 있어야 한다. 구체적 재료가 없으면 상상은 막연한 망상에 지나지 않는다. 막연한 상상은 생동하는 진짜를 창조할 수 없다. 상상하는 배우는 자신의 인생 경험과 기억의 이미지들로부터, 삶 속에서 한 관찰과 조사로부터, 자신의 모든 환상과 공상, 몽상들로부터 상상의 재료를 마련하고, 그 재료들로 거침없이 자유자재로 아름답게 상상하고 그 상상에 반응하면서 캐릭터를 찾아간다.

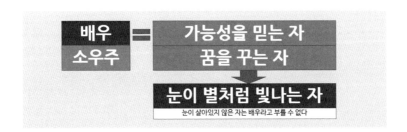

배우
소우주
=
가능성을 믿는 자
꿈을 꾸는 자
눈이 별처럼 빛나는 자
눈이 살아있지 않은 자는 배우라고 부를 수 없다

꿈은 심연의 메시지다.

Dreams are the messages from the deep.

— 영화 〈듄〉 중에서

6

배우

俳優, actor, player

크리에이터^{creator} + 인플루언서^{influencer}

배우는 자신의 영혼·정신·마음과 몸을 사용해서, 그리고 그 몸 안에 이미지의 형태로 깃든 삶의 모든 경험과 역사(기억)를 재료로 해서, 상상만으로 살아있는 인간과 생생하고 진실한 인간의 경험을 창조하는 '크리에이터'이자, 자신이 창조한 것을 기꺼이 나누어주며 관객과 시청자의 생각과 마음을 움직이는 '인플루언서'이다. 크리에이터와 인플루언서로서의 자질과 실력, 둘 다를 마땅히 갖추었을 때 배우는 비로소 진정 '배우'라는 이름을 가질 수 있다. 배우는 어떠한 경우에도 사람들이 동물원의 동물 보듯이 구경하는 그런 존재가 아니다. 무대와 화면에 등장하는 모든 순간에 배우는 '아름답게', '설득력 있게'(persuasively) 그리고 '호소력 있게'(appealingly) 관객과 시청자에게 '영향'을 주기 위해 존재한다. 관객과 시청자가 보지 못하는 것을 보고, 상상 그 이상의 것을 상상하고, 전혀 생각하지 못한 것을 생각하게 하고, 실감하지 못하는 것을 실감하게 하기 위해 존재한다.

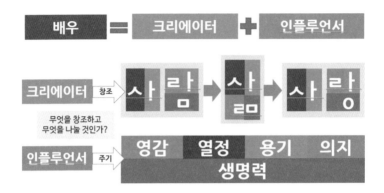

배우는 드라마 <스물다섯 스물하나>의 이진(남주혁)이 희도(김태리)를 보고 느끼는 다음과 같은 것들을 관객 + 시청자가 보고 생각하고 느끼게 하는 존재이어야 한다.

이진

그걸 사람들은 '정신력'이라고 불러. 지는 게 두렵지 않고 실패하는 걸 **겁내지 않아 하는 그 단단한 마음을 모두 갖고 싶어 한다고.** 뺏어오고 싶을 정도로 탐나. 그래서 나도 약해질 때면 네가 보고 싶은 거겠지?

모르겠어, 그냥... 네가 **노력하면 나도 노력하고 싶어져. 네가 해내면 나도 해내고 싶어져. 너는 너 말고도 다른 사람을 자라게 해.** 내 응원은 그런 너에게 보내는 찬사야. 그러니까 마음껏 가져.

— 〈스물다섯 스물하나〉 4화

배우가 제일 먼저 연기 연습해야 하는 캐릭터는 배우 자신에게 사랑·영감·열정·용기·삶의 의지를 주는 캐릭터이다. 캐릭터가 배우를 만든다. 널리, 그리고 기꺼이 나누어줄 수 있는 존재가 되기 전까지 배우는 자신을 배우라고 부를 수 없다.

배우는 창조하고 나누기 위해서 '탐구'해야 한다. 무엇을 탐구할 것인가?

時間, 空間, 人間, 그 모든 사이

본질적으로 극이라는 것은 무엇에 관한 것일까? 그 질문에 대한 답에 따라 배우가 어떤 예술가이고 무엇을 연기해야 하는지에 대한 답이 달라질 것이다. 대본의 제일 앞에는 극이 벌어지는 시간과 공간, 그리고 등장하는 인간(캐릭터)들이 반드시 명시되어 있다. 그것은 극이라는 것이 기본적으로 특정한 시간과 공간 속에서 사람들 사이에 일어나는 일을 다루고 있고, 그것을 통해 존재와 삶의 의미를 질문하거나 탐구하고 있다는 것을 의미한다.

공교롭게도 시간, 공간, 인간 모두 '간'(間, 사이·관계)이라는 공통 분모를 가지고 있다. 삶과 존재라는 것이 독자적인 것으로 규정할 수 있는 것이 아니라 오로지 사이와 관계를 통해서만 규명할 수 있음을 의미한다. 극이 설정하는 시간·공간·인간은 극 안에서의 서로의 연관과 인과 관계를 묻는 것이기도 하지만, 보다 중요하게, 극과 현실 사이, 즉 극의 시간과 현실의 시간, 극의 공간과 현실의 공간, 극의 인간과 현실의 인간 사이의 연관을 말하는 것이기도 하다. 따라서 배우라는 이름의 예술가는 시간·공간·인간에 대해 극이 부여하는 조건값 안에서 그 연관과 의미를 탐구하는 예술가인 것이다. 시공간을 자유롭게 여행하며 그 여행에서 만나는 모든 인간과 상호작용하면서 배우는 삶과 인간 그리고 존재의 조건에 대한 통찰과 진실을 탐구한다. 그래서 배우는 시간여행자다.

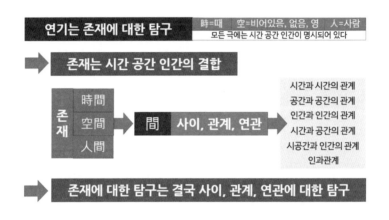

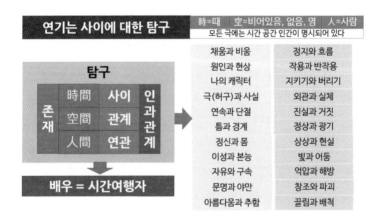

시간·공간·인간은 많은 사이와 연관들을 만들어내고 그 모든 것이 존재의 의미를 탐구하는 영역이 된다. 정신과 몸, 채움과 비움, 정지와 흐름, 원인과 현상, 작용과 반작용, 빛과 어둠, 허구와 사실, 지키기와 버리기, 외관과 실체, 연속과 단절, 끌림과 배척, 진실과 거짓, 틈과 경계, 정상과 광기, 상상과 현실, 이성과 본능, 자유와 구속, 억압과 해방, 문명과 야만, 창조와 파괴, 아름다움과 추함 등과 같은 사이에 대해서 극은 끊임없이 질문하고 문제를 제기하고 경계를 모색하기도 하고 경계를 허물고자 하기도 한다. 극중 캐릭터들이 많은 경우 '경계에 선 인간'이 되는 것도 극이 본질적으로 사이에 관한 것이고 사이가 만들어내는 경계들에 대해서 질문하고 있기 때문이다.

연극의 신 디오니소스는 사실 술의 신이 아니라 '경계를 넘나드는 신'으로서 인간이 끊임없이 만들어내는 모든 경계의 타당성에 대해 집요하게 의문을 제기하는 존재이다. 고대 그리스 신화 속에서 디오니소스는 "두 번 태어난 신", "경계를 넘나드는 신"으로서, 삶과 죽음의 경계, 문명과 야만의 경계, 남성과 여성의 경계, 인간과 짐승의 경계, 젊은이와 노인의 경계, 이성과 광기의 경계, 현실과 허구의 경계 등을 넘어서는 상징적 모습으로 표현되는 경우가 많다. 경계를 넘나들며 경계의 양쪽을 모두 보기에 디오니소스는 어쩌면 '진실의 신'이라고 불러야 할지 모른다. 경계의 한쪽만을 보는 자는 진실을 보는 자가 아니기 때문이다. 진실을 보기에 디오니소스는 예언과 치유의 능력까지 가지게 된다. 배우는 바로 디오니소스의 후계자들이다.

극이 사이와 연관, 인과관계를 탐구하면서 가장 주목하는 부분 혹은 극적 전제로 하는 부분은 바로 사이와 연관의 '끊어낼 수 없음'이다. <고도를 기다리며>의 디디와 고고가 고도를 기다리는 곳에서 떠날 수 없는 것처럼, 서로를 떠날 수 없는 것처럼, 캐릭터들은 극적 시공간과 상대와 끊어낼 수 없는 사이·관계 속에 존재한다. <레미제라블>의 장 발장과 자베르처럼, 캐릭터들은 상대 캐릭터와 운명적으로 묶여 있고 거기서 벗어날 수 없다. 사르트르가 쓴 희곡 <출구 없는 방>에서는 함께 할 수 없는 타인과 벗어날 수 없는 공간에 공존해야 한다는 것만으로 출구 없는 방은 '지옥'의 다른 이름이 된다. 끊어낼 수 없기에 그 사이·관계는 심장박동이나 생명의 시그널처럼 좋은 사이와 나쁜 사이를 오가게 된다. 좋기만 하거나 나쁘기만 한 사이는 없다. 그래서 그런 사이에 있는 캐릭터들에게는 애증이 함께 공존한다. 절대 한 가지 감정이나 태도만 존재하지 않는다. 사랑과 증오는 동전의 양면처럼 같은 것의 다른 얼굴에 불과하다. 조커는 자신을 제거하려는 배트맨을 상대하는 것이 "너무 재미있다"(so much fun)라고까지 말한다. 캐릭터들은 마치 '운명공동체'처럼 하나로 연결되어 있는 것이다.

캐릭터들은 자신을 완전히 잊어버릴 정도로 사이를 이루는(연관을 맺고 있는) 대상에 '집중' 혹은 '초집중'하고 있기 때문에, 배우가 캐릭터가 될 수 있는 길은 캐릭터 자체가 아니라 캐릭터가 초집중하고 있는 상대와 대상에 초집중할 때이다. 많은 배우들은 캐릭터가 상대에게 집중해 있는 만큼 상대 캐릭터＋상대 배우에게 집중하지 않은 채로 연기를 한다. 그와 같은 엉성하거나 느슨한 집중 상태에서 배우가 행하는 모든 것은 사실 연기가 아니다. 그저 연기를 가장한 것에 불과하다.

연기와 예술, 배우와 예술가

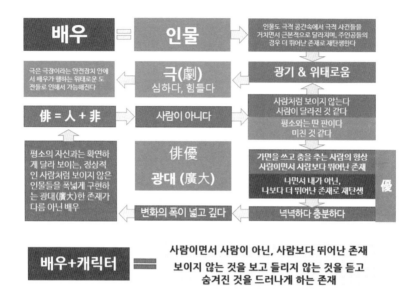

배우가 세상에 존재해야 하는 이유는 무엇일까? 세상은 왜 배우를 필요로 하는 것일까? 그에 대한 답에 따라 연기의 본질과 목적이 달라질 수밖에 없다. "연기를 하면 행복하다"라는 답은 연기가 한 개인의 취미일 때는 문제가 없는 대답이다. 그리고 연기를 시작하는 매우 타당한 동기가 될 수는 있다. 그렇지만 연기라는 예술이 다른 예술들과는 달리 배우 혼자 독자적으로는 할 수 없다는 사실, 또 연기가 성립할 수 있기 위해서는 반드시 관객과 시청자가 있어야만 한다는 사실은 배우가 되고자 하는 이들에게 자신의 정체에 대해 보다 깊은 질문을 던지게 한다. 자기 자신의 행복과 기쁨만을 추구하는 이에게 그렇게 많은 사람들이 열광하거나 사랑을 주지는 않을 것이다.

연기라는 예술이 예술성과 대중성이라는 두 축 사이 어딘가에 위치하는 연극(뮤지컬 포함), 영화, TV드라마라는 매체를 통해서 전달되다 보니, 배우의 정체성도 연예인과 예술가라는 이중적 성격을 가질 수밖에 없다. 연예(演藝)라는 말이 원래 "대중 앞에서 음악·무용·연극·쇼·만담 등을 공연하는 일. 또는 그런 재주"를 가리키는 말이기에, 배우는 '대중들에게 오락(entertainment)을 제공하는 자'의 성격을 가지게 된다. 분명 대중이 없다면 배우는 존재할 수 없을 것이다. 그러나 배우가 대중에게 오락만을 제공하는 자에 그칠 수도 없다. 사람들로부터 크나큰 사랑을 받는 배우는 그 사랑에 비례해서 무거운 책임이 따른다. 그 책임은 배우를 예술가로 향하게 한다.

무엇을 어떻게 해야 연기가 예술이 되고 배우가 예술가가 되는 것일까? 분명 연기를 한다고 모두가 다 예술가가 되는 것은 아니다. 상당한 배우들은 예술가라기보다는 연예인으로서 살아가고 있고, 배우라는 말보다는 연기자라는 이름으로 불린다. 예술(藝術)에는 동전의 양면처럼 예술적인 측면과 기술적인 측면이 존재한다. 김연아가 세계 최고의 피겨 스케이터가 된 것은 기술적 완벽함을 바탕으로 타의 추종을 불허하는 예술성을 구현해냈기 때문이다. 예술적인 면이 부족하면 기술자에 지나지 않게 되고 기술적인 면이 부족하면 아마추어에 지나지 않게 된다. 더구나 배우는 자신의 몸과 몸 안에 깃든 모든 것을 표현의 도구이자 수단으로 삼아 예술적 표현을 해야 하는 존재이기 때문에 이러한 문제가 훨씬 더 심해진다. 신체 기술만이 아니라 정신적·심리적·정서적 기술, 상상력과 언어능력까지 전문적인 수준으로 갈고닦아야 하기 때문이다.

배우의 정의 2 (서양) from 강태경, 『호모 아메리카노』, 홍문각, 2019

모든 극은 어떤 식이든 사람들(관객)로 하여금 보지 못하는 것을 보고 듣지 못하는 것을 듣게 하여, 그로부터 생각하지 못하던 것을 생각하게 하고, 알지 못하던 것을 알게 하고, 이해하지 못하던 것을 이해하게 하고, 잊어버리거나 잃어버린 것들을 되찾게 하기 위해 만들어진다. 그렇기 때문에 모든 극에는 극을 관람하고 극장을 나서는 사람들의 삶이 어떤 식으로든 달라지기를 바라는 창작자·예술가들의 마음이 담겨있다.

일찍이 아르또(Artaud)는 관객이 세뇌되고 길들여진 상태에서 어항 속 물고기와 같은 삶을 살고 있다고 보고 관객의 인식을 변화시키는 것이 자신의 예술의 목적이자 존재 이유라고 선언하였다. 그래서 <u>관객들이 자신의 연극을 싫어하게 되더라도</u> 길들여진 인식을 깨뜨리기 위해 '잔혹연극'(Theatre of Cruelty)을 주창하였다. 혹독하고 가혹한 충격 없이는 관객이 그와 같은 존재 상황에서 절대 벗어날 수 없다고 보았기 때문이다. 그는 영화 <매트릭스>의 존재 상황, 즉 사람들이 "이미지의 감옥"에 갇혀서 똑바로 보고 알지 못하는 상황에 놓여있음을 선구적으로 알았다. 아르또의 예술적 실천과 행보는 관객의 사랑만을 얻으려고 하는 많은 배우와 연출가들에게 예술의 소명과 목적에 대해 깊이 생각하게 한다.

그렇다면 배우는 관객에게 무엇을 보게 하고 무엇을 듣게 하고 무엇을 생각하게 하고 무슨 마음을 품게 하고 무슨 느낌과 감정이 들게 할 것인가? 강태경 저 『호모 아메리카노』에 따르면, 서양 연극의 시작에서 배우를 뜻하는 말은 'Hupocrites'였는데, '보이지 않는 것을 보고 들리지 않는 것을 보는 자', 그래서 '숨겨 있어서 사람들이 보지 못하는 것을 볼 수 있게 드러내는 자'라는 의미를 가지고 있다.

그 보이지 않고 들리지 않는 무언가에 '**진실**'이라는 이름을 붙여보자. 눈에 보이고 귀에 들리는 것, 겉으로 드러난 것은 '사실'이다. 사실은 언론이나 과학의 영역이다. 그러나 극은 진실에 관한 것이고 배우는 진실을 보고 듣고 관객에게 자신이 보는 진실을 보게 하는 예술가이다. (배우가 관객에게 전하고자 하는 것이 진실이 아니면 관객은 배우와 작품을 외면하게 될 것이다.) 배우는 그 진실을 어떻게 알게 되는 것일까? 배우의 보고 듣고 알고자 하는 모든 노력을 '**사유**'와 '**성찰**'이라고 부르고 그 사유와 성찰을 통해서 알게 된 것을 '**통찰**'이라고 부르도록 하자. 즉, **배우의 진실은 사유와 성찰을 통해서 깨닫게 된 삶과 인간에 대한 통찰**인 것이다. 그런데 사유와 성찰 그리고 통찰은 비단 배우의 것만은 아니다. 지식인이라면 누구나 하는 것이다. 특히 철학자들은 그것을 누구보다 더 전문적으로 하는 지식인들이다. 철학자들이나 지식인들의 성찰, 통찰과 배우의 그것은 어떻게 다른 것일까? 다를 것이 없다면 배우란 존재는 필요 없지 않겠는가?

배우의 사유과 성찰, 그리고 그로부터 깨닫게 된 통찰과 진실은 그냥 보고 듣는 것으로만 알게 된 것이 아니라, 몸소 자신의 온몸과 온 마음을 움직여가면서 깨닫게 된 진실이다. 그리고 배우는 그렇게 찾은 진실을 또한 몸소 온몸과 마음을 다해 전하는 예술가이다. 그것이 배우의 진실을 다른 어떤 진실과도 구별하게 하며, 그렇게 찾고 전하기에 배우의 진실은 관객의 '**정서적 인식**'을 가능하게 하는 진실이 된다. 즉 관객이 머리로만 알게 되는 것이 아니라, **몸으로 심장으로 영혼으로 깨닫게 되는 진실이** 되는 것이다. 정서적 인식을 가능하게 하는 진실을 전할 때 배우는 지식인과 철학자보다 더 높은 차원에 있는 예술가가 된다.

배우의 성찰과 통찰은 상상의 조건값을 설정하고, 그 조건값 속에서 몸을 쓰고 또 몸을 달리 쓰면서 깨닫게 되는 진실이며, 배우는 관객 눈앞에서 역시 몸소 상상하고 경험하면서 그 통찰과 진실을 몸과 소리를 통해 생생하고 아름답게 드러내고 전달한다. 배우가 조건값에서 빠져나오는 순간 캐릭터와 극은 사라지게 된다. 그렇기에 배우는 상상의 조건값 속에 자기 자신의 모든 것—영혼, 삶의 모든 경험(상처와 혼란의 경험을 포함)과 역사, 기억(감각적·신체적·정서적 이미지들), 몸과 마음—을 내던져 '희생'함으로써 통찰을 얻고자 하는 존재이다. 그로토프스키는 그런 배우를 '신성한 배우'(holy actor)라고 불렀다. 신성한 배우라고 불리는 존재들은 세상에서 가장 고귀한 예술가가 된다.

아름다움

아름다운 배우	배우는 일생을 통해 아름다움을 찾고 쌓아가야 한다 아름다움에 대한 탐구와 추구 없이 예술가가 될 수 없다		
자연미	완성미	육체미	운율미
순수미	세련미	야성미	율동미
단순미	균형미	백치미	곡선미
우아미	절제미	지성미	함축미
조화미	조형미	고전미	여백의 미
인간미	극치미	비장미	유종의 미
숭고미	성숙미	해학미	일체미
멋·맵시	노련미	골계미	신언서판

자기희생적 성찰과 통찰의 과정에서 배우는 '아름다움'을 찾고 추구한다. 시선의 아름다움, 생각의 아름다움, 마음의 아름다움, 눈빛과 표정의 아름다움, 소리의 아름다움, 말의 아름다움, 몸짓의 아름다움, 움직임의 아름다움, 흐름의 아름다움을 찾고 발견하고 구현하고자 한다. 그리하여 아름다움이 가장 강한 것임을 입증해낸다. 아름다움에 대한 추구와 구현은 배우의 순수한 영혼과 사랑을 담은 심장에서 비롯되는 것이다. 세상에 예술가를 가장(假裝)하는 배우는 많지만 **순수한 영혼과 사랑을 담은 심장으로 아름다움을 추구하는 예술가**는 많지 않다. 그런 예술가의 등장을 반겨야 하고 그들의 존재를 아끼고 사랑해야 한다.

아름다움에 대한 탐구와 추구 없이 예술가가 될 수 없다. 예술가로서 배우가 일생을 통해 찾고 쌓아가야 하는 아름다움은 앞과 같다.

영감과 열정과 사랑과 용기

　예술가로서의 배우는 삶과 인간 존재의 가장 깊은 **진실과 원리**를 밝히고자 하고 그것을 관객과 함께 나누고자 한다. 연기를 하는 모든 순간에, 연기를 준비하는 모든 과정에 그와 같은 노력을 중단하지 않는다. 더 깊은 진실을 더 아름답게 구현하기 위해 실험하고 시도하고 발견하고 알고 깨닫고 다시 실험하고 시도하는 예술적 과정을 중단하지 않는다. **나눔과 희생의 예술가**가 되기 위해 배우는 자신을 부정하고 다시 찾고 부정하고 다시 찾는 끊임없는 과정을 통해 자신이 관객과 나누고자 하는 것이 한치의 부끄러움도 없는 가치로운 것이 되게 하고자 한다. 어떠한 혼란과 고통도 마다하지 않으며, 어떠한 두려움에도 중단하거나 포기하지 않는다. 배우(俳優)가 되기 위해서는 '**사람이면서 사람이 아닌, 사람보다 뛰어난 존재**'로 거듭나야 한다. 왜냐하면 중요 캐릭터들이 극 안에서 그와 같은 변화와 성장의 길을 가기 때문이다. 그래서 배우는 캐릭터와 하나가 되기 위해 '**나이면서 내가 아닌, 나보다 더 뛰어난 존재**'로 거듭나기 위한 피나는·뼈아픈 **자기희생적 노력**을 마다하지 않는다. 그와 같은 노력을 통해 배우는 스스로 빛나는 존재로서, 그 빛을 세상과 사람들에게 나누어주는 예술가가 된다.

　배우들은, 배우가 되고자 하는 자들은 함께 작품을 창작하는 동안, 심지어 함께 배우훈련을 하는 동안 서로에게 **영감과 열정과 사랑과 용기를 주는 존재**이어야 한다. 함께 훈련하거나 작업하는 동료들에게조차 그와 같은 존재가 되지 못한다면, 관객에게는 더더욱 그런 존재가 될 수 없다. 배우로서의 모든 준비과정에서 서로에게 그런 존재가 되지 못한 상태로 만들어낸 모든 창작물은 거짓이다. 예술작품이 아니다.

진정한 예술은 진실을 말할 수 있는 용기가 만든다. 비록 고통스러울지라도 작가는 매우 잔인한 직업이다. 왜냐하면 다른 사람들 앞에서 자신을 드러내 민낯을 보이고 다른 사람들의 민낯도 보여주기 때문이다. 다른 사람들이 외면하는 것을 바라보는 용기가 재능의 핵심이다. (중략) 예술가의 기본 자질은 용기라고 생각한다. 물론 용기는 관객이나 독자인 예술 작품 수용자들에게도 중요한 자질이다. 비겁한 사람들이 보고 부끄러워져서 도망치게 만드는 연극을 만들어야 한다고 생각한다. 예술은 그것을 만드는 사람들이나 그것을 감상하는 사람들에게 모두 위험해야 한다. (중략) 연극은 무대 위에서뿐만 아니라 무대와 객석 사이에서도 갈등이 일어나게 할 재료들을 던져줘야 한다. 진정한 연극은 관객들 마음에 갈등을 심어주어야 한다. 진정한 예술은 우리에게 문제를 일으켜야 한다. 예술은 관객을 놀라게 하고 위험한 상황에 놓이게 해야 한다. 관객들이 가지고 있는 확신을 강화시켜 주어서는 안 된다고 생각한다. (중략) 예술에는 우리가 밤을 지새우고 꿈을 뒤흔들도록 하는 힘이 있어야 한다.

— 후안 마요르가, 〈비평가/눈송이의 유언〉 중에서

살아있음, 삶, 생명

연기는 '살아있음'을 아름답게 구현하는 예술이다. 연극이라는 예술은 'live' 공연에 근거하고 있기에 '살아있음'은 연극의 본질이 되고 따라서 연기의 본질이 된다. 그래서 예술가로서의 배우는 오로지 '삶', '살아있음', '생명'에 대해, 그리고 그와 관련된 모든 '사이'에 대해 탐구한다. 배우는 정지되고 고정되고 죽어있는 것에 생명을 불어넣어 살아나게 한다. 문자로만 존재하는 캐릭터는 정지하고 죽어있는 상태이다. 배우가 생명을 불어넣어 되살아나게 하는 것이 연기이다.

삶 속에 존재하는 살아있는 모든 존재, 절대 고정적으로 파악할 수 없고 논리적으로 완전한 분석과 설명이 불가능한 신비한 존재에 대한 관심과 사랑이 연기예술의 출발점이다. 그렇기 때문에 배우는 연기의 모든 과정, 창작의 모든 과정, 상상의 모든 과정, 소통의 모든 과정에서 죽은 것, 고정된 것, 기계적인 것, 새로움과 변화 없이 반복되는 것, 인위적인 것, 상투적인 것, 진부한 것, 가장(假裝)하고 꾸민 것, 생명과 살아있음을 부정하는 모든 것과 끊임없이 싸운다. 그 싸움을 중단한 자는 예술가가 아니다. 세상 모든 사람, 그리고 모든 캐릭터가 연습 없이 삶을 살기에 배우도 연습 없이 삶을 사는, 놀라운 즉흥의 능력을 최대한 발휘해서 연기하고자 하며, 삶과 인간에 대한 어떠한 고정적 견해도 거부하게 된다. 별들이 생성과 소멸을 거듭하며 우주가 팽창하듯이, 배우도 그저 시도와 실패의 원리에 따라 상상하고 실험하고 탐구하며 성장해간다. 삶과 살아있음과 생명력이 충만한 연기만이 관객에게 생명과 사랑을 줄 수 있다.

Re: P;T 피, 땀, 눈물

살아있음, 삶, 그리고 생명은 시간의 흐름과 공간 속에 살아 움직이는 인간이 흘리는 피와 땀과 눈물을 통해서 '가시화'된다. 배우는 인간이 흘리는 피와 땀과 눈물을 바라보고 알아볼 수 있는 **시선과 시각**을 가져야 한다. 피와 땀과 눈물을 흘리면서 살아가고자 하는 **삶의 의지와 생명력**을 알아보는 심장을 가져야 한다. 예술로서의 연기는 배우의 눈과 심장이 본 것에 대한 정직한 답(**Re:**)이다.

만약 네가 의도한 게 사람들이 등장인물들을 비웃는 거, 그게 다라면 그건 목표가 너무 낮은 거야. 배우가 해야 할 첫 번째 질문은, "나는 누구를 위해 연기하는가?"야. 넌 누구를 위해 연기하니? 관객들이 인물에 대해 우월감을 느끼고 웃게 만드는 건 아주 쉽지. 한 사람을 정해 놓고 그 사람의 가장 우스꽝스러운 면을 보는 건 아주 쉬워. 어려운 건 그 사람을 가까이서, 아무런 편견 없이, 미리 판단하지 않고 바라보는 거야. 그 사람의 논리, 상처, 작은 소망들, 절망을 찾아내는 거지. 인간의 고통이 주는 아름다움을 보여주는 거야. 그것만이 진정한 예술가의 경지야."[1]

— 후안 마요르가 작, 〈맨 끝줄 소년〉 중에서

반성反省

반성(反省)이라는 말의 사전적 정의는 '자신의 말이나 행동, 생각에 대하여 그 잘못이나 옳고 그름 따위를 스스로 돌이켜 생각하는 것'이다. 반성적 사고는 모든 지식인, 교육자, 예술가에게 요구되는 매우 중요한 능력이자 태도이다. 그런데 우리 모두에게 반성이란 학창 시절 무언가 잘못을 저질렀을 때 선생님들께 혼나듯이 강요받던 어떤 것이었다. 반성의 정확한 뜻도 모른 채, 반성하도록, 반성문을 작성하도록 강요받았다. 그러다 보니 무의식적으로 우리는 반성에 대해 거부반응을 보이거나 반성을 기피하는 성향을 갖게 된다. 이것은 매우 안타까운 일이다. 왜냐하면 반성은 배우가 됨에 있어서 가장 중요하고 강력한 '상상'이기 때문이다.

반성은 '반대로·뒤집어·거꾸로·역으로 생각하고 상상해 보는 행

---

1) 원작은 '작가'와 '글쓰기'에 대해 말하고 있지만, '작가'를 '배우'로, '글쓰기'를 '연기'로 바꾸어 보았다.

동'이다. 반성적 상상은 자신의 삶에서 실제로 일어나고 몸소 겪은 일들을 가지고 그 경험이 어떻게 달라졌을 수 있었을까를 여러 갈래로 상상하는 일이다. 판단과 선택과 행동을 어떻게 달리했다면, 삶의 경험 자체가 달라졌을지 그리고 그에 따라 자신이 삶이 어떻게 달라졌을지를 상상하는 일이다. 삶에서 자신이 내린 판단·선택·행동의 결과가 어떠했는가에 대한 정확한 인식과 판단·선택·행동이 달랐다면 삶이 어떻게 달라졌을까에 대한 상상이 결합해서 우리는 삶과 존재의 의미를 깨달아간다. 삶과 인간에 대한 깨달음도 없이 어찌 연기를 할 수 있겠는가? 극은 배우에게 반성적 상상을 요구한다. 왜냐하면 많은 극이 끊임없이 시도하고 있는 것이 삶을 기반으로 한 적극적 상상이기 때문이다. 반성적 상상은 극과 극적 인간을 이해하고 구현할 수 있는 능력을 길러주는 상상이다.

상상은 무(無)에서 이루어질 수 없다. 반드시 구체적인 재료가 필요하다. 반성적 상상은 실제 삶의 경험을 재료로 해서 하는 의미 깊은 상상이다. 실제 삶의 경험을 재료로 했기에 그 상상은 생생하고 생동하며 진실하다. 반성적 상상으로 얻은 것들은 현실에서의 경험보다 훨씬 더 소중한 의미를 가진 것이 된다.

반성은 자책이 아니다. 반성적 상상을 하지 않고 과거의 이미지에만 사로잡혀 있는 사람은 과거에 얽매인 사람이 되어버린다. 과거에서 벗어날 수 없고 따라서 현재를 살아갈 수 없는 사람이 되어버린다. 그러나 반성적 상상을 하는 사람은 과거에 속박되지 않고 현재와 미래를 능동적으로 살아가는 사람이 된다.

저항정신과 희생정신

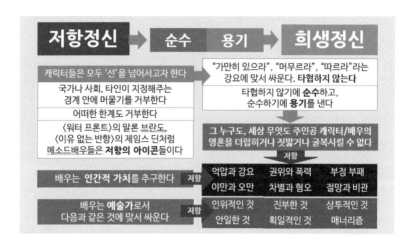

캐릭터들은 모두 '선'을 넘어서고자 한다. 극의 주인공들은 국가나 사회, 타인이 지정해 주는 경계 안에 머물기를 거부한다. 어떠한 한계도 거부한다. <워터 프론트>의 말론 브란도, <이유 없는 반항>의 제임스 딘 처럼, 메소드배우들은 저항의 아이콘들이다. "가만히 있으라", "머무르라", "따르라"라는 강요에 맞서 싸운다. 타협하지 않는다. 타협하지 않기에 순수하고, 순수하기에 용기를 낸다. 그 누구도, 세상 무엇도 주인공 캐릭터 +배우의 영혼을 더럽히거나 짓밟거나 굴복시킬 수 없다. 배우는 인간을 사랑하고 인간적 가치를 추구하기에 억압과 강요, 권위와 폭력, 부정부패, 야만과 오만, 차별과 혐오, 절망과 비관에 저항한다. 캐릭터들은 그와 같은 저항을 위해 자기 스스로를 희생하는 고귀함을 보인다. 영화 <슬로우 웨스트>의 주인공처럼, 모든 극의 주인공 캐릭터들에게는 "생존보다 중요한 것이 있다." 그것을 위해 주인공 캐릭터들은 싸운다.

만약 우리가 연극에서 잘못됐다고 판단하는 모든 것을 삶에서 제거해버릴 수 있다면, 만약 우리가 연극에서 경멸하는 모든 것을 삶에서 제거해버릴 수 있다면, 무엇이 남게 될까요? 우리가 연극에 엄격하게 요구하는 것들을 삶에는 절대로 요구하지 않을 겁니다. 하지만 연극에는 요구합니다. 진실을, 모든 진실을. 그래서 오늘 밤 우리가 본 작품은 우리 기대를 저버린 것입니다. (침묵) 그럼에도 불구하고, 우리는 계속해서 스카르파에게 모든 것을 기대하며 갑시다. 우리의 말들이 그를 실망시키지 않았으면 좋겠습니다. 스카르파가 펜을 들고, 재능 때문에 우리에게 빚진 작품을 쓰려고 하지 않으면 좋겠습니다. 하지만, 그전에 스카르파는 **자신의 관점을 교육시켜야만 할 것입니다. 더 높은 곳을 바라볼 수 있는 수준으로.** 스카르파, 가만히 침묵하세요. 모두가 움직일 때는 멈춘 사람만이 제대로 보는 법입니다. 모두가 떠들 때는 침묵하는 사람만이 제대로 듣는 법입니다. 어디로 가는지 모르면서 가는 사람들이 가는 길을 따라가려고 하지 마세요. 제대로 보기 위해서는 밖에 머물러야 합니다. 앞서서 가거나 뒤에 있어야 하지요. 한쪽에 기대거나 뛰어넘어야 합니다. 정말로 제대로 보기 위해서는 지금 여기, 현재의 흐름 한가운데 있어서는 안 됩니다. 지금 여기 있는 사람은 항상 늦는 법입니다. **현재의 흐름에서 벗어나, 감히 고독이나 조롱거리와 마주하세요. 그리고 저항하기 위한 눈을 준비하세요.**

— 스카르파, 〈비평가〉 중에서

저항: 영화 〈조커〉의 예

아서는 다른 사람들이 웃는 것에 웃지 않는다. 그들의 웃음은 잔인하다. 비하와 차별과 희롱을 그들은 웃음으로 커버한다. 그들의 웃음은 그들이 가진 비인간성의 저열한 표현이다. 병든 웃음이다. 아서가 발작처럼 웃게 되는 것은 모두 삶의 부조리함과 몰상식과 비인간성과 직면할 때이다. 최소한의 인간적 예의라는 것이 없을 때이다. 어이없음이 자아내는 아픈 웃음이다. 아서의 웃음은 역으로 그가 무척 정상적인 인간임을 말해준다. 그러나 그는 너무나 오랫동안 자기 자신에게 문제가 있는 것처럼 자신을 치료의 대상으로 바라보았다. 그것이 저들의 방식이다. 저들은 항상 우리에게 문제가 있는 것처럼 생각하게 만든다.

"The expect me to behave as if I don't."

맞고 틀리고를 정해주고, 어떻게 행동해야 하는지를 규정하고, 언제 무엇에 웃어야 하고 무엇에 웃지 말아야 할지를 정해주는 그들, 그들은 항상 우리에게 말한다. 우리가 틀렸다고 우리가 잘못됐다고 우리가 정상이 아니라고 하지만 사실 저들이 정상이 아니다. 저들이 틀렸다. 그들에게 "틀렸다"라고 말하는 자들이 나타나야 한다. 한 정치인이 촛불집회에 나온 이들을 "조폭"이라고 불렀다. 극중 토마스 웨인이 군중들을 "광대"라고 부른 것과 다름없다. 우리는 저들에 맞서기 위해서 어쩌면 "조폭"이 되어야 할지도 모른다. 조금의 인간적 존중과 배려도 없는 몰상식한 저들에게 우리는 '조커'가 되어야 한다.

광대(배우를 포함해서), 코미디언, 조커가 되기로 태어난 사람들은 어떤 사람들일까? 그들은 삶에서 무엇을 보고 생각하고 느끼기에, 다른 사람들과 달리 광대, 코미디언, 조커가 될 수밖에 없을까? 아서는 삶이 비극인 줄 알고 사람들에게 "기쁨과 웃음"을 가져다주고 싶어서 코미디언(광대)이 되려고 했더니, 삶이 어이없는 잔인한 코미디라서 조커가 된다. 아동학대를 받았음에도 불구하고, 삶에서 웃음을 잃은 사람들에게 기쁨과 웃음을 주고자 광대가 되려는 그의 마음이 짠하게 와닿는다. 하지만 세상은 아서가 광대가 되기를 허락하지 않는다. 아서는 달리 무엇이 될 수 있을까? 삶이 부조리할 때, 최소한의 인간적 예의가 없을 때, 상대방에 대한 배려가 없을 때, 우리는 절망할 수 없기에, 가만히 있을 수 없기에, 저들이 규정하는 대로 얌전히 있을 수 없기에, 살아있는 인간이기에 우리는 춤을 추며, '조커'가 된다. 조커는 인간이기를 거부하는 악의 화신이 아니라, 지독하게 인간이고자 하는 처절함이 낳은 **선의 전복적·혁명적 인간상**이다. 호아킨 피닉스가 연기한 아서 + 조커는 문제적 인간이지만 위선과 허위를 거부하는 '존엄한' 인간이다. 존엄함을 갖기 가장 어려운 캐릭터에 존엄함을 불어넣은 그의 연기에 경의를 표한다.

　이런 인간상에 반감을 갖는 이들도 많을 것이다. 누군가는 이 영화를 '불순한' 영화로 낙인찍을 것이다. 이 영화는 온순한 영화가 아니다. 정확하게 말하면 온순하기를 거부하는 영화이다. 조커의 저항 방식에 동의는 하지 않더라도 조커의 저항정신은 본받아야 한다. 저들은 우리가 그들의 노예로 머물러 있기를 바라기에 우리에게 가만히 있으라고 하는 것일 뿐이다. 저들은 우리가 온순하기를 바란다. 저들은 우리가 처신을 잘하고 있지 않은 것처럼 우리에게 처신을 잘할 것을 끊임없이 요구한다. 얌전하고 온순하게 처신하기를 요구한다. 어떠한 방식이든 자신의 방식으로 저항하지 않는다면 인간이기를 포기하는 것이 된다. 인간적인 것을 지키려고 하지 않으면서 인간적일 수는 없다. 물론 조커도 인간이기에 완전하지는 않다. 그가 죽인 사람들 중에서 유일하게 부당하다고 느껴지는 것은 이웃집 여자와 딸이다. 그것이 그가 가진 결함이고 그가 완전한 선이 될 수 없는 이유일 것이다. 그럼에도 불구하고, 그의 저항정신과 저항의 행동들을 깊이 들여다보고 생각해 보아야 한다.

사회가 조커와 배트맨을 만들어낸다. 사회가 공정하고 정의롭다면 조커와 같은 존재도 배트맨과 같은 존재도 나타나지 않을 것이다. 우리 사회가 공정하고 정의롭다면 저항하는 자들은 저절로 없어질 것이다. 그들은 누구의 사주를 받은 사람들이 아니다. 인간이기에, 인간의 양심을 가지고 있기에 우리가 살아가는 이 사회가 인간의 사회, 인간적인 사회, 가치 지향적인 사회이기를 바라고 행동하는 것이다. 우리가 꿈꾸는 세상은 저항할 필요가 없는 세상일 것이다. 데클란 도넬란이 말했듯이, "드라마는 거역하는 자를 다룬다." <조커>는 조커가 되어가는 아서라는 문제적 인간을 통해서 진정한 '선'이란 무엇인지, 문명사회에 언제나 존재해온 '저항'과 '불복종'이란 진정으로 무엇인지를 생각해 보게 만든다. 언제나 예술은 대비를 통해서 반대적인 것을 생각하게 한다. <다크나이트>에서 조커로 인해 시민들이 진정한 도덕적 행동이란 무엇인지를 깨우쳐가는 것처럼 말이다.

마지막에 아서＋조커는 진정으로 웃게 된다. 남들이 웃으라고 해서 억지로 웃는 표정을 그리는 것이 아니라, 자신의 기쁨을 더 크게 표현하고 싶어서 입속에 난 피로 더 큰 미소를 얼굴에 그리는 것이다. 삶의 시작보다 삶의 끝에 더 큰 웃음을 지을 수 있는 삶이란 어떠한 삶일까? 그것이 영화 <조커>가 던지는 마지막 질문일 것이다.

언어의 마술사 + 소리꾼

배우는 한 나라의 언어를 가장 잘 알고 가장 잘 구사하는 존재이다. 아나운서는 표준말만 하지만, 배우는 한 나라의 모든 방언까지 알고 구사한다. 국어학자는 우리말을 연구하기는 하지만 구사하지는 못한다. 극적 갈등의 대부분은 말의 대립으로 되어 있고, 말의 구사력(말발)이 캐릭터가 싸움에서 이길 수 있는 가장 중요한 능력이 된다. 그리고 배우+캐릭터의 말은 상대 캐릭터만이 아니라 관객의 생각까지 바꾸어 놓어야 한다. 따라서 배우는 모든 인간의 말을 자유자재로 구사할 수 있는 능력을 갖추어야 한다. 그래서 배우는 언어의 마술사이자 평생 소리를 탐구하는 소리꾼이다.

언어적 습관은 배우가 가진 가장 견고한 습관이다. 언어의 마술사가 되기 위해서는 자신의 언어적 습관에서 벗어나려는 끊임없는 싸움과 노력이 요구된다. 대사는 '글'이 아니라 살아있는 인간의 '말'이다. 가장 중요한 극적 행동인 캐릭터의 말은 살아있는 인간의 말이자, 미세하고 미묘한 뉘앙스를 가진 말이고, 겉뜻과 속뜻을 모두 가진 말이며, 거짓말과 진실이 뒤섞인 말이다. 그리고 성격, 관계, 상황, 상태, 때, 장소, 목적, 동기, 의도에 따라서 변화무쌍하게 변화하는 말이다. 그 모든 말을 자유자재로 아름답게 구사할 수 있는 배우는 진정 놀라운 언어의 마술사이자 소리꾼이다.

대사의 소화력과 말의 구사력에 따라서 맡을 수 있는 역할이 달라진다. 햄릿을 연기하기 위해서는 3시간이 넘는 시간 동안 햄릿의 그 많은 대사를 틀리지 않고 정확히 구사할 수 있어야 하며, 공연 내내 듣고 있기에 편안하면서도 흥미로운 역동적인 말하기 능력을 갖추고 있어야 한다. 만약 배우가 공연 시간 전체가 아니라 1시간 이하 혹은 2시간 이하 동안만 그와 같은 극적 요구를 수행할 수 있다면, 햄릿을 맡을 수도 없고, 맡더라도 역할을 제대로 수행해낼 수가 없다. 주연배우가 그 역할을 제대로 수행해내지 못하면 작품은 망하게 된다. 주연배우에 대한 관객의 관심과 집중이 멈추는 순간, 바로 그때가 극이 끝난 때이다.

신체 언어의 마술사

행동과 반응을 통해 인간을 탐구하는 배우는 신체언어를 가장 잘 구사하는 존재이다. 배우는 소리와 말의 언어만큼 다양하고 변화무쌍하고 다채롭고 역동적인 신체언어를 구사해야 한다. 그리고 꾸준히 오랜 시간에 걸쳐 신체언어의 어휘력을 쌓고 갖추고 발전시켜야 한다.

신체언어와 소리와 말의 언어는 상호보완적이다. 말이 진실할수록 신체언어는 줄어들며, 입으로 말을 하지 않을수록 신체언어가 중요해진다. 캐릭터는 정지와 움직임의 대비, 위치, 거리, 속도, 높낮이, 시선, 각도, 터치와 컨택트, 자세와 제스처, 걸음걸이, 동작, 활동, 행동 등의 신체언어로 끊임없이 말하며 자신을 드러낸다. 그 모든 신체언어의 미묘한 뉘앙스를 배우는 몸으로 선명하고 아름답게 구현해낸다.

캐릭터로 '변신'한다는 것은 '몸이 바뀐다'는 것을 의미한다. 몸이 바뀌는 일은 너무나 어려운 일이다. 캐릭터의 신체를 정교하게 상상하고 달라진 몸이 완전히 새로운 자신의 몸이 되게 하여야 한다. 몸이 달라지면 호흡과 소리가 달라지며, 감각도 생각도 마음도 감정도 달라지고, 그 모든 것을 드러내는 방식과 태도가 달라진다.

관객은 배우+캐릭터의 몸으로 드러나는 것들만 시각적으로 인식할 수 있다. 몸으로 드러나지 않으면 관객이 볼 수 없고 따라서 알 수 없다. 잘못된 몸 쓰기는 그릇된 신체언어를 전달함으로써 관객의 이해를 방해한다. 오랜 신체훈련을 통해서 습관적인 몸 쓰기, 고정되고 한정된 몸 쓰기, 잠긴 몸, 반응하지 않는 몸에서 벗어나야 하고, 상상에 즉각 반응하는 몸을 만들어야 한다. 캐릭터의 신체언어는 가장 중요한 시각적 언어이다. 신체 자체가 곧 캐릭터이다.

실수가 나를 움직인다

　우리는 모두 실수를 하고 실수를 통해서 성장한다. 자책하지 말고 계속 실수하고 계속 움직이는 것이 살아있는, 살아가는 길이다. 결과를 만들어내려고 하지 말고, 도전과 실패를 통해 발견과 깨달음을 얻어 가며 깨달음으로부터 변화를 추구한다.

　실수 없는 절대성은 있을 수 없다. 나는 지구의 극점과 자석의 극점이 서로 차이가 있다는 사실에 매료되었다. 북극은 진북이 아니라 약간의 각이 벌어져 있다는 사실! 다행히도 이런 차이가 존재한다. 실수는 용납될 수 있을 뿐만 아니라 삶을 지속하는 데 필요한 것이기도 하다. 그러나 그 실수가 너무나 중대한 것이라면 예외다. 너무 큰 실수는 파멸이다. 반면 작은 실수는 존재성 향상을 위한 필수 요소다. **실수가 없다면, 더 이상 움직임도 없다. 그것은 죽음이다!"**

― 자크 르콕, 『몸으로 쓰는 시』 중에서

이진

　할 수 있다는 말이, 힘내라는 말이 오히려 힘에 부칠 때가 있습니다. 못해도 되고 실패해도 괜찮은 세상을 우린 아직 배운 적이 없는 것 같습니다. 그래도 할 수 있는 만큼은 해봅시다. 최선은 다해 봅시다. 다만 바랍니다. 실패하더라도 다시 일어설 수 있는 단단한 마음은 이미 우리의 편이기를.

― 〈스물다섯 스물하나〉 5화

이진

　너는 평가전에 나온 선수 중에 가장 많이 져 본 선수야. 진 경험으로 넌 지금까지 계단을 쌓아 올린 거야. 생각해 봐. 이제 네 계단이 제일 높다? 천천히 올라가서 원하는 걸 가져.

— 〈스물다섯 스물하나〉 4화

안전한 곳에 머무르고 있으면 성장할 수 없다. 실수와 실패가 배우를 성장시키고 배우를 가장 높은 곳으로 솟아오르게 한다. 예술가가 되고자 하는 배우에게는 오로지 중단 없는 시도만 있을 뿐이다. 계속 꿈꾸고 꿈꾸는 곳으로 나아가고자 할 뿐이다.

희도

난 26등이잖아. 현실적으로 내가 평가전에서 1등을 꿈꾸는 게 말이 안 돼.

이진

근데 넌 꿈꾸잖아.

희도

그치. 난 꿈이 이루어지지 않아도 실망하지 않거든.

— 〈스물다섯 스물하나〉 4화

꿈꾸기와 시도 그리고 실패는 배우에게 아주 단단한 마음을 준다. 그 단단한 마음이 예술가가 되고 중요한 캐릭터가 됨에 있어서 중요한 토대가 된다.

희도

맞아, 백이진. 그 단단한 마음은 이미 우리의 편이야. 그러니 우리 힘들 때는 마음껏 좌절하자. 실컷 슬퍼하자. 그리고 함께 일어나자. 함께 있지 않더라도 함께 일어나자. 내가 너에게 다시 일어설 수 있는 그 단단한 마음이 될게. 꼭 그렇게 만들게.

― 〈스물다섯 스물하나〉 4화

주연배우의 지향점

주연배우는 극을 끌고 가는 힘을 가지고 있어야 한다. 즉, 극이 끝날 때까지 관객으로 하여금 주연배우 자신에게 집중하고 매료되게 할 수 있는 힘을 가져야 한다. 무대 위나 스크린 속에 등장해서 아무것도 안 하고 있더라도 관객이 주연배우에게서 눈을 뗄 수 없을 때, 주연배우가 그런 힘을 가졌다고 말할 수 있다. 무대 위에서는 세상을 호령할 듯한 에너지가 소리를 통해 온 극장을 휘감아야 하고, 스크린 상에서는 거대한 바다와도 같은 깊은 내면의 힘이 바이브가 되어 화면 밖으로 뻗어 나와야 한다. 그와 같은 힘을 갖지 못한 배우가 주연이 된다면 그 극은 이미 실패를 예고하는 것이나 다름없다. 주연배우에게 사로잡히지 않은 채로 관객이 극에 각별한 관심을 보이거나 전폭적인 지지를 보내는 경우는 없기 때문이다. <하우스 오브 구찌>에서 알 파치노와 제레미 아이언스가 화면에서 사라지고 나서 주연을 맡은 아담 드라이버와 레이디 가가 그리고 자레드 레토는 관객을 전혀 사로잡지 못했다. 그들이 연기한 캐릭터들은 전부 맥없고 실없고 깊이 없고 매력 없는 못난 인간에 불과했다. 내면적 깊이와 힘 그리고 매력이 결여된 캐릭터들에게 관객이 감정이입도 동정도 하지 못하면서 극은 무용한 것이 되어버렸다.

주연배우는 관객에게 '선망의 대상'이 된다. 그래서 우아함을 가진 아름다운 배우가 되어야 한다. 주연배우는 '과감한 시도와 파격'을 마다하지 않는다. 예술가로서 배우는 위험을 무릅쓴다("As an artist, I take risks"). 그래서 '변화하는 배우', '자유로운 배우'가 되어야 한다. 그리고 주연배우는 관객과 시청자가 자기 자신과 '동일시할 수 있는 존재'이어야 한다. 그래서 '인간적인 배우'이자 '휴머니스트'가 되어야 한다. 주연배우는 이 모든 역할을 해낼 수 있을 때 극의 중심이 되는 창조적 예술가가 된다.

극의 주인공들은 인간이기에 가지는 연약함에도 불구하고 절대 지울 수 없는 '빛'과 '강함'을 가지고 있다. 그 빛과 강함은 극적 환경이 거칠고 암울할수록, 삶의 시련과 역경이 거셀수록 더 빛을 발한다. 그 빛과 강함이 주인공 캐릭터가 가진 남다른 '생명력'이 된다. 그래서 주인공 캐릭터들은 한결같이 "진흙 속 진주" 혹은 "모래 속 다이아몬드" 같은 존재가 된다. 그 빛과 강함은 어느 누구도 그리고 세상 무엇도 주인공 캐릭터의 영혼을 짓밟거나 꺾거나 더럽힐 수 없다는 강렬한 인상을 준다. 그와 같은 빛과 강함을 가지고 있을 때 배우는 주인공 캐릭터를 맡아서 연기할 수 있다. 그 빛과 강함이 있어야 주연배우가 될 수 있는 것이다.

All-round-player

이와 같은 소명이 요구하는 모든 역할을 거침없이 자유롭게 그리고 아름답게 해낼 때 배우는 비로소 player가 된다. 연극도 대본도 연기도 놀이도 모두 play이다. 그래서 배우는 그 모든 play를 하는 **all-round-player**이어야 한다. 모든 것이 가능한 놀라운 존재, 그것이 바로 배우이다.

자기실현

　all-round-player가 되는 과정은 배우가 자기실현을 향해 나아가게 한다. 삶에서 완전히 나 자신일 수 있다고 생각한다면, 세상 어느 누구도 연기를 하고자 하지 않을 것이다. 연기를 하고자 하는 모든 이들은 삶 속에서 현재의 자기 자신이 절대 자신의 전부일 수 없다고 생각하고, 자기 자신을 찾고 만날 수 있는 장(場)을 찾아 나서게 된다. 완전한 자기 자신을 찾는 것이 곧 자기실현이고 연기는 바로 그와 같은 자기실현의 장을 제공한다. 우리 모두는 정신적·심리적·정서적·신체적으로 억눌린 채로 제한된 영역과 폭 안에서 감추고 참고 억압하는 행동들을 하며 삶을 살아가기 때문에, 그와 같은 존재 상황이 자신을 위축시키고 왜소한 존재로 만든다. 존재의 답답함과 가벼움이 늘 마음을 괴롭힌다. 하지만 연기의 장, 무대는 가상의 극적 환경과 극적 사건 그리고 캐릭터라는 '안전장치'를 통해서 드러내고 표현하는 행동을 허용하고, 드러내고 표현하는 '용기'는 우리를 자유롭게 하여 본래의 나를 되찾게 해준다. 극과 캐릭터는, <유리동물원>의 톰이 말하듯이, 우리를 가슴 뛰는 '모험'의 세계로 인도하며 평소에는 나에게서 드러낼 수 없는 나들을 드러낼 수 있도록 도와준다. 고귀하고 위대한 인물, 인간보다 뛰어난 존재들을 연기하면서, 배우는 나보다 더 큰 나, 더 아름다운 나가 되어간다. 인간 이하의 인간, 짐승보다 못한 인간을 연기하면서, 두려워하고 부정하던 자신의 어두운 면들을 건강하게 마주하고 드러낼 수 있게 된다. 나의 모든 것을 포용하고 통합하면서 나는 완전해진다. 그리고 포용은 순수의 행동이기 때문에 포용을 통해서 우리는 자신의 순수성을 되찾게 된다. 부정하고 부인하고 거부하고 배척하는 것은 순수성을 잃어버린 인간의 행동이다. 나의 순수성을 부정하게 되면 나는 가장 나답지 못한 나가 되어버린다. 우리는 연기를 통해서 분열되고 파편화되고 부정하고 외면하며 도망치는 존재에서 자신의 모든 것을 포용하고 마주하고 인정하고 사랑하는 존재, 다시 무한한 꿈을 꾸는 존재로 탈바꿈하게 된다.

배우의 실존적 투쟁: 영화 〈버드맨〉의 예

〈버드맨〉은 표면적으로는 왕년에 슈퍼히어로 영화에 출연했던 성공한 유명 연예인이 연극을 통해서 자기 자신을 되찾아가는 이야기이다. 그러나 영화 〈버드맨〉에는 표면적인 이야기 아래로 현대인의 삶에 관한 너무나 많은 이야기가 담겨 있다. 슈퍼히어로 영화인 줄 알고 〈버드맨〉을 봤던 관객들은 "미리 알지 못해서 좋았던 점"(예기치 못한 무지의 미덕)들을 발견하게 된다.

〈버드맨〉은 "문화적 대학살"을 자행하고 있는 슈퍼히어로 영화들에 대한 직접적인 반발이자 도전이다. 그러면서 진정한 영웅과 정의는 슈퍼히어로 영화 안에 존재하는 것이 아니라, 삶 속에 존재해야 함을 역설하고 있다.

또한 〈버드맨〉은 말로써 사람들을 규정하고 재단하고 판단하는 "해파리"들의 세계 속에서 "독수리"가 되고자 하는 남자의 이야기이자, 미지의 세계를 동경하고 그것을 몸소 끝까지 알려고 하는 이카루스가 되고자 하는 인간의 이야기이며, 진실을 가장한 허위의 세계 속에서 진짜가 되고 싶어 하는 사람의 이야기이다.

리건 톰슨은 영화배우로서 한창 잘나갈 때 〈버드맨4〉 계약을 거부했다. 그가 왜 영화배우이기를 거부했는가에 대해서 우리는 곰곰이 생각해 보아야 한다. 리건 톰슨은 영화배우로서 예전의 인기를 누리지 못해서 지금 연극을 하고 있는 것이 아니다. 그는 다시 영화판으로 돌아가고자 하지 않는다. 성공에 도취해 술과 마약에 찌들어 폭력을 일삼던 영화배우/스타로서의 지난날의 타락한 자신을 버리고, 배우로서 자신을 처절하게 정화시키고자 한다. (그는 실제로 영화 안에서 발가벗겨진다.)

그래서 내린 선택이 처음 자신에게 배우가 되겠다는 결심을 갖게 한 레이먼드 카버의 작품을 스스로 각색해서 연극으로 만들기로 한 것이다. 배우로서의 초심을 되찾기 위해서 말이다. 돈과 성공에 취해 사랑하는 이들을 팽개쳤던 자기 자신을 리건은 용서할 수 없었다. 그래서 그가 선택한 연극이 <사랑에 대해 말할 때 우리는 무엇을 말하는가>이다. 리건은 사랑에 관한 연극을 하면서 사랑을 되찾고자 한다. 왜냐하면 우리는 사랑하기에 존재하기 때문이다.

사랑에 대해서 말로만 떠드는 사람들에게 진정한 사랑은 무엇인지를 생각하게 하는 연극, 사랑 없이 우리는 존재할 수 없음을 깨닫게 하는 연극을 리건은 하고자 한다. 그가 연극 안에서 들려주는 '교통사고를 당한 노부부'에 대한 이야기, 목을 다쳐서 고개를 돌려 바로 옆에 누워있는 사랑하는 아내를 볼 수 없었던 남편의 이야기는 그래서 깊은 여운을 남긴다.

영화의 엔딩은 손쉬운 해석을 벗어나 있지만, 분명한 것은 리건이 사랑하는 딸 샘에게 웃음과 사랑을 되찾아 주었다는 것이다. 아마도 그것이 리건이 다른 무엇보다도 원하던 바일 것이다.

영화 <버드맨>의 기본 골격은 셰익스피어의 <맥베스> 5막 6장에 나오는 유명한 독백에 근거하고 있다. 많은 위대한 셰익스피어 배우들이 사색적으로 혹은 관조적으로, 담담하게 때론 음울하게 되뇌어온 이 독백을, 영화는 뉴욕시 브로드웨이 밤하늘에 쩌렁쩌렁하게 울려 퍼지게 하고 있다. 인생은 연극이고 우리에게 한정된 시간을 우리가 아등바등하며 살아간다고 하더라도, 인간의 영혼은 결코 패배하지 않을 것임을 외치는 것 같다. 우리를 섣불리 규정하려는 세상에 맞서는 실존적 외침과 싸움, 이것이 영화 <버드맨>을 시종일관 떠받치고 있는 토대이다.

　마지막으로 영화 <버드맨>은 배우들, 배우가 되고자 하는 이들에게도 따끔한 일침을 가한다. 마이크 샤이너를 통해서 리얼한 연기에 대한 배우들의 잘못된 의식을 꼬집는다. 무대에서의 진실을 찾는다면서, 진짜로 술을 마시고 진짜로 섹스하려고 하는 것은 리얼한 연기와는 아무 상관이 없는 것이다. 배우들의 연기가 예술이 되는 것은 상상을 통해서 리얼함을 성취했을 때이다. 실제로 술을 마신다면 그것은 연기가 아니라, 그냥 술을 마신 것이다. 그것은 예술의 정반대 편에 위치한 가장 저급한 행위에 지나지 않는다. 그것은 메소드연기와도 아무 상관이 없다. 메소드연기는 전적으로 '상상의 예술로서의 연기'를 위한 것이다.

　그리고 무엇보다 중요한 것은, 배우들이 치열하게 탐구해야 하는 리얼함이란 술이나 섹스에 관한 것이 아니라, 인간 영혼을 들여다보는 것이다. 얼마든지 가장해도 되는 것들에 쓸데없이 집착하는 배우들은 탐구해야 할 본질을 잃어버린 불쌍한 존재들이다.

경계를 넘나들기

　배우는 자유롭게 경계를 넘나드는 존재이다. 매체와 매체를 넘나들고, 장르와 장르를 넘나들고, 시공간을 넘나들고, 캐릭터와 캐릭터를 넘나들고, 생각과 생각을 넘나들고, 마음과 마음을 그리고 감정과 감정을 넘나들고, 의식과 무의식을 넘나드는 존재이다. 그렇기에 배우는 경계의 한쪽에만 머무르거나 한 곳에·하나에 고정되어 있을 수 없다.

고정된 시각과 표현방식으로는 캐릭터를 구현할 수 없다. 고정된 방식으로 하고 있다면, 그 배우는 매너리즘에 빠진 것이다. 모든 캐릭터는 고유하고 특별하며 그렇기에 다른 캐릭터들과 확연히 다르다. 모든 캐릭터는 그 캐릭터를 연기하고자 하는 고유하고 특별한 시각과 접근방식, 표현방식이 요구된다. 캐릭터는 단순한 캐릭터가 아닌 이상 어떠한 분석과 설명으로도 고정시킬 수 없다. 살아있는 인간을 구현하는 일은 고정화된 작업의 정반대 편에 위치한 어떤 것이다.

진입장벽

신인배우에게는 매우 높은 진입장벽이 있다. 기존에 그렇게 많은 배우들이 '이미' 있는데 왜 '굳이' 신인배우를 캐스팅해야 하는 것일까? 신인배우들은 이 질문에 대한 자신의 답을 가지고 있어야 한다. 신인배우에게 기성 배우들에게서는 볼 수 없는 무언가가 있지 않은 이상, 굳이 무리수를 두어가며 신인배우를 캐스팅할 필요가 없다. 신인배우는 연기를 통해 보이는 모든 것이, 연기적 상상과 표현이 **새로워야 한다. 남달라야 한다. 예사롭지 않아야 하고 비범해야 하며 신기하기까지 해야 한다.** "처음 보는 유형의 배우이다"라는 반응을 얻을 수 있을 정도로 자신을 무한 확장해야 한다. 어느 가수 오디션 프로그램에서 우승한 가수는 자기 자신을 하나의 '장르' 그 자체라고 하였다. 모든 뛰어난 예술가들은 자기 자신이 독자적인 장르가 된다. 뛰어난 감독과 연출들은 모두 그 자체로 하나의 장르이다. 그런데 배우들은 그런 독보적 수준에 이른 경우를 찾기가 정말 어렵다. 대부분의 배우는 아류에 지나지 않는다. 아류에 지나지 않는 수준에 머물고 있다면 중요한 작품에 중요한 역할을 하는 배우는 될 수 없다.

정말 이상한 것은 그렇게 많은 배우들이 이미 있음에도 불구하고 영화계는 늘 주연급 여배우의 '부재'를 호소한다. TV드라마의 주연급 여배우는 꽤 많아졌지만, 영화에서 주연을 할 수 있는 여배우는 여전히 몇 명밖에 되지 않는다. 남자배우들도 특정한 몇몇 배우들이 거의 카르텔을 형성하며 주연 자리를 꿰차고 있지만, 그들을 대체할 수 있는 새로운 배우들은 좀체 나타나지 않는다. 분명 비집고 들어갈 '틈'이 있는데, 기성 배우들을 무색하게 만드는 '혜성'과도 같은 신인배우는 좀체 나타나지 않고 있다.

신인배우라면 그 틈을 가르고 벽을 훌쩍 넘어서는 놀라운 존재로 거듭나기 위한 꿈을 꾸고 그 꿈을 이룰 수 있도록 자신을 준비하고 또 준비해야 할 것이다. 드높은 기상과 넓고 깊은 마음으로 독보적인 상상을 하는 자유로운 그대, 세상은 그대의 눈부신 출현을 애타게 기다리고 있다.

작품을 아끼는 배우

연극·영화·뮤지컬·TV드라마는 어느 것 하나 막대한 자금과 많은 이들의 피나는 노력 없이 만들어지지 않는다. 작품의 제작자나 감독·연출은 돈으로 환산할 수 없을 만큼의 길고 큰 노력을 들여서 작품을 준비한다. 제작자·감독·연출에게 모든 프로젝트는 결코 실패할 수 없는, 목숨만큼이나 중요한 도전이다. 그와 같은 작품의 제작과정에 함께 승선한 배우는 작품과 생사를 함께하는 존재가 되겠다는 결의를 다져야 한다. 그러나 안타깝게도 자신의 작품을 진정 사랑하는 배우는 그리 많지 않다. 자신이 출연하는 작품을 아끼지 않는 배우에게는 다음 작품, 다음 기회란 있을 수 없다. 없어야 한다. 없는 것이 당연하다.

다른 이들이 작품을 사랑할 이유를 다 제공해 줄 때만 작품을 사랑하는 배우는 사실 작품을 사랑하는 배우가 아니다. 그냥 편승하는 존재에 불과하다. 차려진 밥상에 숟가락만 얹는 자에 지나지 않는다. 배우 자신으로 인해서 다른 이들이 작품을 사랑하게 하는 힘을 가진 배우가 진정 작품을 사랑하는 배우이다. 영감·열정·용기·사랑을 주는 존재가 배우인데, 작업 과정에서 함께 작업하는 동료들에게조차 영감·열정·용기·사랑을 주지 못한다면, 연기는 도대체 무엇을 위해서 하는 것인가?

돛과 닻

배가 항해하기 위해서는 돛과 닻이 있어야 하듯이, 배우도 예술가로서 자신의 여정에 함께 할 닻과 돛이 필요하다. 닻은 배우가 나아가고자 하는 방향으로 배우를 힘껏 나아가게 해준다. 배우로서의 삶과 연기의 과정이 신바람 나는 여정이 되게 해준다. 삶의 모든 경험과 그 경험을 거치며 갖게 된 모든 인간적 능력 그리고 착실한 훈련을 통해서 다져진 탄탄한 연기력이 배우의 닻이 될 것이다. 그리고 배우의 돛은 배우가 자신의 여정을 흔들림 없이 갈 수 있게, 아니 흔들리더라도 길을 벗어나지 않고 계속 갈 수 있게 중심을 잡아준다. 연기의 목적, 예술에 대한 열정, 인간애, 삶의 의지와 생명력 등이 든든하게 배우를 뒷받침해 주어야 한다. 인기에 휩쓸리지 않게, 부와 명예에 눈멀지 않게, 타성에 젖지 않게, 속 좁아지지 않게, 둔감해지지 않게, 소극적으로 되지 않게, 조급해하지 않게, 온갖 혼란스러운 반응들에 어리둥절하지 않게, 때로는 악랄한 비난에도 굴하지 않게 자신의 중심을 굳건히 잡아주는 닻을 배우는 찾고 갖추어야 한다.

하늘과 바다

하늘과 바다가 한 인간 안에 공존할 수 있다면 바로 배우가 그런 존재이다. 배우는 하늘을 닮은 정신과 바다를 닮은 마음을 가진 존재이다. 그래서 무엇이든 담아낼 수 있고 무엇이든 포용할 수 있다. 하늘과 바다는, 마치 정체성과 반정체성처럼, 상반되지만 둘이 합쳐져서 거대한 하나가 된다. 하늘과 바다는 밝은 나와 어두운 나, 부드러운 나와 강한 나, 새로운 나와 미지의 나의 다른 이름이다. 배우는 별처럼 빛나는 눈으로 세상 만물을 바라보며 때로는 햇살이 되어 세상을 비추고, 때로는 비로 세상을 적시며, 때로는 눈이 되어 세상을 하얗게 물들이며, 때로는 바람이 되어 세상을 움직인다. 참으로 경이로운 존재가 아닌가? 로미오가 줄리엣에게 보내는 다음의 찬사는 비단 줄리엣에 국한된 것이 아니라 줄리엣과 같은 캐릭터를 연기하는 위대한 배우를 향한 찬사이다.

온 하늘에서 가장 아름다운 두 별이 나들이 가면서 돌아올 때까지 저 눈동자에게 대신 반짝여 달라고 애걸한 거야. 그녀의 눈이 밤하늘에 있고, 아름다운 두 별이 그녀의 얼굴에서 반짝인다면 어떻게 될까? 그대의 빛나는 뺨이 별들을 무색하게 만들겠지. 햇빛 속의 등불처럼 말이야. 하늘에 박힌 저 눈동자는 온누리에 찬란히 빛날 거야. 새들도 낮인 줄 알고 노래하겠지.

— 로미오, 〈로미오와 줄리엣〉 2막 2장 중에서

하고자 하는 나

연기를 함에 있어서 '확신'은 필요 없다. 오로지 '하고자 하는 나'만 있으면 된다. 경험과 확신이 좋은 연기를 결정하는 것이 아니다.

'~에도 불구하고 어떻게든 어떻게든 어떻게든 … 하고자 한다'가 '극적 행동'(action)이고 극적 행동을 하는 것이 '캐릭터'이다. 따라서 연기를 하고 캐릭터가 된다는 것은 '~에도 불구하고 어떻게든 어떻게든 어떻게든 … 하고자 한다'는 것에 다름없다. 배우를 'actor'라고 부르는 것은 '극적 행동을 행하는 자'이기 때문이다. '하고자 하는 나' 외에 다른 것이 더 필요하지 않다. 알아서 하는 것이 아니라, 할 수 있어서 하는 것이 아니라, 하고자 하기 때문에 할 수 있게 되고 해내게 되는 것이다.

연기를 하면서 힘겨움·어려움·떨림·혼란·고통을 겪고 있다면, 배우는 이미 캐릭터가 되어 가고 있는 것이다. 극 속의 모든 순간에 힘겨움·어려움·떨림·혼란·고통을 겪지 않는 캐릭터는 없기 때문이다. 힘겨움·어려움·떨림·혼란·고통에도 불구하고 포기하지 않고 좌절하지 않고 중단하지 않고 계속해서 '하고자 하는 나', '해내고자 하는 나'가 되고자 하는 것, 그것이 곧 캐릭터가 되는 길이다.

배우의 다짐

예술가로서 나는 위험을 무릅쓴다.

위태로운 선택과 도전을 한다.

평이하고 안전한 선택을 하지 않는다.

예술가로서 나는 고정된 것, 인위적인 것,

진부한 것, 상투적인 것, 습관적인 것, 암기된 것을 거부한다.

오직 살아있고 자연적인 것만을 나의 교과서로 삼는다.

갈 데까지 간다. 끝까지 간다. 적당히 하거나 포기하지 않는다.

내 전부를 내어준다. 인물 · 파트너 · 팀 · 작품에 내 심장을 내어준다.

나보다 작품을 더 중요하게 여긴다. Ego는 연습실 밖에 두고 온다.

온 감각으로, 온몸으로, 온 마음으로 보고 듣는다.

온몸으로 숨 쉬고, 온몸으로 상상하고, 온몸으로 소리 내고,

온몸으로 반응한다.

밖과의 연결 속에 열린 상태로 존재한다.

내 밖에 존재하는 모든 것에 귀 기울인다.

보호막을 벗고 'vulnerable한 나'로 존재한다.

불확실한 것, 미지의 것과의 만남을 즐긴다.

예측하되, 섣불리 단정하거나 판단하지 않는다.

나를 놀라게 · 혼란스럽게 하는 것을 찾는다.

예술가의 책임은 절망에 굴복하지 말고,

존재의 공허함을 채울 수 있는 해답을 주어야 한다.

― 영화 〈미드나잇 인 파리〉 중에서

메소드배우가 가는 길
모든 예술가는 자신만의 길을 외롭지만 의연하게 걸어간다

배우(俳優)

나이면서

내가 아닌

나보다 더 뛰어난

존재로 거듭나기

자신을 희생시켜 영혼을 가진 살아있는 인간을 창조하는 예술가
The Actor as an Artist

기억하고 기억하고 기억하면서 알아간다

상상하고 상상하고 상상하면서 알아간다

소리내고 소리내고 소리내면서 알아간다

움직이고 움직이고 움직이면서 알아간다

시도하고 시도하고 시도하면서 알아간다

실패하고 실패하고 실패하면서 알아간다

사랑하고 사랑하고 사랑하면서 알아간다

huge
easy
truthful
all at the same time

- Richard Nichols

나만의 상상　**나를 넘어서는 상상**
나만의 소리　**나를 넘어서는 소리**
나만의 몸짓　**나를 넘어서는 몸짓**

모든 상상과 표현이 가능할 때까지
쉽고 안전한 선택은 하지 않는다
위험을 무릅쓴다

예술가로서 배우가 관심을 가져야 하는 대상

| 인간 |
| 삶 |
| 생명 |
| 진실 |
| 예술적 아름다움 |

7

캐릭터 / 페르소나
character / persona

무대 역시 세상과 같아요. 무대에서는 사람들이 연기하는 것이 아니라 저 옷들이 연기를 하죠. 그 많은 배우들 중에 누가 왕이냐는, 그 누가 왕의 옷을 입느냐에 달렸어요. 왕의 옷을 입지 않고서는, 배우는 관객들에게 자신이 왕임을 증명할 방법이 없죠. 자, 저 옷들을 바라보세요. 왕의 옷도 걸려있고, 왕자의 옷도 걸려있어요. 탁발 스님들의 옷, 보부상인들의 옷, 광대들의 옷, 산적들의 옷마저 있어요. (관객석을 둘러보며) 이 앞엔 돈 많은 사장님의 옷이 앉아 있고, 저 뒤엔 가난한 봉급쟁이의 옷이 앉아 있군요. 아침에는 출근 버스에 옷들이 가득 실려 가고, 낮에는 백화점에 옷들이 물건을 사려고 들락거리고, 저녁엔 술집에서 옷들이 소주와 맥주를 마시죠. 그리고 밤에는 남자 옷과 여자 옷이 사랑을 나누고 조그만 아기 옷을 낳죠. 사람의 족보는 옷의 족보예요. 할아버지 옷이 아버지 옷을 낳고 아버지 옷이 아들의 옷을 낳고, 아들의 옷이 손자의 옷을 낳고— 이렇게 끊임없이 이어져요. 자, 연극을 시작할 때가 됐군요. 오늘 연극에서 내가 입을 옷, 나의 운명이 어떤 건지 아세요? 저기 저 허공에 걸려있는 누더기 옷이에요.

— 맏누이, 〈동지섣달 꽃 본 듯이〉 중에서

극중 인물을 뜻하는 '캐릭터'(character)는 원래 '탈'(가면)이라는 뜻이다. 로마어로는 '페르소나'(persona)라고 한다. 페르소나에는 '사회적 가면'이나 다른 뜻들이 더 생겨나기는 했지만, 원래는 캐릭터와 같은 말이다. 강태경 저 『호모 아메리카노』에 따르면, character라는 말은 '깎다/새겨 넣다'라는 의미를 가진 어근 kharacter에서 나온 말로, "**변화무쌍한 인간의 생각과 감정을 단 하나의 표정으로 각인**"한다는 의미를 가지고 있다. "명확한 정의를 거부하는―좀처럼 민낯을 드러내지 않는―'인간'이라는 미묘한 현상을 그 불변의 본질을 통해 포착한다는 뜻"인 것이다. 따라서 캐릭터에 대한 배우의 이해는 그 '불변의 본질'에 대한 이해에서 시작되어야 마땅하다.

서양 연극의 시작에서 극중 인물을 뜻하는 말이 '탈'(가면)이었다는 것은 연기를 한다는 것이 요즘처럼 캐릭터가 '되는 것'이 아니라 캐릭터를 '쓰는 것'이었음을 뜻한다. 앞에서 인용한 <동지섣달 꽃 본 듯이>의 맏누이 대사에서처럼 의상(옷)도 일종의 탈로 볼 수 있기에 "캐릭터를 입는다"라고 할 수도 있다. 재미있는 것은, 가면으로서의 탈은 얼굴에만 쓴다는 점이다. 그것도 배우의 얼굴 전체를 가리는 것이 아니라, 배우의 '눈'과 '입'은 가리지 않은 채 탈을 쓴다. 사실 배우 얼굴에서 제일 중요한 부분들은 제외하고 나머지 부분을 탈로 가리는 것이 연기의 시작에서 캐릭터가 되는 것이었다. 배우 얼굴에서 겨우 눈과 입과 귀를 제외하고 표정을 만들어내는 근육 정도만 탈의 표정으로 대체한 것이 어떤 원리에서 배우를 캐릭터가 되게 한 것인지 무척 궁금하다. 가장 단순한 차원에서도, 얼굴에서 표정을 만들어내는 근육만 가린다고 배우가 캐릭터가 되지는 않을 것이다. 흥미로운 것은 배우가 캐릭터를 얼굴에 쓰게 되면 배우에게 대체 무슨 일이 일어나는가이다.

무구한 역사의 시간이 탄생시킨 탈들의 얼굴 형태와 윤곽과 표정에는 분명 그 어원의 의미 그대로 인간의 본질이 새겨져 있을 것이다. 단 하나의 표정에 불과해한 인간을 담아내기에 탈을 제작한 사람들 자체가 놀랍도록 신비하고 숭고한 예술가이다. 탈을 가지고 연기훈련을 하는 곳에서는 배우로 하여금 탈을 쓰기 전에 그 탈을 아주 오래도록 바라보게 한다. 그렇게 탈을 보고 있으면 탈이 배우 안 깊은 곳에 있는 무언가를 자극하고 건드리고 일깨운다. 그렇게 깊이 바라본 다음 탈을 쓰게 되면 배우는 마치 탈이 자신을 움직이는 듯한 상태, 일종의 빙의 상태나 무아지경에 도달하게 된다. 그렇게 탈(캐릭터)은 우주와 같은 배우의 깊은 내면으로부터 무언가가 수면 위로 솟아올라 드러나게 한다. 즉 캐릭터는 배우 안에 존재하는, 하지만 미처 드러나지 않은 모습들이 튀어나오도록 도와주는 '촉매'나 '매개체'와 같은 것이다. 캐릭터를 통해서 '우주와 같은 나'가 드러나고, 나도 미처 몰랐던 나, '거대하고 강력하고 신비한 나'를 만나게 된다. 캐릭터를 만나 배우는 진정한 의미의 배우(俳優), 즉 '**나이면서 내가 아닌, 나보다 더 뛰어난 존재**'가 되는 것이다. 캐릭터가 되는 것이 아니라, 캐릭터를 통해 배우가 달라지는 것이다.

　과연 어디까지 얼마나 달라질 수 있는지는 배우 자신도 알 수 없다. 다만 스스로가 우주와 같은 존재임을 믿어야 한다. 주저하지 않고, 부끄러워하지 않고, 두려워하지 않고, 물러서지 않고 우주가 되어야 한다. 자신에 대한 믿음과 확신은 '용기'가 가져다주는 것이다. 그 용기는 배우를 세상이 놀랄만한 존재가 되게 해줄 것이다. "미쳤다!", "찢었다!"라는 찬사를 받게 해줄 것이다. 어찌 보면, 연기란 배우가 캐릭터를 쓰고 '미치는' 것일지도 모른다. 자신을 옥죄는 현실의 모든 굴레와 속박에서 벗어나 무아지경일 정도로 무언가에게 깊이 심취해서 미친 상태에 도달했을 때에만 가능한 것, 그것이 예술이다.

캐릭터가 나를 만든다, 나를 확장시킨다, 나를 완성시킨다

배우가 캐릭터를 연기한다는 생각에 그치기 쉽지만, 캐릭터가 배우를 만들고 배우를 확장시키고 배우를 완성시킨다. 좋은 연기는 배우가 자기 자신을 온전히 캐릭터와 상대 캐릭터에게 내어줄 때, 캐릭터가 배우 안에 있는 모든 '나'들을 자유롭게 나오게 하도록 내버려둘 때, 그래서 자신이 알지도 못하던 새로운 나와 만날 때 가능해진다. 배우는 캐릭터들을 만나면서 모르던 나, 새로운 나, 더 큰 나, 더 아름다운 나들을 만나게 된다. 그를 통해 배우는 자기 자신이 무한한 가능성을 가진 소우주와 같은 존재라는 것을 알게 되고, 자기 인식의 변화는 배우로 하여금 한 단계 더 높은 차원에서 연기를 행하게 하면서 예술로 향하게 한다.

캐릭터에 대한 이해 → Core를 들여다보기

탈은 형체가 있고 배우가 깊이 오래도록 들여다보고 탈과 자신을 합체시킴으로써 극중 인물로 재탄생할 수 있었다. 요즘에도 탈을 쓰고 연기하는 곳이 있기는 하지만, 대부분의 배우들은 이제 형체가 없이 대본에 있는 '문자'들로만 존재하는 캐릭터를 만나고, 그 문자들을 들여다보면서 캐릭터를 만나야 한다. 탈을 깊이 들여다보듯이 대본을 들여다보는 것, 그것이 '서브텍스트 보기'이고, 서브텍스트를 보는 것이 캐릭터를 만나는 것이 된다. 서브텍스트는 눈에 보이지 않는 것이다. 서양 연극의 시작에서 배우를 뜻하는 말은 'Hupocrites'였다. **보이지 않는 것을 보고 들리지 않은 것을 들음으로써 숨어 있는 것을 드러나게 하는 존재**라는 의미를 가지고 있다. 보이지 않는 서브텍스트를 보는 눈을 가져야 서양 연극의 시작에서의 배우가 될 수 있는 것이다.

　캐릭터에 대한 이해는 배우가 자기 자신과 타인을 이해하는 눈에 의해서 결정된다. 단순하고 단편적이고 판에 박힌 캐릭터들은 인간이 가진 한 가지 특성이 도드라지게 보이기만 하면 된다. 따라서 분석하기도 어렵지 않고 형상화하기도 어렵지 않다. 그러나 복잡하고 복합적인 캐릭터들은 모든 인간 개인처럼 개별적이고 깊은 심연을 가지고 있다. 우주에 존재하는 모든 항성(별)과 행성 그리고 생명체와 사물들은 모두 겉과 안 그리고 core로 구성되어 있다. 인간 안의 가장 깊숙한 곳에 있는 core를 들여다보는 눈을 기르지 않는 이상, 배우가 중요 캐릭터들을 제대로 이해하기는 불가능하다. 중요 캐릭터들은 살아있는 인간을 구현하고 있다. 배우는 살아있는 존재(고정되어 있지 않고 완전한 논리적 분석을 거부하는 존재), 영혼을 가진 존재, 우주의 신비를 담은 몸을 가진 존재로서의 자기 자신에 대한 이해, 그리고 그를 바탕으로 한 타인에 대한 이해를 위해 평생 정진해야 한다. 겉으로 보이는 몇 가지 면만 가지고 한 인간을 이해한다고 말할 수 없다. 복합적인 캐릭터들의 대부분은 겉과 속이 투명한 상태가 아니다. <리어왕>에 등장하는 켄트와 같이 극히 드문 경우를 제외하고, 캐릭터들은 겉과 속이 일치하지 않는다. 속을 가리기 위해 겉을 위장하고 있는 경우도 허다하다. 모든 인간과 마찬가지로 캐릭터들은 겉에 보호막을 가지고 있어서, 캐릭터가 혼자 있는 경우나 보호막을 벗게 하는 다른 캐릭터와 함께 있을 때에만 그 캐릭터의 실체가 드러난다.

성격

인격 character	개인이 속한 사회의 도덕, 가치, 관습 등과 관련된 성격
기질 temperament	생물학적 배경과 관련된 성격
개성 individuality	다른 사람과 구분되는 그 사람만의 독특한 성격
성격 · 인성 personality	다른 사람에게 드러내 보이는 전체적인 인상
Persona	
본성 nature	인간 개인이 타고날 때부터 가지고 있는 고유한 성질과 특성 = 천성

　　캐릭터는 성격이나 인격을 의미하기도 한다. 성격에 대한 정의는 성격을 연구하는 학자들의 수만큼이나 많고 다양하다. 그만큼 인간의 성격은 쉽게 정의되거나 파악될 수 없기 때문일 것이다. 한 인간의 성격을 완전히 분석하거나 알 수는 없다. 인간은 자기 자신도 완전히 알 수 없다. 연기가 고도로 어려운 예술이 되는 이유는 자기 자신도 완전히 알지 못하는 배우가 다른 인간을 이해하여야 하기 때문이다. 배우는 단편적이고 단순한 캐릭터가 아닌 이상, 자신이 연기하는 캐릭터를 쉽게 알 수 있거나 완전히 파악할 수 있다는 오만에 빠지지 않도록 경계해야 한다. 캐릭터 분석이라는 미명(美名) 아래 행해지는 많은 것들은 캐릭터에 대한 이해보다는 섣부른 판단과 재단(裁斷)에 불과하다. "열 길 물속은 알아도 한 길 사람 마음속은 모른다." 그럼에도 불구하고 배우는 인간을 사랑하는 자신의 본성·천성·인성으로부터 타인을 이해하려는 불가능에 가까운

도전에 나서는 놀라운 존재이다.

캐릭터의 행동을 낳은 인과관계를 보는 눈

캐릭터와 인간의 행동은 그 원인이 지금 이 순간이나 바로 직전에 있는 경우보다 시간의 간격이 꽤 벌어진 이전에 있는 경우가 많다. 예를 들어, 남자친구나 여자친구가 토라지거나 화가 나 있고 그 때문에 싸우게 됐다고 해보자. 사랑하는 사람이 토라지거나 화가 난 이유는 지금 함께 한 이 순간에 있었던 어떤 일 때문이 아니다. 대개 이전에 있었던 어떤 일들이 마음에 쌓여있기 때문에 지금의 사소한 일에도 토라지거나 화를 내는 것이다. 연인들은 이전에 쌓인 것이 없다면 지금 이 순간 바로 일어난 일 때문에 싸우게 되지 않는다. 문제적 행동을 하는 인간들의 대부분은 그 원인이 유아기/아동기 때의 방치·학대·폭력의 경험과 그로부터 받은 상처와 혼란 때문이다. 이것이 캐릭터와 인간의 역사를 살피지 않고 지금의 캐릭터와 인간을 이해할 수 없는 이유이다. 원인과 결과(현상) 사이의 인과관계를 보는 눈이 있어야 캐릭터와 인간을 이해할 수 있다.

살아남은 아이: 내 안의 Core

문제적 행동을 하는 사람들에게 문제의 원인이 아이였을 때의 경험에서 기인한다는 사실은 우리 안에 있는 '아이'에 대해서 생각해 보게 한다. 문제적 행동을 하는 사람들만이 아니라, 우리 모두는 안에 '아이'가 있고 그 아이가 '지금의 나'를 지배한다. 그것은 부정적인 의미만을 갖는 것이 아니다. 그 아이는 가장 '순수한 나'이기 때문이다. 그 아이는 몸과 마음이 활짝 열려있고 그래서 상처 입은 아이일 수는 있다. 하지만 여전히 가장 순수한 아이이다. 좋은 배우는 늘 아이와 같다는 인상을 준다. 그 배우의 core에 있는 아이가 연기를 하게 하기 때문일 것이다.

내 안에 저장되어 있는 이미지들이 곧 내가 되는 것인데, 내 안에 저장된 이미지 중에서 가장 중요한 그리고 가장 영향을 많이 주는 이미지들은 유아기·아동기를 거치면서 형성된 이미지들이다. 아이였을 때의 경험이 지금의 나의 가장 중요한 부분을 차지하고 있다고 말할 수 있는 것이다. 어른이 되었다고 내 안에 있는 아이를 부정하면 나 자신의 가장 크고 중요한 부분을 부정하게 된다. 아이였을 때의 경험이 가장 중요하고 선명한 이미지로 잘 남아있는 것은 우리가 아이였을 때 몸과 마음이 활짝 열려있었기 때문이다. 활짝 열려있었기 때문에 무엇이든 마음껏 흡수하고 그것에 영향을 받음으로써 지워지지 않게 저장이 된 것이다. 억지로 저장하려고 한 것은 저장되지 않는다. 몸과 마음을 활짝 열고 경험한 것들만이 우리 안에 영원히 남아 우리의 일부가 된다. 배우훈련은 내 안의 그 아이를 되찾는 것이고, 그래서 배우훈련의 여정은 순수성의 회복을 향한 여정이 된다.

우리가 캐릭터가 되어 극 속을 여행하는 것은 우리 안에 있는 아이가 사춘기를 겪으면서 극심한 혼란과 고통 속에 질풍노도의 삶을 살게 되는 것과 비슷하다. 하지만 그 아이는 그 모든 일을 겪으면서도 무너지지 않고 계속 성장해 갈 것이고 더 강해질 것이다.

'놀이'play로서의 연기play

내 안의 아이는 연기를 '놀이'로 생각한다. 연극도 연기도 대본도 그리고 놀이도 영어로 모두 다 play이다. 본질적으로 그 넷은 분리될 수 없는 것이다. 마당놀이라는 표현에서 알 수 있듯이, 우리의 전통 연극은 전부 한판 놀이였다. 한바탕 노는 일 그것이 연극이었다. 내 안의 아이에게는 소꿉놀이에서 시작된 역할 놀이, 흥미로운 규칙을 가진 온갖 게임들이 어른이 되었을 때 연기로 바뀌어 있을 뿐이다. 게임의 규칙이 곧 연기에서 상상의 조건값이다.

넷플릭스가 제작한 <오징어게임>의 열풍에서 알 수 있듯이, 놀이는 인간 사회에서 가장 보편적인 현상이다. 연령과 세대, 인종과 국가를 초월하는 무언가가 놀이에 있다. 급변하는 한국 근현대사에서 세대 차이와 세대 간 단절은 심각한 사회문제 중의 하나이다. 그러나 신기할 정도로 놀이만큼은 단절되지 않고 할아버지·할머니 세대들이 했던 놀이를 아버지·어머니 세대가 그대로 즐기고 그 이후의 아들과 딸 세대, 손자 손녀 세대도 그대로 즐긴다. 참으로 놀랍다. '무궁화 꽃이 피었습니다' 놀이를 하지 않은 국민이 없을 만큼 놀이는 사람들을 하나로 연결해 준다. 놀이에 있어서만큼은 세대 차이라는 것이 없다. 놀이는 사람과 사람을 연결하고 세대와 세대를 연결한다. 놀이가 곧 연극이고 연기이기에 연극과 연기도 사람과 사람을 연결하고 세대와 세대를 연결한다.

놀이를 하는 아이는 신나게 놀 뿐, 어떠한 염려도 걱정도 하지 않는다. 배우가 연기를 할 때도 마찬가지여야 한다. 극과 무대라는 놀이터에서 마음껏 노는 것이 연기이다. 즐기는 자를 이길 자는 없다. 최고의 배우는 상상의 놀이터에서 마음껏 놀고 즐기는 자이다. 마음껏 놀면 우리 안의 살아남은 아이가 우리를 진정한 창조성의 상태로 데려다줄 것이다.

캐릭터 = 극이 제시하는 인간상

캐릭터는 작가가 극을 통해서 제시하는 인간상이다. 하나의 극 안에는 다양한 인간상들이 공존한다. 극이 제시하는 인간상을 구현해 내는 것이 배우의 업이다. 배우가 그냥 캐릭터를 연기하는 것이 아니다. 극은 시련을 통해 인간을 시험하는 장이며, 극적 상황과 사건들은 인간상을 드러내는 리트머스 시험지다. 중요 캐릭터들은 극적 상황 속에서 일련의 사건들을 거치며, 영혼이 뒤흔들리고 극심한 고통 속에 놓이고, 심각한 내적 갈등을 겪으며 판단·선택·행동하면서 자신의 인간상을 드러낸다. 극이 제시하는 대표적인 인간상은 다음과 같다.

극이 제시하는 대표적 인간상

어떤 인간상을 구현해야 하는가를 아는 것이 인물을 파악함에 가장 근본적인 작업이다

잘난 인간 못난 인간 강인한 인간 사랑을 하는 인간 아름다운 인간 분열된 인간
심장이 불타는 인간 꿈꾸는 인간 싸우는 인간 현명한 인간 어리석은 인간
열정에 눈이 먼 인간 연약한 인간 초월적 인간 희생적 인간
머리는 차갑고 심장은 뜨거운 인간 머리도 심장도 차가운 인간 질문하는 인간 생각하는 인간 무모한 인간
본능적인 인간 본능에 눈이 먼 인간 집착하는 인간 길/집을 잃은 인간 행동하는 인간 확신에 찬 인간
경계에 선 인간 반항하는 인간 갈등하는 인간 용감한 인간 상처입은 인간 두려워하는 인간
죄를 짓는 인간 도망치는 인간

극이 제시하는 인간상들은 다양한 인간 군상의 모습을 캐릭터화한 것이기도 하지만, 한 인간 안에 존재하는 여러 가지 다른 면을 하나의 캐릭터로 형상화한 것이기도 하다. 캐릭터를 통해서 극은 한 인간 안에 존재하는 각기 다른 불가해한 면들을, 그리고 인간과 인간 사이에 일어나는 모든 일을 관객에게 보게 하고 이해하게 하고자 한다. 대표적인 인간상의 하나인 '경계에 선 인간'에 대해서 조금 더 이야기해 보자.

경계에 선 인간

햄릿의 유명한 말인 "사느냐 죽느냐 그것이 문제로다"는 경계에 선 인간을 단 한마디 말에 각인해 놓은 놀라운 대사이다. 햄릿처럼 많은 캐릭터들은 경계에 서 있다. 삶과 죽음의 경계, 이성과 광기의 경계, 정상과 비정상의 경계, 인간성과 비인간성의 경계, 상승과 추락의 경계, 희망과

절망의 경계, 머무름과 떠남의 경계, 만남과 결별의 경계, 사랑과 증오의 경계, 너와 나의 경계 등등 양쪽 경계가 캐릭터를 팽팽하게 당기고 있다. 팽팽하면 팽팽할수록 극적 긴장이 살아나고 커진다. 그럴 때 극은 가장 흥미진진한 엔터테인먼트가 된다.[2] 그래서 경계 양쪽을 바라보고, 경계에 선 캐릭터에게 어떤 일이 일어나는가, 캐릭터의 영혼과 내면에 어떤 파도가 얼마나 거세고 높게 이는가를 파악하는 것은 배우가 캐릭터를 이해하는 데에 있어서 가장 중요한 부분이 된다.

　삶에서 흔히 접할 수 있는 경계에 선 인간은 '만취한 인간'이다. '만취한 인간'은 여러 가지 면에서 극중 캐릭터와 닮아있다. 캐릭터들은 극 안에서 극의 사건들을 겪으며 극심한 동요와 변화를 겪는다. 우리가 흔히들 누군가에게 하는 말, "쟤가 미쳤나?"나 "너 취했냐?" 같은 말들은 삶에서 다른 사람들이 믿을 수 없을 정도로 달라질 때 우리가 보이는 반응이다. 극심한 혼란과 고통을 겪는 캐릭터들도 극 속에서 정확히 그런 상태로 변화한다. 캐릭터를 고정적으로 파악할 수 없는 이유이다. '나이면서 내가 아닌, 나보다 더 뛰어난 존재'라는 의미의 '배우'라는 말은 애초에 배우와 캐릭터를 하나로 연결해 주는 말이다. 왜냐하면 중요 캐릭터들도 극 속에서 극이 시작할 때의 자기 자신과는 다른 사람이 되고, 대개 더 뛰어난 존재로 거듭나기 때문이다. 극 속 캐릭터의 상태에 가장 근접한 것이 바로 만취한 인간이다.

　일단 만취한 인간은 일종의 꿈꾸기 상태, 즉 상상의 상태에 들어가게 된다. 꿈꾸기는 항상 가장 자유로운 상상이다. 그래서 우리가 잠에서 깨면 꿈이 잘 기억나지 않듯이, 만취한 사람들은 다음 날 술에서 깨어났을 때

---

2) 강태경 저『호모 아메리카노』에 따르면, '오락'을 뜻하는 'entertainment'는 '밧줄로 양쪽에서 팽팽하게 당기다'라는 어원을 가진 'entertain'의 명사이다.

전날 일을 잘 기억하지 못한다. 술 취한 인간의 눈은 놀랍도록 상상하는 눈으로 바뀐다. 술 취한 연기를 할 때는 '화룡점정', 즉 눈이 취하는 것이 중요한 이유이다. 관객이 술 취한 모습을 보는 것이 중요한 게 아니라 그 상상하는 눈을 만나는 것이 더 중요하기 때문이다. 술은 우리가 잠들어 꿈꿀 때처럼 심신에 들어가 있던 힘과 긴장들을 빼게 하고, 힘이 빠지는 만큼 상상이 솟구치는 상태로 인간을 초대한다. 어떤 대사가 되었든, 배우가 만취한 상상을 하면서 대사 연습을 하면 놀랍도록 빠르고 쉽게 캐릭터에 닿을 수 있다.

그리고 '취중진담'이라는 말이 있듯이, 술은 보호막을 걷어내고 인간을 가장 정직한 모습이 되게 한다. 한 사람이 정말로 어떤 사람인지 알기 위해서는 그 사람과 술을 마셔보라고 조언을 하는 것도 술을 마셨을 때 드러나는 모습이 그 사람의 가장 정직한 모습 혹은 실체일 가능성이 크기 때문이다. 만취한 인간은 내가 아닌 상태에서 가장 나다워지는 배우의 역설을 구현하고 있다. 모든 인간에게는 미처 하지 못한 말, 미처 전하지 못하는 마음이 심연을 이루고 있다. 술은 심신의 긴장을 풀어 인간의 가장 깊은 곳에 있는 말들이 드러나게 한다.

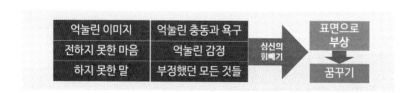

어쨌거나 만취한 인간은 경계에 위치해 있다. 술에 정신을 잃고 나가 떨어지는 순간 더 이상 경계에 선 인간이 아니다. 그러나 끝까지 나가떨어지지 않고 버티는 인간은 경계에 선 인간이다. 만취한 인간은 항상 흥미로운 관찰의 대상이다. 무엇이 저 사람으로 하여금 저렇게까지 술을 먹게 했을까? 사람이 술을 먹은 것이 아니라 술이 사람을 먹은 것 같은 정도까지 술이 필요했던 이유는 무엇일까? 저 사람은 과연 술에 취한 것일까? 아니면 다른 무엇에 취한 것일까? 무엇이 인간을 취하게 할까? 기분? 분위기? 상대? 감정? 무엇에 취하는 것일까? 이런 질문들을 해보아야 한다.

만취한 인간에서 우리가 특히 눈여겨보아야 하는 것은 만취 상태에서 그 인간이 하는 '노력'이다. 만취한 인간은 **통제할 수 없는 것을 통제하려는 노력, 걷잡을 수 없는 것을 걷잡으려는 노력**을 한다. 그리고 보다 중요하게, **흔들리며 중심을 잡으려는 노력, 부러지지 않으려는 노력, 절망·포기·좌절하지 않으려는 노력**을 한다. 바로 그 노력이 경계에 선 캐릭터뿐만 아니라 극 안에서 중요 캐릭터들이 매 순간 하는 노력이다. 캐릭터가 하는 모든 행동(말하기를 포함해서)에 그런 노력이 담겨 있을 때에만 우리는 그 행동을 '**극적 행동**'(action)이라고 부를 수 있다. 그런 노력 없이 하는 행동은 극적 행동이 아니다. 극적 행동 없이는 캐릭터도 존재하지 않는다.

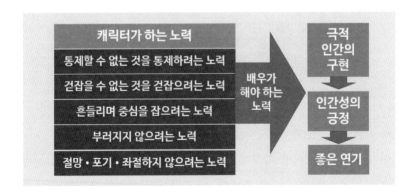

경계의 붕괴와 캐릭터의 광기^{狂氣}

많은 극은 기존의 질서가 붕괴되고 새로운 질서가 정립되기 직전까지의 과도기적 상황들을 다룬다. 기존의 질서 그리고 그 질서가 지탱하고 있는 가치와 경계가 과연 타당한지 극은 묻고 시험하기 때문이다. 기존의 질서가 붕괴된다는 것은 기존의 경계가 허물어지거나 느슨해지거나 흐릿해진다는 것을 의미하고 경계의 소멸은 캐릭터들을 정신적 혼돈에 빠뜨린다. 그 결과 많은 주인공 캐릭터들은 광기에 빠지거나 광기에 근접한 상태에 놓인다.

광기의 상태는 흔히 부정적으로 생각되기 쉽지만, 사실 그것은 극이 행하는 매우 바람직한 탐구이다. 왜냐하면 경계가 사라진 상태에서 캐릭터들이 경계의 한쪽에 머물지 않고 경계의 구분 없이 삶을 다시 경험할 수 있기 때문이다. 이전 질서에서의 경계 양쪽을 동시에 경험하게 되면서 광기의 캐릭터들은 삶과 인간에 대해서 새로운 눈을 갖게 된다. 그렇게 획득한 새로운 시각은 관객들로 하여금 자신들이 가진 경계가 과연 타당한 것인지 깊이 질문하게 한다.

광기의 캐릭터들은 한과 흥, 정상과 비정상, 의식과 무의식, 현실과 상상, 문명과 야만, 남성성과 여성성 등의 경계를 자유롭게 넘나들며 극도의 혼란과 고통 속에서도 가장 역동적이면서 가장 열정적인 삶을 살게 된다.

경계: 〈다크 나이트〉의 예

이름을 짓는다는 것은 '경계를' 나누는 것이 되고 그것은 경계 안과 경계 밖을 '이분'하는 행위가 된다. 애초에 하나에만 이름을 붙이려던 시도는 늘 경계의 안과 밖, 둘 다에게 이름을 붙여야 하는 상황 속으로 스스로를 몰고 간다. 문제는 대비를 통해서 둘 다 선명하게 인식하고자 했던 이와 같은 이름 붙이기가 애초에 이분화하지 말아야 하는 통합된 전체를 부당하게 분절시킬 위험이 있다는 것이다. 부분을 단절되고 독립적인 것으로 지각하면서 '통합된 전체'(whole)에 대한 인식이 흐려질 수 있기 때문이다.

어찌 보면, 우주에 존재하는 모든 것은 상반된 극성을 가진 둘이 하나를 구성하고 있는지도 모른다. 태극에서 보듯이 우주는 음양의 충돌 또는 조화를 통해 하나로 존재한다. 지구는 북극과 남극을 중심축으로 해서 회전한다. 생명의 원천인 물만 하더라도 산소와 수소, 둘의 결합으로 존재한다(H_2O). 둘이 하나로 결합하지 않았다면, 생명은 태어나지 않았을 것이다. 두 구성 요소에게 우리가 각각 이름을 붙이기는 하지만, 둘은 하나로 통합되어 물이 된다. 물은 하나이다. 더 나아가, 물은 불과 하나가 되어 지구를 구성한다. 지구는 물과 불, 어느 한쪽만 있다면 존재할 수 없다. 지구상에 존재하는 모든 것은 하나가 다른 하나와 만나 하나의 전체를 구성하고, 그 전체는 또 다른 전체와 결합해서 더 큰 전체가 된다. 그래서 과학자들은 더 이상 둘로 나눌 수 없는 우주의 최소 단위를 찾고자 혈안이 되어 왔다. 낮과 밤은 빛의 유무에 의해 우리가 따로 이름을 붙인 것이기는 하지만, 지구의 하루를 구성하는 분리될 수 없는 하나이다. 둘은 따로 존재할 수 없다.

선과 악도 마찬가지이다. 선과 악은 인간과 인간의 삶을 구성하는 전체를 인위적으로 둘로 나눈 다음, 각각에 이름을 붙인 것일 것이다. 인간의 어떤 행위에 "도덕적"이라는 이름을 붙이게 되면, 인간의 행동을 "도덕적"인 행동과 "비도덕적"인 행동으로 이분화하게 되고, 우리는 통합된 전체로서 인간의 행동을 바라보지 못하게 된다. 그와 같은 이분화는 그 기준을 신이 아닌 인간이 어떻게 절대적으로 설정할 수 있느냐는 질문을 수반하게 된다. 많은 경우, 선악에 대한 논의는 인간이 인간의 행동에 대해 낙인을 찍는 결과를 초래한다. 신이 아니면서 인간이 인간을 판단하게 된다. 선과 악에 관한 한, 대부분의 인간들은 그 경계에 위치한다. 완전한 선과 완전한 악이라고 불릴 수 있는 인간은 극소수에 불과하다.

문제는 ① 경계라는 것이 고정된 것이 아니라, 시각과 기준에 따라 상대적이며, 시간과 역사의 흐름에 따라 항상 유동적으로 변화한다는 것이고 ② 항상 경계 안팎이 아니라 경계선 상에 위치한 것들이 존재한다는 것이다. 왜냐하면 경계라는 것 자체가 애초에 인위적인 것이기 때문에, 그 경계를 어디에 두느냐에 따라 안과 밖에 속한 것이 달라지며, 때로는 어느 한쪽에 속하기 어려운 것이 반드시 존재하기 때문이다. 낮과 밤의 경계가 항상 달라지듯이 말이다. 낮과 밤의 길이는 지구의 공전과 더불어 계속적으로 바뀐다. 고정된 것이 아니다. 그리고 빛과 어둠이 공존하는 여명의 새벽과 해가 막 진 뒤의 짧은 황혼에서 알 수 있듯이, 빛과 어둠, 어느 쪽에도 온전히 속할 수 없는 영역이 존재한다.

예술은 항상 이름 붙이기와 그것으로 인해서 생겨난 경계가 과연 타당한 것인지를 묻고 탐구해왔다. 영화 <다크나이트>에서 배트맨과 조커는 양극단에 위치하면서 서로의 존재 없이 존재할 수 없는 하나이다. 초인간적이자 초법적인 두 존재를 통해서 <다크나이트>는 반대급부적으로 정의란 무엇인가, 선이란 무엇인가, 선은 가능한가, 인간의 행동은 어떠한 판단과 선택에 따른 것이어야 하는가 등의 깊은 물음을 던지고 있다.

<다크나이트>의 중심 이미지는 '두 얼굴'(two faces)이다. 하비 덴트의 별명이기도 하지만, '두 얼굴'은 <다크나이트>의 세계관을 집약한 이미지이다. 브루스 웨인과 배트맨은 두 얼굴을 한 하나의 인간이다. 인간에게는 두 개의 얼굴이 있고, 인간이 형성하고 있는 사회도 두 개의 얼굴을 가지고 있다. 두 얼굴이 하나가 되어 한 인간, 하나의 사회를 구성한다. 하나의 얼굴만을 가진 인간과 사회는 없다. 하나만 있다고 생각하면 반대의 얼굴을 부정하고 억누르게 된다. 하비 덴트가 정확히 그렇게 했던 것처럼 말이다. <블랙 스완> 식으로 본다면 Swan Queen이 되기 위해서는 white swan과 black swan이 통합되어야 한다.

'두 얼굴'에 맞먹는 이미지가 '동전의 양면'이다. 동전의 양면은 둘이 하나가 되어 동전을 구성한다. 하비는 동전의 양면을 둘 다 앞면만 있는 것으로 바꾸어 버린다. 경찰들이 하비에게 '두 얼굴'이라고 별명을 붙인 것은 그가 가진 양면성을 보았기 때문일 것이다. 그런데 그는 자신이 한 가지 면만을 가진 사람이라고 생각하고 반대의 면을 부정하고 억누른다. 조커는 정확히 그런 점을 꿰뚫어본다. 그래서 하비의 반대편 자아에게 채워진 사슬을 풀어버림으로써, 하비의 억눌린 자아가 기존 자아를 전복하게 한다. 셰익스피어의 <오셀로>에 나오는 '이아고'처럼 말이다. 조커는 전무후무한 캐릭터라기보다는 '현대판 이아고'라고 할 수 있다.

우리는 '정체성'(identity)과 '반정체성'(anti-identity)을 둘 다 가지고 있다. 둘이 합쳐져서 나라는 하나의 '전체'(whole)를 이룬다. 우리는 어떠 어떠한 사람이 되고자 하며 동시에 어떠 어떠한 사람이 되지 않고자 한다. 이 둘의 충돌과 갈등 사이에서 우리는 끊임없이 고뇌하고 사유하며,

판단하고 선택하고 행동한다. 고뇌와 사유의 행위가 우리를 인간이게 하며, 그 판단과 선택과 행동이 우리의 인격과 인성을 형성한다. 판단이 달라지면, 선택이 달라지면, 행동이 달라지면, 캐릭터가 달라진다.

삶의 매 순간은 개인과 집단이 내려야 하는 도덕적 판단과 선택 그에 따른 행동/실천의 연속이다. 삶이 고정되어 있지 않기에, 우리의 판단과 선택과 행동도 고정되어 있을 수 없고 선악의 경계도 고정될 수 없다. 사람 자체가 선하고 악한지 우리는 판단할 수 없다. 오직 사람의 행동만이 선하고 악한지 말할 수 있다. 인간은 인간의 심판관이 될 수 없다.

판단과 선택은 사유와 고뇌에 따른 것이어야 한다. 사유와 고뇌를 위한 시간이 필요하다. 슈퍼히어로물이 주는 역효과는 그런 시간적 노력 없이 문제를 해결할 수 있다는 인식을 심어줄 수 있다는 데에 있다. 인간적 능력에 따른 인간적 노력이 필요하고, 그 노력만이 인간적 선택과 선을 가능하게 할 것이다. 인간적 노력 없이 선과 민주주의는 담보되는 것이 아니다. <다크나이트>는 그런 관점에서 배트맨이 '영웅'이 아니라 '흑기사'이자 'silent gardian'이라고 말한다. 그것이 배트맨이 다른 슈퍼히어로와 다른 점이다. 조커는 모든 문제를 생사의 문제, 즉 내가 살려면 남을 죽여야 한다는 공포의 논리로 사람들을 옭아맨다. 사유와 고뇌의 시간을 주지 않는다. 그래서 사람들은 조커의 허점을 보지 못한다.

영웅이나 초법적 존재, 초능력을 가진 존재가 아니라 시민이 도덕적 선택을 할 때 인간 사회, 시민사회가 가능하다. 진정한 영웅은 시민 개인이다. 인간이 만든 법체계의 불완전성을 보완하는 것은 시민의 도덕성이다. 초법적인 존재는 그 무분별한 추종자들로 인해 법체계를 무력화시킨다. 그런 자들은 결과적으로 사회 안에서 범죄조직과 같은 역할을 한다. 배트맨의 추종자들과 조커의 추종자들은 그런 면에서 마찬가지이다.

인간이 사는 세상에 일어나는 모든 일들은 '우연'(chance)처럼 보이지만, 그래서 투페이스가 된 하비는 우연에 모든 것을 맡기지만, 사실 우연처럼 보이는 것들은 인간의 판단과 선택과 행동이 축적되어 만들어낸 '필연'이다. 시민들의 도덕적 행동이 힘겹게 축적되면 그것이 필연적으로 사회를 보다 인간적인 사회로 변화시킨다. 그것은 절대 우연히 쉽게 성취되는 것이 아니다.

인간적 고민과 선택은 '상생'(相生)을 위한 것이어야 한다. 상생을 생각할 때, 벗어날 수 없을 것 같았던 조커의 수수께끼는 무효가 되어버린다. 두 배에 나눠 탄 사람들이 생사의 갈림길에 놓였지만, 상생의 선택이 삶을 가능하게 하며, 그와 같은 선택을 할 때 인간은 배트맨도 조커도 필요가 없는 존재 조건을 스스로 만들어 나가게 된다. 인간애에 바탕을 둔 상생의 시각과 관점에서 판단하고 선택하고 행동하는 자는, 조커의 표현을 빌리자면, "깊이 뿌리내린 나무처럼 태풍에 넘어지지 않는다." '뿌리 깊은 나무'는 세종대왕도 언급한 부분이다.

조커가 그렇게 하는 것은 자본주의를 꿰뚫고 있기 때문이다. 조커는 자본주의를 급진적으로 근본적으로 부정하는 인물이다. 은행을 털고 악당들의 돈을 빼앗아 그냥 불태워버리는 것에서 쉽게 알 수 있다. 그는 돈을 태우면서 사람들에게 메시지를 전하려고 한다. 조커는 자본주의의 논리를 자유자재로 활용하면서 사람들이 자가당착에 빠지게 한다. 자본주의 사회 속에서 인간적 가치는 돈으로 대체되고, 인간은 돈을 벌거나 잃거나 둘 중 하나의 상황 속에 놓이게 된다. 사람들은 돈을 잃지 않기 위해 산다. 그를 위한 판단과 선택을 한다. 삶의 모든 문제를 득실의 관점에서만 바라보게 되면, 조커가 놓은 함정에 빠지게 되고, 그렇게 되면 아무리 선한 사람도 악인으로 전락하고 만다. 하비 덴트의 예에서 알 수 있듯이, 정의는 부정으로 바뀌어 버린다. 동전의 양면처럼, 그것들의 차이는 종이 한 장 차이가 되어버린다.

조커는 사람의 진정한 인격과 인성(캐릭터)은 목숨이 걸려있을 때 비로소 드러난다는 것을 안다. 조커는 "내가 살기 위해서는 다른 이를 짓밟고 죽여야 한다"라는 논리에 사람들을 가둔다. "네가 사는 것이 곧 내가 사는 것이다", "죽고자 하면 살 것이다"라는 희생을 통한 정의 구현을 보지도 생각하지도 못하게 한다. 영웅으로 죽기보다 끝까지 살아남아 악당이 되기를 종용한다. 주인까지 물어뜯을 수 있는 "굶주린 개"가 되도록 획책한다. 그는 그저 자본주의에 찌든 인간들이 부끄러운 민낯을 드러내게 할 뿐이다. 자본주의 사회는 그런 조커를 악으로 규정하지만, 사실 조커는 선도 악도 아니다. 어느 쪽에도 속하지 않는다. 영화 <조커>는 조커의 그런 면을 더 심도 있게 파헤치고 있다.

우리는 한배를 탔다. 우리는 한 국가 안에 함께 존재하고 하나의 지구에 함께 공존한다. 공동운명체이다. 이 공동운명체의 운명은 과연 어디에 달려있는 것일까? <다크나이트>는 우리가 이 질문에 답하고 그것에 걸맞게 행동하기를 요구하고 있다.

머무름 · 나아감 · 물러섬 · 갇힘

"그대는 어디에서 왔는가?

그대는 어디로 가고자 하는가?

그럼 지금 여기 왜 머물러 있는가?"

— 이강백 작, 〈동지섣달 꽃 본 듯이〉 중에서

위대한 드라마들은 캐릭터의 '**여정**'(journey)을 담고 있다. 출생의 비밀을 알고 양아버지와 양어머니로부터 도망쳤다가 신탁으로부터 자신의 운명을 알고 방황하다가 삼거리에서 부지불식간에 자신의 친아버지를 죽였으나 스핑크스의 수수께끼를 풀고 테베의 왕이 된 오이디푸스의 비극에서 시작해서, 도착과 출발, 만남과 이별을 기본 구조로 하는 멜로드라마에 이르기까지 중요 캐릭터들은 극 안에서 무언가를 찾는 여정에 나선다. 그 무언가는 잃어버린 자기 자신이 되기도 하고, 근원과 시작이 되기도 하고, 꿈꾸거나 갈망하는 것이 되기도 한다. 여정에 오른 캐릭터는 영화 <버닝>에서 말한 "Great Hunger", 즉 삶의 의미와 존재의 목적에 굶주린 자 그래서 그것을 찾아 나서는 자가 되는 것이다.

극 안에는 ① **머무는 인간**, ② **나아가는 인간**, ③ **물러서는 인간**, ④ **도망치는 인간**들이 섞여있다. 대개 주인공들은 나아가는 혹은 나아가고자 하는 인간이다. 대부분의 인간은 대개 한쪽/한편에 머무르고자 한다. 그것이 안정감을 주기 때문이다. 머무는 인간은 경계를 벗어나고 싶어 하지 않는다. 그러나 극의 주인공들은 경계 내에 머무르기를 거부하고 경계 너머를 보고 꿈꾸며 경계를 넘어서서 나아가고자 한다. '안주'할 수가 없다. <인형의 집>의 노라처럼 문을 박차고 나간다. 주인공들에게 영원한 안주나 순응이란 불가능하다. 안정은 항상 다음으로 더 나아가기 위한 발판일 뿐이다. <웨스트사이드 스토리>의 토니와 마리아처럼 주인공 캐릭터들은 '지금 여기'보다 '다른 곳 다른 때'(somewhere someday)를 꿈꾼다. 그래서 주인공들은 대개 아웃사이더, 떠돌이, 나그네, 방랑자, 난민이 된다.

그러나 다양한 요인들이 주인공들을 막아선다. 진퇴양난의 딜레마에 빠지게 한다. 그래서 극의 주인공들은 대개 '경계에 선 인간', '**갈림길에 선 인간**'이 된다. 하지만 주인공들은 여전히 물러나기를 거부한다. 주인공들이 물러나는 경우는 포기나 좌절이 아니라, 다른 캐릭터가 나아가게 하기 위해서이다. <미스터 션샤인>의 '위대하고 고귀한 자' 유진은 애신이 앞으로 나아가게 하기 위해서 한발 물러선다. 갈림길에 선 주인공 캐릭터들은 남들이 가지 않는 길, 안전하지 않은 길, 미지의 길을 선택해서 나아간다. 그 길에서 무엇을 만나게 될지는 모르지만, 무엇이든 온몸으로 맞닥뜨려볼 작정이다. 바로 <화염>의 나왈과 사우다처럼 말이다.

날 데려가 줘. 그리고 내게 읽는 걸 가르쳐 줘. 대신, 널 도와줄게. 난 여행할 줄 알거든. **우린 더 강해질 거야.** 여자 둘이 나란히 함께 하는 거지. 날 데려가 줘. 네가 슬플 때면, 노래를 불러줄게. 네가 약해지면, 널 도와줄게. 널 책임지겠어. **여긴, 아무것도 없어.** 아침에 일어나면, 사람들은 말하지. "사우다, 하늘을 봐." 하지만 사람들은 하늘에 대해 아무런 얘기도 해주지 않아. 내게 말하지. "바람이다." 그렇지만 바람에 대해 아무 얘기도 하지 않지. 세상을 가리켜주지만 세상은 아무런 말이 없어. 그리고 세월이 흘러가고 모든 게 불투명해지지. 네가 새긴 글자를 봤어. 난 생각했지, 그게 이름이라고. 단어가 나타나면서 모든 게 명확해진 거야. 마치 묘비가 투명해진 것처럼 말이야. (중략) **난 여기에 더 이상 머물고 싶지 않아.** (중략) 여길 어떻게 좋아하겠어? 사랑이 없어, 사랑이 없다고

— 사우다, 〈화염〉 중에서

고통과 캐릭터

극에는 ① 고통을 회피하는 인간, ② 고통을 당하는 인간, ③ 고통에 무너지는 인간, ④ 고통을 감당하고 이겨내려는 인간이 있다. 갈림길에서 남들이 가지 않은 길을 선택한 캐릭터들은 그 여정에서 큰 고통을 겪게 된다. 하지만 그 고통조차도 주인공 캐릭터들을 물러서게 할 수 없다. 주인공 캐릭터들은 모든 시련과 역경 그리고 그것이 가져오는 고통을 피하지 않고 온몸과 마음으로 겪으며 막아내고 이겨낸다. 그래서 캐릭터들은 ① 고통과 두려움으로부터 도망치는 인간과 ② 고통과 두려움을 마주하는 인간으로 나뉜다. 또한 캐릭터들은 시련과 고통 속에서 ① 사랑을 잃어버린 인간, ② 사랑에 아파하는 인간, ③ 사랑을 부정하는 인간, ④ 사랑을 갈구하는 인간, ⑤ 사랑을 하는 인간, ⑥ 사랑을 주는 인간으로 나뉜다.

화룡점정畵龍點睛: 눈의 관점에서 본 캐릭터

화룡점정은 '용을 그린 다음 마지막으로 눈동자를 그린다'는 뜻으로, 가장 중요한 부분을 마지막에 끝냄으로써 작업을 완성하는 것을 말하는 표현이다. 배우에게는 예술적·연기적 상상과 표현에 있어서 가장 중요한 부분이 무엇인지를 일깨워주는 말이기도 하다. 『수형기』(水衡記)에 다음과 같은 이야기가 전한다.

양(梁)나라의 장승요(張僧繇)가 금릉(金陵:南京)에 있는 안락사(安樂

寺)에 용 두 마리를 그렸는데 눈동자를 그리지 않았다. 사람들이 이상히 생각하여 그 까닭을 묻자 "눈동자를 그리면 용이 날아가 버리기 때문이다"라고 대답하였다. 그러나 사람들은 그 말을 믿지 않았다. 그래서 그는 용 한 마리에 눈동자를 그려 넣었다. 그러자 갑자기 천둥이 울리고 번개가 치며 용이 벽을 차고 하늘로 올라가 버렸다. 눈동자를 그리지 않은 용은 그대로 남아있었다. 한편 어떤 일이 총체적으로는 잘 되었는데 어딘가 한 군데 부족한 점이 있을 때 '화룡에 점정이 빠졌다'고도 한다.

— 〈두산백과〉

'눈을 그렸더니 용이 살아나서 하늘로 날아올랐다'는 것은 배우가 캐릭터를 창조함에 있어서 '눈'에 대한 상상이 얼마나 중요한가를 말해준다. 눈이 살아있어야 살아있는 캐릭터가 된다. 그런데 태초에 연기의 시작에서 캐릭터/페르소나/탈에는 눈이 없다. 왜일까? '인간의 본질을 단 하나의 표정에 각인'한 탈에 왜 눈이 없는 것일까? 그것은 바로 **눈이 없는 캐릭터에 배우의 눈이 더해졌을 때, 그렇게 캐릭터와 배우가 결합했을 때 비로소 캐릭터가 살아나는 것**이기 때문이다. 탈/캐릭터에 눈이 이미 그려져 있다면 탈은 배우를 필요로 하지 않는다. 그 자체로 완성된 존재가 되기 때문이다. 탈과 대본의 캐릭터는 배우를 만나기 전까지 미완성의 상태이다. 배우를 만나서 화룡점정의 원리로 완성되고 살아나는 것이 탈/캐릭터의 운명이다. "눈을 통해 영혼으로"(eye to soul)라는 말이 있듯이, **눈은 곧 영혼**이다. 캐릭터/탈과 배우의 눈이 결합한다는 것은 탈/캐릭터와 배우의 영혼이 결합하는 것을 뜻한다. 캐릭터와 배우의 영혼이 하나로 통합되었을 때 마침내 살아있는 캐릭터가 탄생하는 것이다. 화룡점정의 마음으로 배우는 자신이 연기하는 캐릭터가 어떤 눈을 가진 캐릭터인지 상상해야 한다. 눈의 관점에서 캐릭터들을 구분해 보면 다음과 같다.

눈의 관점에서 본 캐릭터	화룡점정: 눈 = 영혼
인물이 달라지면 눈이 달라진다. 보는 것이 다르기 때문이다	인물구축의 완성은 눈을 통해서이다

1 눈에서 별이 쏟아지는 인물
맑은 영혼을 가진 인간, 살아하는 인간, 꿈꾸는 인간, 상상하는 인간, 순수한 인간,
생각이 남다른 인간, 비전을 가진 인간

2 눈이 불을 뿜어내는 인물
분노하는 인간, 절규하는 인간, 목숨 걸고 싸우는 인간

3 눈이 불타는 인물
걷잡을 수 없는 욕망에 휩싸인 인간, 의지·투지가 불타는 인간, 갈망하는 인간

4 눈에 냉기·독기·살기·악의가 가득한 인물
지배욕에 휩싸인 인간, 인간을 적대시하는 인간, 원한에 사로잡힌 인간

5 눈이 촉촉한 인물
휴머니스트, 이타적 인간, 여린 영혼과 심장을 가진 인간

6 바다처럼 눈이 깊은 인물
현자, 사상가, 지혜로운 인간, 마음이 깊은 인간, 영혼과 마음 깊은 곳으로부터 보는 인간

7 눈이 흐릿한 혹은 비어있는 인물
흔들리는 인간, 길을 잃은 인간, 방황하는 인간, 소외된 인간, 중독된 인간

8 눈이 흔들리는 인물
갈등하는 인간, 경계에 선 인간, 위기의 인간

9 눈이 어두운 인물
삶의 빛을 잃어버리고 암흑 속에 살아가는 인간, 절망한 인간

10 눈을 숨기는 인물
상처 입은 인간, 두려워하는 인간, 도망치는 인간, 말 못할 사연을 가진 인간

11 눈이 먼 인물
보이지 않는 것을 보는 인간, 예언자, 선지자, 혹은 맹목적인 인간

12 눈을 뽑은 인물, 눈이 뽑힌 인물
처절한 자기인식에 도달한 인물, 자신과 인간과 세상을 보는 법을 다시 배우는 인물

1. 눈에서 별이 쏟아지는 캐릭터

－맑은 영혼을 가진 인간, 사랑을 하는 인간, 꿈꾸는 인간, 상상하는

인간, 순수한 인간, 생각이 남다른 인간, 비전을 가진 인간 등 극
에서 가장 중요한 역할을 하는 캐릭터

2. **눈이 불을 뿜는 캐릭터**
   -분노하는 인간, 절규하는 인간, 목숨 걸고 싸우는 인간, 저항하는
   인간 등

3. **눈이 불타는 캐릭터**
   -걷잡을 수 없는 욕망에 휩싸인 인간, 의지·투지를 불태우는 인간,
   갈망하는 인간 등

4. **눈에 냉기·독기·살기·악의가 가득한 캐릭터**
   -지배욕에 휩싸인 인간, 인간을 적대시하는 인간, 원한에 사로잡힌
   인간 등

5. **눈이 촉촉한 캐릭터**
   -휴머니스트, 이타적 인간, 여린 영혼과 따뜻한 심장을 가진 인간
   등

6. **바다처럼 눈이 깊은 캐릭터**
   -현자, 사상가, 지혜로운 인간, 마음이 깊은 인간, 영혼과 마음 깊은
   곳으로부터 보는 인간 등

7. **눈이 흐릿한 혹은 비어있는 캐릭터**
   -흔들리는 인간, 길을 잃은 인간, 방황하는 인간, 소외된 인간, 중독
   된 인간 등

8. **눈이 흔들리는 캐릭터**
   -갈등하는 인간, 경계에 선 인간, 위기의 인간 등

9. **눈이 어두운 캐릭터**
   -삶의 빛을 잃어버리고 암흑 속에 살아가는 인간, 절망한 인간 등

10. **눈을 숨기는 캐릭터**

　－상처 입은 인간, 두려워하는 인간, 도망치는 인간, 말 못 할 사연을 가진 인간 등

11. **눈이 먼 캐릭터**

　－보이지 않는 것을 보는 인간, 예언자, 선지자, 혹은 맹목적인 인간 등

12. **눈을 뽑은 캐릭터, 눈이 뽑힌 캐릭터**

　－처절한 자기인식에 도달한 인간, 자신과 인간과 세상을 보는 법을 다시 배우는 인간 등

　배우는 눈빛이 캐릭터의 눈으로 바뀔 때에만 진정 캐릭터로 태어난다. 그리고 눈빛은 절대 거짓으로 꾸밀 수 없다. 눈빛은 영혼과 정신과 마음과 몸의 가장 깨끗한 빛깔이다. 오직 온몸과 온 마음을 다한 진짜 상상만이 구현할 수 있는 빛깔이다.

시각과 태도

　모든 캐릭터는 세상과 삶 그리고 타인을 바라보는 자신만의 '시각'을 가지고 있고 그 시각이 세상·삶·타인을 바라보는 '시선'과 대하는 '태도'를 결정한다. 캐릭터를 분석할 때 그리고 캐릭터를 구축하기 위해 삶 속의 타인을 모델로 삼을 때 배우가 파악해야 하는 매우 중요한 부분이 캐릭터/타인이 가진 시각과 시선 그리고 태도이다. 캐릭터는 행동을 통해 드러나고 보이지만, 캐릭터가 행하는 모든 행동은 애초에 캐릭터가 가진

시각과 시선과 태도에서 나오는 것이다. 그것과 무관하게 캐릭터의 행동을 분석하거나 실행할 수 없다.

예를 들어, 안하무인(眼下無人)의 캐릭터는 "눈 아래에 사람이 없다"라는 뜻처럼, 눈에 보이는 타인들을 '사람'으로 보지 않는 캐릭터이다. 사람을 사람으로 보지 않는 시각으로 인해서 무시하거나 깔보거나 경멸하는 시선으로 방자하고 교만한 태도를 보이며 남을 업신여기는 행동을 하는 것이다.

시각의 문제는 다음 장에 이어지는 「보기와 듣기」에서 좀 더 상세하게 이야기하게 될 것이다.

결함

인간은 불완전한 존재이다. 완전하다면 인간이 아니라 신이다. 불완전한 존재로서 인간에게는 결함이 있다. 심지어 그리스·로마 신화에 나오는 무수한 신들도 결함이 있다. 최고의 인간, 인간을 대표하는 인간을 주인공으로 하는 비극에서 주인공은 '비극적 결함'(tragic flaw, *hamartia*) 때문에 결국 파멸한다. 최고의 인간이 파멸하는 모습을 지켜보며 관객들은 자신도 얼마든지 그렇게 될 수 있다는 공포를 느꼈고, 결함이 낳는 과오들에 안타까워했으며, 결함에도 불구하고 끝까지 패배하지 않으려고 사투를 벌이는 비극적 영웅들의 고귀한 정신과 불굴의 투지에 깊은 연민을 느꼈다. 결함이 인간을 인간이게 한다. 극을 통해서 우리는 불완전한 존재로서 우리가 가진 결함과 그 결함이 낳는 과오를 보고 보다 나은 인간이 되기를 꿈꾼다.

그렇기 때문에 배우는 캐릭터가 가진 인간적 결함을 잘 이해하여야 한다. 그러나 결함에 관한 이야기가 경계해야 할 부분은 자칫 우리가 캐릭터의 결함에만 더 집중할 위험이 있다는 것이다. 캐릭터가 가진 결함은 그 결함으로 인해 캐릭터가 실수와 잘못, 그릇된 판단과 선택을 하게 됨을 이해하기 위해서지만, 캐릭터에 대한 이해에서 보다 중요한 부분은 '결함에도 불구하고' 캐릭터가 하는 '노력'이다. 자신의 한계를 넘어서려는 캐릭터의 노력, 그것을 잊어서는 안 된다.

모든 인간에게는 장점과 강점, 매력, 단점과 약점, 못난 점이 공존한다. 서로 각기 다른 장점과 단점을 가졌지만, 장점과 단점 중 어느 한쪽만을 가지고 있는 인간은 없다. 마찬가지로 모든 인간에게는 꿈이 있고 열망하는 것이 있으며 동시에 두려워하는 것이 같이 있다. 캐릭터도 마찬가지다. 배우는 한 인간/캐릭터 안에 있는 상반된 모든 면을 같이 살펴야 한다. 내 안에 무수히 많은 상반된 나들이 존재하는 것과 마찬가지로 3차원적 캐릭터 안에도 무수히 많은 상반된 나들이 존재한다.

주인공^{protagonist}과 적수^{antagonist}

주인공 캐릭터를 protagonist, 혹은 영웅(hero/heroine)이라고 한다. 인간이기에 연약한 영혼을 가진 소유자이면서도 가장 강력한 정신력과 의지의 소유자이고 가장 뜨거운 열정의 소유자이며 사고 · 정서의 폭과 깊이가 가장 크고 깊은 존재이고 스스로 질문하고 답을 찾는 자이다. 그리고 가장 좋은 신체의 소유자이다. 햄릿 같은 캐릭터는 세상 누구보다도 뛰어난 학식, 예술에 대한 조예, 가장 빠르고 강한 몸쓰기 능력을 가지고 있다. 주인공 캐릭터들은 ~을 '위해서' 싸우거나 ~에 '대항해서' 목숨 걸고 싸우는 존재들이다. 마치 그 싸움을 위해 태어난 존재들인 것처럼 싸운다. 싸움에는 싸움의 상대가 있어야 한다.

모든 주인공들은 그 주인공에 맞서는 자, 주인공을 시험하는 자를 만나게 되는데 바로 그런 캐릭터를 **antagonist**, 혹은 적수라고 한다. 많은 경우 적수는 주인공보다 더 강하다. 주인공이 왕인 경우 주인공은 자기보다 아래에 있는 인간들과 싸우지 않는다. 신(神)이나 운명, 자연에 맞서 싸운다. 갑이 을을 상대로 싸움을 하는 극은 없다. 극의 주인공은 반드시 자기보다 강한 존재와 싸운다. 자신보다 더 강한 상대와 싸우면서 주인공은 더 뛰어난 존재로 거듭난다. 비록 파멸할지라도 절대 비굴한 패배를 하지 않는다.

주인공 캐릭터의 여정

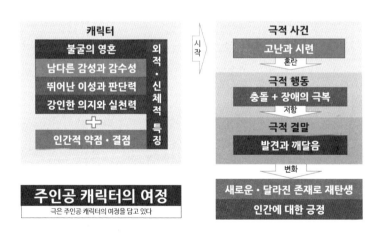

주인공 캐릭터들은 불굴의 영혼, 남다른 감성과 감수성, 뛰어난 이성과 판단력, 강인한 의지와 실천력의 소유자로서 그것에 걸맞은 신체를 가지고 있다. 그러면서도 인간이기에 인간적 약점과 결점도 가지고 있다. 극은 그런 주인공 캐릭터의 여정을 담고 있다. 주인공 캐릭터는 극적 사건을 통해 고난과 시련을 겪으며 혼란에 빠진다. 그럼에도 불구하고 충돌과 장애를 극복해 나가면서 극적 행동을 하고 행동을 통해 그가 싸우는 것에 저항한다. 그리고 그 싸움의 끝에 발견과 깨달음을 얻으며 극적 결말에 도달한다. 극의 결말에 주인공 캐릭터들은 그 발견과 깨달음으로 새롭고 달라진 존재로 재탄생하게 된다. 관객들은 주인공 캐릭터의 여정을 목격하면서 삶과 인간에 대해 새로운 인식에 도달하게 되고 그로부터 삶과 인간을 다시 긍정하게 된다.

악역

주인공에게 고통을 안기는 antagonist들은 대개 악역의 역할을 하게 된다. 극에서 악역들은 매우 중요한 역할을 한다. 악역의 역할이 사람들을 단순히 기겁하게 하고 경악하게 하는 것에 그치는 것이 아니라, 우리가 당연시하는 모든 것에 대해서 다시 질문하게 만들고 다시 생각하게 만들기 때문이다. 전쟁에서 승리한 자들이 승리에 도취되어 쾌락만을 추구하고 있을 때, 리처드 3세는 악역이 되기를 자처하고 사람들이 가지는 어리석음을 십분 활용해서 왕의 자리에까지 오르게 된다. 기존의 질서를 완전히 무너뜨리고 스스로 새로운 질서를 세운 것이다. 세 마녀들은 몇 마디 말로 만인이 우러러보던 맥베스를 살인자로 만들고 파멸시킨다. 이아고

역시 최고의 남자로 추앙받던 오셀로가 한낱 질투에 눈에 멀어 자신이 사랑하는 사람을 죽이는 못난 남자임을 입증해 보인다. 악역이 없으면 극은 성립하지 않을 것이다. 악은 매력적이다. 매력적이어야 한다. 그렇지 않다면 악에 현혹되거나 유혹을 느끼지 못할 것이기 때문이다. 악역이 매력적일 때에만 우리는 악역이 던지는 질문들을 정말로 다시 생각해 보게 된다.

악역 연기는 배우를 자유롭게 만들어준다. 넘어서는 안 되는 선을 넘어가는 악역의 캐릭터들이 배우로 하여금 선을 넘게 도와주기 때문이다. 악역을 통해 선을 넘어서면서 배우는 스스로를 가두고 있는 틀에서 벗어난다. 극에서는 모든 것이 가능하다는 것을 믿게 되고 극 안에서만큼은 자유롭게 살아 움직일 수 있게 되기 때문이다. 그리고 매력적인 악역을 연기하면서 스스로 거부할 수 없는 매력의 소유자로 거듭날 수 있다.

캐릭터에게서 우리가 배우는 것들

극적 행동(action)에 담긴 '노력'들을 진정으로 이해한다면, 우리는 캐릭터에게서 매우 중요한 것들을 배우게 된다. 어쩌면 캐릭터에게서 그것을 배우기 위해서 우리는 캐릭터들을 만나는 것인지도 모른다. 배우가 캐릭터를 그저 연기하는 것이 아니라, 캐릭터를 자신의 몸과 마음에 담으면서 중요 캐릭터들이 가진 다음과 같은 삶의 자세와 태도를 체화하기 위해 연기하는 것인지도 모른다.

1. 좌절과 포기를 모른다.
2. 절망하지 않는다. 멈추지 않는다.
3. 안주하지 않는다.
4. 상대의 생각과 마음을 움직이려고 한다.
5. 나보다 타인을 더 중요하게 여긴다.
6. 자신의 감정 상태에 집중하지 않는다. 자기 연민에 빠지지 않는다.
7. 불가능한 미션(mission impossible)에 도전한다.
8. 위험을 무릅쓴다.
9. 남들이 가지 않는 길을 간다.
10. 목숨보다 중요한 것이 있다.

그래서 캐릭터들은 늘 능동적인 존재로 사람들 앞에 나타난다. 도저히 능동적일 수 없는 상황에서도 멈추지 않는다. 그래서 관객은 그렇게 능동적인 캐릭터를 연기해낸 배우들을 영웅적인 존재로 바라보게 되는 것이다.

캐릭터는 끝까지 능동적이다

캐릭터는 희생자/피해자가 되기를 거부한다. 캐릭터에게는 극이 "끝날 때까지 끝난 게 아니다." 극 안에 수동적인 캐릭터, 피해자 또는 희생자가 있기는 하다. 그러나 주요 캐릭터들은, 심지어 주변적인 캐릭터들도 생각보다 자주, 극이 끝나는 그 순간까지 끝까지 무언가를 하고자 한다. 캐릭터에게 끝은 없다. 끝이 언제인지 캐릭터는 알 수 없다. 끝이라고 여겨지는 것들이 캐릭터에게는 또 다른 시작이 되어버린다. 데클란 도넬란의 표현을 빌리자면, "캐릭터에게는 늘 추구할 것이 있다." 그렇기 때문에 스타니슬라프스키가 누누이 강조했듯이, 배우는 캐릭터를 능동적인 존재로 바라보고 끝까지 무언가를 하고자 해야 한다. 줄리엣을 생각해 보라. 자신의 몸에 단도를 꽂아 넣고 숨이 끊어질 때까지 줄리엣은 무엇을 하고 있을까? 14살 이 어린 소녀는 놀랍게도 숨이 멈추는 그 순간까지 로미오를 사랑하기를 멈추지 않는다. 로미오를 사랑하기에 자신의 심장이 멈출 때까지 로미오에게 가서 닿으려고 하거나 그의 몸을 감싸거나 그의 몸에 자신의 몸을 포개려고 할 것이다. 그녀의 숨이 어느 순간에 끊어지느냐에 따라서 관객에게 다른 인상 다른 느낌을 낳을 뿐이다. 미친 오필리어는 미쳤음에도 불구하고 마지막까지 사람들에게 "꽃"(이라 불리는 것들)을 나눠주고 간다. 마치 자신의 피와 살을 떼어내 나눠주듯이, 그것도 사람들이 "생각"하고 "기억"하기를 바라면서 말이다. <햄릿>의 세계 속에서 정신이 멀쩡한 어떠한 캐릭터도 미친 오필리어가 하는 능동적 사랑의 행동은 하지 않는다.

어떤 한 인간의 진짜 캐릭터는 목숨이 달려있을 때 그가 하는 판단·선택·행동으로 드러난다. 죽기 전 마지막 순간에 무엇을 하고 있는지가 그 인간이 어떤 사람인지를 가장 솔직하게 드러낸다. 오셀로에게 목이 졸려 죽어가는 데스데모나는 무엇을 하고 있을까? 오셀로가 줄곧 의심하는 데스데모나의 사랑이 거짓이 아니라면, 데스데모나는 숨이 끊어지는 그 순간까지 오셀로를 사랑할 것이다. 그것이 그녀를 피해자나 희생자가 아니라 비극의 여주인공이 되게 하는 것이다. 그러지 못하고 죽는 순간 죽음의 고통만 표현하고 있다면 그녀는 그저 평범한 캐릭터에 머물고 말 것이다. 독이 든 칼에 찔려 죽어가는 햄릿은 호레이쇼에게 세상에 무엇이

전해지고 알려져야 하는지 그리고 무엇이 알려지지 않기를 바라는지 끝까지 이야기하다 숨을 거둔다. 영화 <와호장룡>에서 독침에 맞고 해독제가 올 때까지 내공으로 자신의 호흡을 조절하고 있던 리무바이(주윤발 扮)는 마지막 한 호흡을 수련(양자경 扮)에게 평생 하지 못했던 말("사랑한다")을 하는 데에 쓰고 숨을 거둔다. 리무바이의 마지막 선택과 행동은 배우가 한 모금의 호흡도 허비하면 안 되는 이유와 더불어 끝까지 능동적인 인간을 창조해야 하는 이유를 아름답고 강렬하게 전하고 있다.

배우에 의해, 배우의 능동적 선택에 의해 캐릭터는 위대한 인간이 될 수도 있지만 평범한 선택에 의해 평범한 인간으로 전락하기도 하는 것이다. 비극의 주인공들처럼 위대한 캐릭터들의 마지막 순간은 그 캐릭터의 삶에서 가장 찬란한 순간이다. 불꽃처럼 환히 타오르는 순간이다. **배우가 된다는 것은, 캐릭터가 된다는 것은 '모든 순간'에 능동적인 존재가 된다는 것이다.**

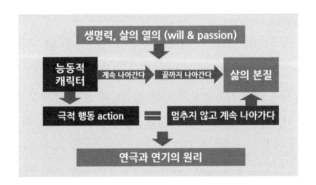

끈질긴 생명력과 끈기, 삶을 향한 열정은 캐릭터가 되기 위해 배우가 가져야 하는 덕목과 자질이다. 연기는 배우에게 무한도전을 요구한다. 무한도전에 기꺼이 나서고, 불굴의 집념과 피나는 실천으로 목표에 도달하고 성과를 이루어내야 한다. 쉽게 포기하는 자는 예술가가 아니다. 배우가 되고자 하는 자에게는 '실패할 수 있는 용기', '미움받을 수 있는 용기', '부정당할 수 있는 용기'가 필요하다. 실패와 미움과 부정을 넘어선 어딘가에서 배우는 비로소 캐릭터를 만날 수 있을 것이기 때문이다. 그때까지 계속 나아가야 한다. 원만하고 수월하게 나아가지 못할 것이다. 그럼에도 불구하고 그저 끝 간 데 없이 자신의 길을 나아가야 한다.

캐릭터의 유형

캐릭터들은 유형이 있다. 각각의 유형들은 극 안에서 각기 다른 역할을 한다. 배우는 캐릭터가 극 안에서 하는 역할과 기여도에 맞는 연기를 할 수 있어야 한다.

대표적인 유형으로는 복잡한 캐릭터 vs 단순한 캐릭터, 변화하는 캐릭터 vs 변하지 않는 캐릭터(고정된 캐릭터), 의인화된 캐릭터 vs 비인간적 캐릭터, 고통·두려움·탐욕과 싸우는 캐릭터 vs 고통·두려움·탐욕에 굴복하는 캐릭터, 주인공 캐릭터(protagonist) vs 적수(antagonist), 원형적 캐릭터 vs 유형적(전형적) 캐릭터 등이다.

원형적 캐릭터와 유형적·전형적 캐릭터에 대해서는 조금 더 설명이 필요하다. 원형적 캐릭터는 헨릭 입센 작 <인형의 집>의 노라처럼, 특정한 인산상을 대표하는 캐릭터이다. <인형의 집> 결말에 노라가 집 문을 꽝 닫고 나가는 소리가 서유럽에 울려 퍼지면서 페미니즘이 시작되었다. 노라는 페미니즘을 대표하는, 남성에 종속된 존재가 아니라 스스로 존재하고 사고하고 선택하고 행동하는 여성을 대표하는 원형적 캐릭터이다.

생각하는 인간을 대표하는 햄릿도 르네상스적 인간상을 대표하는 원형적 캐릭터이다.

그에 반해 유형적·전형적 캐릭터는 인간의 한두 가지 특성이 도드라진 캐릭터로서 대개 희극에서 풍자의 대상이 된다. 김훈은 한 사람이 어떤 일을 하는지 몸으로 그대로 드러나 알 수 있는 자는 노동에 찌든 자라고 했는데, 특정한 신분·지위·직업 등이 몸과 행동을 통해 또렷하게 드러나는 캐릭터도 전형적인 캐릭터이다. 극에서 기능적인 역할을 주로 하는 이런 캐릭터들은 대개 이름을 가지고 있지 않다. 하나의 독립된 개인으로 극 속에 존재한다기보다는 특정 유형의 인간에 대한 전반적이고 일반적인 인상만을 관객에게 전하는 역할을 한다.

캐릭터의 유형	배우는 자신이 연기하는 캐릭터의 유형, 극에서의 역할과	
극이 요구하는 캐릭터의 창조	기여도를 잘 파악하고 그것에 걸맞는 연기를 하여야 한다	
1	**인간 이상의 존재**	**고귀하고 위대한 인간**
	인간을 대표하는 인간	선망, 존경, 찬양, 숭배의 대상
	삶의 목적을 생각하게 하는 존재	영감, 용기, 열정, 희망, 사랑을 주는 존재
2	**인간**	**보통의 인간**
	친근한 인간, 다양한 인간 군상	자기 자신과 동일시할 수 있는 인간
	삶의 의미를 생각하게 하는 존재	삶을 돌아보며 삶의 선택을 재고하고 삶을 다시 긍정하게 하는 존재
3	**인간 이하의 존재**	**짐승만도 못한 인간**
	인간성을 상실한 인간	경계와 두려움의 대상, 비판의 대상
	삶의 심연을 일깨우는 존재	인간성의 회복을 생각하게 하는 존재

캐릭터는 또 다른 기준에서 분류할 수 있는데, ① **인간 이상의 인간**

(hero/heroine), ② **보통의 평범한 인간**, ③ **인간 이하의 인간**, 혹은 **짐승만 도 못한 인간**이 그것이다. 인간 이상의 인간은 관객들에게 동경·선망·존경·숭배의 대상이 되고, 인간이 더 높고 고귀한 존재가 될 수 있음을 믿게 한다. 보통의 평범한 인간은 관객들이 자기 자신과 쉽게 동일시할 수 있는 친근한 인간들이다. 인간 이하의 인간은 늘 삶의 고통과 부조리와 불합리를 낳고 삶과 인간성에 대해서 근본적 질문을 하게 하는 존재들이며, 두려움과 불안을 낳는 대상들이다. 인간 이하의 인간 캐릭터들은 진정으로 인간성을 시험한다. 따라서 관객들에게 극심한 반감을 낳더라도 극에서 매우 중요한 역할을 한다.

캐릭터들에 대한 마지막 분류 기준은 사실 매우 중요한 기준이지만 배우들이 잘 인지하지 못하고 있는 기준이다. 바로 **쉽게 간파되는 캐릭터 vs 간파되지 않는 캐릭터, 감정이입이 되는 캐릭터 vs 신비(미스터리)한 캐릭터**다. 모든 캐릭터는 첫 등장에서부터 관객의 눈길을 사로잡는다. 관객의 모든 감각기관은 캐릭터의 정체를 파악하기 위해 매우 예민한 상태로 분주하게 움직인다. 상대적으로 캐릭터의 정체가 쉽게 밝혀지는 캐릭터가 있고, 뒤늦게 밝혀지는 캐릭터가 있고, 가장 심한 경우에는 극이 끝났는데도 관객이 그 정체를 온전히 알 수 없는 캐릭터도 있다(해롤드 핀터의 작품에 나오는 대부분의 캐릭터들이 가장 좋은 예이다).

쉽게 정체를 알 수 있을수록 관객에게는 친숙하거나 친근한 캐릭터가 된다. 관객이 자기 자신과 금방 동일시하게 되고, 그만큼 감정이입이 쉽게 일어난다. 그러니 캐릭터가 지나치게 친숙하면 작품에 새로움이 사라지게 된다. 그리고 단순한 캐릭터로 전락해 관객이 식상하게 여길 위험이 있다. 관객은 친숙하지만 식상하지 않은 캐릭터를 끊임없이 작품에 요구한다. 배우 자신이 관객이 쉽게 식상해하지 않는 인간적 매력을 가지고 있을 때, 그런 배우가 창조하는 캐릭터들이 친근하고 매력적인 캐릭터가 될 가능성이 커진다. 소비사회의 관객들은 배우들도 상품처럼 여겨서 일정 기간 소비하고 나면 새로운 상품을 찾듯 새로운 배우들을 원하게 된다. 한때의 인기로 자신이 배우가 되었다고 착각해서는 안 된다. 한두 번 TV나 영화에 출연했다가 사라지는 배우들은 셀 수 없이 많다. 유행을 타지 않고 오랜 수명을 가진 배우가 되기 위해서는 배우의 인간적 매력이 크고 넓고 깊어야 한다.

쉽게 간파되지 않는 캐릭터는 첫 등장부터 **'예사롭지 않은 존재'**로서 관객의 뇌리에 깊은 인상을 남기고, 관객은 캐릭터의 정체를 알기 위해 온 감각을 집중해서 캐릭터를 살피게 된다. 신인배우를 대중에게 처음 소개할 때 기획사들이 평범한 캐릭터보다는 예사롭지 않은 존재감을 가진 캐릭터를 통해 소속배우를 데뷔시키고자 하는 것은 바로 순식간에 관객의 눈과 귀를 사로잡고 강력한 이미지를 남기기 때문이다. 대표적인 경우가 <여고괴담> 시리즈를 통해서 데뷔한 여배우들의 예이다. 평범한 인물들은 관객들의 기억에 잘 남지 않는다. 쉽게 간파되지 않을수록 신비감(미스터리)을 가진 캐릭터가 되고 그 신비감이 관객을 사로잡는다. 정체가 쉽게 드러나지 않기 때문에 이런 캐릭터들은 관객이 숨을 죽이고 손에 땀을 쥐고 지켜보게 한다. 즉, 극적 긴장을 창조하고 유지하는 데에 가장 큰 역할을 한다. <다크 나이트>에 등장한 조커와 같은 인물이 가장 좋은 예가 될 것이다.

예사롭지 않은 존재, 낯선 존재들은 항상 상반된 반응을 불러일으킨다. 관객에게 두려움을 느끼게 하거나 반대로 호기심과 관심을 자극하기도 한다. 중요한 것은 정체를 알 수 없으면서도 관객을 강하게 끄는 매력을 가져야 한다는 것이다. 악역인 경우에는 특히 '마성의 매력'을 꼭 가져야 한다. 그렇지 못하면 관객의 마음이 멀어질 위험이 있기 때문이다. 관객의 마음이 캐릭터에게서 떠나는 순간 작품은 끝나는 것과 다름없다. <다크 나이트>의 주인공(protagonist) 배트맨과 적수(antagonist) 조커의 경우처럼, 간파되지 않는 캐릭터들은 많은 경우 주인공 캐릭터를 극심한 혼란과 갈등과 고통 속에 몰아넣음으로써 주인공 캐릭터를 성장시키고 변화시키는 힘이 된다. 때로는 주인공을 파멸로 몰아넣기도 한다. <맥베스>의 마녀들이나 <오셀로>의 이아고처럼 말이다.

동물 유형으로 보는 캐릭터

세상 모든 사람들은 특정한 동물과 비슷한 특성을 가졌다. 그래서 우리는 개, 고양이, 소, 곰, 호랑이, 말, 사슴, 토끼, 양, 뱀(독사), 쥐 등에 사람을 자주 비유한다. 이것은 매우 흥미로운 현상이다. 인간이 동물과는 분명 다르지만, 동물들과 공유하고 있는 부분이 분명 있기 때문일 것이다. 동물에 대한 비유가 비하나 욕이 되는 경우도 허다하지만 반대로 찬사나 감탄, 존경의 표현이 되는 경우도 많다. 누군가에게 "사슴 같은 눈망울을 가졌다"라고 말한다면 우리는 그 사람의 눈에서 보이는 너무나 맑은 순수함, 어쩌면 대부분의 사람들이 잃어버렸을 그 순수함에 경탄하고 있는지도 모른다.

살아있는 인간이 특정한 동물적 특성을 가졌다는 것은 극 속 캐릭터들도 특정한 동물 유형에 속할 수 있음을 뜻한다. 그래서 배우는 자신이 연기하는 캐릭터가 만약 동물이라면 어떤 동물에 해당할까 생각해 보고 해당 동물의 몸과 습성, 특징적 행동들을 캐릭터에 접합해 보아야 한다.

우리 모두는 태어난 해에 따라 12간지 중 하나의 띠를 가지게 된다. 『한국민족문화대백과』에 따르면, 띠란 "각 사람들의 심장에 숨어 있는 동물"이라고도 일컫는데, 이는 토템 사회에 인간이 동물을 숭배하던 유풍에서 발생하였다. 특정한 해에 태어난 사람들이 집단적으로 비슷한 특성을 가질 수 있고, 그 특성은 다른 해에 태어난 사람들과 차이를 보인다는 것이다. 인간은 집단성과 개별성을 모두 가지고 있다. 우리 모두는 인간이자 개인이지, 전적으로 개인·개별적 존재·완전 독립된 존재이기만 할 수는 없다. 어쨌거나 모든 인간의 심장에 동물이 숨어있다면 우리는 그 동물을 탐구해 보아야 한다. 영화 <아바타>에서 "I see myself through your eyes"라고 했듯이, 우리는 자기 자신을 직접 볼 수 없다. 자신의 밖에 있는 상대·대상을 통해서만 우리를 엿볼 수 있을 뿐이다. 우리 심장에 숨어 있는 동물에 대한 상상이 우리 자신과 우리가 연기하는 캐릭터에 대해 전혀 새로운 것을 알게 해줄지도 모른다.

흥미로운 건 띠가 12년을 주기로 되풀이된다는 것이다. 12라는 숫자는 매우 신비한 숫자이다. 12시간·12달·12성좌 등에서 알 수 있듯이, 12는 우주의 원리와 연결된 숫자처럼 보인다. 12라는 주기와 리듬 속에서 우주가 움직이고 흘러가며 그 속에서 살아가는 인간의 존재와 삶이 필시 영향을 받는다고 보는 것이다. 인간을 동물 띠와 연결하는 것은 우주와 인간, 하늘과 땅 그리고 시간을 연결하는 상상이다. 연기는 시간·공간·인간의 사이·연관에 대한 탐구라고 했는데, 띠에는 그와 같은 상상이 놀랍도록 담겨있는 것이다. 그런 관점에서 우리 심장에 숨어 있는 동물에 대한 탐구는 생각보다 훨씬 더 깊고 심오한 존재한 대한 탐구가 될 수 있다.

탑이나 능묘를 보면 12 방향을 동물 얼굴과 사람 몸을 가진 12지신상이 지키고 있다. '동물의 얼굴과 사람의 몸'을 한 존재가 '신'(神)이 된다는 것이다. 서양의 신화에서는 사람의 얼굴에 동물의 몸을 한 신들이 등장한다. 동·서양 모두에서 <u>인간과 동물이 결합했을 때 강력한 신적인 존재가 된다</u>는 것은 '나보다 더 뛰어난 존재'로 거듭나야 하는 운명을 가진 배우들에게 인간과 캐릭터들을 동물의 관점에서 그 연관을 깊이 탐구해 볼 것을 요구한다. 아마도 인간과 동물이 결합했을 때 절대강자가 된다는 상상은 동물이 가진 '원초적 생명력'을 인간이 되찾을 때, 그리고 그 생명력이 인간만이 가진 이성과 결합할 때 우리는 인간을 넘어서는 존재가 될 수 있다는 믿음에서 나온 것일지도 모른다.

행동패턴과 반응패턴

모든 음악과 노래에는 장조와 단조가 있고 멜로디 이전에 박자(비트)와 리듬이 있다. 모든 인간과 캐릭터들은 심장박동(비트)에 따른 호흡과 몸의 리듬을 가지고 있고 그로부터 말의 리듬과 행동의 리듬이 결정된다. 노래를 익힐 때 멜로디가 아니라 박자와 리듬을 먼저 익혀야 하듯이, 배우가 대사를 익힐 때에도 캐릭터의 호흡과 몸의 리듬을 먼저 생각하여야 한다. 그 생각은 머리로 하는 생각이 아니라 몸이 하는 본능적인 상상이어야 한다. 호흡과 몸의 리듬은 자율신경계에 해당하는 것이기 때문에 머리의 통제로 해낼 수 있는 것이 아니다. 통제는 비자율신경계에만 유효하다.

예전에 캐릭터는 '탈'이라는 눈으로 볼 수 있는 형태로 존재했지만, 현대의 연기에서 대부분의 캐릭터는 작가가 대본의 형태로 압축해 놓은 문자와 언어 속에서만 존재한다. 작가는 캐릭터의 몸에 관한 모든 정보를 캐릭터의 대사에 압축해 놓았다. 압축 해제는 배우의 몫이다. 배우가 대본을 읽으면 대본의 말과 행동들을 발생시킨 캐릭터의 심장박동과 호흡과 몸의 리듬을 고스란히 자신의 몸으로 느낄 수 있어야 한다. 그렇지 못한 상태에서 하는 대사 연습은 모두 거짓되고 인위적인 것에 지나지 않는다. 흔히들 '조'라고 부르는 인위적인 억양과 말투는 오로지 배우들이 대사를 할 때에만 나타나는 현상이다. 첫 번째 원인은 작가가 대사에 압축해 놓은 캐릭터의 심장박동·호흡·에너지의 흐름·신체리듬을 파악하지 못하거나 몸으로 느끼지 못하기 때문이고, 두 번째 원인은 캐릭터의 말을 낳은 영혼과 정신, 마음 씀과 마음의 움직임으로부터 말하지 못하거나 캐릭터가 하는 진짜 생각과 기억과 상상을 담아내지 못한 상태에서 암기된 대사를 내뱉기 때문이다.

해저 화산의 폭발을 우리는 육안으로 직접 볼 수 없다. 바다의 수면 위로 나타나는 현상들의 '패턴'을 읽어냄으로써 해저 화산의 폭발을 간접적으로 확인할 수 있을 뿐이다. 우주에 나타나는 모든 현상들은 그 원인과 시작을 드러내는 패턴을 형성한다. 패턴은 직접적으로 볼 수 없는 원인과 시작 그리고 본질을 들여다볼 수 있는 창인 것이며, 내부 구조와 역학을 가늠할 수 있는 척도가 된다. 모든 것이 직접적으로 드러나거나 설명되지 않는 극에서도 마찬가지이다. 극의 구조와 주제, 극세계, 극적 진실, 극적 인간을 파악하고 이해하고 구현함에 있어서 대본 안에 암호처럼 숨겨져 있는 독특하고 특정한 패턴을 읽어내고 그 패턴을 구현할 수 있는 능력이 절대적으로 요구된다. 패턴을 읽어내고 구현하는 능력은 배우의 연기를 다른 차원으로 데려가게 된다. 극에서 단순히 반복되는 것은 없다. 반복되는 모든 것은 패턴이다.

다양한 소리와 신체적 움직임이 캐릭터를 변화무쌍하게 만들지만, 패턴으로 구조화된 소리와 어법 그리고 신체표현은 캐릭터를 훨씬 더 생생하고 선명하게 만들어준다. 배우의 상상과 소리와 몸이 자유로워야 하는 것은 소리와 몸을 아무렇게나 사용하기 위함이 아니라 극과 캐릭터가 요구하는 구조와 틀과 패턴을 소리와 신체를 통해서 자유자재로 형성하기 위해서이다. 예를 들어 신체적으로는 특정한 몸짓과 동작, 자세, 행동을 되풀이하는 것이 패턴이 되며, 언어적으로는 특정한 자음이나 모음을 특이하게 발음한다거나, 특정한 조사와 어미를 남다르게 사용한다거나, 특정한 말에 예민하게 반응한다거나, 특정한 말을 말하지 못하거나 조심스럽게 말하거나, 말실수를 되풀이한다거나, 같은 말을 되풀이해서 말하는 것과 같은 것들이 패턴을 형성할 수 있다.

캐릭터의 언어적·신체적 패턴은 '습관'처럼 보일 수 있다. 그러나 극에서 단순한 습관은 없다. 습관은 패턴이어야 한다. 캐릭터의 언어적·신체적 습관은 '재주 부리기'가 아니라 캐릭터에 관한 '정보'를 담고 있어야 하며 겉으로 드러나지 않는 캐릭터의 '내적 상태'를 외적으로 '가시화'하여 관객들이 '지각'할 수 있게 하여야 한다.

언어적·신체적 패턴은 캐릭터가 가진 정신적·심리적·정서적 패턴과 컨디션 그리고 내적 충돌과 갈등으로부터 형성되고 구축되어야 하며, 또한 역으로 대본에서 발견한 언어적·신체적 패턴을 통해 배우는 캐릭터의 정신적·심리적·정서적 패턴과 컨디션, 내적 충돌과 갈등을 읽어낼 수 있어야 한다. 걸핏하면 우는 행동을 하는 캐릭터를 보고 단순히 캐릭터가 '연약하거나 눈물이 많아서'라고만 판단한다면 배우는 캐릭터를 전혀 제대로 보고 있지 못한 것이다. 타인의 일을 자기 자신의 일인 것처럼 느껴서, 누구보다 마음을 많이 쓰고 살아서, 사랑을 많이 받고 자라서, 구김 없이 깨끗한 마음을 가지고 있어서, 누군가를 목숨처럼 사랑해서, 지워지지 않는 상처 때문에, 아름다움을 보기 때문에, 그리워서, 미안해서 등과 같이 이해하려고 해야 캐릭터가 보이는 패턴을 통해서 진정으로 캐릭터의 본성에 다가갈 수 있다.

연기는 불가해한 인간에 대한 탐구이다

연기는 불가해한 인간을 포착하고 각인하는 일이다. 인간은 불가해하기에 신비로우며 신성하다. 그리고 논리적 분석을 초월하는 존재이다. 어느 누구도 살아있는 인간을 고정적으로 규정할 수 없다. 살아있는 인간에 대한 일반화와 고정된 분석들은 전부 거짓이다. 불가해한 인간을 이해하려는 탐구와 발견의 여정이 배우의 여정이다. 아는 것을 확인하는 여정이 아니라 모르는 것을 탐구하기에 더 어렵지만 더 의미 있고 더 즐거운 여정이 된다. 알아서 떠나는 여정이 아니라 떠남으로써 알게 되는 여정인 것이다. 알아서 하는 것이 아니라 하면서 알게 되는 여정인 것이다. 그 여정은 질문을 갖는 것으로 시작되고 그 질문에 대한 답을 찾으려고 하면서 모든 것은 시작된다. 질문의 답을 끝끝내 못 찾을 수 있다. 하지만 답을 찾고 못 찾고는 애초에 중요한 것이 아니다. 질문을 가지고 질문이 이끄는 데로 기꺼이 그리고 거침없이 나아가고자 했는지 아닌지가 중요할 뿐이다.

배우와 캐릭터의 합일(合一)

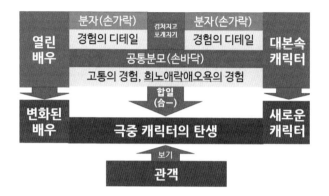

　캐릭터는 대본 속에 '문자'로만 존재한다. 대본 속의 캐릭터는 살아 있는 몸을 가지고 있지 않다. 대본 속의 캐릭터는 늘 새로운 배우의 몸을 빌려 다시 태어날 운명을 가진 존재이다. 배우는 애초에 형체도 없는 캐릭터가 '될 수 없다.' 한 명의 유일무이한 인간인 배우가 대본 속 문자로 존재하는 유일무이한 캐릭터를 만나서 둘이 '**결합**'함으로써 관객이 보게 되는 캐릭터가 탄생한다. 관객이 보게 되는 캐릭터는 전적으로 배우 자신도 아니고 대본 속의 캐릭터도 아닌 제3의 존재이다. 그래서 연기하는 배우가 달라지면 태어나는 캐릭터도 달라진다. 관객은 대본 속의 캐릭터를 만나서 배우에게 일어난 변화를 보게 되는 것이다. 따라서 배우와 캐릭터가 100% 일치하지 않는 이상(그럴 확률은 전혀 없다), 캐릭터란 배우의 '미지의 나'이거나 '새로운 나'와 다름없다.

공통분모

　배우와 캐릭터가 결합하기 위해서는 우선 '접점'을 찾아야 한다. 수학에서 분수끼리 더하거나 빼기를 하려면 분모가 같아야 한다. 더한다는 것은 하나가 된다는 것이고 뺀다는 것은 분리된다는 것이다. 분모가 다르면 일단 분모를 같게 만든 다음에 가감을 해야 한다. 수학의 분모처럼 배우와 캐릭터 사이에는 공통분모가 있다.

　그 공통분모는 배우와 캐릭터가 둘 다 '인간'이라는 점이다. 우리는 모두 인간이기에 희로애락애오욕의 경험을 가지고 있다. 디테일은 다르겠지만(그것은 수학으로 치면 분자에 해당한다), 공통된 경험은 수학의 분모처럼 배우와 캐릭터가 하나가 될 수 있는 연결 다리가 된다. 우리는 또한 인간으로서 모두 심신의 고통, 정신과 영혼의 고통을 경험하고 공유한다. 그것이 연기의 가장 주된 영역인 '캐릭터의 고통'을 연기해야 하는 배우에게 '인간적 자격'을 준다.

　배우와 캐릭터의 합일에서 가장 중요한 합일은 극 속 캐릭터의 여정과 배우가 캐릭터가 되어가는 여정이 일치해야 한다는 것이다. 캐릭터는 극 속 사건들을 거치며 모진 시련 속에서 성장하고 변화하는 여정, 자기 자신과 타인 그리고 세상과 삶에 대한 발견과 깨달음의 여정을 간다. 이와 같은 캐릭터의 여정은 배우가 캐릭터를 만나서 자기 자신을 성장시키고 변화시키는 과정과 합쳐져야 한다. 배우도 자기 자신과 타인 그리고 세상과 삶에 대한 발견과 깨달음의 여정을 걸어가며, 새로운 캐릭터를 만날 때마다 자기 자신에게서 새로운 나를 발견하고 그를 통해 자신을 확장해 나간다. 관객은 바로 배우+캐릭터의 '여정'을 본다.

　관객이 극에서 보아야 하는 가장 중요한 것은 배우+캐릭터의 '노력'

이다. 캐릭터는 이해할 수 없는 것을 이해하려는 노력, 감당할 수 없는 것을 감당해내려는 노력을 한다. '큰 노력'이 없다면 극도 캐릭터도 연기도 없다. 캐릭터의 노력은 배우의 노력과 하나가 되어야 한다. 배우는 쉽게 이해할 수 없는 캐릭터를 몸과 마음으로 이해하려는 큰 노력, 연기와 관련된 모든 도전적 과제들을 감당하고 해내려는 큰 노력을 기울여야 한다. 배우의 노력이 크면 클수록 그것과 하나 되는 캐릭터의 노력도 커진다. 관객은 배우+캐릭터의 '큰 노력'을 본다. 극의 주는 큰 감동은 바로 거기에서 나오는 것이다.

캐릭터와 자신을 분명하게 구분 짓는 배우의 모든 시도는 캐릭터와의 합일을 방해한다. 캐릭터와 배우가 합일된 상태에서는 어떤 것이 캐릭터의 모습이고 어떤 것이 배우의 모습인지 구분되지 않아야 한다. 캐릭터를 가면으로 활용하면서 자신의 모든 것을 캐릭터에게 내어주기, 캐릭터를 통해서 자신을 표현하기, 캐릭터와 자신이 섞이고 겹치고 포개지게 하면서 분리할 수 없는 하나가 되게 하기, 캐릭터를 통해서 자신을 확장하고 확대하기, 캐릭터와 배우의 경계 허물기, 캐릭터를 통해 초월적 경험에 도달하기를 부단히 시도하는 배우만을 우리는 자유로운 배우, 불멸의 인간상을 구현하는 배우, 예술가라고 부를 수 있다.

공통분모를 발견할 수 없을 때

만약 배우가 캐릭터와의 공통분모를 전혀 발견할 수 없다면 어떻게 해야 할까? 캐릭터가 이해 가지 않을수록 캐릭터와 나 사이에는 아무런 공통분모도 없는 것처럼 보인다. 하지만 그럴 때조차 여전히 공통분모는 존재한다. 캐릭터의 행동이 이해가 가지 않거나 납득이 되지 않을 때, "왜 이런 행동을 이런 식으로 하지?"라는 질문에 얽매이지 말고, 캐릭터에게는 이렇게 행동하는 것 외에 '**다른 선택의 여지가 없다는 것**'을, '**되돌아 갈 수 없다는 것**'을 받아들이는 것으로 실마리를 찾아야 한다. 다른 사람들에게는 선택의 여지가 있어 보이는 것들도 당사자들에게는 심리적으로 선택의 여지가 없는 법이다. 선택의 여지가 없는 경험은 우리가 모두 삶에서 해본 경험이다. 그런 비장함이 배우가 캐릭터의 행동을 하도록 도와줄 것이고 그것을 해내면서 배우는 캐릭터로 거듭날 것이다.

배우가 캐릭터로 존재할 수 있기 위해서는 내가 스스로 막거나 닫거나 잠그지 않는다면 나의 인생 전체가 내 연기에 항상 함께 할 것이라는 믿음, 내가 한 모든 준비와 조사와 상상과 연습이 내 연기의 모든 순간에 묻어날 것이라는 믿음, 나의 연기훈련이 어떠한 어려움과 난관도 헤쳐나 갈 수 있는 힘을 준다는 믿음, 이 모든 것들이 나의 연기 여정에 늘 '동행'할 것이라는 믿음이 필요하다. 그 믿음이 자신감이 된다. 그 믿음과 자신감이 자유롭게 반응하는 연기, 캐릭터로서 존재하고 사는 연기를 가능하게 한다.

방문객

— 정현종

사람이 온다는 건
실은 어마어마한 일이다
그는
그의 과거와
현재와

그리고

그의 미래와 함께 오기 때문이다

한 사람의 일생이 오기 때문이다

부서지기 쉬운

그래서 부서지기도 했을

마음이 오는 것이다

배우가 캐릭터를 만나는 일도 어마어마한 일이다. 캐릭터의 과거와 현재와 미래가 함께 오기 때문이다. "부서지기 쉬운 그래서 부서지기도 했을 그 마음이 함께 오기 때문이다." 캐릭터의 과거와 현재와 미래가 배우의 과거와 현재와 미래와 하나가 되고 캐릭터의 부서진 마음이 배우의 부서진 마음과 아프게 하나가 된다. 그리고 그렇게 하나가 된 배우+캐릭터가 상대 캐릭터를 만나는 일도 어마어마한 일이 된다.

너와 나 = 우리, 상대 캐릭터 없이 캐릭터는 존재하지 않는다

캐릭터들은 독자적으로 존재하지 않는다. 모든 캐릭터는, 모든 인간이 그러하듯이, 관계(사이) 안에서만 존재한다. 각각의 캐릭터의 존재와 그 캐릭터들 간의 연관성이 하나의 극세계를 구성한다. 그러므로 캐릭터를 극과 관계와 떼어내서 따로 분석할 수 없다. 캐릭터는 관계 속에서만 존재하고, 관계에 따라 변화한다. 판에 박힌 고정된 캐릭터를 제외하고, 캐릭터에 대해 '고정된' 분석을 할 수 없는 이유이다.

배우들은 연기를 하면서 자신이 연기하는 캐릭터만 생각하고 캐릭터에만 집중하는 경향이 있는데, 이것은 참으로 그릇된 태도이다. 왜냐하면 캐릭터들은 전혀 자기 자신을 생각하거나 자기 자신에게 집중하지 않기 때문이다. 캐릭터들은 전부 무언가/누군가에게 눈과 귀를 사로잡혀서 그 무언가/누군가만을 생각하고 그 무언가/누군가에게 민감하게 반응한다.

캐릭터가 하는 모든 말과 행동, 그리고 그 말과 행동을 낳은 모든 생각과 마음과 감정은 캐릭터를 사로잡은 무언가/누군가에게서 나온 것이다. 만약 그 무언가/누군가가 아니었다면 캐릭터는 대본에 나와 있는 어떠한 말과 행동도 하지 않을 것이다. 그래서 좋은 연기는 오로지 **반응**이다. 캐릭터는 자신을 사로잡는 무언가/누군가를 향해 모든 감각이 가장 예민한 '**초집중 상태**'로 극 속에 존재한다. 그와 같은 집중 상태에서 캐릭터가 보고 듣고 감지한 것에 대한 반응으로서 캐릭터는 생각하고 기억하고 상상하고 마음이 생기고 마음이 움직이고 감정을 느낀다. 그리고 그로부터 말과 행동이 나온다. 말과 행동은 캐릭터가 하는 것 같지만, 사실 캐릭터를 사로잡은 무언가/누군가가 캐릭터에게 '**나오게**' 한 것이다. 그리고 캐릭터가 보고 듣고 감지하는 것은 매 순간 변화한다. 그것에 따라 캐릭터의 생각과 마음과 감정도 역동적으로 변화한다.

캐릭터를 사로잡는 무언가/누군가는 캐릭터로 하여금 한 번도 해보지 않은 생각을 하게 하고 한 번도 가져본 적 없는 마음을 갖게 하며 한 번도 느껴본 적 없는 감정을 느끼게 한다. 그리고 그로부터 캐릭터는 자신이 할 것이라고는 생각도 하지 못한 말과 행동을 하게 된다. **그래서 캐릭터를 사로잡는 무언가/누군가는 항상 캐릭터를 성장시키고 변화시키는 힘이다. 캐릭터는 그 무언가/누군가를 통해서 진정한 자기 자신과 마주하게 된다.** <미스터 션샤인>에 나오는 유진(고귀하고 위대한 자)은 애신이라는 주인공 캐릭터에게 드리우는 '햇살'과 같은 존재로서, 주인공 애신을 '불꽃'같은 영웅으로 성장시키는 힘이 된다. 유진은 "네가 사는 것이 내가 사는 것이다", "네가 존재하는 것이 나를 존재하게 하는 길이다"라는 태도를 통해 관객으로 하여금 '삶의 목적'에 대해 깊이 생각하게 하는 역할을 한다.

상대 캐릭터는 캐릭터에게 항상 ① **가장 큰 영향을 주는 존재**(좋은 영향이든 나쁜 영향이든), ② **가장 중요한 존재**, ③ **가장 사랑하는 존재** 혹은 ④ **셋 다**이다. 그렇지 않은 관계의 캐릭터들이 한 장면 안에 들어있을 확률은 없다. 한 장면 안에 함께 등장하고 존재한다는 것만으로 캐릭터들은 서로 그런 사이가 된다. 사르트르의 <출구 없는 방>에서 세 캐릭터가 빠져나갈 수 없는 공간에 공존한다는 이유만으로 그 정체불명의 공간이 바로 '지옥'이라는 것이 밝혀지는 것처럼 말이다.

배우가 캐릭터를 조금이라도 파악할 수 있는 것은 상대 캐릭터(무대에 현존하는 상대와 무대에 부재하는 상대)와의 **관계** 속에서만 가능하다. 마치 캐릭터와 상대 캐릭터가 하나로 연결되어 있어서 상대 캐릭터 없이는 캐릭터도 존재할 수 없는 것처럼 생각해야 한다. 캐릭터와 상대 캐릭터가 합쳐져야 비로소 **'온전한 하나의 존재'**가 될 수 있을 것처럼 말이다. 많은 작품에서 주인공 캐릭터와 상대 캐릭터는 모든 면에서 **'상반된'** 인물로 존재한다. 같거나 비슷한 두 인물이 존재하는 작품은 없다. 모든 인간 안에는 상반된 면들이 존재한다. 그래서 많은 경우 두 캐릭터가 한 인간의 내면에 존재하는 각기 다른 두 가지 면을 형상화하고 있는 듯한 느낌이 들기도 한다. 그 상반된 면들이 하나의 캐릭터 안에 극대화되면 지킬과 하이드 같은 극단적 캐릭터가 탄생하게 된다. 좋은 연출가라면 두 캐릭터의 균형과 조화를 세심하게 고려할 것이다. 캐릭터의 성격은 물론, 두 캐릭터를 연기하는 배우의 내적 특정, 외적 특정, 목소리의 음악성까지 **상반된 어울림**을 고려해서 캐스팅할 것이다.

캐릭터에게 상대 캐릭터는 두 가지 존재방식으로 존재한다. 캐릭터가 한 명의 상대 캐릭터를 상대할 때도 있지만, 생각보다 훨씬 더 자주, 캐릭터는 무대 뒤에 현존하면서 캐릭터가 직접 눈으로 보고 귀로 들을 수 있는 상대와 무대 위에는 부재하기 때문에 캐릭터가 마음의 눈으로 보고 마음의 귀로 듣는, 즉 '상상'하는 상대, 둘 다를 상대해야 한다. 어머니를 침실에서 만나고 있는 햄릿은 눈앞에 있는 어머니뿐만 아니라 마음속에 보이는 아버지까지 상대하면서 장면 안에 존재한다. <갈매기> 4막에서 돌아온 니나는 눈앞에 있는 뜨레쁠레프(자기를 여전히 사랑하는 남자)뿐만 아니라, 문 뒤에 있는 뜨리고린(자신이 사랑하는 남자, 헤어져도 더 사랑하는 남자) 둘 다를 동시에 상대하면서 장면 안에 존재한다.

연기는 인간에 관한 것이고 그것은 연기가 사람과 사람 **사이**에 관한 것이게 한다. 극 속에 등장하는 모든 캐릭터는 각각 하나의 캐릭터이기는 하지만, 한 인간의 여러 가지 다양하고 신비하고 불가해한 면들을 펼쳐놓은 것이며, 인간의 여러 특성들 간의 '관계'를 탐구하기 위한 것이자, 인간과 인간 '사이'에 일어나는 모든 일들에 대한 '연결과 상관관계'를 탐구하기 위한 것이다. 배우가 캐릭터를 연구함에 있어서 캐릭터를 따로 떼어내어 생각하는 것은 그래서 오류이다. 캐릭터는 모두 상대 캐릭터가 존재하기에 존재한다. 캐릭터와 상태 캐릭터를 하나의 운명공동체로서 함께 생각해야 한다. 다시 한번 강조하지만, 캐릭터는 상대 캐릭터를 보고 듣고 감지하고 그것에 반응할 뿐이다. 배우의 모든 연기는 반응으로 이루어질 때 진정한 예술이 된다.

Chemistry

배우와 배우의 사이가 제대로 잘 연결되고 나면, 두 배우 사이에는 끊어지지 않는 선이 생기고 두 배우는 함께 호흡하면서 '하나'가 된 상태에 도달하게 된다. 이 상태에 도달하게 되면 사람들은 두 배우에게 "호흡이 잘 맞는다" 혹은 "케미가 좋다"라는 찬사를 보내게 된다. 사실 그와 같은 찬사가 따르지 않는다면 두 배우는 아직 제대로 연결된 것이 아니고 따라서 제대로 된 연기를 하고 있는 상태가 아닌 것이 된다.

두 배우가 만약 연인 사이인 캐릭터들을 연기하고 있다면, 두 배우의 연기를 본 관객들이 실제로 두 배우가 연인 사이로 발전했을 것이라고 착각하게 되어야 한다. 물론 실제로는 두 배우가 사귀지 않아야 한다. 연기하다가 두 배우가 실제로 사귀게 되어서 그런 말을 듣게 된다면 사실 그건 연기가 아니기 때문이다. 연기에 대한 찬사가 아니라 사람들이 두 배우의 연애를 알아차린 것에 불과하다. 연인 관계에 있는 캐릭터를 연기하면서 관객의 그런 '오해'를 사지 않는다면 두 배우는 캐릭터를 제대로 연기해낸 것이라고 할 수 없다.

그와 같은 케미가 형성되지 않는 것은 배우가 극중 캐릭터로서 온전히 존재하지 못했기 때문인데, 무언가에 대한 두려움·염려로 인해서 완전히 자기 자신을 상대 캐릭터에게 내어주지 못했기 때문이다. 모든 캐릭터는 상대 캐릭터에게 '초집중 상태'로만 존재하기 때문에 배우·캐릭터가 상대 배우·캐릭터에게 자신의 전부를 내어주고 상대 배우·캐릭터를 생명보다 더 중요하게 여길 때에만 두 배우는 캐릭터로서 존재할 수 있다. 집중한다는 것은 '가장 중요하게 여긴다'이고 그렇게 집중할 때에만 두 배우는 진정으로 연결되고 함께 존재하게 된다. 캐릭터와 상대 캐릭터는 따로따로 존재할 수 없다. 배우에게 집중력이 중요한 것은 여러 가지 이유가 있겠지만, 초집중 상태로 극 속에 존재하는 캐릭터가 되기 위함이다. 캐릭터만큼 집중력을 발휘하지 못하면서 어떻게 캐릭터가 되었다고 혹은 되겠다고 말할 수 있겠는가?

캐릭터가 된다는 것

나이면서 내가 아닌, 나보다 더 뛰어난 존재로 거듭나기

1.캐릭터가 보는 것을 봄으로써 캐릭터가 된다

캐릭터의 눈에 보이는 대로 보기

내가 가진 모든 이미지들(기억, 삶, 역사)을 인물에게 내어주어야 가능해진다	자유

캐릭터가 보는 것이 캐릭터에게 주는 영향과 반응이 그대로 나에게 일어나게 하기

나에게 가장 큰 영향을 주는 이미지들을 상상하는 데에 주저하지 않아야 한다	용기

그 반응이 내 몸과 소리를 통해서 그대로 드러나게 하기

투명한 몸과 마음과 소리를 가져야 가능해진다	순수

관객은 배우의 몸과 소리를 통해 드러나는 것만을 볼 수 있다	연기는 관객이 보고 알게 하기 위한 것

2.캐릭터가 하는 행동을 몸소 함으로써 인물이 된다

~하고자 한다	노력	~에도 불구하고
말하고자 한다	온 마음을 다해 온몸으로 목숨 걸고	말을 할 수가 없음에도 불구하고
행하고자 한다		감정이 북받쳐 오름에도 불구하고
알고자 한다	열정	혼란스러움에도 불구하고
변화시키고자 한다	불굴의 정신	부끄러움에도 불구하고
중요한 것을 지키고자 한다	영혼의 사투	두려움에도 불구하고
		몸이 말을 듣지 않음에도 불구하고
		미칠 것 같지만, 죽을 것 같지만

관객은 배우+캐릭터의 '남다른 노력'을 본다	극적 감동과 재미

3.관계(사이)가 같아짐으로써 캐릭터가 된다

배우와 배우의 관계	=	캐릭터와 캐릭터의 관계
극세계와 배우의 관계		극세계와 캐릭터의 관계
시공간과 배우의 관계		시공간과 캐릭터의 관계
역할과 배우의 관계		역할과 캐릭터의 관계
사물과 배우의 관계		사물과 캐릭터의 관계

배우+캐릭터는 자기 자신보다 관계를 맺고 있는 대상/상대를 더 중요시 여긴다

관객은 배우가 구축하는 관계(사이)의 네트워크를 통해 극세계를 볼 수 있게 된다

8

보기와 듣기: 지각과 인식
cognition & recognition

연기는 '사이'에 관한 것이다. 사이가 만들어지기 위해서는 먼저 봐야 한다. 들어야 한다. 모든 감각으로 인지하고 지각하여야 한다. 감각과 지각만이 사이를 생성하고 사이에 있는 존재들을 연결한다. '감각하기'라는 말이 정확한 말이 되겠지만 어딘가 어색한 표현이기도 하다. 그래서 온 감각으로 보고 듣는 것을 **'보기/보다'**로 통합해서 사용하기로 한다. 여기서 언급되는 모든 보기는 시각에만 국한된 것이 아니라 모든 감각을 포괄하는 것이다.

사실 '보기/보다'보다는 '듣기/듣다'가 더 좋은 말이다. '보다'는 배우로 하여금 자기 자신에게 집중하게 하는 듯한 어감이 있기 때문이다. 케릭터는 사이를 맺고 있는 상대와 대상에 초집중 상태로 있기 때문에 '듣기'가 더 적합하고 배우로 하여금 자기 자신에게 집중하는 오류를 범하지 않게 해줄 수 있다. 그리고 듣는다는 것은 단지 귀로만 소리와 말을 듣는 것에 국한된 것이 아니라, 말을 하고 행동하는 상대·대상에게서 파악할 수 있는 모든 신체적·음성적 신호들을 감지하는 것을 의미한다. 그리고 그 신호들은 시시각각 변화한다. 한순간도 보기/듣기를 게을리할 수 없는 이유이다. 보고 듣지 않으면 알 수 없다. 어설픈 연기, 기계적인 연기는 대충 보고 대충 듣는 습관에서 기인한다.

You are what you see

연극연출가 데클란 도넬란은 "You are what you see"라는 말로 보기·듣기의 중요성을 강조하였다. 무엇을 보는가 혹은 눈에 무엇이 보이느냐가 우리가 어떤 사람인지를 말해준다는 뜻의 표현이다. 우리 옛 속담이 꽤 부정적으로 비꼬며 이야기하고 있지만 "뭐 눈에는 뭐만 보인다"라는 식의 원리이다. 즉, 우리가 어떤 존재이고 어떤 인간인지는 우리가 무엇을 보고 듣느냐로 결정된다는 뜻으로, 시각·관점·안목이 인간의 모든 사고와 행동을 지배한다는 것이다. 여기서 보다/보인다는 육안으로 볼 수 있는 것만을 보는 것에 그치는 것이 아니라, 육안으로 보이지 않는 것을 보는 것, 마음의 창에 비치는 이미지를 보는 것까지를 포함한다. 보이지 않는 것을 보는 것, 즉 '상상'까지를 포함하는 것이다. 육안으로 본 것으로부터 '마음에 무엇이 떠오르는가'가 우리가 어떤 사람인지를 말해준다.

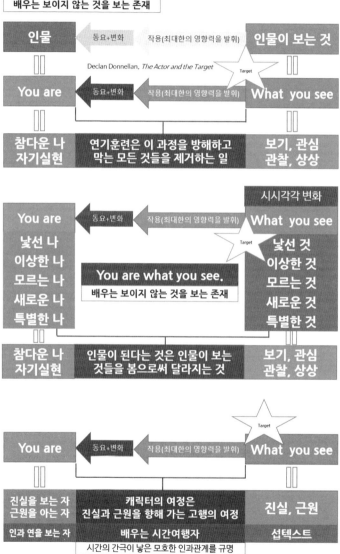

보기는 앎과 삶으로 그대로 직결된다. 보는 대로 알고 보이는 대로 믿고 보이는 대로 행동하기 때문이다. 여기서 본다/보인다는 많은 의미를 내포하고 있다. 영어의 see와 look은 많은 전치사와 부사와 결합되어 '보기'를 세분화하고 있다. see after, see beyond, see through, look at, look back, look behind, look down, look for, look into, look out, look over, look on, look up 등으로 나뉘고, 각각의 보기들이 모두 합쳐져서 한 개인의 보기를 형성한다. 그리고 모든 개인은 이 보기의 능력에 있어서 현격한 개인차를 보인다. 보는 것이 다르기에 아는 것도 다르고 사는 것도 다르다.

"You are what you see"에는 '모든 개인은 어떤 것을 더 보고자 하고 어떤 것은 덜 보고자 하거나 보지 않으려고 한다'는 의미가 담겨 있다. 편식하는 아이처럼, 우리는 두루두루 보지 않고 보는 것을 한정 지으면서 자기가 보는 것에 갇히게 된다는 것이다. 편향된 시각, 편협한 시각을 가지게 되면 그것이 우리의 앎과 삶을 지배하면서, 우리가 알지도 못하는 사이에 모든 것을 한 방향으로만 보게 만든다. 그렇게 우리는 두 눈을 가진 존재로서 둘을 보는 것이 아니라 하나의 눈만 가진 것처럼 한 가지만을 보는 상태로 전락하는 것이다.

데클란 도넬란이 예리하게 지적하듯이, 우리가 한쪽으로만 보려고 하는 것은 그것이 덜 혼란스럽고 덜 고통스럽기 때문이다. 데클란 도넬란은 우리는 우리가 좋아하는 사람에게서는 좋은 점만 보려고 하고 싫어하는 사람에게서는 나쁜 점만 보려고 한다고 하면서, 그렇게 하는 이유가 좋아하는 사람에게서 나쁜 점을 보거나 싫어하는 사람에게서 좋은 점을 보게 되면 혼란스럽고 고통스러워지기 때문이라고 했다. '맹목'은 '눈이 멀다'라는 뜻의 표현인데, 그냥 아무것도 보지 못하는 상태가 아니라, 어떤 한

가지에만 눈이 팔려 다른 것은 전혀 눈에 들어오지 못하는 상태를 가리키는 말이다. 두 가지를 동시에 보라고 두 눈을 가지고 있는 것인데, 한 가지만 보는 상태가 되는 것이다.

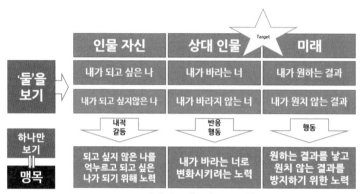

Declan Donnellan, *The Actor and the Target*

예술의 가장 중요한 역할은 사람들의 보기에 변화를 가져옴으로써 삶의 변화를 낳아 우리가 살아가는 이 세상이 더 나은 인간적 세상이 되게 하는 것이다. 모든 극은 관객들의 보기를 변화시키기 위해 만들어진다. 그리고 관객도 보기와 듣기의 연습을 위해 극과 배우들을 필요로 하게 된다. 극과 캐릭터는 관객이 자기 자신을 볼 수 있는 영혼의 거울이 된다.

그래서 배우훈련과 연기훈련에 있어서 배우들이 길러야 하는 가장 중요한 능력이 바로 이 '보기·듣기'의 능력이다. 캐릭터가 달라진다는 것은 세일 먼저 보기와 듣기가 달라진다는 것을 의미한다. 왜냐하면 캐릭터별로 보기와 듣기가 다르고, 그에 따라 성격과 행동이 결정되기 때문이다. 몇 가지 신체적인 조정으로만 캐릭터를 창조하는 것은 얕고 얕은 연기의 방식이다. 그런 수준의 연기에서는 사실 배우가 캐릭터가 된 것이 전혀 아니다. 눈속임만을 일삼고 있는 것에 지나지 않는다. 캐릭터가 바뀐다는 것은 보기와 듣기가 바뀌는 것이고, 달라진 인지·지각·인식이 배우의 내면에 전혀 다른 내적 진실을 불러일으키게 하고, 그로부터 모든 외적 특성—신체의 구조, 신체 리듬, 신체의 활용, 눈빛, 표정, 몸짓, 행동, 소리와 말의 리듬과 질감 등—이 드러나게 하는 것을 의미한다. 보기·듣기가 바뀌지 않으면 배우도 캐릭터도 달라진 것이 아니다. 그래서 시각이 고정된 자는 배우가 될 수 없는 것이다.

더구나 중요 캐릭터들은 극이라는 시험대 위에서 극적 상황과 극적 사건이 극심한 혼란과 고통을 겪게 되고 그로부터 근본적으로 달라진 존재로 거듭난다. '근본적으로 달라진다'는 것은 극을 거치며 캐릭터의 보기와 듣기가 근본적으로 달라진다는 것을 의미한다. <리어왕>에서 리어도 에드거도 극이 시작할 때 보고 듣는 것과 극의 끝날 때 보고 듣는 것이 완전히 달라지면서 새롭고 더 뛰어난 존재로 거듭난다. 그렇게 보기와 듣기가 바뀌기 위해서 비바람이 몰아치는 폭풍우 속에서 거의 알몸으로 발가벗겨진 채—자신이 가진 모든 것을 내려놓고—고통스럽게 자신의 참모습과 삶의 진짜 얼굴을 볼 수 있게 된다. 리어와 에드거가 겪는 시련은 인간의 보기와 듣기가 변한다는 것이 얼마나 불가능에 가까울 정도로 어려운 일인가를 말해주고 있다. 그 불가능한 도전에 나서는 일을 배우는 밥 먹듯이 해야 할 운명이다. 리어와 에드거가 타고난 운명이 바로 배우가 타고난 운명이나 다름없다.

배우가 연기적으로 시도하고 행하는 모든 것은 그 배우가 가진 고유한 시각과 안목으로부터 나온다. 그리고 그 시각과 안목은 배우가 어떤 영혼과 정신을 가졌는지를 말해준다. 배우의 모든 연기적 선택이 사실은 배우 자신을 드러내는 행동인 셈이다.

다섯 가지 보기/듣기

누구나 균형 잡힌 시각을 가지려면 미시적 시각과 거시적 시각을 겸비해야 한다. 나무를 봐야 할 때는 나무를 보고 숲을 봐야 할 때는 숲을 볼 수 있는 보기의 능력이 필요하다. 배우도 극 전체의 구조와 흐름을 보는 눈과 한 장면 안에서 매 순간 일어나는 미세한 일들과 변화들을 볼 수 있는 눈이 둘 다 필요하다.

연기가 예술이 되게 하기 위해서는 배우에게 다음 다섯 가지 '보기'의 능력이 필요하다: ① **있는 그대로 보기**, ② **들여다보기** 혹은 **꿰뚫어보기**, ③ **다르게 보기** 혹은 **낯설게 보기**, ④ **차이를 보기** 그리고 ⑤ **없는 것** 혹은 **보이지 않는 것을 보기**와 **비전을 보기**.

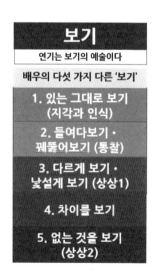

첫째, '있는 그대로 보기'는 편견과 선입견 없이 인간을 바라보는 눈

을 말한다. 있는 그대로 보지 못하면 잘못 알게 되고, 잘못된 앎은 우리가 사는 세상에 반목과 혐오를 조장한다. 자신이 가진 색안경을 벗지 않고 우물 안 개구리식 시각을 버리지 않고 배우는 캐릭터를 제대로 볼 수 없다. 배우는 캐릭터를 만날 때마다 자신의 보기를 새롭게 하여야 한다. 타자가 가진 개별적이고 고유한 면과 특성들을 구체적으로 보는 것은 모든 인간을 살아있는 존엄한 존재로 보기의 시작이다. 그렇지 못하면 살아있는 인간에 대해서 온통 일반적이고 고정된 견해만을 갖게 될 뿐이다. 캐릭터에 대한 일반적인 분석과 이해는 **전혀** 그리고 **결코** 캐릭터에 대한 분석과 이해가 아니다. 일반적이고 고정된 분석과 이해는 그 자체로 죽은 것이기 때문이다. 오로지 죽은 것만이 정지해 있고 그에 따라 고정된 분석이 가능할 뿐이다. 처음 탈을 쓰기 전에 배우가 자신이 쓸 탈을 가만히 보듯이('어떻게 연기해야 한다'에 대해 미리 정해진 어떠한 고정된 생각도 없이), 배우는 캐릭터를 보아야 한다. 배우가 세상 어떤 지식인·예술인보다 뛰어난 존재가 되는 이유는 바로 편견과 선입견 없이 인간을 있는 그대로 보기 때문이다.

둘째, '들여다보기' 혹은 '꿰뚫어 보기'는 "열 길 물속은 알아도 한 길 사람 속은 알기 어렵다"라는 속담처럼, 인간이 겉으로 드러내는 모습만을 가지고 그 인간을 절대 제대로 보고 알 수 없기에 필요한 능력이다. 겉·전면·현상·결과만을 보는 자는 그것에 '현혹'되어 뭐가 뭔지 제대로 알지 못하는 어리둥절한 상태에 빠지게 된다. 진실은 눈에 보이지 않고 귀에 들리지 않는다. 속·이면·근원·core를 꿰뚫어 보지 못한다면, 눈뜬장님이나 다름없다. 구조를 꿰뚫어 보는 눈은 인간에게 통찰력을 갖게 함으로써 현상에 흔들리지 않고 진리를 추구하게 한다. 겉으로 보이는 말과 행동은 나무로 치면 이파리/잎사귀 같은 것이다. 그 말과 행동이 어떤 가지, 어떤 줄기, 어떤 기둥, 어떤 뿌리에서 뻗어 나온 것인지를 알아야 말과 행동을 제대로 알고 이해할 수 있다. 셰익스피어 작품들의 대부분은 '외관과 실체의 차이', 즉 겉모습과 속이 다르다는 것을 보지 못하고 알지 못해서 고통받는 인간들에 관한 것이다. 셰익스피어는 자신의 작품들을 통해 관객들이 인간의 모든 행동과 세상사를 들여다보고 꿰뚫어 봄으로써 세상과 인간과 자기 자신에 대한 올바른 시각을 갖기를 바랐다.

셋째, '다르게 보기' 혹은 '낯설게 보기'는 길들여진 시각, 타성에 젖은 시각, 자동화된 시각에서 벗어나 세상 만물을 제대로 볼 수 있게 해주며, 세상 만물의 존재 의미를 새로운 시각에서 보게 해준다. 그래서 예술적 상상력은 다르게 보기와 낯설게 보기를 통해 가능해진다. 많은 극은 관객들이 기존에 세상과 인간을 바라보던 시각에서 벗어나 다른 시각으로 세상과 인간을 보게 하기 위해 만들어진다. 그리고 모든 작가와 연출가는 자신만의 시각으로 작품을 창조한다. 배우가 그 차이를 보지 못한다면 작품의 창조에 제대로 기여할 수 없다.

배우가 캐릭터가 되기 위해서도 다르게 보기의 능력이 필수적이다. 같은 인간·사물일지라도 보는 이에 따라 모두 다른 사람, 다른 사물로 보이기 때문이다. 같은 상대·대상을 똑같은 눈으로 보는 캐릭터는 없다. 모든 캐릭터의 눈에는 세상 만물과 모든 인간이 다르게 보인다. 누군가에게는 아무 의미 없는 사물 하나가 다른 누군가에는 생명보다 소중한 것이 될 수 있다. 그러니 배우에게 다르고 낯설게 볼 수 있는 보기의 능력이 없다면, 배우는 캐릭터로서 보고 들을 수 없고 따라서 캐릭터가 될 수 없다.

세상에 이름 붙여진 모든 것들은 우리로 하여금 더 이상 그것에 대해서 생각하지 않게 한다. 생각하지 않기 위해서 이름을 붙이는 것인지도 모른다. 이름 붙일 수 없는 것은 항상 우리에게 두려움의 대상이 되기 때문에, 우리는 빨리 이름을 붙여버려서 더 이상 그것을 두려워하지 않기를 바라게 된다. 이름은 우리의 시각을 고정시킨다. 그래서 진정한 상상은 '이름 떼기'에서 시작될 수밖에 없다.

네 번째로 '차이를 보기'는 차이를 구분하는 감각적 능력이 가능하게 하는 보기이다. 마땅히 그리고 뚜렷이 구분되어야 할 것들을 구분할 수 있는 것은 차이를 보는 감각적 능력 덕분이다. <햄릿>의 클로디어스는 자신이 통치하는 국민들이 차이를 볼 수 없게 하기 위해 마땅히 구분되어야 할 것들의 경계를 허문다. 형수와 아내의 차이, 조카와 아들의 차이를 없앤다. 거짓과 사실의 차이, 가짜와 진짜의 차이를 구분할 수 없게 만든다. 그래서 햄릿을 제외하고는 <햄릿>에 등장하는 다른 캐릭터들은 클로디어스의 실체를 보지 못한다. 차이를 구분하는 능력은 세상과 삶을 명확히 인식하기 위해서 그리고 실체를 파악하고 인간의 행동을 이해하기 위해서 매우 중요한 감각적 능력이다.

사실 모든 예술은 차이를 보는 예술가의 예민한 감각적 능력으로부터 탄생한다. 음악을 하는 예술가들은 감각적으로 일반인들은 구분할 수 없는 소리의 차이를 들을 수 있는 자이다. 미술을 하는 예술가들은 일반인들은 구분할 수 없는 명암의 차이, 색의 차이, 구조와 형태의 차이를 보는 자들이다. 맛을 감별하는 자들은 일반인들은 구분할 수 없는 맛의 차이를 구분할 수 있다. 차이를 보고 차이를 구현함으로써 관객이 차이를 알 수 있게 하는 것, 그것이 배우가 연기를 하는 가장 중요한 목적 중의 하나이다.

캐릭터들의 소리와 말 그리고 신체행동은 그것을 낳은 정신과 마음, 몸 상태, 생각·기억·상상, 그리고 사이를 이루고 있는 상대와의 관계 등으로 무수한 차이를 보인다. 애초에 차이를 보지 못한다면 차이를 구현할 수 없다. 차이를 구현하지 못한다면 관객의 눈과 귀에는 같은 것이나 다름없는 것으로 보이고 들리기 마련이다. 차이의 구현을 통한 '대비'(contrast)만이 관객의 명확한 인식을 가능하게 한다. 대비는 모든 예술의 가장 기본적인 표현 원리이다.

또한 극은 관객이 '차이를 보되 차별하지 않기 위해서' 만들어진다. 많은 이들이 차이를 보는 것과 차별하는 것을 혼동한다. 세상 모든 차별과 혐오는 차이를 보지 않고 싸잡아서 똑같은 것으로 여기면서 발생한다. 일반화의 오류에 빠지지 않는 것, 그것이 연기를 하는 이들에게도 연기를 보는 이들에게도 매우 중요한 예술적 시선이자 사회적 덕목이다.

마지막으로, '없는 것을 보기', '보이지 않는 것을 보기'는 현실 속에 존재하지 않는 것을 보는 것을 말한다. 테네시 윌리엄스의 <여름과 연기>에서 앨머가 "인간의 영혼은 눈에 보이지는 않지만, 그래서 해부도에 그릴 수는 없지만, 영혼은 인간의 몸 어딘가에 반드시 있다"라고 역설했던 것처럼, 배우의 연기적 상상에서 가장 중요한 부분들이 눈에 보이지 않는 것들, 귀에 들리지 않는 것들을 보고 듣는 일이다. 보이지 않는 것을 보기에 우리는 그것을 상상이라고 부르고, 보이지 않는 것을 보는 능력을 상상력이라고 하는 것이다. 상상과 상상력은 예술과 예술가에게 가장 본질적인 부분이다.

극은 기본적으로 가상의 세계 속에서 펼쳐지기에 극 안에 존재하는 모든 것이 가상의 것들이나. 가상의 극에 존재하는 모든 것은 예술적 이미지들이다. 그리고 그 가상의 세계가 무대 위에 사실적으로, 현실과 거의 똑같거나 비슷하게 만들어지는 경우는 거의 없다. 연극의 무대는 대부분 미니멀하게 혹은 상징적으로 때로는 추상적으로 꾸며진다. 셰익스피어 시대처럼 무대 장치가 전혀 없이 bare stage에서 연극이 펼쳐질 수도 있다. 극적 세계와 환경이 배우의 눈에 실제 현실인 것처럼 꾸며지지 않는다는 것은 배우가 상상으로 채워할 게 많다는 걸 의미한다. 손톤 와일드의 유명한 <우리 읍내>에서는 일체의 소품 없이 배우가 모든 것을 상상으로 조작하여야 한다. 안톤 체홉의 <갈매기>의 호수를 무대에 직접 만들 수는 없다. 하지만 배우는 호수를 볼 수 있어야 한다. 극장에 하늘을 나는 갈매기가 실제로 존재할 수 없다. 그러나 뜨레쁠레프와 니나를 연기하는 배우는 하늘을 나는 갈매기를 보아야 한다. 배우의 상상에 의해 관객은 자신이 있는 극장을 넘어서는 거대한 세계 속에 놓여있는 확장적 상상을 펼칠 수 있게 된다.

연극만에 국한된 이야기가 아니다. 영화와 TV드라마는 비현실적인 세계와 상황을 그리는 경우가 많아서 작품 속에서 컴퓨터 그래픽(CG)이 점점 더 많아지고 있다. 그럴 경우 배우는 파란색 스크린 앞에서 아무것도 없이 전적으로 본인의 상상으로만 연기해야 한다. 배우의 연기력이 가장 크게 차이 나는 때가 바로 그와 같이 완전한 상상 속에서만 연기해야 할 때이다. 없는 것을 보기에 배우는 상상의 예술가가 되며, 없는 것으로 가득한 상상의 세계 속에서 자신만의 상상을 마음껏 펼칠 수 있게 되는 것이다. 그리고 배우의 상상은 관객을 상상의 세계로 초대하게 된다.

없는 것, 보이지 않는 것을 본다고 했을 때, '비전'이라고 불리는 것을 보는 이들이 있다. 인간 사회의 발달은 현실 속에 존재하지 않는 것을 보고 그것을 실현시키고자 했던 수많은 'visionary'들에 의해 가능했다. 지식인·예술가로서의 비전을 갖는 것은 지금의 세상을 더 나은 세상으로 나아가게 하고자 하는 모든 지식인·예술가의 근본적 자질이다. 가장 혁신적이고 독창적인, 그러면서도 가장 가치 있는 상상은 인간의 삶을 변화시키는 비전에서 비롯된 상상일 것이다.

수많은 다양한 연극·영화들은 각자 나름대로의 방식과 스타일로 위의 다섯 가지 보기의 능력들을 관객에게 길러주기 위해 노력하고 있다. 제대로만 한다면 그러한 연극과 영화 안에서 작업하는 배우에게는 다섯 가지 보기의 능력이 남다르게 길러질 수밖에 없다.

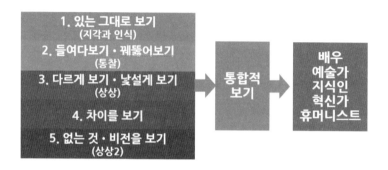

이미지의 시대와 보기

특히 현 시기는 이미지의 시대라고 불러도 과언이 아닐 정도로, 수많은 이미지가 사람들의 지각과 인식에 영향을 주고 있다. 점점 더 사람들은 살아있는 사람들과 살아있는 경험을 하기보다는 이미지를 보고 이미지가 '진짜'인 것처럼 착각하며 살아가고 있다. 이미지는 어디까지나 이미지이다. 여기에서 말하는 이미지는 우리가 마음속에 떠올리는 이미지, 즉 상상의 이미지를 말하는 것이 아니라, 진짜나 실체를 대체해서 만들어져 우리 삶에 존재하게 된 이미지들을 가리킨다. 진짜와 실체는 3차원적이지만 그런 이미지들은 대개 2차원적이다. 대표적인 것들이 텔레비전 광고나 예능프로그램에 나오는 모든 이미지이다. TV 영상 속의 이미지들은 진짜인 것처럼 보이지만 시청률을 높이기 위해서, 시청자의 눈과 귀를 사로잡기 위해서, 다른 것에 눈을 돌리지 않게 하기 위해서, 혹은 시청자의 욕망을 자극하기 위해서 '고도로 계산되어' 촬영되고 연출되고 편집된 2차원적 이미지들이다. 텔레비전을 예로부터 "바보상자"라고 부르는 것은 텔레비전에 나오는 이미지들을 진짜라고 믿으면 가짜에 현혹된 바보가 되기 때문이다. 대중매체와 인터넷이 세상을 장악하면서 촉발되고 강화된 이와 같은 존재 상황, 영화 <매트릭스>에서 예고한 "이미지의 감옥"에 갇혀서 실체를 보지 못하는 존재 상황은 앞으로 메타버스의 세계가 도래하고 나면 훨씬 더 심화될지도 모른다.

세상에 존재하는 무수한 이미지들 중에는 예술적 상상에서 태어난 이미지도 있지만, 사람들이 제대로 보지 못하게 하기 위해 그래서 알지 못하거나 잘못 알게 하기 위해 만들어진 이미지들이 즐비하다. 예전에는 글자를 읽지 못하는 것이 문맹이었지만, 모든 정보를 인터넷과 대중매체를 통해서 얻는 지금의 시대에서는 이미지를 읽지 못하면, 즉 진짜 이미지와 가짜 이미지를 구분하지 못하면, 가짜 정보와 진짜 정보를 구분하지 못하면 문맹인 시대로 변화하였다. 사람들의 지각과 인식을 왜곡하는 무수한 이미지들이 범람하고 있는 현대사회에서 인간은 이미지를 제대로 보고 해석할 수 있어야만 주체적인 삶을 살아갈 수 있다.

보기, 앎, 그리고 삶

　　다섯 가지 보기의 훈련은 배우가 인문학적 소양을 가진 지식인이자 예술인이 되기 위해서 반드시 거쳐 가야 하는 중요한 과정이다. 끝으로 강조하고 싶은 것은 보기는 앎에 그치기 위한 것이 아니라는 점이다. 보기는 앎을 형성하고 앎의 실천이 곧 삶이 된다. 앎과 삶을 일치시키는 것이 지금의 사회가 요구하는 중요한 덕목이다. 알고 있고 그것이 삶으로 이어지지 않는다면 알지 못하는 것보다 나을 것이 없다. 지식인들·예술인들이 앎만 얻고 그것이 실천으로 이어지지 못해 사회에서 지탄의 대상이 되는 안타까운 경우들을 너무나 자주 목격하게 된다. 보기의 변화를 통한 진정한 앎의 추구, 그것이 진리를 추구하는 지성인·예술인으로서 배우가 정진해야 하는 바이며, 앎과 삶의 일치, 그것이 정의를 추구하는 지성인·예술인으로서 배우의 행동 방향일 것이다. 오직 그런 배우들만의 연기가 관객이 보고 듣고 알 가치가 있는 것이며, 관객의 삶이 달라지게 할 수 있는 힘을 갖게 된다.

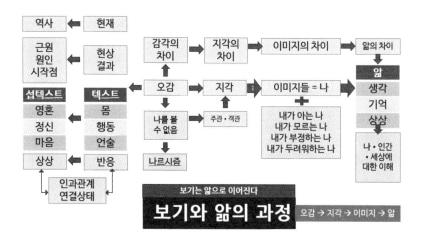

극에 존재하는 모든 것은 가상의 이미지들이나 다름없지만, 배우의 '**현존**', 배우와 관객이 '**하나의 시공간 안에 공존하는 것**'은 연극과 연기를 '**진실과 실체를 보게 하는 예술**'이 되게 한다.

관점의 '차이'를 강조하는 것은 현실의 삶을 살아가다 보면 사람들의 시선과 관점이 고정되어버리기 때문이다. 관점이 고정되는 순간 우리는 '노인'이 되어버린다. 물리적 나이가 인간을 노인으로 만들지 않는다. 보기와 관점이 고정되면 노인으로 전락하는 것이다. 인간은 살아가면서 계속 더 나은 관점을 가지기 위해 노력해야 한다. 관점의 차이들이 존재한다는 것만을 강조하는 건 매우 위험한 일이다. 자칫 모든 관점이 타당한 것처럼 착각하게 만들 수 있기 때문이다. 관점의 차이를 인정하고 우리의 관점을 유연하게 하면서도 우리는 계속 어떠한 관점이 더 나은 관점이 되는지 고민해야 한다. 어떤 것이 더 나은가의 기준은 어떤 관점이 우리가 사는 이 세상을 더 인간적인 세상이 되게 하는가이다. <맨 끝줄 소년>의 헤르만이 말하는 "야만"의 세상이 오지 않게 하기 위해서 말이다.

마주하기

보기와 상상은 '만남'이다. 즉 무언가/누군가를 진정으로 마주하는 일이다. 마주하기의 반대는 외면하기와 도망치기이다. 무엇이든 보고 상상하는 배우가 되기 위해서는 외면하거나 도망치는 존재 상태에서 벗어나야 한다. <u>마주할 수 없는 것을 마주하는 것이 드라마이다.</u> 외면하거나 도망치게 되는 것은 그것을 마주했을 때 엄습해올 두려움과 고통 혹은 죄의식 때문이다. 어쩌면 우리는 우리에게 두려움·고통·죄의식을 주는 것과 마주했을 때 그 두려움과 고통을 이겨낼 수 없거나 죄의식에서 벗어날 수 없을지도 모른다. 하지만 최소한 우리는 보고 마주하고 버텨낼 수는 있다. 숨 쉬고 소리 내면서 버텨낼 수는 있다. 숨 쉬고 소리를 낼 때 우리의 몸은 우리의 상상을 초월하는 에너지를 발산하며 한 번도 내본 적이 없는 소리를 내게 한다. 용기를 내어 보고 마주하고 소리 내면서 버텨내기만 해도 우리의 존재 상태는 완전히 달라진다. 더 이상 도망치지 않아도 된다. 그 결과, 마치 다른 사람이 된 것처럼 우리는 자유로운 존재로 다시 태어나게 된다. 우리는 배우로 다시 태어나기 위해서 우리가 외면하고 도망치는 것들과 정말로 만나야 한다. 만남에서 연기의 모든 것은 시작된다.

알아보기와 다가서기

예술로서의 연기는 연기를 하는 사람들에게도, 연기를 보는 사람들에게도 보기에 대한 연습, 앎에 대한 연습, 다가서기에 대한 연습, 연결에 대한 연습, 이해에 대한 연습을 제공한다. 그 연습들을 통해서 우리가 보다 나은 인간적 삶을 살아가기를 바라면서 말이다.

1. 세상 사람들이 편견과 선입관의 색안경을 끼고 타인을 바라볼 때, 배우는 자신의 연기를 통해 '있는 그대로 보기'를 연습하게 한다.
2. 사람들이 이미지에 '현혹'되어 정신의 감옥에 갇혀있을 때, 배우는 자신의 연기를 통해 실체와 진실을 '꿰뚫어보게' 한다.
3. 사람들이 현상에 사로잡혀 어지러워하고 있을 때, 배우는 자신의 연기를 통해 원인과 시작점을 '들여다보게' 함으로써 중심을 잡아준다.

4. 사람들이 인과관계를 몰라서 어리둥절할 때, 배우는 자신의 연기를 통해 연결의 다리를 놓아준다.

5. 사람들이 한계에 막혀 좌절하고 절망할 때, 배우는 자신의 연기를 통해 한계의 너머를 보게 해준다.

6. 사람들이 눈에 보이는 것에만 집착하고 있을 때, 배우는 자신의 연기를 통해 '보이지 않는 것을 보고', '없는 것을 보는' 연습을 시킨다.

7. 사람들이 맹목적으로 하나만 보고 있을 때, 배우는 자신의 연기를 통해 '둘을 보게' 해준다.

8. 사람들이 너무 익숙해서 보지 못할 때, 배우는 자신의 연기를 통해 '낯설게 보기', '새롭게 보기'의 기회를 제공한다.

9. 사람들의 보기가 고정되고 틀에 박혀 있을 때 배우는 자신의 연기를 통해 '다르게 보기'를 제안한다.

연기는 이렇게 '자유롭고 유연한 보기'를 통해 인간과 세상과 삶을 이해하고자 하는 예술이다. 여기서 '보기'는 단지 시각에 국한된 보기를 의미하는 것이 아니다. 온 감각으로 보고 듣기, 심장으로 보고 듣기를 포함하는 것이다. 보기는 '앎'으로 직결된다. 그래서 보기는 '알아보기'가 된다. 연기가 연습시켜주는 '알아보기'를 통해서 우리는 자기 자신을, 서로서로를, 사람과 사람 사이를, 인간을 다르게 보게 된다. 제대로 진정으로 보게 된다.

- 연약한 영혼을 가진 존재라는 것을.
- 강하고 고귀한 정신을 가진 존재라는 것을.
- 멈추지 않는 심장을 가진 존재라는 것을.
- 열망하는 꿈을 가지고 있고 삶과 치열하게 싸우는 중이라는 것을.
- 상처 입고 두려워하고 있다는 것을.
- 자정능력과 자기치유능력을 가지고 있다는 것을.
- 그저 인간적 유대가 필요할 뿐이라는 것을.
- 사랑하기에 존재한다는 것을.

그렇게 서로를 알아본 우리는 이제 설레는 가슴을 안고 서로에게 조금 더 다가가려 한다. 그렇게 알아보기는 '다가서기'로 이어지는 것이다. <맨 끝 줄 소년>에서 클라우디오가 어렵사리 후아나/에스테르에게 다가서듯이 말이다. 우리 모두는 '**미로 속에 갇힌 길 잃은 방랑자**'이다. 연극 <정글> 식으로 말하자면, 우리 모두는 "**무언가로부터 도망치고 있는 난민**"이다. 우리는 서로에게 다가가 함께 도통 보이지 않는 출구를 찾고 미로 밖 어딘가에 존재할 정착지를 꿈꾼다. 이렇게 우리는 서로에게 조금 더 다가가 서로의 삶을 달라지게 한다. 보기, 앎, 다가서기, 삶은 그렇게 하나로 연결된다. 이것이 연기가 우리에게 주는 대체할 수 없는 선물이다.

드라마 〈나의 아저씨〉의 예

줄리엣과 로미오가 서로를 한눈에 알아보는 것처럼, 영화 <번지점프를 하다>에서 태희와 인우가 서로를 알아보는 것처럼 캐릭터들은 서로를 알아보고 서로에게 다가간다. '알아보기'와 '다가서기'를 잘 극화한 드라마가 <나의 아저씨>이다.

이지안(이지은 扮)이라는 이름의 인간이 있다. 우리는 이 사람에게서 무엇을 보는가? 무엇이 보이느냐에 따라 우리는 자신이 어떤 사람인지를 알 수 있다. 그녀에게서 '상처 입은 어린 영혼'이 '삶과 싸우는 모습'을 볼 수 있는가? <나의 아저씨>에 등장하는 거의 모든 캐릭터는 겉으로 보이는 이지안의 모습들을 가지고 이지안을 재단하고 판단하고 멸시하고 차별하고 이용하기에 급급할 뿐, 겉모습 이면에 놓인 인간 이지안을 보지 못한다. 그런데 박동훈(이선균 扮)은 다른 캐릭터들이 보지 못하는 것을 이지안에게서 본다. 화려한 스펙으로 자신을 포장하는 데에 안달이 난 다른 사람들과는 달리 달랑 "달리기" 하나만을 이력서에 자신의 특기로 적은 이지안을 박동훈은 알아본다. 직접 만나기도 전에 알아본다.

> 내 친구 중에 정말 똑똑한 놈이 하나 있었는데, 이 동네에서 정말 큰 인물 나오겠다 싶었는데 근데 그놈이 대학 졸업하고 얼마 안 있다가 뜬금없이 머리 깎고 절로 들어가 버렸어. 그때 걔네 부모님도 앓아누우시고 정말 동네 전체가 충격이었는데 걔가 떠나면서 한 말이 있어. 아무것도 갖지 않은 인간이 되어보겠다고. 다들 평생을... 뭘 가져보겠다고 고생고생하면서 '나는 어떤 인간이다'라는 걸 보여주기 위해서 아등바등 사는데... 뭘 갖는 건지도 모르겠고 어떻게 원하는 걸 갖는다고 해도 나를 안전하게 만들어준다고 생각했던 것들에, 나라고 생각했던 것들에 금이 가기 시작하면 못 견디고... 무너지고... 나라고 생각했던 것들, 나를 지탱하는 기둥인 줄 알았던 것들이 사실은 내 진정한 내력이 아닌 것 같고 그냥... 다 아닌 것 같다고... 무의식 중에 그놈 말에 동의하고 있었나 보지. 그래서 이런저런 스펙 줄줄이 나열되어 있는 이력서보다 '달리기' 하나 써 있는 이력서가 훨씬 세 보였나 보지.
>
> — 박동훈, 〈나의 아저씨〉 8화

온통 겉으로 남들보다 센 존재가 되어 남들을 이기거나 남들 위에 올라서는 데에만 혈안이 된 사람들 사이에, 그런 사람들이 사는 세상에 박동훈과 이지안이 위치해 있다.

그리고 이지안도 박동훈에게서 다른 캐릭터들이 전혀 보지 못하는 것을 본다. 박동훈과 이지안은 서로를 알아본다. 몸 안에 깃든 삶의 시간들·세월들, 삶과의 끝없는 싸움, 상처와 상흔들, 상실, 그 속에서 느끼는 단절과 고독, 그리고 무엇보다 삶이 절대 파괴하지 못한 순수한 영혼과 사랑을 담은 심장을 본다. 그것을 알아보기에 상대가 단절과 고립, 그리고 소외에서 벗어나 서로가 가진 강력한 삶의 열정에 다시 불씨를 지필 수 있게 도와준다.

> (지안 앞에 와서 앉는다) 고맙다. 고마워. 그지 같은 내 인생 다 듣고도 내 편 들어줘서 고마워... 고마워. 나 이제 죽었다 깨어나도 행복해야겠다. 너! 나 불쌍해서 마음 아파하는 꼴 못 보겠고, 나 그런 너 불쌍해서 못 살겠다. 너처럼 어린애가 어떻게... 어떻게... 나 같은 어른이 불쌍해서... 나 그거 마음 아파서 못 살겠다. 내가 행복하게 사는 꼴 보여주지 못하면 너 계속 나 때문에 마음 아파할 거고 나 때문에 마음 아파하는 너 생각하면 나도 마음 아파 못 살 거고... 그러니까 봐? 어? 봐! 내가 어떻게 행복하게 사나 꼭 봐! 다 아무것도 아니야! 쪽팔린 거? 인생 망가졌다고 사람들이 수군거리는 거? 다 아무것도 아냐! 행복하게 살 수 있어. 나 안 망가져. 행복할 거야. 행복할게.
>
> ― 박동훈, 〈나의 아저씨〉 15화

서로를 알아본 지안과 동훈은 서로에 대해 인간으로서 연민과 측은지심을 느낀다. 그래서 서로를 돕는다. 이것이 가장 인간적인 행동이다. 말하지 않아도 한 인간의 마음을 공감할 수 있는 능력, 그리고 그것을 바탕으로 서로에게 다가가 서로가 자신의 삶에서 오롯이 설 수 있게 돕는 것, 그것이 인간이 서로에게 할 수 있는 가장 고귀한 행동이다.

인간의 외면은 판단과 재단의 근거가 아니라, 인간의 내면, 인간의 참모습을 들여다보는 통로가 되어야 한다. 박동훈은 인간의 외면은 외력에 대항하는 내력에서 형성된다고 이야기한다.

> 달라. 건축사는 디자인하는 사람이고 구조기술사는… 그 디자인대로 건물이 나오려면 어떤 재료로 어떻게 만들어야 안전한가 계산하고 또 계산하는 사람이고 말 그대로 구조를 짜는 사람. 모든 건물은 외력과 내력의 싸움이야. 바람, 회중, 진동… 있을 수 있는 모든 외력을 계산하고 따져서 그거보다 세게 내력을 설계하는 거야. 아파트는 평당 300kg 하중을 견디게 설계하고 사람들이 많이 모이는 학교와 강당은 하중을 훨씬 높게 설계하고, 한 층이라도 푸드코트는 사람들 앉는 데랑 무거운 주방 기구 놓는 데랑 하중을 다르게 설계해야 하고, 항상… 외력보다 내력이 세게.
>
> — 박동훈, 〈나의 아저씨〉 8화

배우로서 우리는 대사로만 되어 있는 대본을 받아들고 이지안과 박동훈이라는 캐릭터에 대해서 이런 점들을 볼 수 있는가? 알아볼 수 있는가? 볼 수 있다면 대본과 캐릭터를 보는 눈을 가졌다고 할 수 있고, 볼 수 없다면 아직 배우가 되기 위한 보기의 훈련과 연습이 되어 있지 않은 것이 된다.

신비^{mystery}

모든 보기의 방식에 익숙해지더라도 세상에는 우리가 여전히 보지 못하는, 볼 수 없는 것들이 존재한다. 그 미지의 것들로 인해 '신비'가 발생한다. 인간에 대해서도, 삶과 생명에 대해서도, 우주에 대해서도 우리가 아는 것 이상으로 항상 모르는 것들이 더 많이 존재한다. 다 알지 못한다는 것이 인간으로 하여금 끊임없이 도전하게 한다. 모든 것을 아는 순간 인간의 모든 행동과 도전이 멈출 것이다. 신비 앞에 무력감을 느끼기보다는 배우는 더 많은 것을 알고자 하는 노력을 결코 중단하지 말아야 한다. 인간이 모든 것을 다 아는 것이 아니라는 것을 인정하는 것, 즉 삶의 신비를 인정하는 것이 보기와 앎의 정직한 시작이다. 신비를 부정하는 것은 오만이다.

어떻게 사는 것이 맞을까?
어느 날 알 것 같다가도 정말 모르겠어.
다만 나쁜 일들이 닥치면서도 기쁜 일들이 함께 한다는 것.
우리는 늘 누군가를 만나 무언가를 나눈다는 것.
세상은 참 신기하고 아름답다.

— 영화 〈벌새〉 중에서

이번 생은 처음이라

우리 모두는 먼저 알아야 무언가를 잘할 수 있다고 생각하는 경향이 있다. 그리고 알지 못하는 것과 마주하게 되면 불안해하거나 초조해하거나 두려워한다. 그러나 우리가 이미 알고 있는 것들이 무언가를 새로 알게 되거나 기존에 알던 것을 다르게 알게 하는 데에 큰 장애와 방해로 작용할 수도 있다. 자신이 가진 인식과 지식의 폭과 깊이가 세상 누구보다 넓고 깊지 않은 한, 우리가 알고 있는 것들은 더 많은 것, 더 미지의 것, 더 새로운 것을 알기 위한 토대일 뿐이다. 기존의 앎의 범위에서만 무언가를 알려고 하는 자는 일종의 '오만'에 빠져있는 것이다. 삶에는 늘 새로운 것들이 있고, 늘 새로 알 것들이 있다.

누구나 "이번 생은 처음이라", 출생에서 죽음까지 전 생애를 다 경험해 보고 다시 삶을 살고 있는 것이 아니다. 지금까지의 삶과 앎은 삶과 앎의 완성이 아니라 앞으로의 항해와 여정의 동반자일 뿐이다. 매 순간을 새로 처음인 것처럼 살아야 한다. 처음인 것처럼 경험해야 한다. 그래야 선입관과 편견, 아집과 편협, 경직과 부동의 늪에 빠지지 않을 수 있다. 삶은 끝없이 앎의 변화를 낳아야 하며, 앎의 변화는 삶의 변화를 일으켜야 한다. 정신이 젊다는 것은 그와 같은 보기와 앎과 삶의 연결이 계속 서로에게 영향을 주며 변화한다는 것을 의미한다. 그것을 중단하는 순간 사실상 우리는 죽음과 다름없는 노쇠의 상태로 전락하게 될 것이다. 드라마 <이번 생은 처음이라>의 캐릭터가 말하듯이, "어제를 살아봤다고 오늘을 아는 것은 아니다." 안다고 생각하는 순간 앎과 삶은 멈춘다. 삶의 역사는 절대 멈추지 않는다. 어제가 오늘에 동행하기는 하겠지만, 우리가 할 일은 오늘을 진정으로 사는 것이다. 계속 사는 것이다. 계속 보고 계속 생각하고 계속 알고자 하는 것이다.

캐릭터들도 극 속 모든 순간을 처음으로 겪고 경험한다. 캐릭터들에게도 이번 생은 처음이다. 캐릭터들의 삶의 모든 순간은 너무나 생생하고 강렬하며 제어할 수 없을 정도로 꿈틀대는 어떤 것이다. 그런 캐릭터들의 삶의 순간을 다 아는 듯이, 미리 아는 듯이 그리고 연습한 듯이 연기하는 배우는 캐릭터의 삶과는 아무 상관도 없는 무언가를 하고 있는 것이다. 우리 모두가 연습 없이 삶을 살 듯이, 캐릭터에게도 삶은 즉흥이다. 배우가 연습을 하는 이유는 연습한 것처럼 보이기 위해서가 아니라, 전혀 준비되지 않은 삶을 캐릭터가 처음으로, 열정적으로, 그리고 최선을 다해 살아가는 경험을 몸소 경험함으로써 진정으로 구현하기 위해서이다. 그것을 망각하고 연기하는 배우는 그저 암기된 무언가를 관객 앞에 던져놓고 관객이 감흥을 얻기를 기대하고 있는 것이다. 그것은 참으로 파렴치한 짓이다. 관객은 배우의 연기를 통해 지적 수준과 이해력, 미적 감각, 마음의 포용력, 사고의 유연성, 정서의 세련됨, 삶에 대한 통찰 등이 훌쩍 커져야 하는데, 기계적이고 암기적인 연기를 그럴싸하게 늘어놓는 배우들은 오히려 그 모든 것의 수준을 떨어뜨리는 엄청난 잘못을 저지르게 된다. 그런 배우의 연기를 무대에서 본 관객은 연극을 좋아하게 되는 것이 아니라 도리어 싫어하게 될 것이다. 그런 연기를 하려거든, 그냥 연기를 그만두자. 그것이 모두를 위해 더 좋은 일일지도 모른다.

새희

제가 20대 때 좋아했던 시가 있는데, 거기 보면 그런 말이 나와요. "사람이 온다는 건 그 사람의 일생이 오는 것이다. 부서지기 쉬운 그래서 부서지기도 했을 그 마음이 오는 것이다." 막상 그 시를 좋아할 땐 그게 무슨 말인지 잘 몰랐는데, 그 말을 알고 나니까 그 시를 좋아할 수가 없더라구요. **알고 나면, 못 하는 게 많아요, 인생에는.** 그래서 저는 지호 씨가 부럽습니다.

(지호, 새희를 쳐다본다)

모른다는 건 좋은 거니까. 그러니까 너무 걱정하지 마세요.

그럼 새희 씨두요. 예전에 봤던 바다라도 오늘 이 바다는 처음이잖아요. 다 아는 것두, 해봤던 것두, 그 순간 그 사람과는 다 처음인 거잖아요. (새희, 지호를 쳐다본다) 우리 결혼처럼. 정류장 때 키스처럼. 그 순간이 지난 다음 일들은 그 누구의 잘못도 아니라고 생각해요. 그냥, 그렇게 된 거지. (바닷물을 바라보며) 저 중에 어떤 애는 그냥 흘러가고, 또 어떤 애는 부서지는 것처럼. 그냥 그렇게 되는 거예요. 그러니까 새희 씨도 너무 걱정하지 마세요. **어제를 살아봤다고 오늘을 다 아는 건 아니니까.**

— 드라마 〈이번 생은 처음이라〉 11화

선형적 사고 vs 비선형적 사고

먼저 알아야만 비로소 무언가를 할 수 있다고 여기는 사람들은 대개 '선형적 사고'의 틀에 갇혀있다. 세상만사는 많은 '인'(因)과 '연'(緣)들이 거미줄처럼 얽혀서 일어나는데, 선형적인 사고를 하는 사람들은 어떠한 현상이나 결과에 반드시 뚜렷한 한 가지 원인이 있을 것이라고 생각하고 그 원인을 찾기에 혈안이 된다. 때로는 없는 이유도 만들어서 붙이기도 한다. 삶의 많은 일들이 불가해한 이유는 그것을 낳은 복잡한 인과 연을 우리가 다 볼 수 없기 때문이다. 하나의 우주 현상을 알기 위해 수많은 과학자가 분석에 몰두해야 하는 만큼, 삶에서 일어난 현상들의 원인은 한 사람의 눈과 뇌로는 결코 밝힐 수 없다. 그래서 그토록 많은 역사학자와 사회학자, 심리학자와 정신분석가가 필요한 것이다.

배우들이 연기를 위해 극과 캐릭터를 분석하려고 시도하면서 가장 많이 빠지는 함정이 선형적 사고의 함정이다. 단순한 캐릭터들을 움직이는 동인(動因)은 단 하나라서 쉽게 밝힐 수 있을지도 모른다. 그러나 중요하고 복잡한 캐릭터들의 성격 자체나 행동의 동인을 밝히는 것은 선형적인 추론으로는 절대 가능하지 않다. 캐릭터의 현재는 지나간 시간에 일어난 모든 일들이 얽히고설켜서 그리고 지금 이 순간에 작용하고 있는 모든 변수들이 동시다발적으로 작용하면서 형성된다. 한 가지 답을 찾는 것은 전혀 답을 찾는 것이 아니다. 그것은 구실을 찾는 것에 지나지 않는다. 한 인간을 깊이 이해하고 인간의 삶에 작용하는 모든 요인을 살피는 일은 너무나 어려운 일이다. 사실 거의 불가능해 보인다. 배우는 불가능에 가까운 그 어려운 일을 하고자 하는 존재다. 참으로 놀라운 존재들이 아닌가. 어쩌면 우리는 하나의 연극이 아니라 모든 연극을 통해, 하나의 예술이 아니라 모든 예술을 통해 <밤으로의 긴 여로>에서 에드먼드가 맛보았던 "신비의 베일이 벗겨지는 황홀한 순간"을 기다리고 있는지도 모른다.

　인간의 사고가 한계를 갖게 되는 근본적인 원인의 하나는 '시간' 때문이다. 모두가 아인슈타인과 같은 눈과 뇌를 가졌다면 모를까, 우리 모두는 시간을 뛰어넘어서 시간적으로 먼 거리에 있는 것들을 서로 연관시켜서 볼 수 있는 눈이 없다. 하나의 현상을 이해하기 위해 인과 연을 따지는 것은 시간을 아우르는 일이다. 하지만 시간을 아우르는 것은 영화 <어벤져스>의 닥터 스트레인지가 가진 초능력이 없이는 불가능해 보인다. 하지만 우리에게는 연극이 있다. 모든 연극은 시간의 예술이다. 시간이 압축된 예술이다. 그래서 극을 여행하는 배우는 시간여행자이다.

　우주 속에 존재하는 모든 사물과 현상을 '삼라만상'(參羅萬像)이라고 한다. 삼라는 넓게 퍼져 있는 '숲'처럼 늘어선 모양을 가리킨다. 그래서 삼라만상이란 세상 모든 사물과 현상들이 숲과 같은 형상으로 연결되어 있음을 나타낸다. 숲의 모양 자체에 삼라만상을 이해할 수 있는 열쇠가 있을지도 모른다. 즉, 다시 말해서 현상을 낳는 우주의 원리를 이해하기 위해서는 우주의 원리대로 만들어져 실제 존재하는 것들을 살펴보고 들여다보면서 어떤 실마리를 찾을 수 있을지 모른다는 것이다.

시간과 관련된 인식의 문제들에 대한 한 가지 열쇠가 바로 우리의 '기억'에 있다. 현재의 시간은 선형적으로 흘러가지만, 우리의 기억 속 시간들은 전혀 그렇지 않다. 뇌신경구조처럼 기억의 시간들은 서로 복잡하게 얽혀있다. 기억이 곧 '나'인데, 기억은 전혀 선형적이지 않은 것이다. 그렇다면 '나'라는 존재 자체가 비선형적인 존재이다. 캐릭터는 배우를 필요로 한다. 배우 없이 캐릭터는 태어날 수 없다. 그렇다면 캐릭터와 관련해서 불가해한 인과 연을 분석하려는 대신에 그냥 비선형적 존재인 나 자신을 온전히 캐릭터에게 내어줌으로써 어쩌면 모든 문제는 저절로 해결될지도 모른다. 배우는 비선형적 시간여행자이기 때문이다.

비선형적 사고: 영화 〈컨택트〉의 예

드니 빌뇌브 감독의 영화 〈컨택트〉(*The Arrival*)는 우리가 제대로 보기 위해서는 선형적으로 인과관계를 파악하는 시각과 인식 그리고 그것이 낳은 언어체계에서 벗어나야 한다고 말한다. 원제 "도달"(the arrival)은 외계인의 도착만을 의미하는 것이 아니라 외계인들이 선물로 준 '시간을 볼 수 있는 언어'의 도달, 그리고 시간을 아우르는 언어를 통한 완전히 다른 사고의 체계와 인식에 도달하는 것을 의미한다. 새로운 인식에 도달하는 것은 우리로 하여금 삶에서 도약할 수 있게 해준다. 새로운 인식에 도달하기 위해서는 우리의 보기가 바뀌어야 하고 사고의 방식과 언어가 바뀌어야 한다.

외계의 선물인 언어가 곧 "무기"가 되는 이유는 비선형적 언어와 사고체계가 인간의 삶을 완전히 다르게 만드는 도구가 되기 때문이다. 우주를 구성하는 별과 행성들의 구조가 곧 시간과 기억의 구조가 되며 그것을 볼 수 있는 자는 모든 사이와 연결을 꿰뚫어 삶의 모든 원리를 깨우친 자가 된다고 영화는 말한다. 그래서 구조를 보고 원리를 깨우친 자는 셰익스피어가 <리어왕>에서 "약속된 종말"이라고 규정한 삶과 죽음을 완전히 다르게 보게 되며, 그 결과 사느냐 죽느냐에 집착하는 존재가 아니라, 삶의 모든 순간을 어떻게 사느냐 혹은 무엇을 위해 사느냐에 집중하는 존재가 된다. 미지의 것에 공포를 느끼는 존재가 아니라 미지의 것으로부터 새로운 연결을 찾고 그로부터 인식과 삶의 변화를 도모하는 존재가 된다.

배우에게는 모든 극과 대본이 새로운 인식과 사고를 가능하게 하는 '무기'가 되어야 한다. 그런 관점에서 극적 인간을 뜻하는 캐릭터에 '문자, 기호, 부호'라는 뜻이 함께 있다는 것은 참으로 의미심장하다. **극은 배우에게 하나의 사고체계이자 언어체계이며, 캐릭터는 배우에게 인식의 창이자 틀로서 삶과 인간을 이해할 수 있는 무기**가 되는 셈이다.

불확실성(불확정성)의 원리

하이젠베르크의 불확정성의 원리에 따르면 위치를 측정하려고 하면 (고정시키려고 하면) 속도를 알 수 없고(확정 지을 수 없고) 속도를 측정하려고 하면 위치를 확정 지을 수 없다. 하이젠베르크의 원리가 가져온

혁명적인 인식은 우리는 어떠한 것에도 고정적인 답을 가질 수 없고, 따라서 어떠한 것에 대해서도 백 퍼센트 확실한 답을 얻을 수 없다는 것이다. 우주의 원리를 설명하고자 하는 과학적 이론이지만, 살아있는 불가해한 인간을 이해하고자 하는 시도에도 그대로 적용된다. 인간은 우주의 원리가 그대로 온전하게 실현되어 있는 존재이다. 캐릭터를 확정적으로 고정시키려는 어떠한 시도도 캐릭터를 죽은 인물이 되게 한다. 배우는 살아있는 생명체이자 우주적 원리의 구현체인 배우 자신을 가지고 대본 속에 문자로만 존재하는, 그래서 육신이 없이 죽어 잠든 캐릭터를 다시 깨어나게 하고 되살아나게 한다.

마음의 눈을 갖는 것이다.
보이지 않는 것을 보고 싶어 하는 눈,
그리하여 보이지 않는 것을 볼 줄 아는 눈,
상상력은 우리를 이 세상 끝까지 가보게 만드는 힘인 것이다.

― 안도현 작, 〈연어〉 중에서

9 _____

두려움
fear

    극에 따라, 극적 상황에 따라, 캐릭터에 따라 자유롭고 거침없이, 아름답고 역동적으로 변화해야 하는 배우가 배우로서 살아가는 동안 계속 싸워나가야 하는 것 두 가지가 '두려움'과 '습관'이다. 두려움과 습관은 배우가 변화하지 못하도록 꽁꽁 묶어두기 때문이다. 두려움과 습관은 하나로 연결되어 있다. 두렵기 때문에 하던 대로 하고 살던 대로 살게 된다. 그 결과 견고한 습관이 형성되고 그것은 곧 매너리즘이 된다. 매너리즘에 빠지는 순간 예술가로서 배우의 수명은 끝난다. 매너리즘에서 빠져나오는 것은 마약 중독에서 빠져나오는 것만큼이나 자력으로 해결하기 힘들다.

"나는 상상력이 부족한가 봐요"

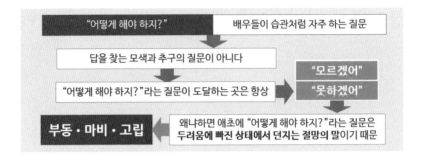

많은 배우가 입버릇처럼 "나는 상상력이 부족한가 봐요"라는 말을 내뱉는다. 그러나 "나는 상상력이 부족한가 봐요"는 "나는 잘 때 꿈을 안 꿔요"만큼 말도 안 되는 거짓말이다. 상상력이 부족한 사람은 없다. 왜 그런 거짓말을 할까? 왜 배우들은 무언가 상상이 잘되지 않을 때마다 상상력이 부족하다고 자신을 책망하는 걸까? 거기에는 어떤 문제가 있을 때마다, 실수할 때마다, 완벽하지 않을 때마다 여지없이 배우로 하여금 자책하게끔 만드는, 꾸지람과 비난과 평가만을 일삼는 사회·문화적 분위기가 한몫을 했을 것이다. 문제에 봉착했을 때 배우의 관심과 집중은 어떻게 하면 문제를 해결할 수 있을지, 어떻게 하면 다음번에는 실수하지 않을 수 있을지, 아니면 어떻게 하면 실수를 줄일 수 있을지, 어떻게 하면 더 할 수 있을지, 더 나은 시도를 할 수 있을지를 향해야 한다. 자신을 책망하는 것은 아무런 도움도 되지 않고 전적으로 불필요하다. 작업이 멈추기 때문이다. 캐릭터들이 극적 행동을 멈추지 않는 것처럼 배우는 계속 앞으로 나아갈 뿐이다. 배우들이 계속 앞으로 나아갈 수 있게 배려하고 장려하고 응원하는 것이 먼저이어야 한다. 어떠한 선생도 연출도 선배도 문제에 봉착한 배우들을 비난할 자격을 가지고 있지 않다. 문제를 해결할 수 있도록 도와줄 것이 아니면 입을 다물어야 한다. 틀린 상상은 없다.

배우는 자신이 "나는 상상력이 부족한가 봐요", "못 하겠어요", "잘 안 돼요", "모르겠어요"와 같은 말을 내뱉을 때마다 스스로에게 정직하게 물어야 한다. "내가 무엇을 두려워하고 있는 거지?", "내가 지금 뭘 중요하게 여기고 있는 거지?" 상상에 문제가 있는 것은 두려움으로 인해서 집중의 대상이 바뀌었거나 두려움이 몸과 마음을 차단하고 있기 때문이다. 우리의 상상력은 우리가 실제로 집중해 있는 것과 관련된 생각과 상상만 떠오르게 하기 때문에 집중의 대상이 바뀌면 당연히 원래 상상해야 할 것들이 떠오르지 않는다. 그리고 몸과 마음이 차단되면 상상과 집중의 대상과의 연결·사이가 끊어지기 때문에 아무런 이미지가 떠오르지 않게 된다. 중요한 것을 중요하게 여기지 않기 때문에 상상에 문제가 생겼을 뿐이다. 차분히 원래 집중하고 가장 중요하게 여겨야 하는 상대·대상·이미지에게로 돌아가 다시 보고 듣고 감각하고자 하면 된다. 연기의 모든 순간에 연기적으로 집중해야 하는 상대·대상·이미지 외에 중요한 것은 아무것도 없다.

나의 전부를 캐릭터에게 내어주어야 한다

상상에 문제가 생기는 또 한 가지 근본적인 이유는 자신의 전부를 캐릭터에게 내어주고 있지 않기 때문이다. 배우는 자신이 가진 모든 이미지, 기억, 삶에서 한 모든 경험과 역사를 캐릭터에게 고스란히 내어주어야 한다. 자신이 내줄 수 있는 것들만을 내어주거나 자신의 일부만 내어준다면 극적 인간으로서 존재할 수 없다. 캐릭터들은 배우가 내어주기 가장 어려운 것들을 내어주도록 요구하고 있기 때문이다. 내어줄 것을 내어주지 않으면서 상상이 잘 안된다고 하는 것은 비전문적·비예술적 투정에 불과할 뿐이다.

두려움, 고립과 마비

사실 배우의 심신을 사로잡는 상상은 크게 둘로 나뉜다. 예술적 창조성으로부터 발생하는 상상과 두려움이 불러일으키는 상상이 그것이다. 두려움은 매우 강력하고 불길한 이미지들을 마음속에 떠오르게 하여 배우들이 집중해야 할 것에 집중하지 못하게 한다. 두려움이 불러일으키는 강력한 이미지들은 마성의 힘을 가진 듯 우리의 정신과 마음을 홀린다.

두려움이 불러일으키는 이미지에 홀리게 되면 의지와 상관없이 우리는 그 이미지들에 집중하게 된다. 집중하면 할수록 그것이 더 중요해지고 그것과 관련된 상상들이 더 불같이 일어난다. 그것이 두려움이 우리를 집어삼키는 방식이다. 배우+캐릭터는 상대·대상들과의 사이·관계를 형성하면서 극 속에 존재한다. 그 사이·관계는 배우+캐릭터가 보고 듣는 것으로 연결된다. 스타니슬라프스키 식으로 표현하면, "보이지 않는 선", "끊어지지 않는 선"이 배우+캐릭터와 상대·대상 사이에 생겨나는 것이다.

두려움은 이 보이지 않는 선을 공격한다. 그 선만 끊어버리면 배우가 '고립'되고 캐릭터는 사라져버린다는 것을 너무나 잘 알고 있기 때문이다. 고립된 배우는 아무것도 할 수 없는 '마비'의 상태에 빠져 헤어 나오지 못하게 된다. 데클란 도넬란이 정확하게 지적했듯이, 두려움에 빠진 배우는 사이와 연결을 다 끊어버리고 오로지 자기 자신에만 집중해서 자기 자신만 생각하게 됨으로써 스스로를 고립과 마비의 상태에 빠뜨린다. 두려움이 낳은 고립과 마비에 빠진 배우는 "못 하겠어", "어떻게 해야 할지 모르겠어"라는 외로운 비명만을 지르게 된다. 그리고 '자책'과 '죄의식'이 뒤따르게 된다.

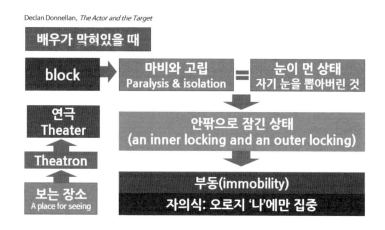

두려움이 그 사이·관계·연결을 끊는 방법은 간단하다. 사이·관계·연결은 배우가 보는 것으로 생겨나기 때문에, 배우로 하여금 다른 것을 보게 하면 된다. 그래서 매우 강력한 이미지들을 떠오르게 해서 배우가 봐야 할 것을 보지 못하게 하고 배우의 눈과 귀를 그 이미지들에 사로잡히게 한다. 그러면 사이·관계·연결은 너무나 쉽게 사라져버린다. '살아있음'이라는 것은 사이·관계와 연결된 상태에서 배우가 반응할 때만 가능한 것이다. '반응한다'는 살아있음의 가장 확실하고 중요한 증거이다. 사이가 없으면 반응도 없다. 그래서 그 연결이 끊어지면 배우는 죽음과 다름없는 상태에 빠지게 되는 것이다.

두려움은 무엇 때문에 발생하는 것일까? 무의식적인 차원에서 작용하는 것들이 너무 많아서 그 원인을 특정하기 어렵다. 매우 개인적인 것이기도 해서 일반화하기도 어렵다. 삶 속에서 우리가 두려움을 느끼는 것은 거의 대부분 몸이나 마음이 다치는 것에 대한 두려움이다. 우리는 신체적·정신적·언어적 학대와 폭력, 구조적·사회적 억압과 폭력이 몰고 올 엄청난 고통을 두려워한다. 폭력의 경험이 트라우마로 남았다면 더욱더 폭력에 대한 두려움을 안고 살아가게 된다. 폭력은 인간을 파괴한다. 그리고 심장을 가진 인간으로서 마음을 쓰면서 삶을 살게 되는데, 마음을 주고 마음을 쓰게 되면 마음을 다칠 위험이 항시 뒤따르게 된다. 마음을 주는 만큼 되돌려 받지 못해서 마음을 다친 경험들이 있기에 다시 마음을 다칠지 몰라서 두려워하게 된다.

그와 같은 상처가 낳은 두려움으로 인해서 우리는 몸과 마음을 굳게 닫은 상태로 삶의 많은 시간을 살아간다. 마음을 준 모든 시간이 자신의 삶에 존재하지 않았던 것처럼 부정하면서 살아간다. 지나온 삶의 시간들을 부정하는 것은 곧 자기 자신을 부정하는 것이 된다. 자기 자신을 부정하기에 우리는 외롭고 불행한 삶을 살아갈 수밖에 없다. 내가 나 자신을 완전히 포용할 때에만 나는 행복을 느낄 수 있다. 상처에 대한 두려움은 행복할 수 있는 나 자신을 부정하게 한다.

생사의 갈림길에 놓인다면 아마도 죽음에 대한 공포가 두려움을 발생시킬 것이다. 캐릭터들도 생사의 갈림길―신체적인 갈림길뿐만 아니라 심리적 갈림길을 포함해서―에 놓인 경우가 많기 때문에 그럴 때는 캐릭터들도 두려움을 느낀다. 캐릭터들은 '두려움 앞에 무릎을 꿇는 캐릭터'와 '두려움을 감당하고 이겨내는 캐릭터'로 구분된다. 두려움을 이겨내는 캐릭터들은 어떻게 두려움을 이겨내는 것이 가능한 것일까? 배우는 그런 캐릭터들로부터 자신이 가진 두려움을 마주하고, '마주함으로써 극복하는 방법'을 배워야 한다. 그런 캐릭터들에게는 자신의 목숨보다 더 중요한 것이 있고, 그것이 더 중요하기에, 그것에 집중하기 때문에 두려움이 불러일으키는 이미지들에 눈이 멀지 않을 수 있다. 인간이라면 두려움이 사라지지는 않겠지만, 적어도 두려움이 불러일으키는 이미지들이 가장 중요한 것처럼 여기지 않음으로써 두려움에 굴복하지 않을 수 있게 될 것이다. 그러기 위해서 배우는 자신이 두려워하는 것이 무엇인지 정직하게 물어봐야 한다. 집중이 되지 않을 때마다, 길을 잃은 것 같을 때마다 "어떻게 해야 되지?", "뭘 해야 하지?"라고 묻지 말고 "집중이 안 돼요"라고 변명하지 말고 "내가 무엇을 두려워하는 거지?"라고 질문을 고쳐서 물어야 한다. 자신이 두려워하는 것이 무엇인지를 알고 나면 그것으로부터 도망치는 대신 두려워하는 것과 마주하는 선택을 할 수 있다. 사실 우리 모두는 자신이 가장 두려워하는 것과 마주하기 전까지는 그것으로부터 '도망치는' 삶을 살고 있는 것이다. 연극 <정글>에 나오는 다음 대사는 그와 같은 인간의 보편적 존재 상황을 날카롭게 지적하는 말이다.

"우리 모두는 무언가로부터 도망치고 있다.
따라서 우리 모두는 '난민'이다."

— 박서, 〈정글〉

도망치는 동안 우리는 결코 자유롭지 않다. 자유롭지 않기에 예술가로서 배우가 될 수 없다. 도망치지 않으려면 먼저 마주해야 한다. 마주하는 용기를 내야 한다.

미지와 불확실성에 대한 두려움

공포영화에 나오는 캐릭터 중에 관객들에게 두려움을 자아내는 캐릭터들이 있다. 우리는 왜 그런 캐릭터에게 두려움을 느끼는 것일까? 두려움의 본질을 이해하는 데에 그 캐릭터들이 단서를 제공해줄 수 있을지도 모른다. 우리가 그런 캐릭터에게 두려움을 느끼고 심리적으로 긴장하게 되는 것은 그 정체를 알 수 없고 의도를 알 수 없기 때문에 다음 행동을 예측할 수 없어서이다.

'알 수 없음'(미지)과 그로부터 발생하는 '예측할 수 없음'(불확실성)이 두려움을 발생하는 원인이 되는 것이다. 그리고 미지와 불확실성은 배우들이 작품과 캐릭터를 처음 만나는 출발선상에서, 그리고 연출·감독과 상대배우를 포함해서 제작팀원들과 처음 작업하면서부터 늘 마주하는 어떤 것이다. 그리고 미지와 불확실성 앞에서 호기심과 관심이 앞서는 것이 아니라, 두려움과 의심이 앞서게 될 때 연기의 문제들이 발생하게 된다. 호기심과 관심이 앞서면 훈련된 배우라고 할 수 있고 두려움이 앞서면 훈련이 제대로 되지 않은 배우라 할 수 있다. 연기의 모든 과정은 알 수 없는 것들을 알아가는 과정인데, 알 수 없음 앞에서 두려움이 앞서버리면 몸도 마음도 위축되고 잠겨버려서 온전히 영향을 받지 않으려고 하고 그에 따라 즉각적이고 적절한 반응을 할 수 없게 된다. 그래서 결국 살아있는 연기를 할 수 없게 된다. 삶은 즉흥이고 늘 미지와 불확실성을 상대하는 일이다. 준비하고 계획한 것만 실행하려고 하고 일체의 불확실성을 제거한 채로 연기에 임하게 되면 연기에서 삶과 살아있음은 사라지게 된다. 미지의 것과 불확실한 결과에 두려움을 느끼는 것이 인지상정이기는 하지만, 훈련된 배우는 두려움보다 더 크고 강력한 호기심과 관심이 있어야 한다. 배우는 아는 것과 알 수 있는 것을 연기하는 존재가 아니라 미지의 세계를 탐험하는 모험심 강한 여행가이다.

알 수 없음이 '알 수 있음'이 되기 위해서 배우는 어떤 과정과 단계가 필요한지를 모색하고 호기심과 관심, 그리고 인간을 사랑하는 마음과 파트너를 신뢰하는 마음을 가지고 미지와 불확실성으로 기꺼이 들어가야 한다. 그리고 터널의 끝이 보일 때까지 계속 나아가야 한다. **미지와 불확실성에서 출발하는 연기 여행에서 오직 '알려고 하는 나'와 '어떻게든 하고자 하는 나'가 그 여정을 온전히 즐길 수 있게 해줄 것이다.**

"잘해야 한다"는 긴장과 실패에 대한 두려움

배우들은 늘 판단과 평가의 시선에 노출된다. 오디션과 미팅 단계에서부터 배우들은 제작진과 연출진에게 연기력과 인성을 평가받고 작품이 대중에게 공개되고 난 이후에는 세상 모든 사람에게 연기력은 물론 인간성까지 판단과 평가를 받게 된다. 냉혹한 프로의 세계에서 미숙함은 용납되지 않고 실패는 허용되지 않기에 배우들은 거절과 실패에 대한 두려움에 사로잡히기 쉽고 그에 따라 "잘해야 한다"는 강박에 휩싸이기에 십상이다. 배우들이 밥 먹듯이 겪는 숱한 거절의 경험은 이와 같은 두려움과 강박이 절대 떨칠 수 없고 도망칠 수 없는 강력한 힘으로 작용하게끔 한다.

잘해야 한다는 생각으로 연기를 잘하게 되는 경우는 없다. 늘 그 반대이다. 잘해야 한다고 생각할수록 연기는 잘하지 못하게 된다. 그러니 애초에 연기를 스스로 망칠 의도가 아니라면 잘해야 한다는 생각 따위는 떨처버려야 한다. 연기를 제법하고 오래 한 배우들조차 잘해야 한다는 생각에 휩싸이면 연기를 못 한다. '연기를 잘한다'는 연기의 '결과'에 대한 사람들의 '반응'일 뿐이다. 배우가 연기할 때 가져야 할 '태도'가 결코 아니다. 물론 배우는 많은 사람에게 자신의 연기를 인정받고 싶고 그에 따라 남다른 노력을 기울이기 마련이다. 하지만 그 노력은 잘해야 한다는 강박이 재촉하는 노력이 아니라, 전문적이고 좋은 연기를 가능하게 하는 방법과 과정이 요구하는 노력이어야 한다. 잘 해내겠다는 의지와 태도는 연기를 하지 않을 때는 가져도 되는 것이지만, 연기를 하는 순간에는 그 모든 것을 잊고 연기에 임해야 한다.

연기를 잘하기 위해서는 캐릭터가 집중하는 것에 집중하고 그것에 온몸과 마음이 온전히 그리고 즉각 반응해야 한다. 그러나 잘해야 한다는 생각과 실패에 대한 두려움에 집중하고 있다면 캐릭터가 집중하는 것에 집중하지 못하기 때문에 연기를 잘할 수 없다. 캐릭터가 집중하는 것에 집중하고 캐릭터가 중요하게 여기는 만큼 집중하고 있는 상대를 중요하게 여기는 것, 그런 상대를 상대하고 상대의 반응에 반응하는 것, 그것만이 연기를 잘할 수 있게 하는 길이다.

오디션이나 인터뷰, 미팅 혹은 공연 상황에서 배우들이 잘해야 한다는 긴장과 자의식에 빠지는 것은 오디션을 보는 사람들이나 관객들을 '자신을 평가하는 사람', 또는 '잘 보여야 하는 사람'이라고 생각하는 데에 원인이 있다. 오디션을 보는 사람과 관객을 다른 눈으로 보아야 긴장과 자의식에서 벗어날 수 있다. 보는 것이 바뀌지 않으면 어떤 것도 바뀌지 않는다.

오디션을 보는 사람은 나에 대해 아무것도 알지 못하고 나에 대해서, 배우로서의 나에 대해서뿐만 아니라 한 인간으로서의 나에 대해서 몹시 알고 싶어 하는 사람이다. 그런 사람들에게 연기를 통해서 나란 존재가 어떤 인간이고 어떤 예술가인지를 알려주고 오는 것이 내가 해야 할 일이다. 그 사람들 앞에서 그냥 연기를 평가받고 오는 것이 아니다.

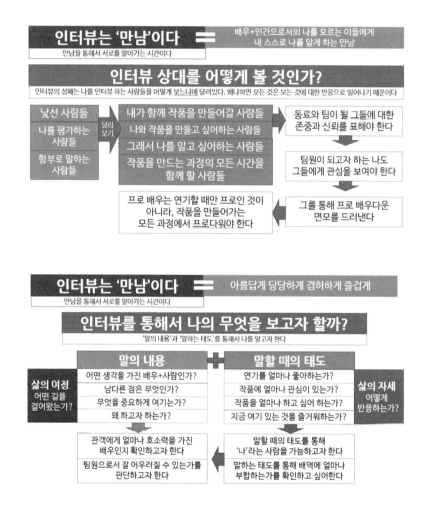

인터뷰는 '만남'이다 = 아름답게 당당하게 겸허하게 즐겁게
만남을 통해서 서로를 알아가는 시간이다

인터뷰는 '나'라는 존재를 알리는 기회이다
세상에서 유일무이한 '나'라는 존재보다 더 흥미로운 것은 없다. 그런 나가 솔직히 드러나야 한다

인간으로서의 나	＋	배우/예술가로서의 나
내가 어떤 사람인지를 모르는 사람들에게, 나를 알고 싶어 하는 사람들에게 나를 알리는 기회이다	가식과 허위는 보는 이에게 절대 깊은 인상을 남길 수 없다	오디션과 인터뷰는 내가 소수의 관객을 상대로 하는 '공연'이나 다름없다
그 사람들이 가장 두려워하는 것은 짧은 만남 끝에 '나'에게 속아서 '나'를 잘못 알게 되는 것이다		평가 받는다는 생각보다는 배우로서 연기를 통해 저들에게 내가 무엇을 '줄' 것인가를 생각하라
첫인상을 남기는 일이다 '잊혀지지 않는 깊은' 첫인상을 남기는 일이다	◀	내 연기와 공연을 '처음' 보는 사람들이라는 사실을 잊지 말라

또한 오디션을 보는 사람도 내가 연기를 하는 동안 나의 '관객'이 된다. 관객은 항상 배우로서 내가 생각과 마음과 삶의 경험을 그리고 나의 상상을 기꺼이 나누어 주어야 하는 대상이다. 오로지 그들에게 무엇을 어떻게 주고 올 것인가에 집중한다면 오디션과 공연에서 하게 되는 것이 완전히 달라질 것이다. 내가 '준' 그 무언가가 그들이 날 캐스팅할 이유가 되고 관객이 나라는 배우의 영향을 받고 매료될 근거가 된다. 그냥 연기만 한다고 캐스팅이 되거나 배우로 인정받게 되는 것이 아니다. 주고자 하는 나의 넓고 깊은 마음이 오디션장과 공연장에 가득 차올라야 하고 울려 퍼져야 한다.

그런 관점에서 '습작'을 아무한테나 보여주는 것은 바람직하지 않다. 배우를 제외한 어떤 예술가도 습작을 섣불리 공개하는 짓은 하지 않는다. 오직 배우들만 조급하게 자신을 대중 앞에 공개하려고 한다. 아직 관객과 비평가에게 온당하게 평가받을 수 있을 만큼 훈련이 안 된 배우가 관객

앞에 성급하게 나서게 되면 잘해야 한다는 심리적 긴장과 좌절만이 커질 위험과 예술적 중심을 세우지 못한 상태에서 박수 소리에만 도취될 위험이 있다. 박수 소리에 도취되는 순간 좋은 배우가 될 가능성은 사라진다. 모든 워크샵 공연은, 원래 오로지 배우가 예술가로서 성장해가는 과정을 따뜻한 시선과 마음으로, 혹은 수준 높고 예리한 예술적 시선으로 지켜봐 줄 사람들만을 대상으로 공개해야 한다. 메소드연기가 탄생한 액터스 스튜디오는 대중들의 시선을 철저하게 차단함으로써 배우들이 안심하고 마음껏 도전과 실패를 거듭하면서 더 나은 예술가로 성장할 수 있게 하였다. '잘해야 한다'는 강박보다는 위태로운 도전, 힘겨운 도전에 끊임없이 나서는 것, 그것만이 배우가 성장하고 성공할 수 있는 길이다.

용기와 직면

인간인 이상, 두려움을 아는 영혼을 가진 이상, 우리는 두려움으로부터 완전히 자유로울 수 없다. 만약에 두려움이 전혀 없는 인간이 있다면 그 인간은 바람직한 인간이 아니라 무시무시한 인간이다. 괴물에 가까울 지도 모른다. 그런데 두려움이 간과하고 있는 것이 있다. 인간에게 '용기'가 있다는 점이다. "두렵지 않으면 용기가 아니야"라는 어느 영화의 대사처럼 인간은 두렵지만, 두려움에도 불구하고, 용기를 낸다. 용기를 내서 두려움과 마주한다.

> "자신이 두려워하는 것과 마주할 수 있을 때
> 그때 비로소 진정한 연기가 시작된다."
>
> ―『메소드연기로 가는 길』 중에서

늘 용감한 사람은 많지 않다. 그러나 용기가 없는 사람은 없다. 인간이라면 누구에게나 용기가 있다. 우리가 두려워하는 모든 것은 사실 용기를 내서 마주하고 나면 별것이 아니라는 것을 알게 된다. 그렇게까지 두려워할 필요가 전혀 없었다는 것을 깨닫게 된다. 두려워하는 것과 마주하는 것이 가장 두려운 일이 되고 그것을 마주할 수 있기 위해서는 매우 큰 용기가 필요한 것은 맞지만, 마주하고 있지 못하기 때문에 그렇게까지 두렵게 느껴진다는 것도 알아야 한다.

정서적 기억

두려워하는 것과 마주하지 못하면 자유로운 상상을 해야 하는 배우에게 치명적인 일이 된다. 배우는 자신이 가진 모든 이미지와 삶의 경험을 캐릭터에게 내주어야 하는데, 자신이 마주하지 못하고 두려워하는 것들은 주지 않으려고 들기 때문이다. 아니 줄래야 줄 수 없는 상태에 빠져 있기 때문에, 온전히 캐릭터가 될 수도 없고 자유롭게 상상할 수도 없다. 자신이 두려워하는 것과 관련된 모든 이미지, 그 이미지들을 일깨울 수 있는 모든 이미지를 닫아두고 잠가놓고 그 이미지들의 존재 자체를 부정하면서 나머지 이미지만을 가지고 상상하려 들기 때문이다. 그럴 때 배우의 상상과 연기는 매우 피상적인 수준에 머물고 껍데기뿐인 가식적 연기를 하게 된다.

스타니슬라프스키 시스템에서나 메소드연기에 있어서 '**정서적 기억**'(**emotional memory**-Stanislavski, **affective memory**-Lee Strasberg)이 훈련과정에서 매우 중요한 비중을 차지하는 것은 '정서적 기억'과 관련된 배우의 경험이 연기를 함에 있어서 가장 중요한 경험이고 가장 강력하고 아름다운 상상을 불러일으킬 수 있는 이미지들임에도 불구하고, 그 정서적 기억을 꽁꽁 닫아놓은 상태로는 연약하고 피상적인 상상만을 일삼게 되기 때문이다.

정서적 기억은 배우의 영혼과 몸과 마음에 가장 강력한 영향을 준 경험의 이미지들이다. 그 이미지들이 연기적 상상을 할 때 가장 소중한 자산이다. 왜냐하면 가상의 극적 환경 속에서 캐릭터들이 마주하고 경험하는 모든 것이 캐릭터의 영혼과 정신과 몸과 마음에 최대한의 영향을 주기 때문이다. 정서적 기억의 이미지들을 떠올리지 않고서 배우는 캐릭터 근처에 갈 수도 없다. 그러나 정서적 기억은 배우가 가장 두려워하는 기억이 된다. 왜냐하면 정서적 기억의 이미지들이 떠오르게 되면 극도의 고통이 함께 몰려오기 때문이다. 심한 경우에는 호흡곤란까지 겪을 수 있다. 호흡곤란과 같은 증상은 정서적 기억이 얼마나 배우의 몸과 마음에 단단한 잠금장치를 마련하고 있는가를 말해주는 증거이기도 하다. 단단히 잠겨 있지 않다면 호흡곤란 증상까지는 겪지 않는다. 정서적 기억을 여는 일은 정교한 훈련을 요한다. 혼자서 할 수 있는 것도 아니고 아무 데서나 할 수 있는 훈련도 아니다.

정서적 기억을 열어서 소리로 표현함으로써 배우는 자유로워진다. 자신이 가장 두려워하고 가장 큰 고통을 느끼는 것과 마주함으로써, 배우는 비로소 극에서 캐릭터들이 마주하는 모든 것을 얼마든지 마주할 수 있는 용기 있는 존재로 바뀐다. 그리고 무엇보다 캐릭터들이 극 안에서 겪는 모든 고통을 자신의 고통만큼 혹은 그 이상으로 고통스러운 것으로 상상하고 경험하고 표현할 수 있는 정직함을 가지게 된다. 자신의 고통을 표현할 수 없는 배우는 캐릭터나 타인의 고통을 상상하고 표현할 수 있는 자격이 없다. 두려움 때문에 잠겨있고 닫혀있고 막혀있다면 정직하지 못한 것이다. 자신이 두려워하는 것과 마주하고 고통을 감당하고 이겨내는 인간은 가장 아름다운 노력을 하는 인간이 된다. 관객이 가장 큰 감동을 느끼는 때는 배우+캐릭터가 그와 같은 노력을 하고 있을 때이다.

통제 vs Let It Go

두려움에서 자유롭지 못한 배우들은 연기할 때 모든 것을 통제해서 연기하려고 하는 문제를 보인다. 통제를 하지 못했을 때 자기 자신에게 어떤 일이 일어날지를 모르기 때문에, 그 '미지의 영역'에 나아가기를 두려워하는 것이다. 그러나 연기는 미지의 영역으로 나아가는 여정이다. 캐릭터가 미지의 영역으로 깊숙이 들어가는 여정을 떠나기 때문이다. 그 여정은 '불확실'과 '불안정'이 가득한 여정이다. 불확실성과 불안정을 경험하는 것은 캐릭터가 되어가는 과정에서 필수적으로 겪어야 하는 경험이다. 캐릭터들은 모든 불확실과 불안정을 견뎌내 가면서 그 여정의 끝까지 나아간다. 그래서 캐릭터들은 미지의 영역에서 미처 알지 못하던 나를 만나고 알지 못하던 진실을 알게 된다. 그 미지의 여정을 마다하면 캐릭터가 될 수 없다. 아는 것만을 가지고, 할 수 있는 것만을 가지고 연기하려는 것은 아무런 가치도 의미도 없는 일이다.

알 수 없는 것을 알려고 하고, 변화시킬 수 없는 것을 변화시키려고 하며 그 와중에 일어나는 모든 혼란과 고통을 감당해내고 이겨내려고 할 때에만 배우는 캐릭터가 하는 행동(action)을 정말로 해낼 수 있고, 캐릭터가 하는 행동을 하기에 캐릭터가 될 수 있다. 그리고 캐릭터의 삶은

'즉흥'인데, 무대 위의 모든 순간을 통제로 창조하려고 하는 노력 자체가 연기를 죽은 연기가 되게 한다.

　의식적인 통제로는 캐릭터가 될 수 없는 또 하나의 이유는 통제는 우리 몸에서 비자율신경계에 속해 있는 부분만을 통제할 수 있기 때문이다. 우리가 아무리 통제하려고 해도 자율신경계에 속한 몸은 통제를 거부한다. 자율신경계에 속한 몸은 알아서 스스로 움직이기 때문이다. 애초에 통제할 수 없는 것을 통제하려고 하면서 심신에 불필요한 긴장만 쌓이게 된다. 스타니슬라프스키는 맥베스 부인이 <맥베스> 안에서 행하는 '행동의 관통선'(through-action)을 "통제할 수 없는 것을 통제하려는 행동"으로 보았고 그것이 결국 맥베스 부인의 죽음의 원인이 된다고 보았다. 통제는 배우를 긴장과 마비로 이끌 뿐이다. 통제는 자유를 허락하지 않는다. 통제는 자유로운 변신을 허용하지 않는다. 통제는 배우로 하여금 하던 대로 하도록 종용한다. 처음 한두 번은 통제가 통할지 모르나 통제하는 배우는 헤어 나올 수 없는 늪에 빠져버리고 만다. 배우가 자신의 전체, 즉 자율신경계와 비자율신경계에 속하는 몸 전부를 극적 상상에 내어주어야 한다. 그러기 위해서는 배우가 극 안에서 자신이 통제하는 모든 것을 놓아버려야 한다. 애니메이션 영화 <겨울왕국>의 엘사가 노래하듯이 "let it go"하고 "into the unknown"으로 나아가는 것만이 답이다. 그러면 배우는 그 미지의 세계 속에서 새롭게 자신을 통제하는 법을 알게 될 것이다. 미지의 경험을 경험하는 것만큼 짜릿한 것은 없다.

　달릴 땐 내가 없어져요. 그런데 그게 진짜 나 같아요.
— 이지안, 〈나의 아저씨〉 7화

습관과 매너리즘

　　습관과 매너리즘은 배우의 적이다. 습관과 매너리즘에서 벗어나지 못하는 상태는 두려움이 존재를 결정하고 있는 상태이다. 두렵기 때문에 변화를 거부하고 틀에서 벗어나지 못하는 것이다. 습관과 매너리즘은 스스로가 만든 몸과 마음의 감옥이다. 그리고 많은 경우 감옥인 줄도 모르고 갇혀있는 감옥이다. 리 스트라스버그는 습관이 가진 엄청난 견고함을 강조하면서 배우가 되기 위해서는 습관과의 끝나지 않는 싸움을 마다하지 않아야 한다고 하였다.

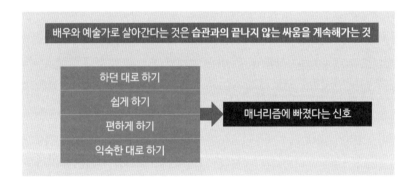

　　습관은 신체적 습관만을 가리키는 것이 아니다. 고정된 시각, 정신적 습관, 사고의 습관, 심리적 습관, 정서적 습관, 언어적 습관 모두를 포함하는 것이다. 습관이 문제가 되는 것은 작품에 따라 인물에 따라 변화를 거듭해야 하는 배우를 항상 하나로 고정시키기 때문이다. 고정성과 부동성은 습관의 가장 큰 특성이다. 습관은 배우에게 습관대로 하는 것이 '자연스러운 것'이라는 크나큰 착각을 준다. 익숙한 대로 하던 대로 하게 되면 편안한 느낌이 들고 그것이 자연스럽다는 착각을 준다. 그래서 습관에서 벗어나기가 더 어려워진다. 습관은 결코 자연스러운 것이 아니다. 그것은 삶의 제약 속에서 소극적인 상태로 굳어버린 존재의 양상일 뿐이다. 작품의 장르와 스타일에 따라, 연기하는 캐릭터에 따라 다르게 보고 다르게 생각하고 다르게 느끼고 다르게 몸을 쓰고 다르게 말해야 하는 것이 배우이다. 그것은 너무너무 어려운 일이다. 연기는 어떤 것도 쉽지 않다. 무엇이든 편한 대로 익숙한 대로 그리고 쉽게 하고 있다면 그것은 연기를 하고 있는 것이 아니다. 그저 습관대로 하고 있을 뿐이다. 할 수 있는 만큼만 하고 있을 뿐이다.

연기를 잘하던 배우들도 연기 인생의 어느 시점에 거의 매너리즘에 빠지는 것을 보면 습관과 매너리즘이라는 것이 얼마나 강력한 것인지 알 수 있다. 배우는 작품을 만날 때마다, 새로운 인물을 만날 때마다 처음 연기하는 것처럼 자신의 눈과 마음과 몸을 새롭게 하여야 한다. 모든 작품과 캐릭터들은 개별성과 고유함과 특별함을 가지고 있다. 일반적인 방식과 과정으로 접근하게 되면 그 작품만의, 그 캐릭터만의 개별성과 고유함이 사라지게 된다. 마치 맛을 감별하는 전문가가 하나의 맛을 시음하고 나서 물로 입안을 헹구고 다른 맛을 시음하듯이, 배우는 작품과 캐릭터를 만날 때마다 새로운 존재가 되어야 한다. 대본에 문자로만 존재하는 모든 캐릭터들은 늘 새로운 배우를 만나서 다시 태어나야 할 운명이다. 환생이 아니라 처음 태어난 것처럼 태어나야 한다. 캐릭터를 창조하는 과정은 절대 고정될 수 없다. 모든 캐릭터는 그 캐릭터만의 탄생 과정을 배우에게 요구한다. 배우의 연기메소드도 절대 고정될 수 없다. 못 박히고 고정된 상태에서 벗어나고자 하는 끝없는 노력이 배우의 예술적 정열이 된다.

진실

眞實, truth

사실과 진실

보기에 관한 모든 이야기는 배우가 '진실'을 보고 '진실'을 구현하고 '진실'을 전달할 수 있게 하기 위한 것이다. 인간에 관한 진실, 삶에 관한 진실, 존재에 관한 진실을 관객으로 하여금 보게 하기 위해서 극은 만들어진다.

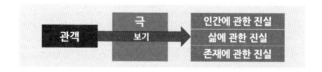

'진실'이라고 부르는 것은 그 진실들이 겉으로 드러나 있거나 구체적이어서 누구나 볼 수 있는 것이 아니기 때문이다. 진실은 눈에 보이지 않

는 모든 것이다. 겉으로 드러나지 않은 모든 것이다. 숨겨진 모든 것이다. 가려진 모든 것이다. 외면되는 모든 것이다.

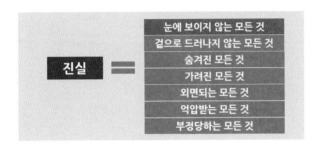

그 모든 진실이 예술가로서 배우의 탐구영역이다. 스스로 어떤 진실을 보고 관객이 어떤 진실을 보게 할 것인가의 문제는 각 배우에게 달린 것이다. 특정한 진실만을 보고 연기하라고 어느 누구도 강요할 수 없다. 모든 예술가는 자기만의 길을 가기 때문이다. 그러나 여전히 예술가로서의 배우는 진실을 보고 구현하고 전파하는 자가 되어야 한다.

드러나 있는 것들은 '사실'이다. 사실은 과학적 학문과 언론의 영역이지 예술의 영역이 아니다. <배우수첩>의 저자는 오로지 연극만이 진실을 말하게 될 것이라고 예언했다. 절대 드러난 사실만이 전부일 수 없으며, 진실이 드러나 사실이 되지 못하게 막고 있는 것들이 있다고 연극은 믿는다. 자본주의 사회에서 복잡하게 얽혀있는 이해득실 때문에 기득권이 언론을 장악하며 진실을 가린다. 예전에는 글을 읽을 수 없으면 문맹이었지만, 지금의 사회에서는 진실을 보지 못하는 자가 문맹이다. 가짜 정보와 진짜 정보를 구별하는 눈이 없다면, 우리는 거짓을 진짜로 믿고 살게 된다. 마치 영화 <매트릭스>에서 매트릭스 안에서 살고 있는 사람들처럼 말이다. 그들은 '이미지의 감옥'에 갇혀 있어서 아무것도 실제로 보고 들을 수 없다.

불편한 진실

진실은 "불편하다"라고 한다. 우리가 살아가고 있는 사회 속에서 발생하고 계속되고 있는 온갖 문제들—부정, 불평등, 차별, 혐오, 억압, 소외, 착취, 학대, 세대 갈등, 계급 갈등과 같은 정치·경제·사회·환경·노동·교육 문제 등등—을 우리는 적당히 외면하면서 살아간다. "삶이 아름답다"라는 말은 삶의 모든 문제를 다 직면하고 나서 여전히 삶이 아름답다고 생각될 때 할 수 있는 말이다. 사회의 어두운 면들을 보지 않고, 보지 않으려고 하면서 하는 "삶은 아름답다"는 거짓이다. 삶과 인간을 긍정하기 위해서 우리는 그 모든 진실을 말하는 극을 본다. 극을 통해서 우리가 살아가는 세상과 그 세상 속의 존재하는 모든 인간의 모든 모습을 본다. 그러고 나서 우리는 비로소 삶과 인간과 자기 자신을 긍정할 수 있게 된다. 그리고 더 나은 내일을 꿈꾼다. 다시 꿈을 꿀 수 있게 된다. 그렇게 하기 전까지는, 불편한 마음에 외면하고 있는 동안에는 우리는 눈뜬장님으로서 살아갈 뿐이다. 극은 눈뜬장님들이 줄어들었으면 하는 마음으로 만들어진다.

보이는 것 vs 보이지 않는 것

예술은 설명이나 에세이가 아니다. 극의 대본은 특히나 그러하다. 좋은 희곡의 작가들은 어떤 것도 설명하지 않는다. 그것이 소설 읽기와 희곡 읽기의 가장 큰 차이를 낳는다. 희곡 읽기의 어려움은 설명되어 있지 않은 것을 배우가 상상해야 한다는 것에 있다. 그러나 희곡을 읽고 또 읽으면서 극적 상상의 과정을 터득하고 나면 소설 읽는 재미와 즐거움과는 비교도 할 수 없는 재미와 즐거움을 알게 될 것이다.

보여주는 것만으로 이야기하는 작품일수록 쉽기는 하지만 단순한 작품이다. 설명이 많아질수록 이해는 쉬워지지만 작품성과 예술성은 저하된다. 보는 즉시 모든 것이 쉽게 이해되는 작품을 찾는 관객이 점점 더 많아지고 있는 세상이지만, 예술가들은 관객에게 즉답보다는 오래 생각할 거리를 안겨주어야 한다. 보자마자 모든 것이 바로 이해되어버리는 작품이라면 예술작품으로서의 값어치는 사라지고 만다. 예술작품은 시처럼 함축적이고 비유적이기 때문이다. 모든 예술작품은 보이고 들리는 것들을 통해서 예술작품을 보는 이들이 보이지 않는 것을 상상할 수 있게 하기 위해서 만들어진다. 얼마만큼을 직접 보이고 보이지 않을 것이냐는 연출·감독의 선택이며, 예술작품의 주제 혹은 극세계와 무관하지 않다.

보이지 않는 것을 보이게 하거나, 보이지 않는 것을 상상할 수 있게 하는 것은 중요한 예술작품들이 공통적으로 다루고 있는 주제이자 예술적 행보이다. 말하는 것을 통해 말하지 않는 것과 말하지 못하는 것을 보고 듣는 것, 즉 서브텍스트를 읽는 것도 마찬가지다.

진실을 보는 눈, 진심을 보는 심장

그리스 비극에 나오는 예언자 테레시아스는 앞을 못 보는 장님이다.

육안으로는 아무것도 볼 수 없는 장님만이 '진실을 보는 자'로 나온다. 이 것은 무엇을 뜻하는 것일까?

> 당신에게는 눈이 있소. 하지만 그 눈으로 당신은 당신이 어디에, 누구와, 어떤 끔찍함 속에서 살아가고 있는지 보지 못하고 있소 . . **눈먼 자는 당 신이오**
>
> — 테레시아스, 〈오이디푸스 왕〉 중에서

육안으로 보이는 것들은 항상 현상이자 결과이다. 현상과 결과는 우리 눈 과 마음을 현혹시킬 뿐 진실을 보지 못하게 한다. 그리고 비민주적 권력 자들이나 이익만을 추구하는 자본은 항상 국민들이 진실을 보지 못하게 하려고 대중매체와 타락한 언론을 활용해서 국민의 눈과 귀를 현혹하고 기만하는 무수한 가짜 이미지들을 만들어낸다. 그리고 그 이미지들로 국 민들을 세뇌시키려고 한다. 권력과 이익이 국민들을 제대로 보지 못하게 하고 있다는 진단과 고발은 연극의 역사만큼 오래된 극의 주제이다. 진정 으로 보기 위해서는 기존의 보기에서 벗어나서 현상에 현혹되지 않는 눈 을 가져야만 한다.

진실을 보는 눈을 가지기 위해, 예술가로서 배우는 다양한 시각과 시 선들을 둘러보아야 한다. 그리고 자신만의 시각과 시선을 갖되, 그것이 절 대로 고정불변의 것이 되는 것을 경계해야 한다. 살아있는 존재로서 우리 의 시각과 시선은 항상 성장과 변화를 거듭하여야 한다. 더 깊어지고 넓 어지는 눈과 마음의 시각을 가져야 한다. "생각하는 대로 살지 않으면 사 는 대로 생각하게 된다"라는 말이 있다.

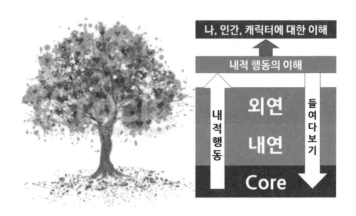

인체의 구조를 보지 못하면 의사가 될 수 없다. 물리학의 법칙들을 이해하지 못하고 과학자가 될 수 없다. 구조와 역사를 보지 못하고 지식인이나 예술가가 될 수 없다. 구조와 역사를 모르는 지식인이나 예술가는 권력에 아첨하거나 이용당할 뿐이다. 자본의 원리와 사회 구조를 모르는 자는 착취당할 뿐이다. 구조를 보는 자가 진실을 보는 자가 되고 구조를 변화시킬 수 있는 자가 된다.

인간이 겉으로 드러내는 모든 소리와 말, 몸짓과 행동은 모두 나무의 잎과 꽃 같은 것이다. 잎과 꽃(외연)이 어느 가지(내연)에서 나온 것인지, 그 가지가 뿌리와 기둥줄기(core)에서 어떻게 뻗어 나온 것인지를 알아야 한다. 인간의 모든 소리와 말, 몸짓과 행동은 core에서 나오는 내적 행동으로 형성된 것이다. 캐릭터의 내적 행동을 알아보지 못하고 배우가 하는 모든 말과 행동은 껍데기 혹은 거짓에 지나지 않는다. 겉으로 드러난 것, 눈에 보이는 것을 통해서 눈에 **보이지 않는 근원, 시작점, 원인**을 보는 마음의 눈을 길러야 한다.

	인간	
Core	본성 nature	
	인격 character	
내연	기질 temperament	
	개성 individuality	
	성격 · 인성 personality	
외연	외적 특성 · 성향 trait	
	사회적 가면 persona	
	말과 행동 behavior	

　세상에 존재하는 모든 것은 눈에 보이는 부분과 보이지 않는 부분으로 구성되어 있다. 배우는 예리하고 세밀하게 겉을 볼 수 있는 눈(감각)을 가져야 하고 안을 core까지 들여다볼 수 있는 영혼과 심장을 가져야 한다. 타인을 이해하는 만큼 자신을 새롭게 알게 되며, 자신을 아는 만큼 타인을 이해하게 된다. 나와 타인은 상호작용하며 하나로 연결되어 있다. "네가 있기에 내가 존재한다." 극에 존재하는 모든 캐릭터들은 나와 타인이 인간으로서 가지는 모든 면을 펼쳐놓은 것이다. 배우와 관객이 인간을 '제대로' 그리고 '진정으로' 보고 알 수 있도록 말이다.

구조를 보는 자 = 진실을 보는 자: 영화 〈매트릭스〉의 예

　모든 드라마는 어떠한 세상을 그리고 있다. 그 세상을 통해서 인간의 존재 상황을 이야기하고자 한다. 그리고 작품이 이야기하고 있는 세상과 인간의 존재 상황이 오늘날 우리의 이야기임을 전하고 싶어 한다.

영화 <매트릭스>는 우리가 "이미지의 감옥" 속에 살면서, 거짓과 진실, 허위와 실체를 구별할 수 없게 되어버린 존재 상황을 고발하는 선구적인 영화이다. 인터넷을 통해서 대부분의 정보를 습득하는 우리는 인터넷에 퍼져 있는 정보의 '진위'를 구분할 수 없을 때 '문맹'과 다름없는 상태로 전락한다. 가짜 뉴스와 진짜 뉴스를 구분할 수 없다면 우리가 무엇인가를 안다는 것은 사실 무지에 지나지 않으며 그만큼 더 위험한 것이 된다.

우리는 '이미지'의 세계에 살고 있다. 마치 그 이미지가 실체인 것처럼 착각하고 살고 있다. 하지만 우리가 사는 세상에 존재하는 많은 이미지는 우리가 실체를 보지 못하도록 만들어진, 우리의 눈을 가려서 장님으로 만들고자 하는 목적을 가지고 만들어진 것들이다. 현혹적인 이미지들에 둘러싸여 우리는 불편한 진실보다는 안락한 거짓의 단물을 빨면서 살고 있다. 사이퍼라는 인물은 그런 우리들을 대표하고 있다.

<매트릭스>는 우리가 그와 같은 삶을 살게 될 것이라는 것을 놀라울 정도로 선구적으로 예언한 영화이다. 디지털화/가상화되어 가는 세계 속에서 이미지와 실체를 구분하는 눈을 가진 자만이 세상을 이해하는 창을 가진 자라고 부를 수 있는 세상에 우리는 살고 있다. 지식인과 예술인들은 주인공 네오처럼 구조를 꿰뚫고 무엇이 거짓이고 무엇이 실체인지를 끊임없이 밝혀야 하는 운명을 타고났다. 네오는 구조를 보기에 진실을 보는 자가 되고 그 구조를 깨뜨릴 수 있는 자가 된다.

외관과 실체

셰익스피어의 모든 극은 정도의 차이는 있지만 '외관(appearance)과 실체(reality)'의 문제를 다루고 있다. 셰익스피어는 겉으로 드러난 모습들이 실체와 다름에도 불구하고, 그 차이를 보지 못해서 고통당하는 인간들의 이야기를 다룬다. 셰익스피어가 다루는 진실은 바로 '실체'이고 외관과 실체의 '차이'이다.

> 아름다움이 추함이고, 추함이 아름다움이다.
>
> — 마녀들, 〈맥베스〉 중에서

셰익스피어는 일찍이 <맥베스>에서 겉으로 봐서는 아름다움과 추함, 선과 악이 구분되지 않는 세계를 예고했다. <맥베스>가 매우 현대적인 작품이 되는 이유가 여기에 있다. 우리가 사는 세상이 악한 자가 선한 모습을 하고 있고 거짓이 진실의 탈을 쓰고 있는 세상으로 바뀌어 가고 있음을, 그래서 사람들이 아무것도 제대로 구별할 수 없고 진실을 알 수 없는 세상으로 바뀌어 가고 있음을 셰익스피어는 이미 오래전에 예고하고 경고한다. '실체'는 드러나는 것이 아니다. 그래서 보기 어렵다. 영화 <다우트>는 '실체'와 보기와 인식의 문제를 심도 있게 다루고 있다. 잠시 후에 <다우트>를 통해 작품이 보기와 인식의 문제를 어떻게 다루고 있는지 상세하게 살펴볼 것이다.

극이 외관과 실체의 문제를 공통된 주제처럼 다룬다는 것은 극의 주인공이 외관과 실체의 차이를 인식하고 그 차이를 낳는 것에 저항하게 된다는 것을 의미한다. 햄릿은 겉으로 인자한 왕인 것처럼 웃고 있는 클로디어스가 사실 아버지의 살해범이라는 것을 의심한다. 선왕의 유령을 통해 모든 사실을 알게 된 다음부터 햄릿은 겉으로 보이는 클로디어스의 모습들이 얼마나 위선적이고 역겨운지를 두 눈으로 직접 보게 된다. 하지만 <햄릿>에 나오는 다른 캐릭터들은 왕의 외관과 실체를 구분하지 못한다. 햄릿을 제외하고는 다들 눈에 보이지 않아서 알지 못하는 것이다. 햄릿이 한탄하듯이 "저렇게 웃는 자가 악인일 수 없다"라고 여긴다. 왜 그렇게도 보지 못하는 것일까? 단지 캐릭터 개인의 문제일까? 그것은 클로디어스가 거짓 이미지를 진짜 이미지로 착각하게끔 세상을 통치하기 때문이고, '아내와 형수', '아들과 조카'와 같이 선명하게 구별되어야 하는 것들의 경계를 허물고 국민의 인식을 흐리게 만든 결과이다. 아무도 보지 못하는 것을 혼자서 보는 햄릿은 외로이 경계를 무너뜨려 인식을 흐리게 하는 세상의 통치자에 맞서 싸우게 되는 것이다. 햄릿은 그런 역할을 자처하지 않았지만, 적통 왕자라는 자리가 그 역할을 피할 수 없게 만든다.

외관과 실체의 차이는 극의 주인공들로 하여금 격렬하게 그것에 저항하게 한다. 때때로 주인공들은 매우 잔혹한 일도 마다하지 않는다. 뮤지컬 <스위니 토드: 플릿가의 악마 이발사>의 주인공 스위니 토드가 대표적 예일 것이다. 힘 있고 돈 있는 자들이 실체를 숨기고 겉으로는 번드르르한 모습을 취하고서는 거짓과 위선을 일삼는 세상에서 스위니 토드는 피바람을 일으킨다. 바로 그런 세상이 자신이 세상에서 제일 사랑하는 존재들을 앗아갔기 때문이다. 스위니 토드는 자진해서 거의 악마와 다름없는 정도까지 거침없이 나아간다. 자신 하나를 불살라서라도 위선의 세상을 파괴할 수 있다면 더한 것도 하겠다는 기세이다. 주인공들의 저항에 타협이란 없다. 자기 자신을 희생하면서까지 주인공들이 그렇게 저항하는 것은 그만큼 기존의 질서로 구축된 세상이라는 것이 너무나 견고해서 결코 무너뜨리기 쉽지 않기 때문이다. 태초에 연극의 시작에서부터 연극은 외관과 실체의 문제에 대해 깊이 있게 그리고 끊임없이 말해 왔지만, 아직도 이 문제는 끝나지 않는 삶의 문제로 남아있다.

세부의 구조는 전체의 구조와 같다

극 전체의 구조는 극의 세부(막과 장) 구조를 지배하고 결정한다. <햄릿>의 첫 대사 "Who's there?"는 단 한 마디에 극 전체의 구조와 주제가 집약된 놀라운 대사로, 이면·후면에 도사리고 있는 정체불명의 힘이 <햄릿>의 극세계를 지배하고 있음을 말해주고 있다. 그 힘을 어떻게 해석하느냐에 따라서 <햄릿>의 캐릭터들을 움직이는 힘에 대한 파악과 이해가 달라진다.

'프랙탈'(fractal)이론에 따르면, '프랙탈'이란 작은 구조가 전체 구조와 기하학적으로 비슷한 형태로 끝없이 되풀이되는 구조를 가리킨다. 부분과 전체가 똑같은 모양을 하고 있다는 것이다. 우주 성운의 모습을 꼭 닮은 인간의 눈 모양뿐만 아니라, 자연계의 리아스식 해안선, 동물 혈관의 분포 형태, 나뭇가지 모양, 창문에 성에가 자라는 모습, 산맥의 모습도 모두 프랙탈이며, 우주의 모든 것이 결국은 프랙탈 구조로 되어 있다는 것이다. 우주의 구성원리가 곧 인간과 인간 사회의 구성원리와 같은 것이 되며, 이는 곧 극세계의 구성원리, 극의 구조, 캐릭터의 구성원리가 된다. 따라서 극의 모든 세부(디테일)는 숨겨진 극의 구조와 내재화된 주제를 엿볼 수 있는 창이 된다.

행동패턴

극에서 단순 반복되는 것은 없다. 반복이 된다면 어떤 이유에서 반복이 되는 것이고, 그 반복은 '패턴'이 된다. 서브텍스트를 읽어내기 위해서 패턴은 매우 중요한 단서가 된다. 현상을 낳는 구조나 숨겨진 실체를 드러내거나 물밑으로 진행되는 사건과 캐릭터의 내적 행동을 겉으로 드러나게 하기 때문이다. 어떠한 현상이 되풀이되어 나타난다는 것은 단순 우연이 아니라, 보이지 않는 것의 실체가 언뜻언뜻 수면 위로 내비치는 것이다. '몸의 거리는 마음의 거리'를 나타내기 때문에 캐릭터들의 신체적 거리가 반복적으로 가까워졌다 멀어졌다를 반복한다면, 이는 캐릭터들이 서로에게 가지는 상반된 마음을 드러내는 패턴이 된다. 관객은 다가감과 멈춤 그리고 멀어짐의 신체 행동 패턴을 통해서 캐릭터의 내적 행동을 엿볼 수 있게 된다. 그러므로 대본을 읽으면서 대본에 나타나는 언어적 패턴, 행동의 패턴을 파악하는 것은 사건과 캐릭터를 파악하고 이해함에 있어서 매우 중요한 과정이 된다.

구조와 실체를 드러내는 행동 패턴: 영화 〈다우트〉의 예

퓰리처상 수상 희곡을 작가가 직접 영화화한 〈다우트〉는 아동을 성추행한 신부에 대항하는 수녀들의 이야기이다. 원작 희곡의 출판본에서 작가 존 패트릭 섄리(John Patrick Shanley)는 평생 신앙과 봉사와 희생의 삶을 살아온 수녀들에게 이 작품을 바친다고 헌사를 남겼다. 그런데 의외로 영화를 본 많은 사람들은 부정한 신부에 대항하는 수녀를 응원하기보다 신부를 옹호하는 오류를 범한다. 왜일까? 이것은 생각보다 꽤 심각한 인식의 오류이다.

작가가 직접 감독까지 겸하면서, 영화가 미숙하거나 모호하게 만들어졌을 가능성을 배제할 수는 없다. 하지만 보면 볼수록, 작가+감독은 시종일관 플린 신부의 부정을 다양한 영화적 언어로 이야기하고 있음을 발견하게 된다. 장면과 장면의 연결(sequence)은 매우 의도적으로 배열되어 있고, 전후 장면과의 대비를 통해 플린 신부의 실체를 엿보도록 유도하고 있다. 몇몇 상징(예를 들어, 고양이와 쥐)은 너무 뻔해 보이기까지 한다.

물론 이 영화가 플린 신부의 정체를 쉽게 드러내 보이는 영화는 아니다. 뻔할수록 쉬워지는 것은 맞지만, 좋은 영화가 되기는 힘들다. 작가이자 감독이 영화를 그렇게 만든 이유는 의외로 간단하다. 실제 삶에서 누군가가 범죄를 저지르는 현장을 직접 목격하거나, 그가 체포되거나 형사고발되지 않고서는 우리가 그가 범죄자인 것을 알기는 힘들기 때문이다. 알로이시스 수녀처럼, 우리도 죄를 지었지만 아직 잡히지 않은 사람과 맞닥뜨리게 된다면, 아무런 증거를 갖지 못한 채로 만나게 된다면 어떻게 그가 죄를 지었음을 알 수 있을까? 영화는 이 질문에 대한 답이다. 그러니 영화는 플린 신부의 범죄 현장을 직접 보여주지 않는다.

아마도 우리 모두는 엄격함을 좋아하지 않기에 원칙주의자인 알로이시스 수녀보다 겉으로 보기에 자상하고 인자해 보이는 플린 신부에게 본능적으로 끌릴 수밖에 없을 것이다. 하지만 여기에 위태로운 함정이 있다. 작가 존 패트릭 섄리는 플린 신부와 같은 인물을 "포식자"(predator)로 규정한다. 우리가 방심하는 순간 포식자들이 활개를 치면서 어린 양(lamb)들을 먹잇감으로 삼는다. 우리는 포식자들이 먹잇감을 손에 넣기 위해 얼마나 영리하게 모든 것을 준비하는지, 얼마나 자기 자신을 그럴싸하고 매력적이게 포장하는지 모르고 속아 넘어간다.

영화를 잘못 이해하게 되는 원인 중의 하나는 우리가 종종 주인공을 착각한다는 데서 기인한다. 주인공(protagonist)과 적수(antagonist)의 대립을 기본으로 구성되는 극에서 적수가 강할수록, 매력적이고 설득력이 있을수록 극적 긴장이 살아난다. 필립 시모어 호프만이 연기한 <다우트>의 플린 신부는 적수 캐릭터의 대표적인 예가 될 것이다. 하지만 <다우트>의 주인공은 메릴 스트립이 연기한 알로이시스 수녀이고, 영화는 그녀의 외롭지만 정의로운 싸움을 극화하고 있다.

갈등과 대립과 싸움을 근간으로 하는 극적 액션은 주인공의 영혼의 고통과 내적 갈등 그리고 궁극적인 변화를 낳는다. <다우트>에서 우리가 착각하게 되는 것 중의 하나가 알로이시스 수녀와 플린 신부를 동등한 입장에 있다고 생각하는 것이다. 드라마에서는 갑이 을을 상대로 싸우는 싸움은 없다. 알로이시스 수녀는 'sister'이고 플린 신부는 'father'이다. 마치 딸과 아버지의 싸움처럼 둘의 지위는 동등하지 않다. 무너뜨리기 불가능해 보이는 상하관계가 두 인물 사이에 존재한다. 알로이시스 수녀의 싸움이 힘겨운 것은, 그만큼 플린 신부의 부정을 입증하기 어려운 것은, 플린 신부가 교회 권력을 등에 업은 절대 '갑'이라는 데에 있다.

또 한 가지 우리가 놓치지 말아야 하는 중요한 점은 플린 신부와 같은 아동 성추행 신부가 '처음으로' 출현한 것이 아니라는 점이다. 알로이시스 수녀는 이전에도 이와 같은 싸움을 한 적이 있다. 그때는 교회 안에 정의로운 신부가 있어서 부정한 신부를 몰아낼 수 있었다. 그러나 지금의 교회에는 그럴 만한 신부가 없다. 타락한 신부들이 장악하고 있는 교회 권력은 플린 신부의 부정을 은폐한다. 이번에는 전적으로 하급의 지위에 있는 수녀의 힘으로만 플린을 몰아내야 하는 매우 힘겹고 불가능한 상황에 알로이시스 수녀는 놓여있다. 오직 그녀의 경험과 역사의 교훈이 난관을 헤쳐나갈 수 있는 방향을 제시해 주는 나침반이다.

영화 <스포트라이트>를 보면, 당시 보스턴 가톨릭교회 소속 신부의 60%가 아동 성추행범이었고, 가톨릭교회가 조직적으로 그와 같은 사실을 은폐했음을 알 수 있다. <다우트>는 뉴욕에서 신부들의 부정이 연이어 밝혀지면서 사람들이 정신적 붕괴를 경험하던 시점에 쓰인 희곡이다. 플린 신부와 같은 성추행범은 최근 가톨릭의 중심인 바티칸에서까지 나타나 충격을 더하고 있다. 신부의 성추행이 특히나 충격적인 이유는 신부가 우리가 영적으로 믿고 의지하는 존재이기 때문이다. 그와 같은 존재로부터 성추행을 경험한 이들은 헤어 나올 수 없는 혼란과 고통에 빠지게 된다. <스포트라이트>의 증언자들을 보면 잘 알 수 있다.

플린 신부를 옹호하는 관객들은 '증거'가 없음을 내세운다. 그들은 그냥 플린 신부에게 설득이 된 것이다. 몇 번의 설교 장면과 알로이시스 수녀와의 논쟁 장면에서 많은 관객들은 플린 신부에게 현혹된다. 마치 우리가 삶에서 그들에게 현혹되고 속아 넘어가듯이 말이다.

하지만 영화는 시종일관 처음부터 끝까지 플린 신부의 부정을 이야기한다. 플린 신부의 설교를 예로 들어보자. 플린 신부의 설교에서 가장 문제가 되는 부분이자 가장 이상한 부분은 그가 설교에서 한 번도 하나님의 말씀을 전하지 않는다는 점이다. 그의 설교는 오로지 자기 자신의 개인적인 이야기이다. 알로이시스 수녀와의 첫 번째 미팅 이후, 그가 설교를 얼마나 개인적인 원한에서 복수를 위해 활용하고 있는지를 알 수 있다. 그는 깃털의 이미지를 활용해서 자신에 대한 의혹이 퍼져나가지 못하게 공포심을 조장한다. 하지만 플린 신부의 부정이 사실이라면, 그것은 널리 널리 퍼져나가야 한다. 플린은 정확히 그것을 막으려고 하는 것이다.

플린 신부가 펼치는 논리는 그럴싸해 보인다. 하지만 그의 논리는 기본적으로 '거짓말'이기 때문에 논리적 허점을 가지고 있다. 그는 도널드가 술을 마시다 들켜서 그 문제 때문에 도널드를 수업 중에 따로 사제관으로 불렀다고 변명하지만, 만약 그랬다면 사제관에서 돌아온 다음이 아니라, 사제관에 가기 전부터 술 냄새가 났어야 맞을 것이다. 하지만 도널드는 분명 사제관에서 돌아온 다음에 술 냄새가 났다. 그리고 플린 신부가 정말로 도널드가 술을 마신 것을 감싸주고 덮어주었다면 사제관에서 돌아온 도널드의 반응은 달라졌을 것이다. 제임스 수녀가 걱정하고 이를 알로이시스 수녀에게 보고할 정도로 도널드는 이상 행동을 보였는데, 플린 신부의 말대로 그가 도널드를 감싸주었다면, 도널드는 오히려 안도하고 행복해하는 모습을 보였어야 맞을 것이다.

도널드를 위하는 척 포장하고 있지만, 학칙을 도널드에게만 예외로 해주는 것은 도널드를 배려하는 것이 전혀 아니다. 다른 아이들과 도널드를 똑같이 대해야 한다고 하면서 정작 자기 자신은 도널드를 특별 대우한다. 신부이자 교육자로서 아이가 잘못한 것이 있다면, 그 잘못을 책임지게 하는 것이 아이를 위하는 길이다. 특정 아이에게 예외를 인정해 주면서 다른 아이들에게 학칙을 지키라고 하는 것은 더더욱 교육의 목적에 어긋나는 일이다. 더구나 플린 신부는 학생들과 수녀들에게는 금지되어 있는 손톱 기르기, 설탕과 사탕의 섭취, 그리고 볼펜의 사용을 모두 거스르고 있다.

그리고 도널드는 플린 신부가 주장하는 만큼 아이들에게서 고립되어 있지 않다. 물론 도널드를 괴롭히는 학생이 있을 수는 있지만, 영화는 도널드가 수업 시간에 다른 아이들과 웃고 떠드는 모습을 보여준다. 제임스 수녀가 딴생각하는 것처럼 보이는 도널드에게 방금 자신이 한 질문이 뭐

였는지 다그쳐 물을 때조차도, 옆에 있던 짝꿍이 벌을 받을 각오를 하고 대신 답해주는 모습을 보면, 도널드는 생각보다 혼자가 아니다.

이 영화를 '보수'와 '진보'의 문제로 보는 이들이 있다. 그러나 '보수'와 '진보'의 문제는 둘 다 도덕성을 확보하고 있을 때 진정으로 논할 수 있다. 이 영화는 '진보'처럼 보이는 플린 신부가 도덕성을 결여하고 있기 때문에, 보수와 진보의 대립으로 볼 수 없다. (타락한 진보를 고발하는 영화라고 이야기할 수 있을지는 모른다.) 가치와 원칙을 지키려는 쪽과 자신의 부정을 위해 원칙을 붕괴시키거나 느슨하게 하려는 세력의 이야기로 보는 것이 더 타당할 것이다.

알로이시스 수녀는 자신의 어떠한 개인적인 감정도 배제한 상태에서 아이들을 가르친다. 아이들을 건강하고 안전하게 보호하는 것이 곧 하나님의 말씀을 따르고 실천하는 것이라는 깊은 신앙이 그녀의 삶을 이끈다. 그래서 아이들 중 그 어느 누구도 알로이시스 수녀에게 감정적으로 반발하지 않는다. 제임스 수녀의 증언대로, 아이들은 알로이시스 수녀가 운영하는 학교에서 "행복하다." 알로이시스 수녀가 아이들을 안전하게 보호하기 때문이다. "행복한" 아이들이 플린 신부에게 어떻게 반응하는지 영화는 선명하게 담아내고 있다. 그래서 순수한 아이들의 반응으로부터 플린 신부가 실제로는 어떠한 인간인지를 영화는 엿보게 해준다.

영화 <다우트>를 통해서 우리가 보아야 하는 것은 플린 신부와 같은 포식자들의 행동패턴이다. 그 행동패턴을 살펴봄으로써, 우리는 실제 삶에서 우리가 그런 포식자들에게 속거나 당해서는 안 되는 일들을 당하지 않도록 우리 자신을 대비할 수 있다. 플린 신부와 같은 캐릭터는 자신의 부정을 감추기 위해 진실을 추궁하는 자의 어투를 문제 삼고 시비를 건다. 절대 질문에 답하지 않는다.

'외관'(appearance)과 '실체'(reality)의 차이는 많은 극이 다루어 오고 있는 주요한 주제 중의 하나이다. 그만큼 관객의 인식 변화를 도모하는 것이 극이다. 현대사회에서는 '악'일수록 '선'의 모습을 하고 있는 경우가 더 많다. 그래서 우리는 선과 악, 거짓과 실체, 거짓과 진실을 제대로 구별하지 못한다. 가짜 뉴스와 진짜 뉴스를 구별할 수 없다면, 거짓 이미지들을 꿰뚫을 수 없다면 우리는 문맹이나 다름없다. <다우트>는 우리가 빠지기 쉬운 그와 같은 인식 오류의 문제를 심도 있게 다루고 있는 명작이다.

패턴에 관한 문제는 다음 장에서 다시 한번 다루게 될 것이다.

원인과 결과 · 현상, 그리고 인과관계

인간의 행동과 반응을 알아보고 구현하는 일 외에도 배우는 세상 모든 일의 원인과 결과, 또는 원인과 현상 사이의 인과관계를 볼 수 있어야 한다. 인간이 겪는 모든 문제, 인간이 행하는 모든 문제 행동들은 현상이자 결과이다. 그 현상과 결과가 어디에서 비롯되는 것인지를 보는 것이 '진실'을 보는 것이다. 결국 진실을 본다는 것은 '인과관계'를 보는 것이다. 인과관계를 파악하지 못하면 어떤 것도 진실이라고 간주할 수 없다. 프로이트는 인간의 모든 문제적 행동(현상 · 결과)은 '아동기의 경험과 무의식'(근원 · 원인)에서 발생하는 것으로 보았다. 브레히트는 인간이 보이는 모든 모순적 행동(현상 · 결과)은 인간이 속한 '사회적 · 경제적 계급'(근원 · 원인)에서 비롯된다고 보았다. 대한민국에서 일어나는 모든 자살 행동(현상 · 결과)의 원인이 개인적인 것인지 아니면 사회적 · 구조적 문제

(근원·원인)에서 기인하는 사회적 타살인지 우리는 묻고 살펴야 한다. 청년들의 절망이 개인적인 문제인지 사회구조적인 문제인지 묻고 살펴야 한다. 만연하는 혐오의 행동들이 어디에서 기인하는지 묻고 살펴야 한다. 그래야 진실을 볼 수 있을 것이다.

원인이 즉각 현상과 결과로 나타나면 누구나 인과관계를 볼 수 있다. 그러나 많은 현상과 결과를 낳은 근원과 원인은 시간적으로 꽤 멀어져 있는 경우가 훨씬 많다. 그래서 그 시간의 간격과 시차 때문에 사람들이 인과관계와 진실을 보지 못하는 것이다. 그것이 바로 **'역사'를 살피지 않고 진실을 볼 수 없는 이유이다.** 한 개인의 문제적 행동은 그 사람의 모든 역사를 살피지 않고는 규명할 수 없다. 한 사회나 국가의 문제도 마찬가지이다. 한 사회나 국가의 문제는 각기 자신만의 역사를 가진 모든 개인이 시계의 톱니바퀴처럼 얽혀서 만들어 낸 시간의 역사에서 기인하는 것이다. 시간의 역사를 거슬러 올라가 보지 않고 지금을 이해할 수 없다. 한 개인의 기억이 지금 현재의 그 사람 자체이듯이, 사회와 국가의 지금에는 이전 모든 역사의 시간들이 집약되어 있다. 현실(現實)은 항상 시간의 집약체이다. 그 시간을 보지 못한다면 배우는 어떠한 캐릭터도 파악할 수 없으며, 어떠한 극세계도 이해하지 못하고, 어떠한 진실도 보지 못할 것이다.

진실을 말하다: 『소년이 온다』의 예

보이지 않는 진실을 단지 보는 것에만 그친다면 그것은 연기도 예술도 아니다. 연기가 예술이 되는 것은 보이지 않는 진실을 보고 그것을 보이고 들리게 하는 데에 있다. '진실을 말하다', 그것이 연기를 예술적 행동이 되게 한다. 소리 낼 수 없는 것을 소리 내고 말할 수 없는 것을 말하는 용기, 그것이 없다면 연기는 예술이 되지 않는다. 진실을 말하는 배우의 소리는 극장을 뛰어넘어 세상으로 울려 퍼져야 한다. 근본적으로 시각적 언어보다 청각적 언어가 더 큰 영향력을 갖는 것은 소리는 뻗어나가고 퍼져나가기 때문이다. 그래서 억압적 권력들은 늘 국민들, 특히 지식인과 예술가의 목소리를 없애기 위해서 온갖 수단을 써 왔다. 역사적으로 되풀이되어 온 분서갱유는 진실의 목소리를 없애려는 야만적 행위이다. 마틴 맥도너 작 <필로우맨>에서 카투리안이 형과 자기 자신의 목숨까지 바쳐가며 자신의 이야기를 지키려고 한 것은 바로 이야기에 담긴 자기 자신의 목소리, 예술가적 양심의 소리가 계속해서 세상에 들리게 하기 위함이다.

'진실을 말하다'로부터 태어난 위대한 예술작품이 한강의 소설 『소년이 온다』이다. 소설 속 모든 말이 읽는 이의 영혼을 휘감고 들어온다. 말 한마디 한마디가 겉살이 아닌, 속살을 한 점 한 점 뜯어서 토해내는 것처럼 들린다. 그러면서 점차 이 소설의 궁극적 의미, 작가가 이 소설을 쓴 행위의 본질적 의미에 대해 뭔가가 어렴풋이 떠오르기 시작한다. 모든 위대한 드라마에는 "인간이란 무엇인가"라는 질문이 담겨 있기에 연기하는 배우란 인간을 탐구하고 구현하는 숭고한 예술가가 된다. 그런 관점에서 소설 속 다음 문장은 정신이 번쩍 들게 한다.

인간은 무엇인가? 인간이 무엇이지 않기 위해서 우리는 무엇을 해야 하는가?

"인간이 무엇이지 않기 위해서 우리는 무엇을 해야 하는가." 동굴 안 메아리처럼 빠져나가지 못하는 소리가 되어 머리와 심장에 맴돈다. 배우는 무엇을 해야 하는가? 연극은 무엇을 해야 하는가? 그것을 할 때 인간이 무엇이지 않을 수 있다. 그것은 무엇인가?

그것에 대한 답은 "말할 수 없는 것을 말해야 한다"라는 것이다. 들을 수 없는 것을 들을 수 있도록, 보지 못하는 것을 볼 수 있도록, 생각할 수 없는 것을 생각하도록, 외면해서는 안 되는 것들을 마주할 수 있도록. 그것을 하지 않으면 우리 삶이 "장례식"이 되고 "사원"이 된다. 소리 낼 수 없다면 소설에 나오는 극중극에서처럼 입모양만으로라도 말해야 한다. 말을 하지 않는 행위는 검은 잉크로 밀어서 작품을 지워버리는 검열관의 행동과 크게 다르지 않다. 소설 작가가 극중극을 통해 어떤 연극도 하지 못한 연극을 하고 있어서 놀랍고 연극하는 모든 이들을 부끄럽게 한다.

말을 하기에 우리는 인간이 무엇이 되지 않게 할 수 있는 것이다. 그것이 화자들이 말할 수 없는 것을 살점을 토해내듯 말하고 있는 이유이고, 작가가 소설을 통해 말하고자 하는 이유이다. 소설은 결국 '고해'인 것이다. '영혼의 고해'이다. 소설을 통해 고해하는 인간을 만나고 고해하는 작가를 만나게 된다. (그것이 작가가 에필로그를 소설의 일부로 통합한 이유일 것이다.) 살아남았다는 죄, 원죄나 다름없는 그 죄를 '말하는 고행'을 통해 씻고자 하는 인간을 만나게 되는 것이다. 고해하는 영혼이 말할 수 없는 것을 말하면서 우리는 다시 인간이 되어간다. 말하는 이는 자신의 고통, 자신의 감정과의 싸움을 넘어 자신의 죄와 싸워야 한다. 살아남은 죄.

말할 수 없는 것을 말할 때 사람의 소리는 어떻게 바뀔까? 『소년이 온다』를 연극으로 한다면, 그 상상할 수 없는 소리가 배우들의 육성으로 만들어지고 전해지고 울려 퍼져야 할 것이다. 소설의 모든 말들은 한마디 한마디가 새벽녘 이슬처럼 영혼에 맺혀야 하고, 그것이 영혼의 눈물처럼 흘러내려야 한다. 관객이 그 소리를 들을 수 있게끔 만들어질 수 있다면, 『소년이 온다』는 연극화가 가능할지도 모른다. 고대 그리스어에서 배우를 뜻하는 말 'hupocrites'는 '응답하는 자'라는 뜻을 갖고 있다고 한다. 그냥 상대의 말과 행동에 반응한다는 의미 정도로만 이해하던 이 말이 완전히 다른 의미를 가진 말로 다가온다. 말할 수 없는 것을 말하는 자, 그것이 배우이다.

『소년이 온다』는 광주에 관한 이야기이다. 하지만 이 소설은 광주에 관한 역사적 사실에 토대를 두고 있어도 광주에 관한 백서나 다큐멘터리가 아니다. 모든 위대한 문학과 예술작품이 묻고 있듯이, 『소년이 온다』는 광주를 통해 인간이 무엇인가를 묻고 있다. 아니 질문을 바꾸어 인간이 무엇이지 않기 위해 우리가 무엇을 해야 하는지를 물음으로써 역설적으로 인간이 무엇인지를 생각하게 하고 있다.

실제로 그 일을 겪어보지 않고는 이해할 수 없다고 말하는 것은 인간 혹은 배우가 가진 공감 능력을 부당하게 폄하하는 것이다. 공감 능력에 차이가 있을 수는 있지만, 우리는 타인의 감각적 경험을 공감할 수 있는 공감의 능력, 상상력을 가지고 있다. 그 능력은 인간을 인간이게 하는 매우 위대한 능력이다. 그래서 작가는 우리의 감각에 호소하는 언어로 고해하고 있는 것이다. 우리에게 공감의 능력이 없다면 어떠한 예술적 창작도 감상도 불가능할 것이다. 그랬다면 『소년이 온다』는 태어나지 못했을 것이다.

말할 수 없는 것을 말해야 하는 이유는 '소년'을 묻어버리거나 지워버릴 수 없기 때문이다. 마지막 일곱 번째 뺨을 잊을 수도 없고 잊을 일도 없을 것이란 이유는 '소년'을 잊어서는 안 되기 때문이다. 말하지 않는 것은 결국 '소년'을 묻고 지우고 사라지게 한다. 화자들이 입에 올리지 않으려고 하지만 끝내 "동호야"라고 토해낼 수밖에 없는 이유이다. '소년'은 동호라는 한 아이를 가리키는 말이지만, 인간이 무엇이지 않기 위해 우리가 생각하고 기억해야만 하는 어떤 것이다. 살아있게 해야 하는 무엇이다. 그것은 일찍이 오필리어의 충고였다. 그 어린 오필리어는 <햄릿> 속 인간들 중 어느 누구도 알지 못하는 것을 알고 있었다. "생각"하고 "기억"할 때, 우리가 사는 세상은 인간의 세상이 된다는 것을. 그래서 오필리어의 미친 장면은 『소년이 온다』와 같은 존재 상황을 그리는 모든 작품에 큰 울림이 되어 메아리친다.

소설을 다시 읽으면서, 소설의 내재적 구조를 형성하고 있는 '7'이라는 숫자가 눈에 들어온다. 정확하게 말하면, '6+1'이다. 여섯 명의 화자와 작가, 여섯 명의 화자의 고해와 작가의 고해로 된 에필로그가 합쳐져서 7을 형성한다(김진수는 화자가 아니다). 소설 속 주요 등장인물들도 일곱 명이다. 정확히는 6명의 인물과 소년(동호)이 7을 형성한다. 연극 <휴먼 푸가>도 일곱 명의 배우들로 구성되어 있다. 잊어야 하는 여섯 대의 뺨과 잊을 수 없는 일곱 번째 뺨도 '6+1'을 형성한다. 그 의미가 무엇일까, 이런저런 생각들이 떠오른다. 짧은 앎에 그 의미를 온전히 가늠하기 힘들다. 다른 여섯은 지울 수 있을지 몰라도, 끝내 지울 수 없는 하나를 말하고자 함인가? 그런 의미에서 끝내 지울 수 없는 하나는 소년이고 인간의 영혼인 것인가?. 서울+경기, 강원, 충청, 경상, 전라, 제주, 그리고 광주를 뜻하는 것일까? 고조선, 고구려, 백제, 신라, 고려, 조선, 그리고 대한민국을 뜻하는 것일까? 한 지역의 이야기, 한 시대의 이야기가 아니라, 이 땅에서 살아온 그리고 살아가는 모든 사람들의 이야기라는 의미일까? 아님 종교적으로 제7 안식일과 관련이 있을까? "수고하고 무거운 짐 진 자들아 다 내게로 오라. 내가 너희를 쉬게 하리라." 크리스천이 아니라서 정확히 알 수는 없다. 희로애락애오욕의 일곱 가지 인간 감정을 상징하는 숫자일까? 아니면 머리, 가슴, 배, 생식기, 팔, 다리 그리고 영혼으로 구성된 인간을 가리키는 숫자일까? 출생, 유아기, 아동기, 청소년기, 성년기, 노년기, 그리고 죽음이라는 인생의 여정을 말하는 숫자일까? 질문은 끝없이 이어진다.

"밤의 눈동자" 같은 경우에는, 자정을 전후로 정확히 다섯 시간씩을 할애하고 있다. 막 해가 진 뒤의 어둠부터 새벽이 밝아오기 전까지의 시간 흐름을 내재적 구조로 가지고 있는 에피소드이다. 마치 도청에 있던 사람들이 각 시간대 별로 겪었을 혼란과 고통과 두려움을 화자가 지금도 고스란히 겪고 있는 것처럼 말이다. 매일 밤 겪고 있는 것처럼 말이다. 그 밤을 함께 하지 않은 우리가 함께하도록 말이다.

시간의 흐름은 인지되지만, 시간이 뚜렷이 구별되지 않는 공간의 설정, 기억과 현재가 공존하고, '그때'의 나와 '지금'의 나가 공존하고, 마음의 소리와 입으로 뱉어낸 소리가 공존하고, '소년'이 늘 현존하는 시공간의 설정은 『소년이 온다』가 결코 지나간 이야기일 수 없음을 말한다. 앞으로도 오랫동안 계속될 인간 존재의 조건일 것이라 말한다.

『소년이 온다』를 읽는다는 것은 투명하고 깨끗하지만 부서지기 쉬운 유리 같은 영혼의 울림을 체감하는 것이 된다. 인간이 무엇이지 않기 위해서 우리가 깨뜨려서는 안 되는, 조심해서 다뤄야 하는 그 영혼을 말이다. 부서지면서 인간임을 증명한 사람들을 통해 다시는 인간의 영혼이 깨지지 않도록 말이다. 진실은 늘 영혼의 문제이다.

연기는 미지로의 여행이다

진실은 눈에 보이지 않는 것이기에, 진실을 탐구하는 연기의 여정은 기본적으로 '미지'로의 여행이다. 보지 못하는 것을 보기 위한, 알지 못하는 것을 알기 위한 여정인 것이다. 아는 것만을 연기하는 것은 연기가 아니다. 알지 못하는 것을 어떻게 알아가느냐가 예술가로서 배우의 여정이다. 미지와 불확실성, 불안정성은 이 여행의 특질이다. 연기의 과정에서 미지·불확실·불안정을 경험하고 있지 않다면 그리고 미지·불확실·불안정을 감당할 수 없다면 배우는 연기 여정에 제대로 오른 것이 아니다.

배우는 자신이 경험해 본 것, 자신이 아는 것, 자신이 해본 것만을 하는 예술가가 아니다. 내가 아는 것은 출발점을 제공해 줄 뿐이다. 배우는 자신이 해보지 않은 것을 늘상 시도하고 그것으로부터 더할 나위 없는 즐거움을 느끼는 예술가이다. 해보지 않은 것, 하기 어려운 것, 모르는 것, 이해할 수 없는 것을 시도하면서 그것을 알고 행할 수 있는 방법을 찾아간다. 시도·도전과 발견·깨달음의 신바람 나는 여정으로 거침없이 나아간다.

탐구와 발견을 통해 진실을 향해 가는 여정

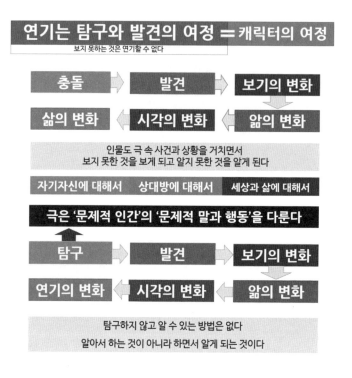

캐릭터들은 극 속 사건과 상황을 거치면서 자기 자신에 대해서, 상대
방에 대해서, 세상과 삶에 대해서 보지 못한 것을 보게 되고 알지 못한
것을 알게 된다. 배우가 캐릭터가 되어 가는 과정은 캐릭터의 여정을 그
대로 쫓아간다. 사이를 이루는 모든 것과의 충돌을 통해 진실을 발견함으
로써 보기의 변화가 일어나고 앎의 변화가 일어나며 그것이 배우＋캐릭
터의 시각을 근본적으로 변화시키고 삶의 변화를 가져온다. 보기의 변화
를 통한 앎과 삶의 변화, 진실을 향한 여정, 그것이 배우＋캐릭터의 여정
이다.

감정

感情, feelings & emotions

연기에서 감정은 매우 중요한 부분을 차지한다. 그러다 보니 배우들은 감정연기에 대한 부담을 늘 안고 살아간다. 삶에서는 그렇게까지 강하고 격렬한 감정을 느낄 수도 없고, 느끼더라도 드러내거나 표현할 수 없는데, 연기에서는 캐릭터들이 극한 상황에서 극심한 정신적·심리적 고통이 야기하는 강력한 감정들에 휩싸이다 보니 그것을 쉽게 드러내거나 표현하는 데에 어려움과 부담을 느끼는 것이다. 특히 극의 특정 순간에 눈물을 흘려야 할 때 배우의 부담은 극도로 커진다. 어떻게 해야 감정적으로 더 자유롭고 감정을 아름답게 표현할 수 있는가는 배우의 큰 숙제이다.

감정은 반응이다

　　감정연기를 잘하는 배우들의 공통점은 감정 자체에는 집중하지 않는 다는 것이다. 감정연기를 잘하는 배우들은 감정이 아니라 다른 무언가에 집중해 있다. 감정은 결과이자 증상이다. 결과와 증상을 낳는 원인에 집중 해야 하는데, 감정 자체에 집중한다고 감정이 생기는 것이 아니다. 감정 자체만 생각하고 감정을 끌어올리려고 노력하는 것은 캐릭터가 되는 것과 아무 상관이 없다. 캐릭터들이 느끼는 감정은 그런 식으로 발생하는 것이 아니기 때문이다.

　　감정은 반응이다. 반응은 영향을 받는다는 뜻이다. 영향을 받는다는 것은 '사이'에서 비롯되는 것이고 사이에 놓인 상대・대상을 보고 듣고 인지하고 지각한다는 것이며, 보고 들은 것이 불러일으키는 생각・기억・ 상상에 몸과 마음이 사로잡힌다는 것이다. 사로잡힌다는 것은 그것이 다 른 무엇보다 중요해진다는 것이다. 중요해진다는 것은 그것에 집중하는 게 된다. 즉, 감정은 보고 듣는 것을 무엇보다 중요하게 여기고 그것에 집 중해서 온몸과 마음이 그것에 사로잡히고 영향을 받음으로써 일어나는 반 응이다. 그 모든 과정과 반응은 인위적으로 만들어지거나 조절・통제할 수 없다. 우리는 감정을 인위적으로 불러일으킬 수 없다. 그저 감정을 낳 는 것을 보고 들으려고 할 수 있을 뿐이다. 그리고 감정이 발생했을 때, 그 감정을 감당해내려는 노력을 할 수 있을 뿐이다.

　　감정이 생기지 않는다는 것은 몸과 마음이 반응하지 않는다는 것이 고, 보고 듣지 않는다는 것이며, 보고 듣는 것을 중요하게 여기지 않는다 는 것이다. 감정이 생기지 않는다는 것은 반응하지 않는다는 것이고 반응 하지 않으면 살아있는 인간이 되지 못한다. 감정은 살아있는 인간이 심장을 가지고 있기 때문에 그리고 연약한 영혼을 가지고 있기 때문에 발생하는 것이다. 영향받기 쉬운 영혼과 쉬지 않고 뛰는 심장이 없다면, 그리고 그 심장의 박동과 함께하는 인간의 마음이 없다면 감정은 존재할 수 없다.

다시 말하지만, 배우는 감정 자체에 절대 집중하지 않는다. 감정 그 자체에 집중해서 만들어낸 감정은 가짜다. 배우는 오로지 감정을 발생시키는 상대·대상·이미지에만 집중한다. 그리고 그렇게 보고 듣고 집중하는 것만으로 발생하는 감정이 그대로 드러나도록, 스스로를 표현하도록 내버려둔다. 억지로 감정을 끌어내지도 않는다. 그런 감정도 가짜다. 그리고 감정을 미리 결정해버리면 배우는 진짜 감정을 경험하는 것이 아니라, 어떤 하나의 인위적인 '분위기'를 잡고 그 분위기가 감정인 것처럼 끌고 나가게 된다. 분위기 잡는 연기는 최악의 연기 중 하나이다. 감정은 보고 듣는 것이 시시각각 변화함에 따라 변화해야 한다. 고정된 감정은 감정이 아니다. 감정으로 인해 무엇이든 멈추게 된다면 그런 감정은 없느니만 못하다. 캐릭터는 멈추지 않는다. 감정에도 불구하고 능동적으로 하고자 하는 것을 멈추지 않는다. 사이와의 연결이 낳는 영향과 반응이 변화하는 감정으로 끊임없이 보일 뿐이다.

가장 좋은 감정과 감정의 표현들은 배우＋캐릭터가 보고 듣고 집중하는 상대·대상·이미지가 배우＋캐릭터의 '영혼'에까지 영향을 줄 때 생겨나는 반응들이다. 우는 것과 눈물을 흘리는 것은 완전히 다른 것이다. 흔히들 "영혼의 눈물"이라고 부르듯이, 눈물은 무엇이든 배우＋캐릭터의 영혼이 반응한다는 증거이다. 눈물은 기쁨을 주는 것, 슬픔을 주는 것, 아름다운 것, 사랑하는 것, 창피를 주는 것, 마음을 열어주는 것, 그리운 것, 억울함을 주는 것, 분노하게 하는 것, 웃긴 것, 재미있는 것과 같이 무엇이든 배우＋캐릭터의 영혼에까지 영향을 줄 때 일어나는 반응이다. 눈물

뿐만 아니라 연기적으로 중요한 감정반응은 어떤 감정이 되었든 무언가가 살아있는 인간의 영혼에까지 영향을 주고 있다는 신호이다. 관객은 그 '영향'을 보는 것이다. 그리고 그 영향에 배우＋캐릭터가 어떻게 대응하는지, 그 영향을 어떻게 감당하는지, 그리고 그 영향 속에서도 배우＋캐릭터가 하고자 하는 것을 중단하지 않고 해내는 것을 보는 것이다.

감정은 규정할 수 없다

감정은 사실 이름 붙일 수 없는 것이다. 워낙 복잡·미묘하고 시시각각 변화무쌍하게 변화하기 때문에 고정적으로 분석할 수 없다. 그런데도 배우들은 대본을 보고 감정부터 생각하고 감정을 분석하고 규정하려고 한다. 잘못된 연기는 벌써 거기에서부터 시작하는 것이다. 기쁨, 슬픔, 분노, 즐거움 등과 같은 감정의 명칭들은 너무나 부정확한 막연한 명칭에 지나지 않는다. 데클란 도넬란의 지적대로, "'감정'과 '느낌'을 일반화하고 논리적으로 설명하려고 하는 모든 시도는 감정을 왜곡한다." "개별적인 인간이 느끼는 감정은 매우 특별하며 이름 붙일 수 없는 것"이기 때문이다. 어떤 배우도, 어떤 연출도 캐릭터가 극의 특정 상황에서 어떤 감정을 느끼는지 정확히 알 수 없고 따라서 단정 지을 수 없다. 우리는 정말로 감정적이 되었을 때 자신이 느끼는 감정이 정확히 어떤 감정인지 알지 못한다. 캐릭터들도 마찬가지이다. 그런데 오직 캐릭터를 연기하는 배우들만 캐릭터가 어떤 감정을 느끼는지 알 수 있을 것처럼 군다. 타인이 어떤 감정을 느끼는지 어느 누구도 함부로 규정할 수 없다.

배우는 분명 캐릭터에게 '공감'할 것이다. 특정한 극적 상황과 순간에 배우는 캐릭터의 마음과 감정을 그대로 다 알 것 같은 느낌이 들 것이다. 그러나 배우가 '공감'한다고 해서 그것이 캐릭터가 무엇을 느끼는지를 알고 규정할 수 있다는 것은 아니다. '공감'한다는 것은 '공감' 외에 다른 말로 설명할 수 없는 어떤 것이다. '공감한다'는 배우가 캐릭터의 '감정'을 보고 있기 때문에 일어나는 것이 아니라, 캐릭터가 보고 듣는 것들이 생생하게 마음속에 그려지기 때문이고, 캐릭터가 보고 듣고 있는 것이 캐릭터에게 어떤 영향을 어느 정도까지 주는지 직감적으로 알기 때문에 감정이입이 되는 것이다.

그리고 감정은 매우 복합적이다. 그래서 규정하기 더욱 어렵다. 캐릭터가 하나의 감정만을 느낄 것이라고 생각하는 것에서부터 오류가 생긴다. 단순한 캐릭터가 아닌 이상 "만감이 교차한다"라는 표현처럼 캐릭터들은 한순간에 매우 복잡한 복합 감정을 느낀다. 그렇게 복잡한 감정을 일일이 계산해서 감정연기를 할 수 없다. 우리는 그저 복합적인 생각과 마음과 감정을 불러일으키는 상대·대상·이미지에만 집중할 수 있을 뿐이다. 그리고 그 상대·대상·이미지를 온 마음을 다해 온몸으로 변화시키려고 할 뿐이다. 연기적으로 가치 있는 감정은 그럴 때에만 발생하는 것이다. 그렇지 않은 감정을 과도하게 발생시키고 표현하는 것은 연기를 촌스럽게 만들고 연기의 수준을 떨어뜨린다.

연기의 수준은 감당할 수 없는 감정을 얼마나 '절제'하는가에 달려있다. 그런데 그 '절제'는 배우＋캐릭터가 진정 중요하게 여기는 것을 계속 해내려고 하면서 성취되는 것이다. 에초에 감당할 수 없는, 걷잡을 수 없는 감정 자체가 발생하지 않으면 그 절제의 노력 또한 할 수가 없다. 많은 배우들이 걷잡을 수 없는 감정이 발생하지도 않았는데 그 감정을 조절하고 통제하려고 든다. 그것은 전혀 감정의 절제가 아니다. 절제의 노력은 오로지 절제할 수 없는 것이 실제로 발생했을 때에만 할 수 있는 노력이다. 그 노력이 연기를 예술적 수준에 도달하게 한다.

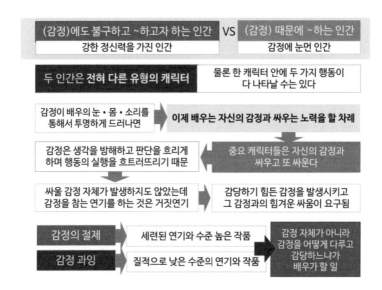

내적 갈등을 겪는 캐릭터는 감정까지 더해지고 나면, 데클란 도넬란의 표현을 빌리면, 그야말로 "내면의 전쟁상태"에 도달하게 된다. 극도의 혼란과 고통 속에서 캐릭터는 더 정신을 똑바로 차리고 자신이 하고자 하는 것을 똑바로 하려는 필사의 노력을 기울인다. 그래서 감정은 대개 행동의 장애가 되고 캐릭터들은 감정이라는 장애에도 '불구하고' 행동하고자 한다. 하지만 『아들러의 감정 수업』에서 밝히고 있듯이, 감정이 "행동의 연료"가 되기도 한다. 감정 자체가 행동을 촉발하고 행동의 강도를 다르게 하는 것이다. 감정이 행동을 낳고 행동은 감정을 변화시키거나 새로운 감정을 발생시킨다. 감정과 행동의 관계에서 어느 한쪽과 한 방향만을 강조하고 이야기하는 사람들이 있지만, 배우라면 둘 다 잘 해낼 수 있어야 한다. 감정과 행동은 서로 불가분의 관계에 있으면서 서로를 방해하기도 하고 서로를 부추기기도 한다.

훈련된 배우는 어떠한 자극과 상상에도 몸과 마음 그리고 영혼이 즉각 반응하는 배우이다. 그렇게 반응하는 배우는 감정연기와 표현에 아무런 문제가 없다. 감정연기에 문제가 있다면 자신의 몸과 마음과 영혼이 영향을 받는 상태가 되도록 훈련을 더 해야 한다.

감정보다 중요한 것이 항상 있다

훈련된 배우는 감정적이 되더라도 말이 망가지지 않는다. 행동이 흐트러지지 않는다. 감정이 격하게 자신의 몸과 마음을 휘감더라도 여전히 감정보다 더 중요한 것이 있기 때문이다. 어설픈 배우들은 감정 자체를 제일 중요하게 여기는 성향이 있다. 그러나 항상 캐릭터에게는 감정보다 중요한 것이 있다.

감정 상태에도 불구하고 말과 행동을 제대로 하는 훈련은 오직 감정적이 되었을 때에만 할 수 있다. 감정적이지 않은 상태에서 아무리 훈련해봐야 소용이 없다. 감정적이 되었을 때가 정말로 말을 제대로 하고 행동을 똑바로 해야 할 때인 것처럼 시도하고 노력해야 한다. 그 시도와 노력 자체만으로 배우는 캐릭터에 가까워진다. 왜냐하면 캐릭터가 극 속에서 하려고 하는 것도 그와 마찬가지이기 때문이다. 감당할 수 없는 감정 상태에서도 캐릭터는 감정을 감당해내면서 무언가를 추구하고 능동적으로 행하려고 한다. 캐릭터는 감정이 발생하더라도 절대 감정 자체나 자기 자신에게 집중하지 않는다.

마음 주기, 마음 쓰기

감정연기를 잘하고 싶다면, 제일 먼저 자신의 생각과 마음을 대사를 통해 솔직하게 표현하는 것에서 시작해야 한다. 자신의 감정도 드러내거나 표현하지 못하면서 캐릭터의 감정을 이해하고 드러내고 표현한다는 것은 말이 안 된다. 우리 안에는 미처 하지 못한 말들과 미처 전하지 못한 마음들이 엄청나게 쌓여있다. 그 말들과 마음만 입 밖에 꺼내놓아도 평생 연기하면서 연기 밑천이 떨어지는 일은 없을 것이다. 대사를 암기해서 말하는 것이 아니라, 대사 안에 자기 자신만의 진짜 생각과 마음, 실제 생각과 마음을 담아서 전하는 연습부터 정직하게 해야 한다. 그 단계가 지나고 나면, 상대와 대상에만 집중해서 말하고 상대와 대상을 정말로 변화시키려는 연습을 해야 한다. 자기 자신을 잊고 오로지 변화를 거부하는 상대와 대상에만 집중해서 극적 행동을 하다 보면 감정은 저절로 따라올 것이다.

무엇을 하든 온 마음을 다해서 진심으로 해야 한다. 진심이 있는 곳에 감정은 흔쾌히 찾아들 것이다. 감정은 '마음 쓰기' 혹은 '마음 주기'와 관련이 있다. 마음을 쓰지도 주지도 않고 감정이 발생하기를 바라는 것은 요행이다. 마음을 다해야 한다. 감정연기의 원리는 '변신'의 원리와 같다. 배우가 자기 자신에 집중하지 않을 때, 기꺼이 캐릭터가 되려고 하고 캐릭터가 집중하는 것에 집중하고 캐릭터가 하고자 하는 것을 정말로 하려고 들 때 감정은 연기할 것도 없이 거기에 있게 될 것이다.

기쁨이 있기에 슬픔이 있고 슬픔이 있기에 기쁨이 있다

우리는 감정을 별개로 생각하는 경향이 있지만 모든 감정은 서로 연결되어 있다. '희로애락'(喜怒哀樂)은 개별적인 감정을 나열하는 표현이 아니라, 인간의 감정이 모두 하나로 연결되어 있음을 말하는 표현이다. 당연하다. 모든 감정은 같은 심장, 같은 영혼에서 발생하는 반응이기 때문이다.

감정은 선명한 인식에서 생겨난다. 선명한 인식은 '대비'(contrast)를 통해서만 가능하다. 그래서 모든 감정은 그 반대의 감정을 낳는 상대·대상·이미지가 있기에 가능하고 상반된 감정들은 짝을 이루어 하나가 된다. 눈물과 웃음은 하나로 연결되어 있다. 기뻐서 눈물이 나고 슬퍼서 웃음이 나는 것도 그 때문이다. 마찬가지 원리로, 비극이 있기에 희극이 있고 희극이 있기에 비극이 있다. 영화 <조커>에서 주인공 아서는 삶이 비극인 줄 알고 사람들에게 "기쁨과 웃음"을 가져다주고 싶어서 코미디언(광대)이 되려고 했더니, 삶이 어이없는 잔인한 코미디라서 조커가 된다. 삶의 희비는 그렇게 연결되어 있고 인간의 모든 감정은 **영혼과 심장이 뒤흔들리는 경험에서 나온 반응**이라는 공통점을 가지고 있다.

슬픔을 연기하기 위해서는 배우·캐릭터를 기쁘게 하는 것, 행복하게 하는 것, 배우·캐릭터가 사랑하는 것, 배우·캐릭터가 마음을 내어준 것, 배우·캐릭터에게 목숨보다 소중한 것이 필요하다. 그런 것들 없이 슬픔은 발생하지 않는다. 슬픈 감정을 연기하기 위해 슬픈 생각을 해야 한다는 것은 오류이다.

상실로부터 오는 마음의 고통으로 인해 슬픔이 발생할 수 있다. 그러나 고통 자체만으로는 슬픔이 발생하지 않는다. 마음을 주거나 사랑을 준 상대나 대상을 잃었을 때, 절대 잃어버릴 수 없는 소중한 상대나 대상을 잃었을 때, 그 상실의 고통을 감당하고 견뎌내려고 했던 마음의 필사적 노력이 없었다면 슬픔은 발생하지 않는다. 그렇기 때문에 상실의 슬픔은 마음을 주고 사랑한 상대·대상과 함께한 소중한 순간들에 대한 행복한 기억(이미지들)으로부터 발생하는 것이다. 상대·대상은 항상 내 마음대로 되지 않는다. 상대·대상으로부터 발생하는 감정은 늘 복합적이다. 한 가지 감정을 미리 규정할 수 없다. 한 가지 감정을 미리 규정해 놓고 하는 모든 연기는 사실 제대로 된 감정연기라고 볼 수 없다. 거의 대부분 '분위기 잡는 연기'에 지나지 않고, 그런 연기는 매우 저급한 연기이다.

감정연기와 관련된 중요한 원칙들

감정연기와 관련해서 배우가 유의할 점은 다음과 같다.

1. 감정을 미리 결정하지 않는다. 캐릭터가 극 속 순간에 어떤 감정을 느끼게 될지 아무도 미리 알 수 없다. 진정 캐릭터로 살면서 극 속 사건을 경험하면서 비로소 알 수 있게 될 뿐이다. 하지만 그 감정조차 여전히 말로 온전히 설명할 수 없다.
2. 절대 감정 자체에 집중하지 않는다. 감정을 낳는 것, 배우의 몸과 마음 그리고 영혼에 큰 영향을 주는 이미지에 집중한다. 감정은 알아서 생기고 흘러가고 사라질 것이다.
3. 감정 때문에 극적 행동(action)이 멈추어서는 안 된다. 배우·캐릭터에게는 느껴지는 감정보다 훨씬 더 중요한 것이 항상 있다. 배우·캐

릭터는 그것을 추구한다. 절대 감정 때문에 멈추지 않는다. 캐릭터는 끝까지 모든 것에도 불구하고 능동적이다. 그 무엇도 배우·캐릭터를 멈출 수 없다.

4. 감정으로 인해서 소리와 말이 망가져서는 안 된다. 소리와 말이 망가지는 것은 감정을 소리 내어 표현하지 못하면서 생긴 습관이다. 그 습관을 고치지 않는다면 배우는 아마추어에 불과하다. 감정은 배우·캐릭터의 소리와 말을 풍부하고 아름답게 만들어주어야 한다.

5. 자기 연민에 빠지지 않아야 한다. 배우·캐릭터는 스스로를 가엾게 여기지 않는다. 캐릭터의 감정은 동정을 얻기 위한 것이 아니다. 공감을 위한 것이다. 그러나 관객은 캐릭터의 감정에 공감하는 것이 아니라, 감정을 낳은 원인에 공감하는 것이고 감정에도 불구하고 캐릭터가 하는 피나는 노력에 공감하는 것이다.

6. 마음을 쓰고 마음을 주어야 한다. 마음을 쓰고 주지 않으면 진실한 감정은 생기지 않는다.

7. 마음은 눈을 통해서 드러난다. 그래서 모든 감정연기에서 제일 중요한 것은 관객이 배우·캐릭터의 눈을 볼 수 있게 하는 것이다. 감정연기를 한다고 눈을 감거나 눈을 감추어서는 안 된다.

8. 감정연기는 세련되어야 한다. 감정 때문에 연기가 구질구질해져서는 절대 안 된다. 캐릭터는 감정을 억누르기도 하고 숨기기도 하며 절제하기도 한다. 반대로 감정을 거침없이 드러내기도 하고 강렬하게 분출하기도 한다. 캐릭터가 하는 모든 감정 표현의 방식을 자유자재로 아름답게 표현하기 위해서 훈련하여야 한다. 한 가지 방식으로만 감정을 표현한다면 배우라고 할 수 없다.

분명 감정은 연기의 중요한 부분이다. 그러나 배우에게 감정보다 더욱 중요한 것은 **열정, 질문, 추구**이다. 모든 것을 던져 온몸과 마음을 다해 열정적으로 무언가를 질문하고 추구하면 감정은 늘 풍성하게 함께할 것이다. 그러니 감정은 잊고 중요한 것에 몰두하도록 하자. 심장이 있는 한, 감정은 늘 우리와 함께할 것이다.

시간여행과 공간탐험
time-travel & space-exploration

플롯^{plot}: 극의 시간구조

인간의 몸이 척추를 근본 뼈대로 해서 구성되어 있듯이, 모든 극은 시간구조(plot)를 척추로 해서 구성된다. 즉, 극은 시간구조로 짜인 하나의 시간여행이 되는 것이다. 그래서 배우는 그 시간구조 속을 자유롭게 여행하는 시간여행자가 된다. "중추"(spine), "행동의 관통선"(through-action), "초목표"(super-objective)와 같은 연기 용어들은 전부 극의 시간구조와 관련된 것이다. 극의 시간 흐름을 읽지 않고 시간여행을 제대로 해낼 수 없기 때문이다.

현재의 삶은 강물처럼 시간의 흐름대로 흘러가지만, 극의 시간구조에는 시간을 거스르려는 노력이 담겨있다. 현실을 살아가는 인간이 시간의 흐름을 벗어나는 것은 불가능하다. 그런데 그렇게 불가능한 것을 인간은 극을 통해서 끊임없이 시도해 왔고 앞으로도 그 시도는 멈추지 않을 것이다. 인간이 극을 만들고 극을 보는 것은 인간에게 가해지는 혹독한 시련과 고통 속에서 삶의 목적과 의미를 알고 싶기 때문이다. 연기는 시간여행이고 그 시간여행을 통해 삶의 목적과 의미를 발견하고 그것을 관객과 함께 나누기 위함이다.

시작, 중간, 끝 그리고 기승전결

인간의 모든 경험에는 시작과 중간과 끝이 있다. 그리고 끝은 항상 새로운 시작이 된다. 그것이 인간의 삶이다. 그래서 극도 시작, 중간, 끝으로 구성되어 있다.

삶의 경험은 시작, 중간, 끝으로만 되어 있는 것이 아니라, 그 안에 역동적 흐름과 리듬이 담겨있다. 상승과 고조, 정점, 그리고 하락이 있다. 삶의 맥박이 그와 같은 흐름을 낳는다. 맥박이 뛰는 모든 것은 정지해 있거나 똑같은 상태로 머무르지 않는다.

부조리극처럼 이런 기승전결의 구조를 의도적으로 거부하는 구조도 있다. 그런 극들은 삶의 흐름과 맥박을 기승전결의 관점에서 보지 않고 견딜 수 없는 단조로움으로 보기 때문일 것이다. 그러나 그렇지 않은 극들에서는 극의 시간이 진행되면 진행될수록 극적 갈등과 긴장이 커가야 하고 그 갈등과 긴장이 정점에 달하는 순간이 반드시 성취되어야 한다. 배우 혼자서가 아니라 상대 배우+캐릭터와 함께 그곳에 도달해야 한다. 마틴 셔먼 작 <벤트>에서 맥스와 홀스트가 감옥에서 아무런 신체적 접촉 없이 말만을 주고받으며 섹스의 절정에 도달하듯이 말이다.

만남에서 이별까지, 도착에서 출발까지

떠나보낼 수 없는 사람을 떠나보내는 것, 헤어질 수 없는 존재와 헤어지는 것, 잃어버릴 수 없는 것을 잃어버리는 것, 놓을 수 없는 것을 놓는 것, 그것이 드라마이다. 그래서 많은 드라마가 캐릭터들의 만남에서 이별까지, 혹은 도착에서 출발까지의 시간을 구조화한다. 만남에서 이별 사이의 많은 단계를 캐릭터들은 거쳐 가고, 각 단계별로 캐릭터의 보기, 생각, 사고방식, 정서, 행동이 변화한다. 배우는 그 변화를 보고 상상하고 연기할 수 있어야 한다. 그리고 그것을 연기할 수 있기 위해서 자신의 삶에 실제로 존재했던 만남과 이별의 상대와의 모든 경험을 캐릭터에게 내어주어야 한다.

변하는 것 vs 변하지 않는 것

극은 시간의 흐름 속에서 변하는 것과 변하지 않는 것을 대조적으로 보여준다. 어떤 극은 변하지 않는 것, 변해서는 안 되는 것을 강조하는 반면, 다른 극은 변화하는 것, 변화해야 하는 것, 움직이는 것을 강조하는 차이를 보일 뿐이다. 변하는 것과 변하지 않는 것에 대해 작가는 상세한 설명을 제공하지 않는다. 배우가 알아보아야 한다. 변화의 흐름 속에서 변하는 것과 변하지 않는 것을 보지 못하면 배우는 극을 성립시킬 수 없다. 극을 구현할 수 없다.

극의 시간은 압축된 시간이다

극의 시간은 항상 압축된 시간이다. 연극과 영화는 대개 2~3시간의 물리적 시간 안에 진행이 되지만, 그 안에 담겨있는 시간은 물리적 시간과는 비교할 수 없을 정도로 많은 시간이 압축되어 있다. <오이디푸스 왕>과 같은 고전극에서는 단 하루 동안 일어나는 사건들을 다루고 있지만, 그 하루는 단순히 24시간이 아니라 오이디푸스의 출생에서부터 시작된 모든 시간이 집약되어 있는 하루이다.

압축된 시간을 연기해야 하는 것이 배우이기 때문에 배우는 극 속 모든 순간을 집약적으로 살아갈 수 있는 능력을 길러야 한다. 그런데 도대체 어떻게 하면 그와 같은 능력을 기를 수 있을까? 그 해답은 바로 배우가 가진 '기억'에 있다. 기억에는 우리가 삶에서 한 중요한 경험의 시간들이 고강도로 압축되어 저장되어 있기 때문이다. 연기 역사의 한 획을 그은 메소드배우들이 극 속 시간을 남다르게 살아갈 수 있었던 비결도 바로 기억을 활용한 훈련에 있다. 기억은 '시'(詩)이다. 연극도 연기도 대사도 모두 시간이 압축된 시와 다름없다. 기억을 활용한 상상은 배우들에게 시간을 아름답게 집약해서 살아가는 능력을 키워준다. 그리고 기억 자체가 삶이기 때문에 기억을 활용한 상상은 시간뿐만 아니라 삶을 집약한 연기를 가능하게 한다.

시간이 앞으로 나아가는 구조

극의 시간이 현실의 시간처럼 앞으로만 나아가는 구조를 취하는 작품이 있다. 큰 비중을 차지하는 이런 구조의 작품들은 현실과 꼭 닮은 모습을 한 극을 통해 현재의 삶 속에서 삶의 방향성을 모색하는 작품이다. 숲속에 있을 때는 숲을 볼 수 없기에 극을 통해서 거리를 두고 삶을 바라보게 한다. 시간순으로 진행되는 극은 상대적으로 연기하기 쉽다. 연기력의 차이가 그다지 두드러지지 않는다.

시간을 오가는 구조: 기억의 구조

현재와 과거의 어느 시간을 쉴 새 없이 오가는 구조의 작품들이 있다. 이런 작품들은 지금의 현재를 지나간 삶의 순간과 끊임없이 비교해서 삶을 바라보게 하는 구조이다. 현재의 결과나 현상을 낳은 원인이 시간적으로 거리를 두고 일어난 어떤 일 때문임을 보게 한다. 이와 같은 작품에서 연기하기 위해서는 배우는 그야말로 시간대를 자유자재로 오갈 수 있는 시간여행자가 되어야 한다. 이와 같은 구조의 작품은 우리 기억 속 시간의 구조를 닮은 작품이다. 기억의 시간은 결코 선형적이지 않다.

시간을 거스르는 구조: 근원을 향해가는 구조

해롤드 핀터의 <배신>이나 영화 <박하사탕>과 같이 시간이 거꾸로 흘러가는 구조의 작품도 있다. 이 구조 때문에 배우에게는 삶을 시간의 역순으로 경험할 수 있는 능력이 절대적으로 요구된다. 시간을 거슬러 거꾸로 흐르는 움직임은 극이 그 근원 혹은 시작점을 향해서 나아가고 있음을 뜻한다. 근원과 시작점이 극의 마지막에 놓이면서 근원과 시작점의 중요성을 극대화하는 구조이다. <박하사탕>이 보여주는 역시간여행은 결국 김영호라는 캐릭터가 가졌던 순수성에 도달한다. 결코 잃어버려서는 안 됐었던 하지만 결국 잃어버렸던 그 순수성을 회복해야 한다고 강조하는, 그러면서 캐릭터의 순수성을 박탈한 모든 요인들을 고발하는 구조이다.

시간이 되풀이되는 구조

악몽을 되풀이해서 꾸는 것처럼 시간이 되풀이되는 구조의 작품도 있다. 우리가 시간의 흐름 속에서 무엇을 보지 못해서 놓치는가를 보게 하려는 작품이다. 되풀이되지만, 되풀이될수록 캐릭터도 관객도 보지 못하던 것을 알아보게 된다.

또한 시간이 되풀이되는 구조는 제의(祭儀)적 구조와 형식을 취하는 경우가 많다. 이때 되풀이되는 시간은 단순 반복이 아니라 영원과 불멸을 꿈꾸는 의식이 된다. 그리고 순환의 원리로서 인간의 삶을 바라보게 한다.

24시간의 시간구조

유진 오닐은 <밤으로의 긴 여로>에서 "피와 눈물로 쓴" 가족사를 아침부터 한밤중까지 단 하루의 시간에 압축해 넣었다. 고전 비극에서 시작된 이와 같은 시간구조는 단 하루에 캐릭터의 인생을 집약한다. 그래서 물리적으로는 24시간에 불과할지 모르나, 캐릭터의 인생 전체가 작품에 담기게 된다. 수십 년의 세월을 단 하루의 시간 흐름을 통해 관객이 들여다볼 수 있게 하기 위함이다. 이와 같은 작품을 연기할 때 배우에게는 집약된 삶의 시간을 연기할 수 있는 능력이 요구된다. 그런 능력이 없는 배우를 캐스팅한다면 연극은 성립하지 않는다. <밤으로의 긴 여로>는 시간의 흐름에 따라 점점 더 짙어져만 가는 안개를 통해 안갯속에서 방향을 가늠할 수 없는 것이 되어가는 캐릭터들의 삶을 시각화하고 있다.

영화 <디 아워스>는 각기 다른 시대를 살아가는 세 명의 여성들—버지니아 울프, 로라 브라운, 클라리사 본—의 삶을 단 하루에 집약하고 있다. 시대가 달라져도 계속되는 삶의 문제, 즉 주체적인 삶을 향한 세 여성의 투쟁을 그리는 영화이다. 표면적으로 잔잔해 보이는 세 여성의 삶 밑에 흐르는 거센 물결, 시대를 관통하며 흐르는 투쟁과 변화의 흐름을 각기 다른 시대의 하루를 통해서 연결시키고 있다.

거대 시간구조

한 작품 안에서 수십 년의 세월이 흐르는 거대 시간구조를 가진 작품들도 있다. 한 인간의 일생을 거시적 관점과 미시적 관점을 오가며 조망하는 시간구조이다. 셰익스피어 말년의 낭만극들―<페리클레스>, <겨울 이야기>, <심벌린>―이 대표적인 작품이다. 하지만 극 속 시간의 흐름이 수십 년을 오가더라도 여전히 연극의 시간은 3시간 내외이다. 아무리 거대한 시간도 한 편의 연극적 시간 안에 압축되는 것이다.

거대 시간구조의 극은 우리가 가진 인식의 한계, 즉 나무만 보고 숲은 보지 못하는 문제를 다룬다. 시간의 흐름 속에 우리가 보지 못하고 놓치는 것을 가시화하거나, 시간의 간극에 따른 변화를 말하거나, 시간의 간극에도 변하지 않는 것을 말한다. 영화 <인터스텔라>는 각기 다른 중력이 작용하는, 그래서 시간의 흐름이 달라지는 우주 속 시공간을 오가며 그리고 차원을 옮겨가며 중력처럼 우주의 불변하는 보편적 현상을 인간의 사랑으로 정의하는 작품이다. 이 우주를 관통하는 유일한 원리가 사랑임을 말한다.

시간과 공간의 합일

시간은 독자적으로 존재하지 않는다. 공간 없이 시간은 흐를 수 없다. 우주가 있기에 중력이 있기에 시간이 있다. 그래서 극의 시간구조는 특정 공간에 특정한 시간을 설정하고 명시한다. 시간의 흐름은 공간의 변화와 하나가 된다. 그래서 시간여행자인 배우는 공간탐험가가 된다.

모든 공연은 극와 현실 사이에 관계를 생성하고 연결한다. 극과 현실 사이의 만남이 이루어지는 것이다. 배우가 캐릭터를 만나듯이 말이다. 극이 설정한 '지금' 그리고 '여기'는, 배우의 시간여행과 공간탐험은 관객들의 삶에 있어서 '지금과 여기'를 생각하게 한다. 극 속에 등장하는 모든 캐릭터들은 그래서 지금 여기를 살아가는 우리들의 자화상이 된다.

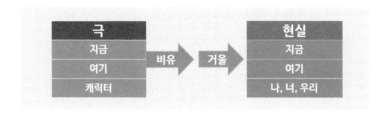

길을 걷다, 뛰다, 도약하다

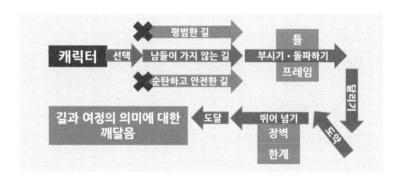

시간여행과 공간탐험의 여정을 나선 배우+캐릭터는 길을 찾는다. 길을 걷는다. 길은 시간과 공간을 관통하는 삶의 항로이다. 길은 물리적인 행로에 국한된 것이 아니라 정신적이고 심리적인 길이다. 어떤 길을 걷느냐, 어떤 항로를 선택하느냐가 캐릭터를 결정한다. 태초에 연극이 시작되었을 때부터 주인공 캐릭터들은 남들이 가지 않는 길을 택한다. 자신의 운명을 피해 반대로 달아나려고 했던 오이디푸스 왕 이래로, 주인공들은 길을 달려가기도 하고 잠시 머무르기도 하며 길을 잃기도 하지만, 없는 길을 만들어 가며 때론 벽과 담을 뛰어넘으며 그 길에서 더 뛰어난 존재로 거듭나며 도약한다. 길을 가며 캐릭터들은 길과 여정의 의미를 깨달아 간다. 영화 <노매드랜드>는 그와 같은 길을 통한 삶의 여정을 잘 구현하고 있다.

방향감각^{direction}: 지도와 나침반

캐릭터는 끝까지, 마지막 숨이 끊어질 때까지 능동적(active)이다. 끝날 때까지 끝난 것이 아니다. 그래서 계속 앞으로 나아간다. 계속 나아가는 것, 그것이 '삶'의 본질이다. 따라서 극적 행동(action)도 그 가장 깊은 곳에 '**멈추지 않고 계속 앞으로 나아간다**'라는 삶의 맥박이 담겨 있다. 그래서 극적 행동으로 구성된 연극도 일단 시작하면 끝날 때까지 멈추지 않는다.

여행에 필요한 것은 지도와 나침반이다. 배우가 캐릭터로서 시공간을 여행하기 위해서 필요한 것은 '방향성'과 '방향감각'이다. 어떠한 장애물이 가로막더라도 어디를 향해서 나아가고자 하는지를 알고 잊지 않아야 한다. 자신이 연기하는 캐릭터가 어떤 길을 가고자 하는지 알아야 하고, 그 길 위에서 자신만의 북극성과 나침반과 지도를 가져야 한다. 그러고 나서는 그 길을 실제로 걸으며 모든 것을 발견해야 한다. 실제로 그 길을 걸을 때까지 어떤 것도 완전히 알 수 없다. 알아서 여정을 떠나는 것이 아니다. 여정에서 길을 걸으며 알게 되는 것이다.

배우는 연출의 디렉션(direction)에 따라 자신의 연기를 조정해야 한다. 연출의 디렉션을 우리는 '지시'라고 인식하지만, 사실 영어의 direction은 '방향'을 가리킨다. 연출은 배우에게 방향성을 제시하는 존재이다. 연출의 디렉션은 배우가 나아갈 방향을 잃거나 잊었을 때 그것을 다시 되찾게 해주는 것이어야 한다. 디렉션은 지시나 명령이 아니다. 지시나 명령을 하는 순간 연출가는 더 이상 예술가가 아니라 군인이 되어버리는 것이다.

물리적 공간 vs 심리적 공간

배우에게 시공간은 이중적이다

물리적 공간	vs	심리적 공간
극이 제시하는 '주어진 조건'으로서의 공간	상상	캐릭터가 주관적으로 인식하는 공간
		같은 공간도 캐릭터에 따라 달리 보인다
극의 스타일에 따라 사실적으로, 상징적으로, 표현적으로, 추상적으로 구현됨		배우의 매우 개인적이고 사적인 상상이 필요한 공간

시간이 흐르는 공간은 물리적인 구조와 형태를 가지고 있으며, 물리적 법칙이 작용하고 있다. 극의 물리적 법칙은 현실의 물리적 법칙과 유사하기도 하지만 전혀 다른 법칙이 작용하기도 한다. 쉬운 예로, 많은 코미디에서는 캐릭터들이 어디에 부딪히거나 떨어지더라도 다치거나 죽지 않는다. 극이 설정하는 물리적 법칙에 대한 이해가 극과 캐릭터를 이해함에 있어서 가장 우선되어야 한다.

심리적 공간				
낯선 공간		VS	**아는 공간**	
호기심을 자아내는 공간	두려움을 주는 공간		친숙한 공간	사적 공간 사랑의 공간
머물고 싶은 공간	떠나고 싶은 공간		사연이 있는 공간	특별한 기억이 결부된 공간
환상의 공간	벗어날 수 없는 공간(no exit)		꿈꾸는 공간	그리운 공간

　　또한 극세계와 그 세계를 이루는 공간들에는 물리적 법칙 외에도 보이지 않는 힘들이 작용한다. 권력과 자본 그리고 욕망은 늘 보이지 않는 힘의 형태로 극 속 캐릭터들의 삶을 좌지우지한다. 보이지 않는 권력과 자본이 인간을 얼마나 모순된 존재로 몰아가는지를 깊이 탐구하는 연극이 브레히트의 서사극들이다. 극작가 샘 셰퍼드는 "보이지 않는 것을 보이게 하는 것"이 연극이라고 했다. 그래서 그의 작품에는 관객이 보이지 않는 힘을 엿볼 수 있도록 그것을 가시화하는 수많은 연극적 장치가 등장한다. 대표적인 예가 <매장된 아이>에 등장하는 생옥수수이다. <매장된 아이>에서 샘 셰퍼드는 연극 자체를 현실을 꼭 닮은 '은폐된 진실과 거짓의 세계'로 설정한 다음, 소품이 아니라 생옥수수를 무대로 들여와서 아들(Tilden)로 하여금 일일이 껍질을 다 깐 다음에 그 껍질로 아버지(Dodge)의 몸을 완전히 덮어버리게 한다. Dodge라는 캐릭터는 진실을 매장(은폐)하기 위해 거짓된 세계를 창조하고 진실이 드러나지 않도록 모든 것을 통제하고 지배하는 캐릭터이다. 작가는 생옥수수가 가짜가 아님을 관객에게 육안으로 확인하도록 한 다음, 생옥수수 껍질로 그를 덮어버리는 대비의 행동을 통해 거짓된 세상의 실체와 사건의 전모를 폭로하고 있는 것이다.

극의 물리적 공간은 임의로 설정되는 것이 아니다. 한 장면의 공간은 그 공간에서 일어날 극적 행동과 캐릭터의 내적 행동을 예고하고 가시화한 것이다. 안톤 체홉 작 <갈매기> 2막이 크로켓 경기장으로 공간 설정이 되어 있는 이유는 <갈매기>의 2막이 캐릭터들 간의 치열한 시합과 대결이 될 것임을 예고하기 위함이다. 영화 <번지점프를 하다>에서처럼 장면이 비가 억수같이 내리는 공간에서 일어나는 경우, 하늘이 대신 울어줄 정도로 큰일이 캐릭터들에게, 캐릭터들 사이에 일어나고 있음을 가시화하는 것이다. 만약 물리적 공간이 캐릭터의 사적 공간, 즉 방이나 집인 경우에는 물리적 공간 자체가 캐릭터가 된다. 물리적 공간에 존재하는 모든 것이 캐릭터의 어떤 면을 드러내준다. 관객은 물리적 공간을 통해 캐릭터를 엿볼 수 있게 되는 것이다.

극의 물리적 공간은 배우의 기억과 상상에 따라 조성되고 구현되는 것이 아니라, 연출과 디자이너에 의해서 결정되기 때문에, 배우가 물리적 공간만을 파악하는 것으로는 캐릭터로 존재할 수 없다. 배우는 여전히 캐릭터의 눈과 심장으로 그 공간을 보고 만나야 하기 때문이다. 모든 공간은 캐릭터에 따라서 완전히 다른 공간으로 다가온다. 누군가에게는 매우 편하고 즐거운 공간이 다른 캐릭터에게는 몹시 불편하고 두려운 공간이 될 수 있다. 폐소공포증(claustrophobia)이란 말이 있듯이, 공간은 캐릭터의 심리에 지대한 영향을 미친다. 그렇기 때문에 배우는 각각의 공간을 캐릭터만의 '심리적 공간'으로 재상상하여야 한다. 이 재상상을 게을리하는 배우들은 공간 속에서 겉돌기만 할 뿐 캐릭터로서 존재하지 못한다. 공간이 캐릭터를 생각하게 하고 느끼게 하고 움직이게 하고 행동하게 한다. 공간이 캐릭터를 살아있게 한다.

우리는 우리의 기분·생각·감정 등을 늘 공간적으로 표현한다. 쉬운 예로, "살얼음판을 걷는 기분이다", "가시밭길을 걷는 기분이다", "바늘방석에 앉은 기분이다", "구름 위를 걷는 기분이다", "물 위를 걷는 기분이다", "하늘을 나는 기분이다", "지붕을 뚫고 나갈 것 같은 기분이다", "벽을 넘다", "선을 넘다"와 같은 표현들이 있다. 공간이 심리와 얼마나 불가분의 관계에 있는지를 단적으로 보여주는 예이다. 테네시 윌리엄즈 작 <뜨거운 양철 지붕 위의 고양이>는 공간과 인간의 심리적 관계를 극명하게 보여주는 제목이다. 제목만 봐도 단번에 극 속 캐릭터들이 심리적으로 어떠한 공간에 놓여있고 그래서 어떤 일이 일어날지를 알 수 있다. 배우는 극적 공간과 캐릭터의 심리적 관계를 "뜨거운 양철 지붕 위의 고양이"와 같은 표현을 통해 집약해 보아야 한다.

심리적 공간 중에서 특히 중요한 공간이 '기억과 사연이 담긴 공간'이다. 한강의 소설 『소년이 온다』에서 선주가 다시 찾은 전남도청과 분수대가 좋은 예가 될 것이다. 혁명을 꿈꾸던 수많은 사람들이 총칼에 스러져간 그 공간은 믿기지 않을 정도로 마치 아무 일 없었던 듯이 분수대에서 물이 솟고 있다. 선주는 그 평화로운 광경에서 견딜 수 없는 역겨움을 느낀다. 그리고 그 역겨움은 선주로 하여금 도청에 전화를 걸어 분수대의 가동 중단을 요구하게 한다. 뮤지컬 <레미제라블>의 "Empty Chairs at Empty Tables"도 좋은 예가 된다. 마리우스는 혁명이 실패로 끝나고 장발장 덕분에 혼자 살아남는다. 그가 친구들과 혁명을 꿈꾸던 곳으로 돌아와 보지만 탁자와 의자는 텅 비어있다. 마리우스가 어디를 보건 그 공간 안에서 혁명을 꿈꾸고 열띤 토론을 하던 친구들의 모습이 떠오른다. 마리우스에게는 절대 텅 빈 공간이 아니다. <갈매기>에 나오는 호수는 예술적 생명력의 원천이다. 기성예술을 거부하는 젊은 예술가 뜨레쁠레프에게 호수는 자신의 뮤즈인 니나와 동일시된다. 호수 주변 모든 곳에 니나와 함께한 시간들이 담겨있다. 한낮의 햇살을 받아 반짝이는 호숫물은 자신을 사랑할 때의 니나의 빛나던 눈빛으로 보인다. 그래서 믿을 수 없을 정도로 차가운 눈으로 자신을 바라보는 니나에게 "잠에서 깨고 보니 마치 저 호수가 다 말라버렸거나 땅속으로 흘러 들어가 버린 것처럼 너의 냉담한 태도는 너무나도 무섭고 믿을 수가 없어"라고 말하는 것이다. 햄릿에게 어머니 거트루드의 침실은 자신을 태어나게 한 근원 같은 곳이다. 그 근원을 어머니가 아버지와 공유해야 하는 곳이다. 그런데 아버지가 아니라 아버지를 죽인 삼촌이 그 자리를 차지하고 있다. 근원의 박탈 혹은 더럽혀짐은 햄릿 자신의 실존을 부정하는 것이기에 햄릿은 그리도 모질게 어머니에게 저항하고 있는 것이다.

다른 이의 눈에는 전혀 그렇게 보이지 않겠지만, 캐릭터에게 기억과 사연이 담긴 공간은 걷잡을 수 없는 정서적 반응을 일으키는 강력한 실체가 된다. 그런 반응을 저절로 불러일으키는 이미지를 상상할 수 없으면 배우는 캐릭터가 되지 못한다. 그런 이미지를 떠올리지 못하는 배우는 정서적 반응을 꾸미게 되고 거짓으로 극적 순간에 존재하게 된다. 거짓된 길을 가게 되면 배우는 시간여행자로서의 진면모를 잃어버리게 된다. 거짓된 여정은 배우에게 아무런 즐거움도 의미도 주지 않기에 연기는 그냥 고역(苦役)이 되어버릴 것이다.

시간을 쓰는 배우

극은 시간이 압축되어 있기에, 배우에게 가장 중요한 연기력은 시간을 연기할 수 있는 능력이다. 연기의 모든 순간에 시간을 담아내는 능력,

시간을 쓰는 능력이다. 하지만 그것은 가장 갖기 어려운 연기력이다. 시간 여행자가 되기 위해서 배우는 먼저 자기 자신이 살아온 모든 시간의 '총체'(總體)라는 것을 인정해야 하고, 삶의 시간들을 압축·저장하고 있는 자신의 기억들을 소중히 하고 상상의 재료로 삼아야 한다. 연극의 시간은 우리가 가진 기억의 시간과 꼭 닮아있다. 내 안에 있는 모든 이미지들은 그 안에 시간을 압축하고 있다. 이미지를 떠올리는 상상 자체가 시간을 창조하는 것이 된다. 그래서 상상만으로 배우는 시간을 쓰는 존재가 된다.

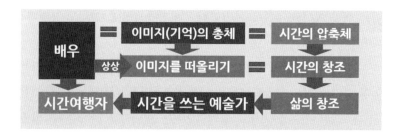

행동과 반응

行動과 反應, action & reaction

시간구조가 극의 중추를 형성한다면 행동과 반응은 극의 조직을 형성한다. 극은 시작부터 끝까지 쉴 새 없이 이어지는 행동과 반응의 연속이다. 그렇기 때문에 연기의 주된 영역이 행동과 반응이 된다.

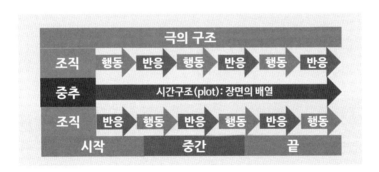

사이·관계가 행동과 반응에 선행한다

　　행동과 반응은 끊어낼 수 없는 사이와 관계 속에서만 발생한다. 사이
와 관계를 고려하지 않고는 행동과 반응을 제대로 구현할 수 없다. 캐릭
터는 사이와 관계를 이루는 상대·대상과의 **'연결'** 상태에서만 존재하고,
그 연결이 끊어낼 수 없는 것이기에 행동과 반응이 일어나기 때문이다.

　　캐릭터는 세 가지 사이·관계 속에 존재한다.

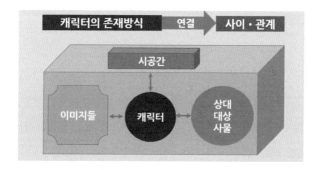

1.　극적 시공간과의 사이
2.　상대 캐릭터와 사물(대상)과의 사이
3.　내적·외적 이미지들과의 사이

각각의 사이와 관계는 물리적·심리적 거리와 위치를 달리하면서 캐릭터
와 연결되어 있다. 연결은 배우＋캐릭터의 시선과 몸의 관계를 통해서 가
능해지고 보인다.

시선을 통한 연결: Eye to Soul

　캐릭터는 시선을 통해서 상대와 대상과 연결되고, 외적 이미지와 내적 이미지와 연결된다. 상대와 대상 그리고 외적 이미지를 향한 시선은 ① 직접 보기, ② 직접 보지 않고 보기, ③ 의도적으로 외면하기, ④ 보지 못하기 등으로 나뉘고 이루어진다. 내적 이미지와 마음의 소리는 캐릭터의 마음속에서 떠나지 않는다. 그래서 계속 보게 되고 외면할 수 없는 리얼리티가 된다. 다른 캐릭터들에게는 보이지 않는 내적 이미지들은 캐릭터를 움직이는 가장 큰 동인(動因)이다.

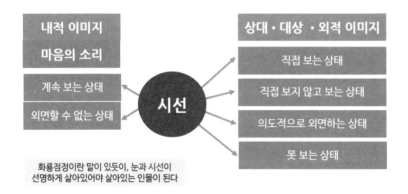

화룡점정이란 말이 있듯이, 눈과 시선이
선명하게 살아있어야 살아있는 인물이 된다

　<미스터 션샤인>에서는 두 주인공 캐릭터가 첫 만남부터 눈으로 연결된다. 두 주인공은 저격 현장에서 복면을 한 채(탈을 쓴 것처럼) 첫 만남을 가졌는데, 이 첫 만남의 의미심장함은 두 캐릭터가 어둠 속 먼 거리에서 오로지 서로의 눈만을 보는 것으로 서로를 알아본다는 점이다. 두 주인공이 서로의 눈을 보는 것으로 만나고 연결되는 놀라운 설정을 <미스터 션샤인>은 하고 있다. 두 캐릭터가 다시 만났을 때, 둘은 손으로 서

로의 얼굴을 가리고 상대의 눈을 다시 들여다본다. 이때 두 캐릭터는 단지 눈만 보는 것이 아니다. 첫 만남에서 그 먼 거리에도 불구하고 선명하게 보았던 상대의 눈을 가까이에서 다시 들여다보면서 두 캐릭터는 서로의 눈에서 무엇을 진정 보게 될까? 캐릭터는 상대 캐릭터의 눈빛에 사로잡힌다. 캐릭터가 바라보는 상대 캐릭터의 눈과 눈빛은 세상에서 가장 특별한 눈빛이고 전에 본 적이 없는 눈빛이다. 유진과 애신이 바라보는 상대의 눈은 어둠 속에서도 환히 빛나는 눈이었고, 그 눈빛은 햇빛이나 불꽃과도 같은 눈빛이었다.

눈을 보는 행동은 눈을 통해서 상대의 영혼을 들여다보는 행동이다 (eye to soul). 그래서 캐릭터들이 처음 눈을 마주하는 순간은 극에서 항상 가장 중요한 순간이 된다. 서로의 눈을 들여다보면서 두 캐릭터는 서로가 영혼을 가진 존재라는 것을, 그리고 사랑에 빠지는 사이에 있는 경우 상대가 나와 같은 영혼을 가진 존재임을 알게 된다. 눈을 들여다보는 행동과 그것이 가능하게 하는 연결을 통해 두 캐릭터는 서로를 알아보며 하나로 연결된다. 눈을 통해 자신과 같은 영혼을 가진 존재를 알아본 캐릭터는 그 눈과 눈빛을 지켜주고자 하게 되고, 그에 따라 삶의 길을 달리 가게 된다. 그 길은 '상대가 사는 것이 곧 내가 사는 길'이 된다. <미스터 션샤인> 식으로 말하면, "내가 망하는 길"이 된다. 눈을 통해 상대의 영혼을 들여다보며 캐릭터는 상대의 영혼이 꿈꾸는 것을 함께 꾸고 싶어진다. 상대 영혼의 상처를 어루만져 주고 싶어진다. 상대 영혼이 두려워하는 것을 두려워하지 않게 해주고 싶어진다. 그것이 캐릭터의 심장을 뛰게 한다. 그것이 캐릭터의 눈이 빛을 발하게 한다. 그것이 캐릭터를 행동하게 한다.

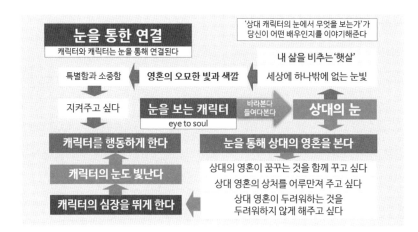

몸의 관계를 통한 연결

극은 시시각각 변화하는 캐릭터들 간의 몸의 관계를 시각화함으로써 관객이 극을 알고 이해할 수 있게 한다. 몸의 관계는 정지와 움직임·위치·거리·높낮이·각도·터치와 컨택트·자세와 제스처·걸음걸이·대비·균형 등을 통해서 구현되고 관객에게 보인다. 배우는 이 모든 관계와 관계의 변화를 관객이 선명하게 인식할 수 있게 하는 신체언어를 발달시켜야 한다. 신체언어가 불분명하면 관객에게 전해지는 모든 시각적 신호들이 모호해지고 관객은 캐릭터를 제대로 알아보거나 이해할 수 없게 된다. 몸의 거리는 마음의 거리를 나타낸다. 마음의 거리는 가까움에도 불구하고 몸의 거리를 좁힐 수 없을 때 캐릭터들은 소리와 말을 통해서 그 거리를 좁히고자 한다. 그래서 나온 유명한 대사가 "오겡끼데스까"이다. 연결은 소통과 이해와 공감을 가능하게 한다.

시공간과의 연결

극적 시공간은 임의로 설정되는 것이 아니다. 시공간과 캐릭터의 생각·감정·행동은 하나로 연결되어 있다. 시공간 자체가 극적 사건과 극적 행동을 예고하거나 야기하는 것이다. 시공간은 캐릭터들의 행보를 그대로 시각화하기도 하는데 <미스터 션샤인>에서 애신과 유진이 나룻배를 타고 있는 장면에 잘 나타나 있다. 두 캐릭터는 강물 위에 떠 있는 나룻배에 동승하면서 '시류를 거스르는 여정에 동행하기'라는 극적 행동과 여정을 구현하고 있다.

'나룻배'라는 공간 설정은 두 캐릭터가 '한배를 탔다'는 상징적 의미를 구현하는 설정이다. 첫 만남에서부터 "그쪽으로 걸을까 하여"라며 두 캐릭터가 같은 길을 걸어가게 될 것을 예고하고 있는데, 이 장면의 나룻배 설정은 두 캐릭터의 삶의 행보가 같은 곳을 향해 나아가게 될 뿐만 아니라, 한배를 탄 운명이 되는 것을 시각화하고 있다. 인생은 흔히 '항해'에 비유되고, 길을 걷는 행동은 캐릭터와 인간이 삶에서 어떤 길을 걸어가는지, 걸어가고자 하는지를 상징한다.

나룻배는 '흐르는' 강물 위에 떠 있다. 흐르는 강물은 시간과 역사의 흐름을 상징하며, 동시에 땅처럼 굳건한 토대가 아니라 매우 유동적이고 불안정한 기반 위에서 인간의 삶이 이어진다는 것을 의미한다. 그래서 물 위에 떠 있는 인간의 삶은 위태롭기 마련이다. 그 물 위에 떠 있는 나룻배의 '노를 젓는다는 것'은 캐릭터가 강물의 흐름을 '거스르고 있다'는 것을 뜻한다. 물이 흘러가는 대로 떠내려갈 때에는 노를 저을 필요가 없다. 노를 젓는다는 것은 흐름을 거스르는 삶을 캐릭터가 살아감을, 살아갈 것임을 말하고 예고하는 것이다. 유진과 애신은 다른 사람들처럼 시류에 따라, 혹은 시류에 편승해서 삶을 살아가는 것이 아니라, 모든 드라마의 주인공들이 그러한 것처럼, 거스르는 삶을 살고자 하는 것이다.

'낮'이라는 시간적 설정은 "미스터 션샤인"이라는 극의 제목을 구현하는 설정으로, 두 캐릭터의 삶이 '빛'을 향한 여정임을 예고하고 있다. '빛'을 향한 여정에 두 사람이 동행한다는 것은 서로가 서로에게 삶을 비추는 빛이 될 것임을 동시에 말해주는 것이기도 하다. "미스터 션샤인"이라는 제목은 이 말을 부르는 주체(애신)와 객체(유진: 고귀하고 위대한 자)를 연결해 주는 말이면서, 두 캐릭터가 연결되어 하나가 된다는 의미를 담고 있는 표현이다. 처음 서로의 눈을 보았을 때처럼 말이다. 따라서 두 캐릭터는 서로에게 삶의 빛이 되는 것이다.

<미스터 션샤인>의 연출에서 뛰어난 점은 캐릭터의 내적 풍경을 외적 풍경을 통해서 그려낸다는 점이다. 캐릭터의 내적 동요를 배우에게 감정 표현을 요구함으로써가 아니라, 움직이고 흔들리는 외적 풍경을 미동도 없이 정지되어 있는 캐릭터+배우의 몸과 대비시킴으로써 구현해 낸다. 또한 애신과 유진의 사랑을 그 흔한 키스 장면 하나 없이 **마음과 정성을 다한 터치와 컨택트의 신체 언어로 그려낸 점** 역시 높이 살 만하다.

사물들(대상)과의 연결

극세계 안에는 많은 사물들이 존재한다. 극 속 사물들은 '장식'이 아니다. 오로지 장식이라면 없애버려도 상관없다. 물리적·도구적 기능을 하는 사물들이 있기는 하지만, 극 속 사물들은 배우에 의해서 비로소 생명과 의미를 갖게 된다. 배우는 사물의 '이름'을 지우고, 사물을 완전히 새롭게 탐색하여야 한다. 극 속 사물들은 원래의 이름과 용도와는 다르게 다뤄지기를 기다리고 있다. 특히 캐릭터의 기억과 관련된 사물들은 '특별히' 조작되기를 기다리고 있다. 배우＋캐릭터가 사물을 다루는 방식을 통해서 캐릭터가 보이며 사물이 가진 의미가 드러난다. 극 속 사물들을 그저 '소품' 다루듯이 다루는 자는 배우라고 할 수 없다.

의상과의 연결

모자와 신발을 포함해서 배우＋캐릭터가 몸에 걸치는 모든 것 역시 장식이 아니다. 의상이 곧 캐릭터이다. 의상이 탈/가면의 역할을 한다. 의상은 배우 안에 특정한 나들(me)이 표면으로 드러나도록 도와준다. 가면은 '나'(I) 안에 존재하는 '나들'(me)을 연결하고 끄집어내고 드러나게 하는 통로(channel) 또는 촉매이다. 의상을 통해 인물의 내면(내적 상태와 욕구), 인물의 성격, 인물의 역사, 그리고 인물관계가 보여야 한다. 의상은 또한 인물이 속한 세계를 드러내준다. 인물의 신분과 계급, 직업은 물론, 극세계의 규율과 규범, 문화, 집단의식 등이 의상을 통해 드러난다.

내적 · 외적 이미지와의 연결

내적 이미지는 캐릭터의 마음속에 떠오르는 이미지들로서 대개 생각, 기억, 상상(환상, 공상)을 형성한다. 배우는 캐릭터가 내적 이미지를 보고 있을 때, 눈이 관객에게 보이도록 해야 한다. 눈이 프로젝터인 것처럼 내적 이미지들을 관객을 향해 펼쳐 보여야 한다. 그래야 관객이 캐릭터의 상상을 함께할 수 있다. 스타니슬라프스키는 배우의 그와 같은 능력을 "내적 비전", "내적 파노라마"라고 불렀다. 관객이 있는 방향에 상상의 스크린이 있고 마치 영화의 영사기처럼 배우의 눈이 상상의 스크린에 영화를 그려 보여야 하는 것이다.

외적 이미지는 배우+캐릭터의 외부에 존재하는 이미지들이다. 캐릭터의 시선은 끊임없이 공간 속에 존재하는 사물과 인물들을 향한다. 그리고 그 사물과 인물들은 고정된 이미지로 캐릭터에게 보이는 것이 아니라, 시시각각 다른 이미지로 보인다. 캐릭터의 주관적 시각에서 끊임없이 변화하는 외적 이미지들을 보는 것이 캐릭터로서 존재하는 길이다. 캐릭터의 관점에서 외부에 존재하는 것들을 달리 보지 못한다면 캐릭터는 창조될 수 없다.

상대 캐릭터와의 연결: 상대 〉 나

캐릭터들은 자기 자신에 대해 거의 생각하지 않는다. 모든 감각이 상대 캐릭터를 향하고 상대 캐릭터에게 완전히 정신이 팔리고 마음을 빼앗겼기 때문이다. 그런 상대 캐릭터가 부재하게 되면 캐릭터는 자신의 바깥 세계에 있는 모든 것에서 상대 캐릭터를 감각하면서 자신의 생각·기억·상상과 바깥세계를 하나로 만들어비린다. 흡사 다음 대중가요에 나오는 가사처럼 말이다.

오늘도 난 너의 시간 안에 살았죠

길을 지나는 어떤 낯선 이의 모습 속에도

바람을 타고 쓸쓸히 춤추는 저 낙엽 위에도

뺨을 스치는 어느 저녁에 그 공기 속에도

내가 보고 듣고 느끼는 모든 것에 니가 있어

…

내일도 난 너를 보겠죠

내일도 난 너를 듣겠죠

내일도 모든 게 오늘 하루와 같겠죠

…

길가에 덩그러니 놓여진 저 의자 위에도

물을 마시려 무심코 집어 든 유리잔 안에도

나를 바라보기 위해 마주한 그 거울 속에도

귓가에 살며시 내려앉은 음악 속에도 니가 있어

― 넬, "기억을 걷는 시간" 중에서

상대 캐릭터는 캐릭터의 오감, 몸과 마음을 사로잡는 존재이자, 캐릭터를 성장시키고 변화시키는 힘이다. 캐릭터 눈에 보이는 대로 상대 캐릭터를 보는 것, 그것이 살아있는 캐릭터로 존재하는 것의 시작이다.

끊어낼 수 없는 사이로 연결된 상대 캐릭터는 캐릭터에게 있어 ① 좋은 영향이든 나쁜 영향이든 **가장 영향을 많이 주는 존재**, ② **가장 중요한 존재**, ③ **가장 사랑하는 존재**이다. 그리고 많은 경우 ④ **셋 다**이기도 하다. 오필리어에게 햄릿, 줄리엣에게 로미오, 뜨레쁠레프에게 니나, 니나에게 뜨리고린은 가장 영향을 많이 주면서도 중요하고 가장 사랑하는 존재이다.

<화염>에서 "우리가 함께하니 이제 괜찮아질 거야"라는 나왈의 말처

럼, 상대 캐릭터가 캐릭터를 살아있게 한다. "네가 있기에 나는 살아있어"라는 마음으로 상대 캐릭터를 바라보아야 한다. 스티븐 손하임의 뮤지컬 <컴퍼니>(*Company*)의 대미를 장식하는 넘버 "Being Alive"의 가사처럼, 캐릭터에게 상대 캐릭터는 다음과 같은 존재이다.

1. 나를 살아있게 하는 너
2. 나를 꼭 안아주는 너
3. 나를 너무 아프게 하는 너
4. 나를 잠 못 자게 하는 너
5. 내가 살아있음을 일깨워주는 너
6. 나를 너무나 필요로 하는 너
7. 나를 너무나 잘 아는 너
8. 나를 비난하는 너
9. 내게 지옥을 경험하게 하는 너
10. 내가 살아있을 수 있게 지지해 주는 너
11. 나를 혼란스럽게 하는 너
12. 칭찬으로 나를 놀리는 너
13. 나를 이용당하게 하는 너
14. 나의 하루하루를 다르게 만드는 너
15. 혼자인 것은 혼자인 것이지 살아있는 것이 아니라는 것을 깨닫게 하는 너
16. 나를 사랑으로 꽉 채우는 너
17. 마음 쓰고 신경 쓰게 만드는 너
18. 나만큼 살아있다는 것을 두려워하는 너

19. 내가 받아들여야 하는 너
20. 네가 느끼는 것은 무엇이든 함께하고 싶게 만드는 너
21. 내가 좋든 싫든, 살아있음을 조금, 아니 아주 많이 나와 함께 나누고 싶어 하는 너

그리고 그와 같은 상대는 캐릭터로 하여금 파토스를 뛰어넘어 존재의 의미와 원동력을 획득한 우주적 존재가 되게 한다.

> 시간이 버릴 때까지 난
> 난 나라는 시대의 처음과 끝이야
> 난 나라는 인류의 기원과 종말이야
> 넌 나라는 마음의 유일한 무덤이야
> 넌 나라는 세계의 마지막 사랑이야
> 난 나라는 우주의 빅뱅과 블랙홀이야
> 난 나라는 신화의 실제와 허구야
> 난 너의 이름을 닮은 집을 지을 거야
> 폐허가 된대도 나는 너를 너를
> 서기가 영원해도
> 넌 마지막 나야
> 시간이 버릴 때까지 난
> 너로 가득 흐를 거야
>
> ― 이승윤, "폐허가 된다 해도" 중에서

너와 나는 더 이상 구분되고 분리될 수 없는 하나가 된다. 행동과 반응은 그런 너와 나 사이에 쉴 새 없이 일어나는 일이다. 너와 내가 살아있기에 일어나는 일이다. 네가 내게 중요한 만큼 나에게 큰 영향을 주

는 일이다. <u>우리는 서로를 뒤흔들면서 우리가 살아있다는 것을, 이 세상에 함께하고 있음을 안다. 산다는 것이 아무리 두려워도 네가 있는 한 나는 소멸되지 않을 것이다. 너는 나에게 불멸의 존재이다. 네가 사는 것이 내가 사는 것이다.</u>

널 사랑해. 넌 나를 완성시켜.
I love you. You complete me.
— Jerry Maguire, 〈제리 맥과이어〉 중에서

나보다 상대·타인을 더 중요하게 여기는 마음이 사랑이다. 그 사랑이 단순히 연애의 감정이나 감상적 기분이 아니라 '정신'과 존재의 이유가 될 때 그 사랑은 캐릭터를 움직이는 원동력이 되고 캐릭터를 확장시키는 힘이 된다.

언제든 내 생명이 필요하면 와서 가져가세요.
— 니나, 〈갈매기〉 중에서

내 힘으론 널 사랑하는 걸 그만둘 수 없었어.
— 뜨레쁠레프, 〈갈매기〉 중에서

캐릭터에게 그 사랑은 생명 같은 사랑, 멈출 수 없는 사랑, 내 생명 다할 때까지 끝나지 않는 사랑이다. 니나와 뜨레쁠레프의 모든 말과 행동은 이 **특별**한 사랑에서 나오는 것이다. 연애의 감정이나 통속적 사랑을 넘어서는 그와 같은 사랑을 심장에 담지 않고, 사랑하는 사람을 눈과 영혼에 담지 않고, <갈매기>는 읽힐 수도, 분석될 수도, 연기될 수도 없다. 배우는 캐릭터의 눈으로 모든 것을 보고 들어야 하는데, 니나와 뜨레쁠레프를 하

려면 모든 것을 생명 같은 사랑의 눈으로 보아야 한다. 그렇지 않고서는 <갈매기>에서 아무것도 보이지 않고 아무것도 읽히지 않을 것이다. <갈매기>가 명작이 되고 명작으로 재탄생할 수 있는 것은 그와 같은 눈과 영혼과 심장을 가진 배우가 그 사랑을 알아볼 때 가능한 일이다.

부재하는 존재와의 연결

캐릭터들은 종종 무대 위에 부재하는 존재와 강하게 연결된다. 그 연결이 캐릭터에게 크고 깊은 영향력을 발휘한다. 케이티 미첼에 따르면, 부재하는 존재는 "간접적 등장인물"이라고도 불린다. 무대에 직접 등장하지는 않지만 캐릭터에게 지대한 영향을 끼치는 존재이자 캐릭터를 움직이는 원동력이 되는 존재이다. 햄릿의 아버지, 뜨레쁠레프의 아버지, 니나의 아버지와 의붓어머니, 니나와 뜨레쁠레프가 만나는 동안 무대에 없는 뜨리고린 등이 대표적 예이다. 중요한 상대 캐릭터의 부재는 캐릭터로 하여금 어디를 보건 그 상대가 떠오르게 한다. 뮤지컬 <레미제라블>의 에포닌이 하는 노래 "On My Own"은 온통 그에 관한 것이다. 어디를 보든 에포닌의 눈에는 마리우스가 보인다. 부재하는 존재는 부재의 상태에서 캐릭터에게 큰 영향을 주기 때문에 그 존재에 대한 배우의 기억과 상상이 중요한 역할을 한다. 부재하는 존재는 캐릭터의 사고방식과 행동방식 그리고 정서에 지대한 영향을 미친다. 부재의 시간이 길어질수록 그리움이 커진다. 햄릿의 부재, 아버지와 오빠의 부재는 오필리어를 미치게 한다.

충돌과 갈등

캐릭터들은 극 안에서 서로 충돌하고 그로부터 극적 갈등이 생겨난다. 이 극심한 갈등이 캐릭터를 성장시키고 변화시킨다. 캐릭터들 간의 충돌은 때로는 개인적 차원을 넘어 두 세계의 충돌, 두 가치의 충돌을 대표하기도 한다. 그럴 때 캐릭터들이 충돌하고 갈등하며 하는 싸움은 거대한 싸움이 된다. 극은 인간과 인간 사이의 충돌만이 아니라, 인간과 신, 인간과 운명, 인간과 자연 사이의 충돌, 지배하는 인간과 저항하는 인간의 충돌, 인간 내면의 자아와의 충돌 등을 자주 다루고 있다. 그리고 좋은 작품에는 그 모든 충돌이, 정도의 차이는 있지만, 다 들어있다. 충돌은 사건 (accident)을 낳고 사건이 또 충돌을 낳는다.

충돌·갈등·사건은 극에서 표면적으로 드러나 있는 것과 숨어 있는 것으로 나뉜다. 복잡하고 정교한 대본일수록, 서브텍스트가 많은 대본일수록 표면적으로 일어나는 사건 외에 물밑에서 <u>일어나는 사건들이 많다. 물밑에서 일어나는 사건이 극의 중심 사건이 되고 극의 주제를 담은 사건이 된다.</u> 사건들은 여러 층위에서 일어나는데 가장 밑바닥에서 일어나는 사건은 거의 꽁꽁 숨어있는 사건이 된다. 그래서 파악하기 어렵다. 서브텍스트와 물밑에서 일어나는 사건을 보지 못하면 배우는 극의 중심 갈등과 캐릭터의 진정한 동기를 파악할 수 없기 때문에 캐릭터의 내적·외적 행동을 제대로 수행할 수 없다.

<갈매기>의 1막에서 뜨레쁠네프가 극중극을 갑자기 중단시키는 사건이 대표적이다. 이 사건은 표면적으로는 아들과 어머니의 충돌과 갈등을 드러내는 사건인 것처럼 보인다. 그러나 물밑으로는 세대 간의 갈등, 기존 예술과 새로운 예술의 대립, 새로운 미적 인식과 표현의 대두, 보수

와 진보의 대립 등이 담겨있는 사건이다. 그리고 사랑과 예술을 하나가 되게 하려는 뜨레쁠레프, 뜨리고린 앞에서 더 나은 연기를 하려는 니나, 긴장한 니나의 실수, 실수를 만회하려는 니나의 돌발행동, 니나의 과감한 시도에 매료되는 남자 관객들, 그리고 가장 중요하게 그 와중에 일어나는 니나와 뜨리고린의 끌림이 물밑으로 쉴 새 없이 일어난다.

text	➡ 표면적 갈등	
sub-text	➡ 숨은 갈등	〈갈매기〉 1막에서 극중극이 벌어지는 동안 일어나는 사건들이 좋은 예이다

text	표면적으로 일어나는 사건	아들과 어머니의 충돌과 갈등
sub-text	물밑으로 일어나는 사건1	세대 간의 갈등
	물밑으로 일어나는 사건2	기존 예술과 새로운 예술의 대립
	물밑으로 일어나는 사건3	새로운 미적 인식과 표현의 대두
	물밑으로 일어나는 사건4	보수와 진보의 대립
	물밑으로 일어나는 사건5	사랑과 예술을 하나되게 하려는 뜨레쁠레프
	물밑으로 일어나는 사건6	뜨리고린 앞에서 더 나은 연기를 하려는 니나
	물밑으로 일어나는 사건7	긴장한 니나의 실수 & 만회하려는 니나의 돌발행동
	물밑으로 일어나는 사건8	니나의 과감한 시도에 매료당하는 남자 관객들
	밑바닥에서 일어나는 사건	니나와 뜨리고린의 끌림

이와 같은 물밑 사건들을 대본은 '설명'하지 않는다. 대본은 설명이 아니다. 대본은 겉으로 드러난 캐릭터들의 말과 행동만을 기록해놓은 것이다. 겉으로 드러난 것은 8.3%에 지나지 않는다. 드러나지 않은 91.7%를 상상하고 구현해 내는 것이 배우가 할 일이다. 애초에 뜨레쁠레프는 어머니가 몹시 싫어할 연극을 준비했다. 따라서 뜨레쁠레프가 극중극을 중단시키는 이유는 어머니 때문이 아니다. 뜨레쁠레프는 극중극을 통해서 자신의 예술과 니나를 향한 사랑이 하나가 되게 하고자 했다. 극중극을 중단시킨다는 것은 마치 결혼식과도 같은 그 결합이 실패했음을 의미하는 것이다. 니나 입장에서는 자신의 동의도 구하지 않고 자신의 데뷔 무대를

중단시킨 뜨레쁠레프를 절대 용서할 수 없다. 그래서 뜨레쁠레프가 퇴장할 때까지 극중극 무대 뒤에서 나오지 않는다.

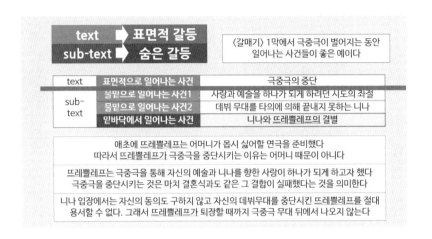

영화 <버드맨>도 물밑 사건을 이야기하기에 좋은 작품이다. <버드맨>은 표면적으로는 한때 영화의 주인공이자 스타였던 캐릭터가 연극에 도전하면서 겪게 되는 사건들을 다루고 있다. 하지만 영화의 물밑으로는 슈퍼히어로 영화들에 의한 '문화적 대학살'에 대한 반발, 센세이션을 일으키는 자극만 찾는 세상과의 싸움, 나를 '말'과 '라벨'로 규정하려는 세상에 대한 반발, 나약함·비겁함·두려움·외로움과의 싸움, 거짓과 허위에 대항하는 싸움, 초심과 근원으로 돌려가려는 노력, 영혼의 소리·내면의 소리를 찾고 따라가려는 노력, 이카루스가 되고자 하는 인간의 도전, 그리고 무엇보다도 사랑을 회복함으로써 존재의 의미를 성취하려는 시도가 끊임없이 일어난다. 그것을 보지 못한다면 영화를 제대로 보지 못한 것이다.

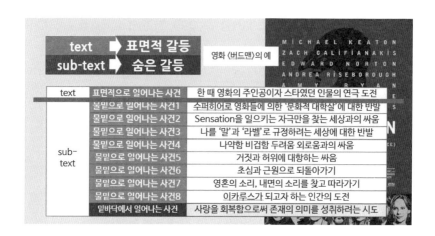

		영화 〈버드맨〉의 예
text	표면적으로 일어나는 사건	한 때 영화의 주인공이자 스타였던 인물의 연극 도전
sub-text	물밑으로 일어나는 사건1	수퍼히어로 영화들에 의한 '문화적 대학살'에 대한 반발
	물밑으로 일어나는 사건2	Sensation을 일으키는 자극만을 찾는 세상과의 싸움
	물밑으로 일어나는 사건3	나를 '말'과 '라벨'로 규정하려는 세상에 대한 반발
	물밑으로 일어나는 사건4	나약함 비겁함 두려움 외로움과의 싸움
	물밑으로 일어나는 사건5	거짓과 허위에 대항하는 싸움
	물밑으로 일어나는 사건6	초심과 근원으로 되돌아가기
	물밑으로 일어나는 사건7	영혼의 소리, 내면의 소리를 찾고 따라가기
	물밑으로 일어나는 사건8	이카루스가 되고자 하는 인간의 도전
	밑바닥에서 일어나는 사건	사랑을 회복함으로써 존재의 의미를 성취하려는 시도

갈등과 싸움

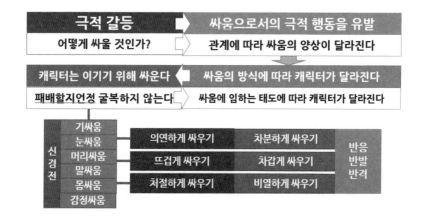

극적 갈등은 싸움으로서의 극적 행동을 유발한다. 캐릭터들은 모두 무언가를 위해 혹은 누군가를 위해 싸운다. 그리고 또한 무언가에 대항해서, 누군가에게 대항해서 싸우기도 한다. 캐릭터를 분석함에 있어 가장 중요한 부분의 하나가 캐릭터가 '~을 위해' 그리고 '~에 대항해서' 싸우는가를 파악하는 것이다. 그 싸움 자체가 곧 그 캐릭터가 어떤 사람인지를 말해준다. 문제는 어떻게 싸울 것인가이다. 사이와 관계에 따라 싸움의 양상이 달라진다. 그리고 싸움의 방식과 싸움에 임하는 태도에 따라서 캐릭터가 달라진다. **캐릭터들은 이기기 위해 싸운다. 지는 옵션은 없다. 패배할지언정 굴복하지 않는다.** 싸움은 **기싸움, 눈싸움, 머리싸움, 말싸움, 몸싸움, 감정싸움**의 형태로 나타나고 탐색전·신경전에서 시작해서 본격적인 싸움으로 이어진다. 캐릭터들은 상황과 상대와의 관계와 신체적·정신적·심리적·정서적 상태에 따라 뜨겁게 싸우기도 하고 차갑게 싸우기도 하고, 처절하게 싸우기도 하고 비겁하게 싸우기도 하며, 의연하고 차분하게 싸우기도 한다. 중요한 것은 **끊임없이 반응하고 반발하고 반격하고자 한다**는 것이다.

내적 갈등

외부 세계에 있는 상대·대상과의 충돌은 캐릭터로 하여금 자신과도 충돌하게 하고 그것이 캐릭터의 '내적 갈등'을 유발한다. 내적 갈등이 없는 캐릭터는 중요한 캐릭터가 아니다. 캐릭터에게 모든 갈등은 '생사의 문제'이다. 적당한 갈등이란 없다. '~하려는 나'와 '~하지 않으려는 나'가 첨예하게 충돌하며 캐릭터에게 극심한 혼란과 고통을 야기한다. 대표적인 것이 햄릿의 "사느냐, 죽느냐, 그것이 문제로다"이다. 살려는 햄릿과 죽으려는 햄릿이 위태롭게 충돌한다. 살아야 할 이유를 찾으려는 햄릿과 죽어야만 하는 이유를 찾으려는 햄릿이 충돌한다. 어느 한쪽으로 답이 찾아지지 않는다. 그래서 "문제"이다. 극심한 내적 갈등을 겪으면서도 캐릭터들은 **정신을 똑바로 차리려는 노력, 올바른 판단을 하려는 노력, 맞는 선택을 하려는 노력, 감정에 얽매이지 않으려는 노력, 절망하지 않으려는 피나는 노력**을 기울인다.

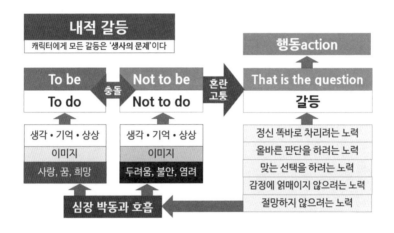

배우는 캐릭터의 내적 갈등을 창조하기 위해서 서로 충돌하는 상반된 '둘'을 찾아야 한다. '하나'는 충돌을 일으키지 않는다. '~하려는 나'와 '~하지 않으려는 나'의 충돌, 몸과 마음의 충돌, 생각과 생각의 충돌, 생각과 마음의 충돌, 마음과 마음의 충돌, 생각과 감정의 충돌, 감정과 감정의 충돌, 본능과 이성의 충돌, 기억과 현실의 충돌, 이상과 현실의 충돌 등을 일으키는 두 가지를 보고 상상하여야 한다. 두 가지를 본다면, 그리고 그 두 가지가 모두 가장 중요한 것이 된다면 내적 갈등은 저절로 생길 것이다.

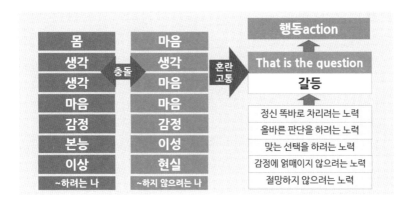

싸움 · 시합 · 승부의 법칙

극에서 장면들은 많은 경우 '놀이·게임' 혹은 '시합·승부'의 형태를 하고 있다. 그래서 배우는 놀이·게임·시합·승부의 법칙들을 잘 꿰고 있어야 한다.

1. **견물생심(見物生心)**

   ―눈에 보이면 알고 싶어지고, 알고 나면 갖고 싶어진다.

2. **고수 vs 하수**

   ―배우는 자신이 연기하는 캐릭터가 싸움의 고수인지 하수인지 먼저 알아야 한다. 하수는 그냥 치고받으며 이기려고 하지만 고수는 이기는 전략을 구사한다. 상대로 하여금 자기 꾀에 넘어가게 만든다면 매우 고수이다.

3. **지는 옵션은 없다**

   −진다는 것은 선택사항에 없다. 정면 승부도 마다하지 않아야 하지
   만 필요하면 반칙과 변칙도 불사한다. 때에 따라서 어떤 캐릭터에
   게는 반칙도 실력이 된다.

4. **되로 받으면 말로 돌려준다**

   −받은 만큼 돌려준다면 그것은 비기는 것이다. 이기기 위해서는 받
   은 것보다 더한 것을 돌려줘야 한다. 그래야 상대가 다시 덤빌 수
   있는 확률이 줄어든다.

5. **내 패는 가리고 상대가 가진 패를 알고자 한다**

   −상대를 흔들어 빈틈을 찾고, 틈이 보이면 파고들어 상대를 무너뜨
   리고자 한다.

6. **내가 가진 무기를 잘 알고 시합에 임한다**

   −상대보다 우위인 점을 최대한 활용한다. 필살기가 있어야 한다. 상
   대가 두려워하는 것, 트라우마, 상처, 콤플렉스, 비밀, 거짓 등 약
   점을 파악하려고 하고, 파악되면 그 부분을 집중적으로 공략한다.

7. **흥분하면 지는 것이다**

8. **소리를 지를 때는 기운으로 상대를 압도하고자 해야 한다**

   −단순히 화를 내면 지는 것이다. 나의 허점만 드러내게 된다.

9. **판세를 잘 읽어야 한다**

   −빠져야 할 때와 휘몰아쳐야 할 때를 잘 구분해야 한다. 수세일 때
   는 자신을 잘 방어하며 반격해서 판세를 뒤집을 기회를 호시탐탐
   노려야 하고, 공세일 때는 상대를 K.O. 시킬 수 있는 한 방을 노린
   다. 실력이 있어도 판세를 잘 읽지 못하면 시합을 잘하지 못한다.

10. 올인: 모든 것을 건다

―마지막으로 가장 중요한 것은 모든 것을 걸고 이기고자 해야 한다
는 것이다. 걸린 것이 클수록 캐릭터의 능력과 캐릭터를 움직이는
힘이 커진다. 배우는 늘 모든 것을 걸고 연기해야 좋은 연기를 할
수 있다.

행동의 정의

행동(行動) + 나아가다 + 움직이다 + 행하다

행동(行動)은 '가다', '나아가다', '움직이다', '행하다'가 하나로 통
합된 말이다. 하면서 나아가고 나아가면서 하는 것이 행동인 것이다. 인간
의 행동과 그 행동을 낳은 동인(動因)은 배우의 주관심사이어야 한다. 우
리말은 행동을 세분화하고 있지 못하다. 행동의 종류와 차이부터 먼저 알
아야 한다.

우리말이 행동을 세분화하고 있지 않은 것은 아마도 모든 행동이 긴
밀하게 연결되고 통합되어 인간을 형성하고, 행동을 통해서 인간이 드러
난다고 보았기 때문일 것이다. 신언서판(身言書判)을 보고 인재를 발굴
하고자 했던 옛 전통도 한 인간은 그가 외적으로 보이는 모든 행동의 연
관을 통해서 인성과 인격이 드러난다고 보았기 때문일 것이다. 우리가 누
군가의 목소리와 말을 들을 때 단지 목소리와 말만 듣는 것이 아니다. 그
'사람'을 듣는 것이다. 모든 사람들이 하는 보기·판단·선택·행동에는

그것을 행하는 '사람'이 들어있다. 보기·판단·선택·행동이 달라지면 사람이 달라지는 것이다. 캐릭터들도 마찬가지이다. 캐릭터가 된다는 것은 보기·판단·선택·행동이 달라지는 것이고 신언서판이 달라지는 것이다. 극세계를 구성하는 캐릭터들의 각기 다른 보기·판단·선택·행동을 비교해 보면서 관객은 자기 자신의 보기·판단·선택·행동을 객관적으로 바라볼 수 있게 된다.

Do 행하다	작정한 대로 해 나가다
Action 극적 행동	사람이 의지를 가지고 하는 짓 상대를 변화시키기 위해 하는 행위 상대의 생각을 바꾸고 마음을 돌리기 위해 하는 모든 것
Behavior 행실	품행 = 선천적으로 타고난 성품에서 나오는 행동 (캐릭터의 인성을 드러낸다)
Manner 행동방식	사회·문화적 관습과 윤리가 낳은 행동방식 교육과 소득수준, 계층에 따른 행동의 양상 (manners: 예의범절)
Activity 활동	살아있는 인간의 움직임 (캐릭터의 상태를 드러낸다)

극적 행동^{action}

배우는 인간의 모든 행동을 탐구하고 구현해 내야 한다. 그중에서도 가장 기본이 되는 극적 행동에 대해서 분명히 이해하고 연기에 임해야 한다. 그냥 행동만 한다고 극적 행동이 되지 않는데도, 많은 배우들은 그냥 행동만 하면 그것이 극적 행동이라고 착각하는 경향이 있다.

극적 인간과 극적 행동	중요한 인물은 극적 행동을 통해 더 뛰어난 존재로 거듭난다
극적 인간이 극적 행동을 하고 극적 반응을 한다	극적 행동은 세 가지 노력이 동시에 이루어진다

Action

극적 인간

경계에서 선 인간, 흔들리는 인간, 위태로운 인간

고뇌하는 인간, 갈등하는 인간

흔들리는 몸, 종잡을 수 없는 생각과 마음

극적 행동 1

'~한 나'(정체성)가 되려고 하고 '…한 나'(반정체성)가 되지 않으려는 노력

흔들리며 균형과 중심을 잡으려는 노력

쓰러지지/무너지지 않으려는, 좌절/절망하지 않으려는 노력

감당해낼 수 없는 것을 감당해내려는 노력

절실한 노력이 캐릭터의 행동을 극적 행동이 되게 한다

극적 행동 2

알고자 하는 노력

상대 캐릭터는 스스로를 설명하지 않는다

상대의 몸과 소리를 통해 감지할 수 있는 모든 신호들을 포착함으로써
인물은 상대를 알고자 하는 최선의 노력을 매순간 기울인다

알려고 하는 만큼 보려고 하고, 보는 만큼 상대캐릭터에 대해 알게 된다

극적 행동 3

상대 캐릭터를 A → B로 바꾸려는 노력

내가 보는 것을 보지 않는 상대	내가 보는 것을 보는 상대
내가 생각하는 것을 생각하지 않는 상대	내가 생각하는 것을 생각하는 상대
내가 느끼는 것을 느끼지 않는 상대	내가 느끼는 것을 느끼는 상대

그 노력이 클수록 정신과 영혼이 빛을 발한다	**passion** 그 노력만큼은 세상 그 누구에게도 뒤지지 않는다	그 노력이 고귀할수록 고귀한 인간이 된다

극적 행동에 대해서는 여러 정의가 있다. 대표적인 예는 미국의 비평가 프란시스 퍼거슨(Francis Ferguson)이 내린 정의이다. 그는 극적 행동은 3단계를 거쳐 형성된다고 보았다. 첫 번째, 행동에는 **목적(purpose)**이 있어야 한다. **의도(intention), 동기(objective), 목표(goal), 욕구(desire)**가 낳은 행동이어야 극적 행동이 된다.

두 번째는 **열정(passion)**이다. 열정은 둘로 나뉘는데, ① 목적을 이루고자 하는 **강력한 힘, 의지, 불굴의 태도**이다. 목적은 이루고자 하면 쉽게 이루어지는 것이 아니다. 그리고 ② 목적을 추구하는 과정에서 겪게 되는 모든 **고통(suffering), 정서적 불안정(emotional turmoil)**이다. 고통과 불안정의 경험 없이 배우는 극적 행동을 해낼 수 없다. 마지막은 **깨달음(perception)**이다. **추구, 노력, 싸움**을 통해서 궁극적으로 앎과 깨달음에 도달할 때 비로소 극적 행동이라고 부를 수 있는 것이다.

극적 인간이 극적 행동을 한다. 중요한 캐릭터는 극적 행동을 통해서 더 뛰어난 존재로 거듭난다. 캐릭터들은 시시각각 달리 보이는 상대·대상을 자신이 원하는 상대·대상으로 바꾸기 위해서 행동한다. 극적 행동에는 결코 멈추지 않는 다음 세 가지 노력이 동시에 담겨있다.

1. **알고자 하는 노력**

   −상대 캐릭터는 스스로를 설명하지 않는다. 상대의 몸과 소리를 통해 감지할 수 있는 모든 신호들을 포착함으로써 캐릭터는 상대를 알고자 하는 최선의 노력을 매 순간 기울인다. 알려고 하는 만큼 보려고 하고, 보는 만큼 상대 캐릭터에 대해서 알게 된다. 아는 것처럼 구는 순간 극적 행동은 중단된다.

2. **상대 캐릭터를 A에서 B로 바꾸려는 노력**

   —내가 보는 것을 보지 않는 상대를 내가 보는 것을 보는 상대로 바꾸려는 노력

   —내가 생각하는 것을 생각하지 않는 상대를 내가 생각하는 것을 생각하는 상대로 바꾸려는 노력

   —내가 느끼는 것을 느끼지 않는 상대를 내가 느끼는 것을 나와 똑같이 느끼는 상대로 바꾸려는 노력

   —나를 모르는 상대를 나를 아는 상대로 바꾸려는 노력

   —나를 이해하지 못하는 상대를 나를 이해하는 상대로 바꾸려는 노력

   —상대를 A에서 B로 바꾸기 위해서는 A를 보아야 하고 B를 상상해야 한다. 그렇지 않으면 행동은 길을 잃고 모호해진다.

   —상대는 상대 캐릭터뿐만 아니라 **관객을 포함**하는 것이다. **배우가 하는 모든 연기는 관객을 A에서 B로 바꾸기 위해서이다.** 자신의 연기에 관객을 포함시키지 않고 연기하는 것은 오류 중의 오류이다.

3. **모든 것을 감당하고 이겨내려는 노력**

   —흔들리며 균형과 중심을 잡으려는 노력

   —쓰러지지 않고 무너지지 않으려는 노력

   —좌절하거나 절망하지 않으려는 노력

   —감당해낼 수 없는 것을 감당해내려는 노력

   —'~한 나'(정체성)가 되려고 하고 '…한 나'(반정체성)가 되지 않으려는 노력

   —절실한 노력이 캐릭터의 행동을 극적 행동이 되게 한다.

이 세 가지 노력이 크면 클수록 배우＋캐릭터의 영혼과 정신이 빛을 발한다. 그 노력이 고귀할수록 배우＋캐릭터는 고귀한 인간이 된다. 그리고 배우＋캐릭터는 그 노력에 있어서만큼은 세상 그 누구에게도 뒤지지 않는다. 캐릭터는 열정적이다. 기운 빠진 캐릭터란 존재하지 않는다.

배우는 극 속에서 행하는 모든 행동과 반응을 자신만의 몸짓, 자신만의 소리와 말로 구현할 수 있어야 한다. 배우의 언어적·신체적 행동과 반응에는 '역동성'과 '음악적·조형적 아름다움'이 담겨있어야 하며, '정중동'(靜中動)과 '동중정'(動中靜)을 오가야 한다. '대비'는 모든 표현의 근본원리이다. 대비가 되지 않으면, 어떤 것도 선명하게 인식되지 않는다.

열정passion과 완벽주의

현실의 삶에서 '완벽주의'는 부정적인 의미를 가진 말로 주로 쓰인다. 어떤 일을 지독하게 하는 사람들을 존경하고 찬양하기보다 시기하고 비하하는 표현으로 쓰이고 있는 것이다. 그래서 완벽주의 성향을 가진 사람들은 마치 자기 자신에게 문제가 있는 것처럼 여기게 된다. 물론 완벽을 추구하는 사람들이 때로는 지나치게 모든 것을 통제하려고 하고 그러다 보니 심신이 잔뜩 긴장된 상태로 삶을 살게 되는 것은 맞다. 그 통제와 긴장은 버려야 하는 것이 분명하다.

그러나 예술가로서 배우에게 완벽주의는 필수적인 덕목이다. 다만 완벽주의라는 표현보다는 **'열정'**(passion)이나 **'예술혼'**이라는 말을 사용해야 한다. 예술은 치열하다. 예술에서 적당히 하거나 대충 하기가 발붙일 곳은 없다. 배우도 캐릭터도 자신이 하고자 하는 바를 목숨보다 중요한 것처럼 밀고 나간다. 그와 같은 열정으로만 무언가를 추구할 때 그것이 배우와 캐릭터를 성장시키고 변화시킨다. 열정이 성장과 변화를 낳고 성장과 변화는 시각과 관점을 변화시킨다. 시각과 관점이 달라지면 이후에 추구하는 것이 달라진다. 달라진 시각과 관점으로 배우＋캐릭터는 또다시 목숨 걸고 무언가를 추구한다.

배우와 캐릭터는 이와 같은 끝나지 않는 흐름과 여정 속에 놓여있다. 피터 브룩이 『전환점』(*The Shifting Point*)에서 한 다음 말은 배우＋캐릭터가 삶과 예술의 여정에서 어떤 태도를 견지해야 하는가를 집약적으로 잘 나타내고 있다.

Hold it tightly. Let it go lightly.

— Peter Brook

가열과 뜸 들이기 그리고 식히기

쌀이 밥이 되기 위해서는 끓기만 해서는 안 된다. 뜸 들이는 시간이 필요하다. 뜸 들이지 않고 가열만 한다면 밥은 되지 않고 타버린다. 예술적 발견과 성숙의 과정도 비슷하다. 예술가로서 배우는 활화산처럼 뜨겁게 무언가를 끝까지 해나간다. 그리고 그 열정의 시간 끝에 가만히 자기 자신을 성숙시키는 따뜻한 시간이 필요하다. 그러고 나서 배우는 모든 것을 차분히 식히고 나서 다시 스스로를 불태우는 여정에 재돌입한다. 묘목이나 모종이 튼튼하게 자라도록 하기 위하여 자리를 바꾸어 심는 것을 "옮겨심기"라고 하고, 옮겨심기한 작물을 자라던 곳에서부터 수확할 때까지 재배할 곳으로 옮겨 심는 것을 '아주심기'라고 한다.

혜원이는 어쩌면 지금 아주심기를 하고 있는지도 몰라.

— 영화 〈리틀 포레스트〉 중에서

"옮겨심기"와 "아주심기", 그것이 배우의 삶에 필요한 주기이다.

정상 행동 vs 비정상 행동

　모든 캐릭터들은 극 안에서 친숙하거나 정상적인 행동을 하는 것만이 아니라, **비정상적이고 불안정하고 특이한 행동을 하거나 특별한 행동**을 한다. '끊어낼 수 없는 사이'에 놓인 캐릭터는 극적 상황, 극적 사건, 극적 갈등을 거치면서 혼란과 고통에 빠진다. 고통받는 영혼, 혼란스러운 정신, 여러 갈래로 치닫는 생각, 미친 듯이 뛰는 심장, 걷잡을 수 없는 감정은 캐릭터를 '~해서/~하느라 죽겠다", "~해서/~하느라 미치겠다'와 같은 상태에 빠지게 한다. 그렇기 때문에 캐릭터는 기운 없는 상태, 맥 빠진 상태, 수동적인 상태에 있을 틈이 없다. 배우들은 자주 기운 없고 맥 빠진 상태에서 수동적으로 연기하는 경향을 보이는데, 캐릭터가 되는 것과는 무관한 것을 하고 있는 것이다.

　혼란과 고통 속의 캐릭터들은 특별한 행동, 이상한 행동, 특이한 행동, 돌발행동을 한다. <갈매기>의 뜨레쁠레프는 극중극을 급작스럽게 중단시키는 행동, 갈매기를 쏴 죽여서 니나의 발아래 바치는 행동, 자살 시도 및 자살의 행동을 한다. 니나는 "내 생명이 필요하면 언제든지 와서 가져가세요"라고 적힌 문구가 트리고린의 책 몇 페이지 몇 째 줄에 있는지 적혀있는 메달을 주면서 뜨리고린에 대한 사랑을 고백하는 행동을 한다. 그리고 뜨리고린이 모스크바로 떠나려는 순간 손안에 든 콩이 홀인지

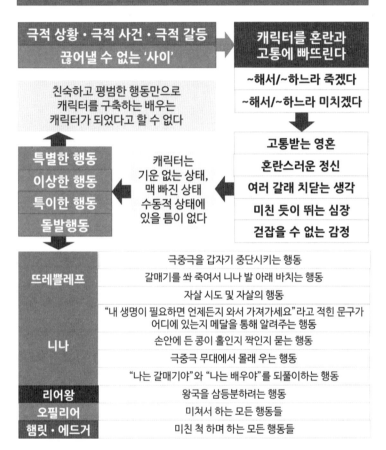

| 행동 | = | 반응 | 행동과 반응은 '사이'와 '관계'에서 비롯된다 |

모든 인물들은 극 안에서 친숙하거나 정상적인 행동을 하는 것이 아니라 비정상적이고 불안정하고 특이한 행동을 하거나 특별한 행동을 한다

| 극적 상황·극적 사건·극적 갈등 끊어낼 수 없는 '사이' | → | 캐릭터를 혼란과 고통에 빠뜨린다 |

~해서/~하느라 죽겠다

~해서/~하느라 미치겠다

친숙하고 평범한 행동만으로 캐릭터를 구축하는 배우는 캐릭터가 되었다고 할 수 없다

고통받는 영혼

혼란스러운 정신

여러 갈래 치닫는 생각

미친 듯이 뛰는 심장

걷잡을 수 없는 감정

| 특별한 행동 이상한 행동 특이한 행동 돌발행동 | ← | 캐릭터는 기운 없는 상태, 맥 빠진 상태 수동적 상태에 있을 틈이 없다 | ← | |

뜨레쁠레프	극중극을 갑자기 중단시키는 행동
	갈매기를 쏴 죽여서 니나 발 아래 바치는 행동
	자살 시도 및 자살의 행동
니나	"내 생명이 필요하면 언제든지 와서 가져가세요"라고 적힌 문구가 어디에 있는지 메달을 통해 알려주는 행동
	손안에 든 콩이 홀인지 짝인지 묻는 행동
	극중극 무대에서 몰래 우는 행동
	"나는 갈매기야"와 "나는 배우야"를 되풀이하는 행동
리어왕	왕국을 삼등분하려는 행동
오필리어	미쳐서 하는 모든 행동들
햄릿·에드거	미친 척 하며 하는 모든 행동들

짝인지 묻는 행동을 한다. 4막에서는 "나는 갈매기야"와 "나는 배우야"를 되풀이하는 행동을 한다. 리어왕은 왕국을 삼등분하려는 말도 안 되는 행동을 하며, 햄릿은 극중극이 진행되는 동안 오필리어에게 너무나 짓궂은

행동을 하고, 극중극이 끝나고 침실에서 어머니 거트루드에게 몹시 거친 행동들을 한다. 에드거는 미치광이 거지 톰으로 변장해서 삶의 밑바닥에 추락한 인간이 하는 온갖 행동을 하며 실제로 미친 사람들이 한 말들을 쏟아낸다. 오필리어는 실제로 미쳐서 그녀만의 미친 행동들을 한다. 그래서 친숙하고 평범한 행동만으로 캐릭터를 구축하는 배우는 캐릭터가 되었다고 할 수 없다.

행동과 반응의 구분

캐릭터들의 행동과 반응은 몇 가지 기준에서 나눠볼 수 있다. 먼저 행동의 종류를 구분해 보자.

1. 의식적 행동, 의도적 행동 (doing, action)
2. 학습된 행동, 습관적 행동, 자동적 행동, 활동 (activity)
3. 반사적 행동, 생리적 행동 (gesture)
4. 무의식적 행동, 천성적 행동, 세뇌된 행동 (behavior)

1번과 2번의 행동에는 비자율신경계에 속한 몸이 주된 역할을 하며, 3번과 4번은 자율신경계에 속한 몸이 스스로 반응하며 하는 행동이다.

두 번째 분류 기준은 '인간적 행동'과 '비인간적 행동'이다. 인간적 행동을 할수록 캐릭터는 상승하고 고귀한 존재를 향해 가며, 비인간적 행동을 할수록 추락하고 인간 이하의 존재가 되어간다.

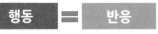

| 행동 | = | 반응 | 행동은 항상 '말하기'를 포함한다
행동을 통해 캐릭터가 드러난다 |

행동과 반응의 구분

비자율신경계		자율신경계	
의식적 행동	학습된 행동	반사적 행동	무의식적 행동
의도적 행동	습관적 반응	생리적 반응	세뇌된 행동
doing	자동적 행동	신경 반응	천성적 행동
action	activity	gesture	behavior

인간적 행동 VS **비인간적 행동**

친숙한 행동	정상 행동	VS	낯선 행동	이상한 행동
친근한 행동	일상적 행동		신기한 행동	기이한 행동
서툰 행동	실수		신비한 행동	비정상 행동
이성적 행동	감정적 행동		고귀한 행동	강박적 행동
어리석은 행동	바보같은 행동		초월적 행동	발작적 행동
바람직한 행동	안정적 행동		제의적 행동	본능적 행동
			특별한 행동	불안정한 행동
				돌발 행동

감추는 행동 ◀ 진심·속마음
내적 진실
실체·본질
core ▶ **드러내는 행동**

　세 번째 분류 기준은 친숙하고 정상적인 행동과 낯설고 이상한 행동
이다.

1. **친숙하고 정상적인 행동**
   - 친근한 행동, 일상적 행동, 서툰 행동, 실수, 이성적 행동, 감정적 행동, 어리석고 바보 같은 행동, 바람직한 행동, 안정적 행동 등이 포함된다.

2. **낯설고 이상한 행동**
   - 신기한 행동, 신비한 행동, 고귀한 행동, 초월적 행동, 제의적 행동, 특별한 행동 등이 포함된다.
   - 기이한 행동, 기괴한 행동, 비정상 행동, 강박적 행동, 발작적 행동, 본능적 행동, 불안정한 행동, 돌발행동 등이 포함된다.

네 번째 분류 기준은 캐릭터가 ① 진심·속마음, 내적 진실, 실체·본질·core를 **감추는 행동**과 ② 반대로 **드러내는 행동**이다.

모든 행동은 **자극(stimuli)·신호(signal)에 대한 감각적 지각과 인식에 대한 반응**으로서 일어난다. 자극과 신호를 지각하고 인식하는 능력의 차이가 판단과 선택의 차이를 낳고 행동과 반응의 차이를 보이게 한다. 캐릭터에게서 행동이 나온다기보다 자극에 반응하는 행동을 통해서 캐릭터가 '드러난다'고 보아야 한다. 애초에 자극이 없었다면 캐릭터의 행동은 유발되지 않았을 것이기 때문이다. 몇 가지 중요한 극적 행동들에 대해 조금 더 살펴보자.

1. 돌발행동

캐릭터의 행동들은 계획된 행동이 아니라 돌발행동이다. 햄릿이 침실에서 어머니에게 하는 행동처럼, 극적 갈등 속에서 캐릭터들이 하는 모든 행동은 '처음으로' 하는 예측할 수 없는 행동이다. 극적 상황과 사건 그리고 상대와의 갈등은 캐릭터를 송두리째 흔들어 놓는다. 그럴수록 캐릭터가 의식적·의도적·계획적 행동을 할 가능성이 줄어든다.

불안정한 캐릭터는 평소와는 다른, 전에 한 적이 없는 행동을 한다.

나도 머지않아 이런 모양으로 자살할 거야.
— 뜨레쁠레프, 〈갈매기〉

불안정하기 때문에 행동은 '돌발적'이다. 갈매기를 총을 쏘아 떨어뜨려서 니나의 발아래 바치는 뜨레쁠레프의 행동처럼 말이다. 만약 그 행동이 돌발행동이 아니라면, 즉 계획하고 의도한 것이라면 뜨레쁠레프라는 캐릭터는 완전히 다른 캐릭터가 된다. 돌발행동은 상대 캐릭터에게도 관객에게도 캐릭터의 행동을 예측 불가능하게 만든다. 배우가 캐릭터의 행동을 계획하는 것이 연기에 보여서는 안 된다.

난 널 못 알아보겠어.
— 니나, 〈갈매기〉

2. 도발적 행동

캐릭터의 절실하고 피나는 노력에도 불구하고 상대는 쉽게 바뀌지 않는다. 그러다 보니 캐릭터들은 종종 상대를 흔들어 놓거나 흐트러뜨리기 위해 '선을 넘는 행동', '온순하지 않은' 행동까지 하게 된다. 그런 행동을 도발적 행동이라 부를 수 있겠다. '선을 넘는' 행동은 치명적 '공격'이 된다. 말로 하는 경우에는, 절대 입에 담거나 올리지 말아야 할 말, 해서는 안 되는 표현까지 서슴지 않는다. 어떤 말이 상대를 아프게 하는지 안다. 도발적 행동은 극과 장면에 위태로운 긴장감을 조성하면서 캐릭터들 간의 충돌과 갈등을 극대화하고 그를 통해 캐릭터들을 시험한다.

3. 절규하는 행동

극적 갈등 속에서 신과 운명과의 형이상학적 싸움, 세상과의 정치적 싸움, 타인과의 인간적 싸움, 자기 자신과의 심리적 싸움을 하는 캐릭터는 고독한 존재이다. 갈등과 싸움이 최고조에 달할 때 캐릭터의 혼란과 고통도 극대화되고 때로는 광기(狂氣)가 캐릭터를 휩싸기도 한다. 그 와중에 캐릭터들은 절규하는 행동을 하게 된다. 리어왕이 폭풍우가 휘몰아치는 광야에서 거의 벌거벗은 채로 하는 절규가 대표적일 것이다. 절규하는 인간은 거짓을 외치지 않는다. 화산 폭발에 맞먹는 에너지를 분출하는 절규는 생명의 에너지를 다 써가며 맞서는 행동이자, 포기와 절망을 거부하는 행동이다. 절규하는 행동은 최후의 저항을 하는 대항 행동이 된다.

이강백 작, <동지섣달 꽃 본 듯이>에 나오는 첫째, 둘째, 막내의 절규는 최후의 대항 행동으로서의 절규에 대한 좋은 예이다.

첫째

어머니. . . 지독하십니다. 내가 어머니를 찾아 떠난 길이 이 길밖엔 없다니요! 너무나 잔혹하고, 너무나 참담합니다! 한 걸음, 한 걸음씩 피하지도 못한 채 걸어온 이 길에서 나는 당신을 꼭 찾고야 말겠습니다! 나오십시오, 어머니! 당신에게 명령합니다! 당신이 나타나지 않으면, 이 나라의 방방곡곡 다 뒤져서 당신을 반드시 잡아내고야 말겠습니다.

둘째

어머니, 죽으십시오! 제발 이제는 죽어 주십시오! 어머니를 찾아 이 세상의 온갖 산을 넘어왔습니다. 골짜기 골짜기마다 어머니를 찾았고, 봉우리 봉우리마다 어머니를 찾았습니다. 그러나 어머니, 이 세상에선 찾을 수 없는 어머니, 제발 죽으십시오! 마침내 어머니의 흔적이 없어질 때까지, 저는 이 자리를 떠나지 않겠습니다! 마른나무 지팡이에 싹이 나서 꽃 필 때까지, 저는 어머니가 죽어 없어지기만을 기다리고 있겠습니다.

막내

(막내, 수레에서 북을 꺼내 무대 전면으로 걸어 나와 앉는다. 막내는 격앙된 심정으로 북을 두드린다) 구멍을 팔아 먹을 것을 얻었소 부자한테도 팔고, 관리한테도 팔고, 파계승한테도 팔았소 노래 못 하게 하고 춤 못 추게 하는 동안, 처녀 광대는 구멍 팔았소 이놈한테도 팔고 저놈한테도 팔고 온갖 잡놈한테 다 팔았소 이토록 구차한 짓 왜 하는지 모르겠소!

— 이강백 작, 〈동지섣달 꽃 본 듯이〉 중에서

절규하는 캐릭터의 소리는 천둥소리에 맞먹는 소리다. 소리의 크기가 곧 캐릭터의 크기가 되는데, 절규하는 행동이 캐릭터를 크게 만든다. 절규하는 캐릭터는 오이디푸스 왕이 자신의 눈을 뽑아버리며 내는 소리처럼 때로는 인간이 도저히 낼 수 없는 소리까지 내게 된다. 강태경의 『호모 아메리카노』에 따르면, 로렌스 올리비에는 인간이 한 번도 내보지 않은, 그래서 들어본 적도 없는 그 소리의 답을 '혀를 찔린 순록의 소리'에서 찾았다고 한다. 절규는 무언(無言)의 행동으로 나타나기도 한다. 소리조차 낼 수 없기 때문이다. 영화 <대부> 3편에서 딸의 죽음 앞에서 입이 활짝 벌어졌으나 아무 소리도 내지 못하는 마이클 코를레오네(알 파치노 扮)의 행동처럼 말이다.

4. 다중 행동

배우에게 늘 상대는 상대 캐릭터와 관객 둘 다이다. 그런데 상대 캐릭터와 관객에게 각기 다른 행동을 해야 할 때가 있다. 대표적인 예가 상대 캐릭터에게는 숨기는 것을 관객에게는 말하는 행동이다. 배우는 연출·감독이 특별한 요구를 하지 않는 이상 어떤 경우에도 관객에게 무언가를 숨기는 행동을 하지 않는다. 그러나 상대 캐릭터에게는 숨겨야 할 것들이 많다. 그래서 다중 행동이 자주 발생한다.

다중 행동 multiple actions	배우는 상대 인물과 관객에게 각기 다른 행동을 해야 할 때가 있다 고차원적 연기	
인물의 행동은 '상대 캐릭터를 향한 행동'과 '관객을 향한 행동'으로 구성된다 두 가지를 동시에 수행해야 할 때 인물+배우의 행동은 '다중행동'이 된다		
상대 캐릭터를 향한 행동	**관객을 향한 행동**	
내가 보는 것을 상대에게 보게 하려고 한다	내가 보는 것을 관객에게 보게 하려고 한다	
상대 캐릭터는 내가 보는 대로 보려 하지 않는다	관객은 내가 보는 것을 보지 않고 있다	
상대가 나와 같은 생각을 하게 하려고 한다	관객이 나와 같은 생각을 하게 하려고 한다	
상대 캐릭터에게 내 눈을 보여준다	관객에게 내 눈을 보여준다	
상대 캐릭터에게 숨기고 싶은 것이 있을 때 상대 캐릭터에게 내 눈을 보여주지 않는다	상대 캐릭터에게 숨기는 것을 관객과 카메라에게는 숨겨서는 절대 안 된다	
상대 캐릭터를 향한 행동은 관객을 향한 **간접적인 행동**이다	혼자서 하는 독백(soliloquy)은 관객을 향한 대표적인 단일 행동	
왜냐하면 결국 관객이 모든 것을 보고 듣고 알고 생각이 바뀌어야 하기 때문이다		

캐릭터도 상대 캐릭터도 극 전체를 보지는 못한다. 하지만 관객은 극 전체를 보는 존재이다. 배우＋캐릭터가 무대 위와 카메라 앞에서 하는 모든 연기는 결국 관객이 모든 것을 보고 듣고 알고 생각이 바뀌게 하기 위해서이다. 따라서 다중 행동을 할 수 있는 능력이 배우의 필수적인 능력이 되며, 상대 캐릭터와 관객 둘 사이에서 한 번에 하나가 아니라 둘 이

상의 행동을 동시에 수행해야 하기에 다중 행동은 고차원적인 연기가 된다.

캐릭터가 상대 캐릭터에게 어떤 **저의(底意)**를 가지고 행동할 때 대표적인 다중 행동이 된다. 배우는 캐릭터의 저의가 상대 캐릭터에게는 들키지 않게, 하지만 관객이 알 수 있게 연기해야 한다. 상대 캐릭터에게는 들키지 않고 자신이 원하는 것을 이루려고 하는 반면, 관객에게는 캐릭터가 얼마나 교묘하게 상대를 속이면서 자신이 원하는 바를 성취해가는지 관객이 '목격'하게 해야 한다. 그래서 배우＋캐릭터는 관객을 자신의 '공모자'로 만들어야 한다. 관객이 공모자가 될 때 '극적 아이러니'(dramatic irony)가 성립한다. 극의 전개상 '반전'을 위해 혹은 연출의 요구에 의해 관객에게까지 저의를 숨겨야 하는 경우, 배우＋캐릭터의 연기는 훨씬 더 정교하고 교묘해야 한다.

5. 정성精誠과 제의祭儀적 행동

캐릭터들은 모두 아주 **'각별한 행동'**을 하게 되는데 그것은 **'각별한 마음'**을 가졌기 때문이다. 각별한 마음이란 참되고 성실한 마음, 고귀한 마음, 영원과 불멸을 꿈꾸는 마음이다. 그 마음이 **정성을 다하는 행동, 고귀하고 신성한 행동, 제의(祭儀)적 행동**을 하게 한다. 일상적이고 현실적인 행동은 배우의 연기를 평범한 차원에 머물게 한다. 그러나 정성이 담긴 제의적 행동은 배우의 연기를 높은 차원으로 끌어올린다. <햄릿> 4막 5장에서 "기억"하고 "생각"하라며 '꽃'(이라 불리는 것)을 주는 미친 오필리어의 행동, 영화 <미성년>에서 죽은 동생의 유골을 우유에 타서 마시는 주리의 행동은 각별한 제의적 행동이다.

캐릭터가 시를 읊거나 쓴다면, 그림을 그리거나 음악을 짓는다면, 그것도 넓은 의미에서 영원과 불멸을 꿈꾸는 제의적 행동이 될 수 있다. 음악과 미술도 연극처럼 그 탄생의 뿌리가 제의에 있다. 미친 오필리어가 그냥 말로 하지 않고 '노래'를 하는 것은 그 자체로 오필리어의 모든 행동을 제의적 행동이 되게 한다.

정성과 제의적 행동은 사람의 마음을 움직이고 감동시켜 **근본적인 변화를 꿈꾸는 행동**이 되기도 한다. 영화 <역린>에 인용된 『중용』 23장의 문구는 정성과 제의적 행동의 본질을 잘 담고 있다.

작은 일도 무시하지 않고 최선을 다해야 한다.
작은 일에도 최선을 다하면 정성스럽게 된다.
정성스럽게 되면 겉으로 드러나고,
겉으로 드러나면 이내 밝아진다.
밝아지면 남을 감동시키고,

남을 감동시키면 변하게 되고,

변하면 생육된다.

그러니 오직 세상에서 지극히 정성을 다하는 사람만이

나와 세상을 변하게 할 수 있는 것이다.

"오직 세상에서 지극히 정성을 다하는 사람만이 나와 세상을 변하게 할 수 있는 것이다"라는 말은 배우가 연기에 임함에 있어서 그리고 상대 캐릭터와 관객을 대함에 있어서 견지해야 하는 근본 태도이다. 정성과 제의적 행동을 발견하고 구현하는 배우는 하나의 행동에 가장 깊은 마음을 담아내는 거대한 존재가 된다.

맥락^{context}

모든 행동은 '맥락'에 의해서 의미가 달라진다. 언어(말)만 문맥에 의해서 의미가 결정되는 것이 아니라, 신체적 행동도 마찬가지이다. 때로는 서로 다른 행동도 같은 의미를 가질 수 있다. 캐릭터가 직접적·직설적 표현만을 하는 것이 아니라, 간접적·우회적·반대적 표현을 자주 하기 때문이다. 그러므로 배우는 극적 상황과 사이·관계, 캐릭터의 정신적·심리적·정서적·신체적 상태, 동기·목적·의도 등을 종합적으로 고려하여 의미를 생각하고 행동을 통해 의미를 생성해야 한다.

반응^{response, re-action, counter-action}

살아있는 인간은 쉼 없이 반응하는 존재이다. 그에 따라 살아있는 연
기도 반응하는 연기가 된다. 그러나 사실 반응이라는 한 가지 이름으로만
불리기에는 무리가 있는 각기 다른 반응들이 존재한다.

1. **자극(stimulus)에 대한 반응(response)**
    - 감각적 지각과 인식에 따른 '즉각적' 반응이다. 자극을 지각하지
      못하면 반응은 일어나지 않는다. 지각한 자극을 어떻게 해석하느냐
      에 따라 반응은 달라진다.
    - 이와 같은 반응의 과정은 빛의 속도로 일어난다.
2. **반사적 반응, 조건적 반응, 신경 반응(reflex)**
    - 자극에 대해 우리 몸이 반사적으로 보이는 반응으로, 의식적으로
      조절되거나 통제되지 않은 반응이다. 대부분 무의식적인 반응이다.
3. **통제된 반응, 의도적 · 의식적 반응(controlled reaction)**
    - 자극과 상대의 행동에 대해 의식적으로 조절하고 통제한 반응으로,
      반응의 속도와 타이밍이 상대적으로 늦어진다.
    - 캐릭터가 반응을 통제하는 것은 대부분 자신의 내적 진실을 들키
      지 않기 위해서이거나 상대의 상태를 악화시키지 않기 위해서이다.
4. **감정적 반응(emotional response)**
    - 자극에 대한 반응 중에서 감정적 동요를 수반하는 반응이다.
5. **반발(repulsion)과 반박(retort)**
    - 자극이나 상대의 행동에 반발하면서 하는 행동, 상대의 행동을 거
      부하고 반박하면서 하는 행동이다.

−모든 reaction은 반발과 반박에서 시작된다.

6. **대응행동(re-action)**

　−상대의 행동(action)에 맞대응해서 하는 행동이다.

　−reaction을 상대의 행동에 대한 '반응'이라고 흔히들 말하지만, 사실 정확하게 이야기한다면 reaction은 반응이라기보다는 상대의 행동을 저지하거나 제압하고자 하는 '대응행동'이다(re-ACTION).

　−물리에서 action과 reaction을 "작용과 반작용"이라고 부르듯이, reaction은 행동에 행동으로 맞대응하는 것이다.

　−action과 reaction은 둘 다 행동이지만, reaction은 선제 행동 없이 발생하지 않는다는 차이가 있을 뿐이다.

7. **역행동, 반대행동 혹은 상쇄행동(counter-action)**

　−상대의 행동(action)에 역행하거나 반대되는 행동을 함으로써 상대의 행동을 무효화시키거나 상쇄시키는 행동이다.

순간에서 순간으로^{moment-to-moment}

　극의 시간은 순간에서 순간으로 이루어지고, 매 순간은 캐릭터들의 보기와 듣기가 낳은 행동과 반응 그리고 상호작용으로 구성되어 있다. 하나의 순간에 이루어진 보기·듣기와 행동·반응이 다음 순간의 보기·듣기와 행동·반응을 낳는다. 연기는 정해진 대로 다시 이어가기가 절대 아니다. 배우가 매 순간을 진실하게 창조하고 그것이 다음 순간을 낳으면서 극의 시간이 진행되어야 한다. 배우들은 상호작용하면서 진실한 순간들을 공동창조해야 하는 예술가이다. 무대에 혼자 있으면서 독백을 하는 경우에는 관객과 상호작용하면서 독백의 모든 순간을 창조하여야 한다.

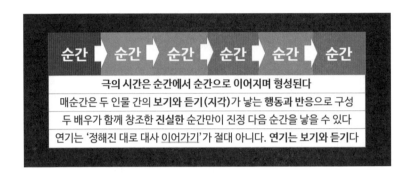

행동이 반응을 낳고 그 반응이 또 다른 행동을 낳기 때문에, 사실 모든 행동은 반응이나 마찬가지이다. **행동이 반응이고 반응이 행동이다.** 극의 모든 순간은 '**연쇄반응**'으로 진행된다. 그래서 모든 행동은 행동이라기보다 반응이라고 여기는 것이 더 나은 연기를 가능하게 한다. 반응이 진짜일 때에만 극과 연기는 진짜로 보인다. 반응은 '즉각적'이고 '반사적'이어야 한다. 캐릭터들이 의식적인 반응을 보일 때도 있지만, 그때는 무언가를 숨기고 감추기 위해서 의도적으로 반응을 통제한다. 그러나 그렇지 않은 순간에 배우들이 반응을 통제해서 하려고 하면, '의식적이고 의도적인 계획'하에 반응하려고 하면 반응이 느려져서 진짜 반응으로 보이지 않게 된다. **진짜 반응은 무의식적으로 즉각적으로 반사적으로 일어난다.** 배우가 의식적·의도적으로 하는 모든 것은 시동·발동을 위한 것이다. 배우의 모든 노력은 의식적인 단계를 넘어 무의식적인 상상의 세계, 진정한 창조성의 상태로 나아가기 위한 것이다. 의식적이고 의도적인 것들로만 연기하는 배우는 아마추어이다. 유연함과 민첩함의 수준이 전문배우·프로배우의 수준이 되고 예술적 수준과 기량이 된다.

민첩함과 유연함

　진짜 반응을 창조할 수 있기 위해서 배우는 민첩하고 유연한 상태로 극적 시간 속에 존재해야 한다. 배우훈련과 연기훈련은 배우의 몸과 소리가 즉각 반응하게 하기 위한 것이고, 즉각적인 방해를 막는 모든 요소를 제거하기 위한 것이다. 가상의 자극에 즉각 반사적으로 반응할 수 있는 민첩하고 유연한 몸과 소리는 극적·연기적 창조와 표현과 전달을 가능하게 하는 주된 수단이다.

　가상의 자극 혹은 허구적 자극은 감각적 상상에 의한 자극과 무대(극적 시공간) 속에 현존하는 모든 자극을 말한다. 자극은 가상과 허구의 것이지만, 그것에 즉각 제대로 **반응**하는 배우의 몸과 소리가 연기의 모든 순간을 진짜인 것처럼 보이게 한다.

　민첩함과 유연함을 바탕으로 배우는 매 순간의 연쇄반응에서 **완급의 조절, 강약의 조절, 고저의 조절, 명암의 조절, 색채의 조절, 상승과 하강의 조절**, 그리고 그 모든 것의 **대비**를 자유자재로 구사할 수 있어야 한다. 습관적으로 자신이 편안함을 느끼는 영역에 머무르는 것이 아니라, 배우는 양극 사이의 스펙트럼을 동시다발적으로 자유롭게 오가야 한다. 왜냐하면 변화와 차이와 대비를 통해서만 모든 것이 표현되고 전달될 수 있기 때문이다. 변화와 차이와 대비를 통해 표현되지 않는다면 아무것도 선명하게 알 수 없다. 그런 표현은 표현이 아니다.

반응의 타이밍

　반응이 진실한 연기를 가능하게 한다고 했을 때, 반응의 타이밍에 대한 감각은 배우가 가져야 하는 가장 중요한 감각의 하나가 된다. 타이밍에 대한 감각은 배우의 민첩함과 유연함의 수준과 연결되어 있다. 가상의 자극, 허구의 자극에 대해 정박에 반응해야 할 때도 있지만, 반 박자 빠르게, 한 박자 빠르게, 두 박자 빠르게 반응해야 할 때가 있고, 역으로 반 박자 느리게, 한 박자 느리게, 두 박자 느리게 반응해야 할 때가 있다. 반응의 타이밍이 일정하고 규칙적일수록 안정적인 캐릭터가 된다. 하지만 동시에 뻔하고 쉽게 간파되는 지루한 캐릭터가 될 위험이 있다. 갈등하고 위태로운 인간은 불안정하기에 반응의 타이밍도 예측불허가 된다.

보기와 듣기는 반응에 선행한다

　행동과 반응은 '끊어낼 수 없는 사이'에서만 일어나는 것이고, 행동과 반응은 매 순간 변화하는, 쉬지 않고 변화하는 상대·대상을 보고 듣는 것에서 유발되는 것이다. 그 변화와 차이를 보고 듣지 않으면 행동과 반응을 할 수 없고, 보고 듣지 않고 하는 행동과 반응은 가짜가 된다. 반응하는 존재는 살아있는 존재가 되고, 살아서 반응하는 존재가 되기 위해서는 끊임없이 보고 들어야 한다. 캐릭터의 행동과 반응을 파악하기 위해서는 캐릭터가 보고 듣는 것을 먼저 파악해야만 가능하다.

　보고 듣는다는 것은 행동과 반응을 불러일으키는 모든 것이, 그로 인해 연기의 모든 것이 캐릭터 자체나 캐릭터 안이 아니라 캐릭터 밖에 있음을 의미한다. 배우가 캐릭터가 되기 위해서는 제일 먼저 캐릭터가 사이를 맺고 있는 모든 것을 보고 듣고 그것에 집중하여야 하는데, 상대, 대상, 외적 이미지뿐만 아니라 내적 이미지까지 캐릭터의 '밖'에 있는 것처럼 보고 들어야 한다. 내적 이미지조차 관객과 카메라가 있는 방향에 상상의 스크린이 있는 것처럼 펼쳐 보여야 하는 것이다. 내적 이미지들을 캐릭터 안에 있는 것처럼 연기하게 되면 그것은 관객과 함께 하는 연기가 아니라 관객 앞에서 홀로 고립되어 혼자만 무언가에 집중해 있는 것처럼 보이게 하는 것이 된다. 그렇게 되면 관객은 배우와 함께 극을 경험하는 것이 아니라 배우를 동물원 우리 속에 갇힌 동물 보듯이 보게 된다. 배우와 관객이 연결되지 않게 되는 것이다. 그것은 매우 안타깝고 안쓰러운 일이 된다. 상대와 대상, 내적·외적 이미지들이 배우＋캐릭터를 행동하고 반응하게 하는 자극이자 에너지가 되는데, 그것과 차단된 상태로 연기하게 되면 배우는 혼자서 무언가를 끌어올려서 표현하려고 애를 쓰게 된다.

배우는 캐릭터가 보고 듣는 것을 보기 위해 상상력을 발휘하고 자신의 기억들을 뒤지며 삶의 경험을 캐릭터의 경험과 포개려고 해야 한다. 줄리엣 눈에 보이는 로미오, 뜨레쁠레프의 눈에 보이는 니나, 니나의 눈에 보이는 뜨레쁠레프는 **시시각각 다른 모습을 보이는 모순 덩어리의 이해 불가능한 존재**이다. 그런 상대를 알고 이해하기 위해 그리고 상대를 변화시키기 위해 캐릭터는 움직이고 행동하고 반응한다. 캐릭터의 눈에 보이는 상대 캐릭터의 모습을 보고 듣는 것만으로 배우＋캐릭터는 저절로 상대에게 반응할 수 있게 될 것이다.

행동과 반응의 성패

상대를 알고 이해하고 변화시키려는 캐릭터의 행동과 반응이 항상 성공하는 것은 아니다. 오히려 실패할 때가 더 많다. 물론 캐릭터는 실패할 것이라고 생각하고 움직이는 것은 아니다. 최선을 다하지만, 결과적으로 자신이 하고자 했던 것에 성공하지 못하는 경우가 많다. 왜냐하면 상대는 절대 캐릭터 마음대로 되지 않기 때문이다. 죽은 갈매기를 니나의 발아래 바치는 뜨레쁠레프는 니나의 마음을 돌리고 니나의 사랑을 되찾기 위해서 모든 행동을 하지만, 결과적으로 니나의 마음을 돌리는 데에 실패한다.

삶에서 실제로 누군가의 생각과 마음과 행동을 바꾸려고 해본 적이 있다면, 바꾼다는 것이 거의 불가능에 가까운 일인지 알 것이다. 캐릭터들은 그 불가능한 미션을 해내려고 한다. 어떻게든 어떻게든 어떻게든 해내고자 한다. 그래서 행동은 연쇄행동이자 연쇄반응이 되는 것이다. 행동과 반응은 절대 단발성으로 그치지 않는다. 상대를 바꾸려고 해서 바로 바뀐다면 거기서 행동과 반응은 멈출 것이고 장면은 끝이 날 것이다. 그러나 상대가 바뀌지 않기에 전략과 방법을 계속 바꾸어가며 지칠 줄 모르고 상대를 바꾸고자 하는 노력을 계속해 나간다.

캐릭터는 절망을 모른다. 절대 포기하지 않는다. 막아서는 것들을 넘고 넘어서 끝까지 하고자 할 뿐이다. 강조하고 또 강조하지만, 관객이 보아야 하는 것은 배우+캐릭터의 '노력'이다.

극적 행동^{action}과 반응으로서의 말하기

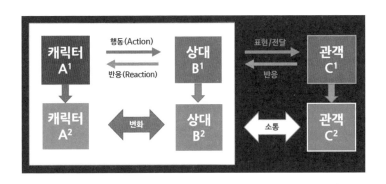

행동과 반응은 신체적 행동과 반응에 국한된 개념이 아니다. 극적 행동과 반응은 항상 캐릭터들의 말하기를 포함한다. 그래서 극적 행동과 반응은 항상 '언행'(言行)의 의미로 사용되어야 한다. 사실 말하기는 캐릭터들의 가장 중요한 극적 행동이자 반응이다. 소리와 말은 상대와 관객의 생각과 마음을 움직이고자 하는 절실한 행동이다. 소리와 말은 상상(생각·기억·환상을 포함)과 상대(관객을 포함)에 대한 반응으로서 나온다. 상상 없이 말이 있을 수 없고 상대 없이 말이 나올 수 없다.

말을 한다는 것은 내가 마음속에 떠올리는 것과 생각하는 것을 상대 캐릭터의 마음속에 그리고 관객의 마음속에 떠올리고 내가 하는 생각을 상대 캐릭터와 관객도 함께 생각하게 하려는 노력이다. 극적 행동과 반응으로서 말을 한다는 것은 항상 상대를 변화시키려는 최선의 노력이다. 최선의 노력을 기울이면서 내 말에 대한 상대와 관객의 반응에 반응하면서 말을 하는 것이다. 그와 같은 노력을 하게 되면, 노력의 와중에 나(캐릭터)도 변화한다. 그러면서 자신이 할 것이라고 생각도 하지 못한 말과 행동을 하게 된다. 무슨 말을 어떻게 하느냐는 내가 아니라 상대 캐릭터와 관객이 결정한다.

말에는 캐릭터가 치열하게 하는 생각의 과정이 담겨있으며 실제 말하기의 방식과 태도는 상대·관객을 설득하고 변화시킬 필요에 의해 결정된다. 캐릭터가 치열하게 하는 생각을 제대로 하기 위해서 배우는 이미지가 해방되어 자유로운 상상이 가능해야 하고, 캐릭터로서 실제로 생각하고 기억하고 상상할 수 있어야 한다. 그리고 모르는 것과 이해할 수 없는 것을 알고 이해하고자 하는 강력한 의지와 솟구치는 감정을 감당하려는 노력이 생각의 과정을 이끌고 나아간다. 상대와 관객을 설득하기 위해서 우선 상대와 관객을 보고 듣고 그것에 반응하면서 상대·관객의 생각과 마음을 알고자 하는 절실한 노력, 상대·관객의 생각과 마음을 움직이려는 최선의 노력을 하면서 설득의 과정이 형성된다. 극적 행동과 반응으로서의 말하기를 잘 집약하고 있는 대사가 사라 케인 작 <크레이브>에 나온다.

어떻게든 어떻게든 어떻게든 압도적인 결코 죽지 않는 저항할 수 없는 무조건적인 모든 것을 포용하고 마음을 풍요롭게 하고 정신을 확장시키는 계속되는 결코 끝나지 않는 바로 당신에 대한 나의 사랑을 조금이라도 전하고자 한다.

― 사라 케인, 〈크레이브〉

쉼표도 마침표도 없이 쉴 새 없이 말이 이어지다가 마지막에 A라는 캐릭터는 그 모든 말이 결국 무엇에 관한 것이었는지 마지막에 밝히고 있다. 캐릭터의 행동과 반응이 어떠해야 하는지가 혼란스러울 때마다 위의 대사를 읊조려보면 된다. '절실한 시도'와 '포기를 모르는 노력'이 모든 극적 행동과 반응의 본질이다. 상대가 나를 말하게 하고 행동하게 한다.

말하기는 가장 중요한 극적 행동(action)이다

상대는 내가 생각하고 느끼는 것을 전혀 모르거나
나와는 반대로 생각하고 느낀다

상대의 마음은 내 마음과는 다르다

상대는
늘
관객을
포함한다

그런 상대로 하여금

내가 보는 것을 보게 하고

내가 생각하는 것을 생각하게 하고

내가 느끼는 것을 느끼게 하고

나와 같은 마음이 되게 하기

내가 보는 것(감지하는 것)을 말하기

내 생각을 말하기	내가 느끼는 것을 말하기
내 기억을 말하기	내 마음을 말하기
내 상상을 말하기	이야기를 말하기

지속적으로 상대를 반박하기

상대가 내가 보는 것을 볼 때까지

상대가 내가 생각하는 대로 생각할 때까지

상대가 내가 느끼는 대로 느낄 때까지

상대가 나와 같은 마음이 될 때까지

절망하지 않기

좌절하지 않기

무엇이든 감당하기

상대를 나보다 더
중요하게 여기기

매순간 끊임없이 상대에게 최대한 영향 받기

상대를 온 감각으로 예의주시하기

말하기의 방식과 태도

　말하기는 캐릭터의 **'변화무쌍하고 역동적인'** 행동이자 반응이다. 말 뜻을 파악하는 것 이상으로, 캐릭터가 어떤 행동으로서 말하기를 하고 있는가를 파악하는 것이 중요하다. 모든 행동과 반응은 '동사'에 해당하고 모든 동사는 '부사'의 수식을 받아서 행하는 방식과 태도 그리고 양상이 결정된다. 말하기는 상대를 반박하고 변화시키려는 동기·목적·의도에 의해서 발생하고 상대와의 관계 그리고 상대의 태도에 따라 방식과 양식이 결정된다. 상대의 태도가 시시각각 변화함에 따라 행동과 반응으로서 말하기도 변화한다. 그리고 말하기를 통한 행동과 반응은 관계의 변화를 가져오기도 한다. 캐릭터가 말하는 방식과 태도들 중 대표적인 예는 다음과 같다.

1. 　있는 그대로 말하기, 직접적으로 말하기, 대놓고 말하기
   　－대본에서 차지하는 비중이 상대적으로 적다. 서브텍스트가 있는 대본에서 캐릭터가 중요한 것 혹은 '진실'은 입 밖에 내지 않기 때문이다.
   　－그래서 입 밖으로 내뱉은 말(대사)만을 가지고 말뜻을 알 수 없다.
   　－거의 항상 말하는 것보다 말하지 않는 것이 더 많다.
2. 　진실·진심을 전하려고 말하기
3. 　생각·마음·정서와 다르게 말하기
4. 　생각·마음·정서를 숨기려고 말하기
5. 　반대로·돌려서 말하기, 남의 이야기인 척 말하기
6. 　간접적·비유적·암시적으로 말하기
7. 　넌지시 말하기, 떠보려고 말하기

8. 비꼬아서 말하기

9. 아프게 하려고 말하기, 독설

10. 말실수

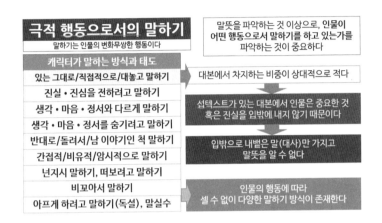

동사와 부사의 결합은 무한에 가까운 경우의 수를 낳는다. 캐릭터의 행동에 따라 셀 수 없이 다양한 말하기 형식이 존재하는 것이다. 배우는 그 모든 말하기의 방식과 태도를 자유자재로 구사할 수 있어야 한다.

극적 행동과 반응을 동사로 표현하면 '~에도 불구하고 어떻게든 어떻게든 어떻게든 ~하고자 한다', '자신이 할 수 있는 이상으로 ~하고자 노력한다'가 된다. 여기에 '~(하)게'의 부사가 결합하면서 무한대의 말하기 방식과 태도를 낳는다. 그리고 그 방식과 태도를 통해서 캐릭터가 드러난다. 배우는 하나의 대사를 골라서 같은 대사를 각기 다른 방식과 태도로 말하는 연습을 놀이처럼 꾸준히 함으로써 방식과 태도에 대한 감각을 키워가야 한다. 세련되고 남다른 감을 키워야만 진정으로 반응하는 연기를 할 수 있다. 모든 말은 반응으로서의 행동이다. 반사적이고 예민하고 세련되고 뛰어난 감각만이 반사적 행동을 가능하게 한다. 말하기의 방식과 태도를 규정하는 부사들의 예는 다음과 같다.

극적 행동으로서의 말하기
말하기는 인물의 변화무쌍한 행동이다

행동은 방식과 태도를 규정하는 부사와 결합해서 무한대로 표현 가능해진다

동사(행동)	부사(방식과 태도)
~에도 불구하고 어떻게든 어떻게든 어떻게든 ~하고자 한다 자신이 할 수 있는 이상으로 ~하고자 **노력한다**	~(하)게

방식과 태도를 통해서 캐릭터가 드러난다

동사(행동)	부사(방식과 태도)
필사적으로	솔직하게, 진솔하게, 진심으로
미친듯이	부드럽게, 아름답게, 우아하게
반대로	관대하게, 친절하게, 다정하게
직설적으로, 단도직입적으로	거칠게, 거침없이, 개의치 않고
펄쩍 뛰며, 기겁해서	뜨겁게, 열정적으로, 강하게
반사적으로, 즉각, 주저 없이	차갑게, 냉정하게, 냉담하게, 싸늘하게
흔들림없이, 굳건하게, 집요하게	대충, 두리뭉실, 얼버무리듯
삐쳐서, 토라져서	모호하게, 아리송하게, 얼렁뚱땅
돌려서, 비비 꼬아서, 암시적으로	멍하게, 넋이 나간 듯이, 정신없이
예의를 갖추어, 신사적으로	급하게, 덜렁대며
무례하게, 버릇없이	산만하게
막무가내로	예리하게, 날카롭게, 통렬하게
쓸데없이	용감하게, 과감하게, 적극적으로
바보같이	비겁하게, 소극적으로, 소심하게
삐딱하게	촐싹대며, 까불며
아이같이, 유치하게, 어른스럽게	싸가지 없이, 버릇 없이
무작정	거짓으로
끝간 데 없이	관능적으로, 육감적으로, 섹시하게
무심코, 무심하게, 자기도 모르게	매혹적으로, 유혹적으로
거만하게, 오만하게	민첩하게, 유연하게
수줍게, 부끄럽게	꼼꼼히, 세밀하게
	고집스럽게, 독단적으로
	능동적으로, 주체적으로
	수동적으로, 자신없이
	야비하게, 잔인하게
	공격적으로, 위압적으로
	방어적으로

동사(행동)	부사(방식과 태도)
~에도 불구하고 어떻게든 어떻게든 어떻게든 ~하고자 한다 자신이 할 수 있는 이상으로 ~하고자 **노력**한다	~ (하)게

방식과 태도를 통해서 캐릭터가 드러난다	

동사(행동)	부사(방식과 태도)
조심스럽게	난감하게, 난처하게
당황스럽게	명랑하게, 쾌활하게
느닷없이	겸연쩍게, 뻘쭘하게
낯설게, 생소하게, 생경하게	못마땅하게
회의적으로	염려스럽게, 걱정스럽게
답답하게	냉소적으로, 비웃듯이, 비정하게
애틋하게	신나게
애절하게	침착하게. 차분하게
습관적으로	대담하게, 대범하게, 비장하게
견딜 수 없게, 버겁게	정의롭게
수치스럽게	품위있게, 고상하게, 고귀하게
비굴하게	책임감있게
초조하게	능글맞게, 유들유들하게
의젓하게, 의연하게	새침하게
미련하게	빠릿빠릿하게
우직하게, 묵묵히	탐욕스럽게
붙임성 있게	시치미 떼며
도도하게	알아채지 못하게, 은근하게
섣부르게	두루뭉실하게
사무적으로	비판적으로, 염세적으로
능숙하게	흐리멍텅하게
어설프게	묵묵하게, 담담하게
	걷잡을 수 없게
	본능적으로
	이성적으로, 합리적으로
	절제하며
	초연하게

다양한 말하기는 다양한 말의 '뉘앙스'를 낳는다. 말의 진정한 뜻은 말 자체나 겉뜻에 있는 것이 아니라 '뉘앙스의 차이'와 '소리의 차이'에 있다. 배우는 행동과 반응으로서의 말하기가 달라짐에 따라 뉘앙스가 어떻게 달라지는지를 알아야 한다. 배우는 모든 말하기의 방식과 태도를 자

유자재로 구사할 수 있어야 하고, 대본에서 캐릭터의 '숨겨진' 말하기의 방식과 태도를 읽어낼 수 있어야 한다. 뉘앙스를 구현하는 능력을 키우기 위해서 배우는 입 밖으로 내뱉는 대사를 전혀 다른 의미인 것처럼 말해보는 연습을 거쳐야 한다. 또한 캐릭터가 침묵의 언어, 즉 신체언어로 말을 할 때에는 뉘앙스의 차이를 선명하게 구현할 수 있는 정교한 신체언어가 필요하다.

동기

'무엇이 진정 인간을 움직이는가?'라는 질문은 배우가 캐릭터의 행동과 반응을 파악함에 있어서 반드시 물어야 하는 질문이다. 인간의 행동은 무언가에 대한 추구·갈구에서 나오는데, 그 이전에 무언가에 대한 추구는 인간을 움직이는 근본적 동기와 원동력에서 비롯된다. 동기가 최종적 행동을 결정하는 것이다.

인간을 움직이는 가장 큰 동기·원동력은 크게 사랑, 그리고 두려움과 탐욕이다. 사랑은 인간적 가치를 추구하게 하고, 탐욕은 쾌락·만족·안정을 추구하게 하고 두려움은 힘·지배·관계에 대해 갈구하게 한다. 각각의 동기와 원동력이 추구하는 것이 인간의 '꿈'이 되고 인간은 꿈을 실현하기 위해 행동하게 되는 것이다.

행동과 반응은 상대에 의해서 유발되는 것이다. 그러므로 상대는 캐릭터에게 동기부여를 하는 존재가 된다. 동기 자체는 캐릭터에서 나오는 것이지만, 상대에 의한 동기부여 없이는 동기가 발생하지 않는다. 동기의 다양한 예들은 아래 표와 같다.

동기의 종류 (예)
무엇이 진정 인간을 움직이는가?

인간을 움직이는 가장 큰 동기/원동력은
사랑, 그리고 **두려움**과 **탐욕**이다

동기는 나 (캐릭터)에게서 나온다		
~할까 봐 두려워서	~을 얻기 위해서	~를 사랑해서
~하지 않을까 봐 두려워서	~의 욕구를 충족시키기 위해서	~를 아프지 않게 하기 위해서
실체가 드러날까 봐 두려워서	외롭지 않기 위해서	~를 행복하게 하기 위해서
버림 받을까 봐 두려워서	자기 자신을 되찾기 위해	~를 살리기 위해서
비난/벌 받을까 봐 두려워서	~과 결별하기 위해	~를 지키기 위해서
부정당할까 봐 두려워서	~과 싸우기 위해	~가 두려워하지 않게 하기 위해
상처받을까 봐 두려워서	계속 살아가기 위해	꿈을 지키기/실현하기 위해
진실을 회피하기 위해	무시당하지 않기 위해	위엄/존엄을 지키기 위해
자존심을 지키기 위해	관심을 얻기 위해	자신을 해방시키기 위해
자신을 구하기 위해	위안을 얻기 위해	자신이 누군지를 알기 위해
직면하기 위해	창피당하지 않기 위해	더 알고 싶어서
무가치한 존재가 되지 않기 위해	과거를 숨기기 위해	삶을 더 나은 것으로 만들기 위해
죄를 숨기기 위해	기분 전환을 위해	사랑을 쟁취하기 위해
혼자가 되고 싶지 않아서	즐기기 위해	자기 자신을 되찾기 위해

인간을 움직이는 진정한 동기의 파악은 단지 논리적인 분석으로만 가능하지 않다. 동기의 대부분은 비논리적이고 비이성적인 이유에서 발생하기 때문이며, 캐릭터들은 많은 경우 철저하게 자신의 동기를 숨기려고 하기 때문이다. 동기를 파악하기 위해서는 인간을 깊이 들여다보는 마음의 눈이 있어야 가능하다. 가장 깊숙한 곳에 놓인 동기가 진짜 동기이며 그 동기 자체가 캐릭터가 어떤 인간인지를 말해준다.

목적과 의도

목적과 의도의 종류(예) objective & intention	상대를 ~하기 위해서/~하려고 행동한다 목적과 의도는 상대에게서 나온다	
내가 보는 것을 보게 하기 위해	~을 기억하게 하기 위해	응원/격려하기 위해
~을 생각하게 하려고	설득하기 위해	용서를 구하기 위해
~을 생각하지 않게 하려고	이해시키기 위해	인정/시인하게 하기 위해
생각을 바꾸기 위해	납득시키기 위해	흔들리지 않게 하기 위해
마음을 돌리려고	양해를 구하기 위해	~을 되찾게 해주려고
마음을 진정시키려고	안심시키기 위해	용기를 주기 위해
달래려고/마음을 위로하려고	감싸주기 위해	홀로 서게 하기 위해
치유하기 위해	공격하기 위해	계속하려고
진정시키기 위해	능가하기 위해	고수하기 위해
일깨우려고	상처주려고	내 식대로 하기 위해
반기를 들기 위해	압도하기 위해	문제 상황에서 빠져나오려고
분위기를 북돋우기 위해	조용히 시키려고	도망치기 위해
선동하기 위해	친절을 가장하기 위해	소유하기 위해
과거를 들추기 위해	회피하기 위해	약점을 잡기 위해
보지 못하게 하기 위해	겁먹게/무서워하게 하기 위해	유혹하기 위해
알지 못하게 하기 위해	협박하려고	자극하기 위해
숨기려고/감추려고	강요하기 위해	뒤흔들기 위해
속이려고	망가트리기 위해	추락시키기 위해
잘못 알게 하기 위해	타락시키기 위해	독차지 하기 위해
한눈 팔지 못하게 하기 위해	더럽히기 위해	억압하기 위해
~에 눈멀게 하기 위해	아프게 하기 위해	무너트리기 위해

극적 행동과 반응은 상대를 변화시키고자 하는 노력이다. 캐릭터들은 상대를 향해 남다른 마음을 갖고 있다. 그래서 상대를 ~하기 위해서 노력

한다. 이 노력은 선택의 여지가 없는 절실함을 가지고 있고, 그 절실함이 필사적 행동을 낳는다. 사실 관객은 극을 보면서 캐릭터의 행동 자체를 본다기보다 그 행동에 담긴 **인간적 노력**을 본다. 관객은 그 노력에 감동받고 그 노력을 낳은 마음에 공감한다.

목적은 아직 성취되지 않는 상태이기 때문에 캐릭터의 '상상'의 일부가 된다. 상대를 변화시키고자 한다는 것은 캐릭터가 상상하는 결과를 현실이 되게 하기 위해서 움직인다는 것을 의미한다.

행동과 반응의 목적과 의도는 상대에게서 나온다. 목적과 의도는 고정된 것이 아니라, 상대에게 반응하면서 변화한다. 상대와의 관계가 태도를 결정 지으며 행하는 행동을 달리하게 한다. 그리고 캐릭터들 간의 목적과 의도가 충돌하면서 극적 갈등과 긴장이 유발된다.

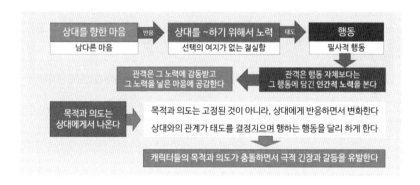

배우는 목적과 의도를 달리하며 다르게 말하고 행동하는 연습을 꾸준히 함으로써 이 모든 목적과 의도가 상대에 대한 반응으로서 저절로 나오고 변화하게 해야 한다.

'말하기'를 결정하는 변인들

　　말하기를 결정하는 다양한 변인들이 있고 그 변인들이 동시다발적으로 말하기에 작용한다. 각각의 변인들에 대해 배우가 의식적으로·무의식적으로 어떤 상상과 선택을 하느냐에 따라 최종 결과로서의 말하기가 결정되고 달라진다. 각 변인은 시시각각 변화한다. 그래서 말하기도 시시각각 변화한다. 고정되고 변화없는 말하기는 말하기가 아니다.

　　말하기를 결정하는 변인들을 정리하면 다음과 같다.

'말하기'를 결정하는 변인들
말하기는 인물의 변화무쌍한 행동이다

연기는 배우의 상상과 선택이 결합한 결과이다

각각의 변인들에 대해 배우가 어떤 상상과 선택을 하느냐에 따라 최종 말하기(행동)가 결정되고 달라진다

때	장소	캐릭터	상대	장애	목적·의도	태도	행동
언제	어디서	~인 내가	~인 너를/너에게	~에도 불구하고	~하기 위해	~(하)게	~하고자 한다
물리적+심리적		~이지 않은 내가	~이지 않은 너를/너에게	어떻게든	~하지 않기 위해	어떻게든	~하지 않고자 한다

결합

말하기의 방식과 양상
각 변인은 시시각각 변화한다
말하기도 시시각각 변화한다

　　각각의 변인들에 대해 다른 상상을 대입하면서 최종적인 말하기가 달라지게 하는 노력을 기울여야 한다. 말하기는 정형화시킬 수 없으며 절대 기계적으로 결정될 수 없다.

독백^{monologue}

말하기는 캐릭터의 가장 중요한 행동과 반응이다. 상대와 관객은 내가 생각하고 느끼는 것을 전혀 모르거나 나와는 반대로 생각하고 느낀다. 상대와 관객의 마음은 내 마음과는 다르다. 그런 상대와 관객으로 하여금 내가 보는 것을 보게 하고, 내가 생각하는 것을 생각하게 하고, 내가 느끼는 것을 느끼게 하고, 나와 같은 마음이 되게 하기 위해 캐릭터는 말하고 행동한다. 상대와 관객이 내가 보는 것을 볼 때까지, 내가 생각하는 대로 생각할 때까지, 내가 느끼는 대로 느낄 때까지, 나와 같은 마음이 될 때까지, 절망하거나 좌절하지 않고 모든 것을 감당해내며, 상대와 관객을 나 자신보다 중요하게 여기면서 캐릭터들은 상대와 관객을 지속적으로 반박한다.

말하기 중에서도 독백은 캐릭터의 가장 크고 중요한 극적 행동과 반응이다. 독백은 ① 상대가 있는 상태에서 하는 독백과 ② 무대 상에 혼자 있으면서 하는 독백(soliloquy)으로 나뉜다.

soliloquy를 하는 동안 캐릭터는 무대 상에 혼자 있기 때문에 가장 **사적인 생각과 행동**들을 한다. 다른 캐릭터들이 주변에 있을 때에는 전혀 보이지 않던 모습이 드러나는 것이다. soliloquy 연기가 어려운 이유는 인간이 혼자 있을 때의 가장 솔직한 모습이 독백을 하는 동안 보여야 하는데, 공개적으로 표현하기 너무나 어려운 사적인 것을 관객들의 모든 시선이 배우 혼자에게 집중되어 있는 상태에서 해내야 하기 때문이다.

soliloquy는 언뜻 상대가 없어 보이시만, 사실상 soliloquy를 하는 동안 캐릭터는 관객과 '**독대**'하고 있는 것이다. 늘 상대 캐릭터를 통해서 관객의 생각과 마음과 감정을 변화시키려고 했다면, 이제 배우＋캐릭터가 관객을 정면으로 상대하며 관객의 변화를 시도하는 것이다. 그래서 배우가 soliloquy를 제대로 해낸다면, soliloquy가 끝났을 때 모든 관객이 배우가 연기하는 캐릭터 편이 되어 있거나, 최소한 캐릭터를 깊이 이해하게 되어야 한다. soliloquy는 배우가 관객의 마음을 빼앗을 수 있는, 독차지할 수 있는 절호의 기회인 것이다. 그렇기 때문에 soliloquy를 하는 동안 배우＋캐릭터는 직·간접적으로 관객을 염두에 두고 관객을 포용하면서 독백을 관객에 대한 반응으로서 진행해야 한다.

독백은 여러 가지 다른 양상으로 나타난다. 배우는 그 차이를 잘 이해하고 각기 다른 독백의 행동을 구현할 수 있어야 한다. 캐릭터가 하는 행동을 배우가 정말로 해낼 때 캐릭터가 될 수 있는데, 애초에 독백이 어떤 행동인지를 알아야 그 행동을 제대로 해낼 수 있는 것이다. 그 차이를 살펴보자.

1. '극적 행동'으로서의 독백 ＝ 상대를 변화시키고자 하는 최선의 노력

독백은 그냥 혼잣말이 아니다. 가장 중요한 극적 행동(action)이다. 모든 독백은 상대·관객을 변화시키고자 한다. 상대가 없다면 독백도 없다. 관객이 없다면 독백도 없다. 상대 캐릭터든, 관객이든, 자기 자신이든 캐릭터는 독백을 통해 대상이 보고 생각하고 느끼는 것을 바꾸고자 한다. 극적 행동으로서의 독백은 일방통행적 행동이 아니다. 여전히 말이 없이 반응하는 상대와 관객에 대한 반응으로서 독백은 시작되고 반응으로서 계속된다. 처음부터 독백 길이만큼의 말을 하도록 미리 정해진 것이 아니다. 상대와 관객에게 반응하면서 독백의 길이가 생겨나는 것이다.

독백을 통해 상대·관객이 내가 보는 것을 보게 하고자 한다. 상대·관객이 내가 생각하는 것과 똑같이 생각하게 하고자 한다. 상대·관객이 내가 느끼는 것을 고스란히 느끼게 하고자 한다. 나를 이해 못 하는 상대·관객을 나를 이해하는 상대·관객으로 바꾸고자 한다. 그리고 매 순간 상대·관객이 말하지 않는 것을 알고자 한다. 상대와 관객은 변화를 거부한다. 그래서 더욱 절실하게 바꾸고자 한다. 캐릭터는 포기를 모른다.

극적 행동으로서 독백을 하고 나면 상대·관객도 캐릭터도 어떤 식으로든 달라져있다. 상대·관객을 변화시키고자 하는 노력이 크면 클수록 캐릭터도 변화하기 마련이다. 배우가 독백을 제대로 했다면, 독백이 끝나고 관객은 배우＋캐릭터의 편이 되어 있을 것이다.

2. '싸움'으로서의 독백

극적 행동으로서의 독백은 상대·관객과의 싸움에서 지지 않으려는 강력한 행동이다. 기싸움·눈싸움·말싸움이 하나로 통합되어 진행되며, 때때로 몸싸움도 불사한다. 싸움으로서의 독백에서는 '말발'이 중요하다. 말발에서 밀리면 지는 것이다. 지면 끝이다. 지는 선택은 없다. 말발이란 "듣는 이가 따르게 할 수 있게 하는 말의 힘"을 말한다. 말발이 없이 하는 독백은 사실상 독백이라고 부를 수 없다.

3. '생각의 과정'으로서의 독백

독백은 이미 아는 것을 말로 하는 것이 아니다. 캐릭터는 무언가를 알기 위해 생각한다. 특히 soliloquy는 캐릭터가 모르는 것을 알고자 하는 행동이자, 알기 위한 치열한 생각의 과정이며, 적절한 말을 찾고자 하는 피나는 노력이 담겨있다. 생각이 생각을 낳으며 생각의 과정이 형성된다. 그 와중에 감정이 발생한다. 감정은 생각을 방해하고 판단력을 흐리게 한다. 그래서 캐릭터는 더욱 또렷하게 생각하고자 하는 노력을 가한다. 생각의 와중에 기억(지난 경험)이 현재의 일인 것처럼 생생하게 떠오르기도 한다. 치열한 생각의 과정 끝에 캐릭터들은 발견과 깨달음에 도달하기도 하고, 반대로 더 큰 난관(의문)에 봉착하기도 한다. 자신감을 회복하거나 혼란이 가중된다. 생각(독백) 이전의 상태와는 다른 상태에 캐릭터가 도달하는 것이다.

4. '고백'으로서의 독백

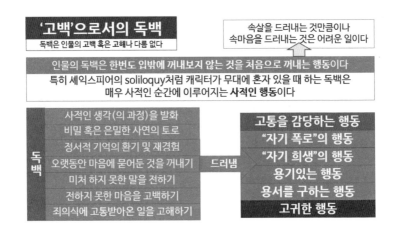

독백은 캐릭터의 '고백' 혹은 '고해'나 다름없다. 왜냐하면 캐릭터가 한 번도 입 밖에 꺼내 보지 않은 것을 처음으로 꺼내는 행동이기 때문이다. 독백을 한다는 것은 사적인 생각(의 과정)을 소리 내어 말하거나, 비밀 혹은 은밀한 사연을 토로하거나, 정서적 기억을 환기하고 재경험하거나, 오랫동안 마음에 묻어둔 것을 꺼내거나, 미처 하지 못한 말을 전하거나, 미처 전하지 못한 마음을 고백하거나, 죄의식에 고통받아온 일을 고해하는 것이다. 그 모든 것을 밖으로 드러낸다는 것은 그로토프스키 식으로 이야기하면 "자기 폭로"와 "자기희생"의 행동이다. 속살을 드러내는 만큼이나 속마음을 드러내는 것은 어려운 일이다. 그것은 가장 용기 있는 행동이며 드러낼 수 없는 것을 드러낼 때 따르는 고통을 감당해내는 행동이다. 고백하는 행동은 용서를 구하는 행동이 되기도 한다. 고백함으로써 자신을 솔직히 드러내고 그 과정에서 발생하는 고통을 감당하는 것은 고귀한 행동이 되고 그런 고귀한 행동을 하는 캐릭터를 고귀한 인간이 되게 한다. 독백을 늘상 하는 말인 것처럼 하고 있다면 그것은 독백이 아니다. 그저 암기된 연기에 불과하다.

5. '이야기하기'로서의 독백

캐릭터들은 종종 자기 자신을 **타인, 사물, 자연현상에 '빗대어' 혹은 '이입해서'** 자신에 대한 **이야기**를 한다. 속된 말로 '썰을 푼다.' 그 이야기는 언뜻 남의 이야기인 것처럼 보이지만, 사실 캐릭터 자신에 관한 이야기이다. 영화 <달콤한 인생>의 화자는 바람과 흔들리는 나무에 관해 대화를 나누는 스승과 제자의 이야기를 한다. 사실은 그 이야기를 통해 화자는 자신의 마음에 부는 바람과 마음의 흔들림에 대해 이야기하고 있다. TV드라마 <눈이 부시게>의 혜자는 오로라에 관한 이야기를 들려준다. "오로라는 하느님이 만든 에러다. 그런데 그런 에러도 너무 아름다울 수 있다"라는 이야기이다. 이 이야기는 캐릭터가 자기 자신을 보면 하느님이 실수로 이 세상에 태어나게 한 것 같다는 생각이 들지만, 실패한 인생이 되기를 거부하고 언젠가 오로라처럼 꼭 아름다운 존재가 되고 싶다는 마음을 담고 있다. 영화 <버닝>의 해미는 아프리카 부시맨들의 "Great Hunger"에 관한 이야기를 들려주는데, 자신이 삶에서 느끼는 해소되지 않는 허기와 갈망, 그 해소 가능성에 대해 이야기하고 있는 것이다. 마틴 맥도너 작 <필로우맨>에서 주인공 카투리안이 쓴 '아이'에 관한 모든 이야기는 학대당하며 성장한 자기 자신에 관한 이야기이며, 자기 때문에 학대당한 형 미칼에 대한 이야기이자, 학대당하고 있는 모든 아이들에 대한 이야기일 뿐만 아니라, 억압과 폭력에 고통당하는 모든 인간에 관한 이야기이다. 카투리안이 극 중에서 직접 말하거나 재연하는 이야기들—"필로우맨", "초록색 새끼 돼지", "작가와 그의 형", "어린 예수"—은 예술가의 역할과 책임에 대한 고민, 예술가로서 자기 자신에 대한 반성, 삶을 제대로 예술에 담아내지 못하고 있다는 죄의식, 예술가로서 자신의 위상과 소명에 대한 성찰을 담은 이야기이다. 이야기를 하면서 주인공 캐릭터는 예술가로서 자신의 존재 의미를 새롭게 깨달아가며, 자신이 어떻게 행동해야 하는지를 알게 된다. 그래서 사람들이 '볼 수 있고 알 수 있게 하기 위해' 자신의 이야기를 구하려고 자신과 형의 목숨을 바치는 숭고한 행동을 한다.

'이야기하기'(story-telling)는 캐릭터들이 삶을 감당해내고자 하는 적극적이고 아름다운 행동이다. '이야기하기'는 인간을 다른 생명체와 확연히 구분 짓는 매우 '인간적' 행동이다. 인간 행동으로서의 '이야기하기'는 삶에 거리를 두고 객관적으로 바라보려는 행동이자, 반성적 행동이며, 삶의 의미를 찾으려는 성찰적 행동이다. 그리고 삶을 감당해내고 이겨내려는 아름다운 노력이 낳은 행동이다. '이야기하기'는 인간이 삶을 이겨내는 강력하고도 숭고한 방법이다. **이야기하는 인간은 존엄한 인간이다.** '이야기하기'로서의 독백을 하려면 먼저 배우는 독백 안에 자기 자신의 이야기를 담아야 한다. 진짜 이야깃거리도 없으면서 이야기를 할 수는 없다. 그것은 암기에 지나지 않는다.

6. '정서적 기억'으로서의 독백

'고백'하는 행동으로서의 독백 중에서 가장 중요한 독백이 '정서적 기억의 독백'이다. 정서적 기억은 단지 심리적·정서적 경험이 아니다. 감각적·신체적 경험이다. 그렇기에 정서적 기억은 온몸과 마음에 영향을 주는 가장 강력한 상상이다. 정서적 기억으로서의 독백은 캐릭터가 자신에게 가장 영향을 많이 준 사건에 대해 '처음으로' 말하면서 그 경험을 '생생하게' 다시 '재경험'하게 되는 독백이다. 드라마 <그들이 사는 세상> 10부에 나오는 준영의 독백을 예로 들어보자.

(눈물 닦고, 눈가 닦고) 아빠한테 갔었어. (눈물 참고, 지오 보며) 내가 지금부터 어떤 말을 해도, 부탁인데, 가르치지 마. 이해하란 말도 하지 마. 선배가 이해해라, 해서 이해될 거 같았음 벌써 이해했을 거야. 그냥 듣기만 해. 그럴 자신 없다 그럼 나 지금 갈래. (울지 않으려 애쓰며) 중 3때, 어느 날 몸이 너무 아파서 조퇴하고 집에 갔는데, 우리 집에서, 어떤 아저씨가 나오는 걸 봤어. 누구지 싶드라. 그리고 집 안으로 들어갔는데, 엄마는 샤워를 하고 차를 마시고 있었어. 아무 일도 없다는 듯. 그때 나는 내가 뭘 잘못 봤겠지, 했어. 그래서 엄마한테 암 말도 안 했어. (울며, 눈을 닦고, 애써 울지 않으려 하지만 자꾸 눈물이 나는) 그리고 며칠이 지나서 친구들을 데리고 집에 오는데 한 애가 그러는 거야. "야, 이게 니네 집이야? 이 집 미옥이네 집 아냐?" 하면서 내 옆에 있는 나랑 젤 친한 친굴 가리키는 거야. 내가 영문을 몰라서 그랬지, "무슨 말이야, 여기 우리 집이야'. 근데, 그 친구가 또 이러는 거야. (지오 보며) "무슨 말이야, 미옥이네 아빠가 여기서 나오는 거 몇 번이나 봤는데..." 나는 그래도 학교에 갔어. 내가 안 가면 그 얘긴 모두 다 진실이 되니까. 애들이 뒤에서 엄마 욕을 하고 수군대도 암것도 못 들은 것처럼 웃고, 떠들고 미옥인 그 이후

로 학교에 안 왔어. (맘 아픈) 어느 날 엄마한테 말했지. "엄마, 미옥이가 학교에 안 와", 그랬더니, 울 엄마 하시는 말씀, (지오 보며) "학교 땡땡이 치는 그런 못된 친구하고는 놀지 마라"... 정말 너무 어이가 없. (눈물 흐르는, 휴지 풀어, 코 풀고, 격앙되어, 우는) 나는 아빠가 엄마랑 사는 게 싫었어. 아빠 같은 사람이... 어떻게 엄마 같은 사람이랑. 아빠는 보들레르를 좋아하고, 잔느를 사랑하고, 베를렌을 이해하고... 선배가 나한테 드라마처럼 살라고 한 것처럼 똑같이... 인생을 시처럼 살아라 하고... 그런데, 어제 만난 아빠는... 너무나 이쁘고 젊은 여자랑... 엄마한테 전화할 수 없었어. 아직도 난 이해가 안 가니까. 뭐라고 입에 발린 말이래도 해줘야 하는데, 아직 나는 입바른 소리래도 엄마 위로할 맘이 안 생겨. (속상해, 소리치는) 자기 엄마 하나도 이해 못 하면서 무슨 드라말 하냐고? 그렇다, 나는 엄마도 이해 못 하고, 그래서 드라마도 사람 냄새 안 나고, 냉정하고, 그래서 니가 어쩔 건데?! 니가 나에 대해 그렇게 잘 알어?! 왜 손규호처럼 너도 나한테 함부로 말해! (엉엉 우는) 아빠 보고, 엄마가 첨으로 보고 싶었는데, 엄마한테 갈 수가 없었어. 또 다른 말로 상처받을까 봐, 또다시 엄마한테 실망할까 봐. 선배, 니가 이런 맘 알어? 안다고 하지 마! 시골에서 착하게 농사지어서 아들 준다고 때마다 꿀 보내고, 반찬 보내는 그런 이쁜 엄말 가진 니가 알긴 뭘 알어?! 니가 뭘 알어?!

준영은 단순히 지난 일을 떠올리거나 설명하는 것이 아니다. 벌써 오래전 일이지만, 중학교 3학년 때 보고 듣고 느꼈던 것을 하나도 빠짐없이 그대로 생생하게 다시 보고 듣고 느끼게 된다. 수십 년 동안 억눌러 놓았던 정서적 기억이 걷잡을 수 없이 떠오르면서 준영은 당시의 상황을 그대로 '재경험'하고 있는 것이다. 이 아픈 고백을 통해 준영은 현재의 자신을 결정한 것이 과거 중3 때의 경험 때문이라는 것을 솔직하게 인정하고 마침내 마주할 수 있게 되는 것이다. 비슷한 예를 역사상 가장 오래된 고전 비극인 <오이디푸스 왕>에서도 발견할 수 있다.

오이디푸스

그러다가 라이우스가 살해당했다는
바로 그 장소를 지나게 된 거요.
자, 요카스타, 이것이 진실이오――
세 갈래 길이 만나는 그 지점에 도달했을 때
깃발을 든 시종과 마차 위에 올라앉은
당신이 말한 비슷한 생김새와 나이의 남자를 만났소.
그런데 그들은 마구 폭력을 휘둘러
나를 길 밖으로 내치려는 게 아니겠소.
격노가 치밀어 올라 나는 날 밀치던 마부를 때렸소.
그랬더니 내가 그 옆을 지나가길 기다렸다가
마차 위의 남자가 날 죽이려는 듯
끝이 갈라진 막대기로 내 머릴 내리치는 게 아니요.
그 노인네는 응분의 보상을 받았지.
난 내 지팡이로 재빨리 되받아쳤고
그 노인은 마차 밖으로 떨어지면서 머리를 땅에 박고 말았소.
난 그들을 모두 죽여 버렸소.

오이디푸스는 왕(실제로는 아버지)을 살해했을 당시에 보고 듣고 느꼈던 것들을 하나도 빠짐없이 그대로 생생히 재경험하고 있다. 죄의식에 절대 생각나지 않도록 너무나 깊이 억눌러 놓았던 기억(중대한 삶의 경험)이 순식간에 펼쳐지는 것이다. 정서적 기억의 재경험을 통해 오이디푸스는 어쩌면 자신이 라이우스 왕을 살해했을지도 모른다는 새로운 인식에 도달한다. 오이디푸스의 정서적 기억은 태초에 연극의 시작에서부터 정서적 기억의 재경험이 캐릭터가 진정한 깨달음에 도달하기 위해, 부정하고 회피하는 나에서 인정하고 직면하고 포용하는 나로 바뀌기 위해 거쳐가야 하는 중요한 극적 행동이었음을 말해주는 것이다.

7. 시간이 압축된 독백

극은 시간이 압축되어 있고, 독백은 대개 압축된 시간의 결정체이다. 시간이 압축되어 있다는 것은 독백 안에 삶의 경험과 사연들이 압축되어 있다는 뜻이다. 삶의 경험과 사연들은 압축되어 저장되는데 그것이 바로 기억이다. 결국 독백 안에 시간을 압축해 넣기 위해서는 독백 안에 기억을 담는 연습이 필요하다. 기억 중에서도 자신의 영혼·정신·마음과 몸에 큰 영향을 주고 자신을 성장·변화시킨 기억을 담는 연습이 필요하다.

삶의 경험을 통한 캐릭터들의 발견과 깨달음은 정서적 인식으로 이어지고, 정서적 인식은 주요 독백의 본질적인 부분을 차지한다. 시간이 압축된 정서적 경험을 독백에 담아 표현하면서 배우도 정서적 인식에 다다르게 되고, 독백과 연기를 통해 성장하고 변화해간다. 자신에 대한 정서적 인식은 타인과 캐릭터들을 보는 눈을 근본적으로 달라지게 할 것이다.

캐릭터의 상태: 몸상태 · 정신상태 · 심리상태 · 정서상태

캐릭터의 상태(컨디션)는 행동과 반응의 전제이며 조건값이다. '0'(無)의 상태에서 시작되는 행동과 반응은 없다. 캐릭터는 항상 어떤 몸상태·정신상태·심리상태·정서상태에 놓여있다. 살아있는 인간이라면 상태로부터 자유로운 순간은 없다. 그리고 그 상태는 시시각각 변화한다. 캐릭터의 상태에 따라 유발되는 행동과 반응이 달라진다. 캐릭터의 상태는 행동과 반응을 유발하기도 하고, 캐릭터가 목적하고 의도하는 행동과 반응을 방해하기도 한다. 캐릭터들은 상태에도 불구하고 행동하고자 한다. 그리고 상대를 변화시키려는 필사적 노력은 캐릭터에게 영향을 주고 캐릭터의 상태에 변화를 초래한다. 그리고 상태의 변화는 행동의 변화를 낳는다.

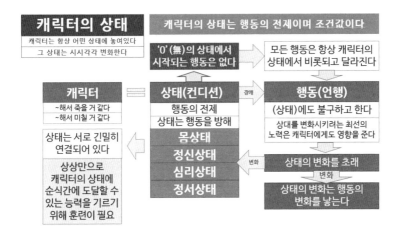

살아있는 캐릭터는 살아있는 몸을 가지고 있다. 살아있는 몸은 살아 움직이는 정신·심리·정서를 그대로 드러낸다. 몸상태가 좋은 캐릭터는 없다. 극적 사건을 거치면서 극적 갈등과 긴장이 커져감에 따라 캐릭터의 정신상태·심리상태·정서상태는 극도로 악화된다. 그리고 그것은 그대로 캐릭터의 몸상태로 이어진다. 대표적인 예가 <갈매기>에 나오는 캐릭터들이 겪는 불면증이다. <갈매기>의 캐릭터들은 걱정이나 염려, 사랑의 설렘과 고통 등으로 인해서 잠 못 드는 캐릭터들이다. 뜨레쁠레프는 한 가지 생각(뜨리고린이 니나와 희희낙락하는 상상)이 머릿속에서 떠나지 않아 극심한 편두통을 앓는다.

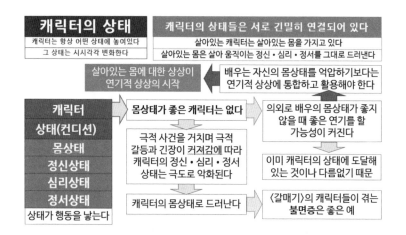

배우들은 자신의 몸상태가 나쁘면 연기를 할 수 없다거나 하더라도 잘할 수 없다고 생각하는 경향이 있는데, 의외로 배우의 몸상태가 좋지 않을 때 좋은 연기를 할 가능성이 커진다. 늘 몸상태가 좋지 않은 캐릭터의 상태에 이미 도달해 있는 것이나 다름없기 때문이다. 배우는 자신의 몸상태를 억압하기보다는 연기적 상상에 통합하고 활용해야 한다. 살아있는 몸에 대한 상상이 연기적 상상의 시작이다.

기본적으로 캐릭터의 몸상태는 정신상태·심리상태·정서상태와 동일하다. 캐릭터가 몸의 허기를 느낀다면 정신적 허기도 느끼고 있는 것이다. 정신적 허기가 무언가를 추구하게 하고 행동에 나서게 한다. 주요 캐릭터들은 영화 <버닝>에서 이야기한 "Great Hunger"를 가지고 있다.

아프리카 칼라하리 사막에 사는 부시맨? 부시맨들에게는 두 종류의 굶주린 자가 있대. "굶주린 자." 영어로 "Hunger." "Little Hunger"와 "Great Hunger." Little Hunger는 그냥 배가 고픈 사람이고, Great Hunger는 삶의 의미에 굶주린 사람이래. '우리가 왜 사는지?', '인생에 어떤 의미가 있는지?', 그런 거를 늘 알려고 하는 사람, 그런 사람이 **진짜** 배가 고픈 사람이라고 "Great Hunger"라고 부른대.

— 해미, 영화 〈버닝〉 중에서

주요 캐릭터들은 Great Hunger의 해소를 추구하고 그를 위해 행동한다. 또한 캐릭터가 몸의 갈증을 느낀다면 정신적 갈증과 갈망을 가지고 있다는 것을 뜻하며, 몸의 추위를 느낀다면 마음도 춥다는 것을 의미한다. 몸이 떨림은 마음의 떨림을 나타낸다. 노래에서 'vibration'은 원래 노래 테크닉이 아니라 마음의 떨림을 나타내는 소리였다. 캐릭터의 신체적 고통은 정신적 고통의 발로이며, 신체적 불구는, 리처드 3세의 경우처럼, 정신적 불구를 가시화하고 있는 것이다.

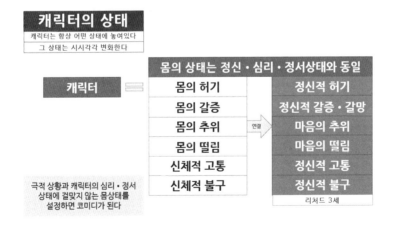

캐릭터의 상태

캐릭터는 항상 어떤 상태에 놓여있다
그 상태는 시시각각 변화한다

몸의 상태는 정신·심리·정서상태와 동일

캐릭터 =		연결	
	몸의 허기	→	정신적 허기
	몸의 갈증		정신적 갈증·갈망
	몸의 추위		마음의 추위
	몸의 떨림		마음의 떨림
	신체적 고통		정신적 고통
	신체적 불구		정신적 불구

극적 상황과 캐릭터의 심리·정서 상태에 걸맞지 않는 몸상태를 설정하면 코미디가 된다

리처드 3세

이상에서와 같이 캐릭터의 심신은 하나로 연결되어 있다. 그런데 주요 캐릭터들은 몸이 말을 듣지 않을 경우 정신력이 급격히 강해진다. 영화 <172시간>의 주인공처럼 조난 사고로 팔이 바위에 끼어 움직일 수 없게 되자 자신의 팔을 자르고 탈출할 만큼 정신력이 강해진다. 정신에 대한 몸의 승리를 찬양하는 극은 없다. 오직 인간 정신의 위대한 승리만을 극은 강조한다. 그래서 정신력이 약한 자는 주연배우가 될 수 없다.

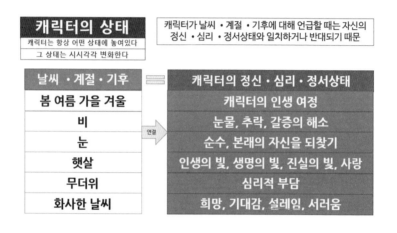

캐릭터의 상태	캐릭터가 날씨 · 계절 · 기후에 대해 언급할 때는 자신의
캐릭터는 항상 어떤 상태에 놓여있다	정신 · 심리 · 정서상태와 일치하거나 반대되기 때문
그 상태는 시시각각 변화한다	

날씨 · 계절 · 기후		캐릭터의 정신 · 심리 · 정서상태
봄 여름 가을 겨울		캐릭터의 인생 여정
비	연결	눈물, 추락, 갈증의 해소
눈		순수, 본래의 자신을 되찾기
햇살		인생의 빛, 생명의 빛, 진실의 빛, 사랑
무더위		심리적 부담
화사한 날씨		희망, 기대감, 설레임, 서러움

몸상태와는 다르지만 극의 날씨, 계절, 기후도 캐릭터의 상태를 드러낸다. 캐릭터가 날씨, 계절, 기후에 대해 언급할 때는 자신의 정신·심리·정서 상태와 일치하거나 반대되기 때문이다. 극 안에서 펼쳐지는 봄·여름·가을·겨울의 계절 변화는 캐릭터의 굴곡진 인생 여정을 그리고 그를 통해 보편적인 인간의 인생 여정을 그려낸다. 비는 캐릭터가 눈물을 흘리거나 하늘이 대신 울어주고 있다는 것을 말하면서 캐릭터가 겪는 감정의 크기를 거대화시킨다. 그리고 비는 때로는 캐릭터의 추락을 상징하기도 하고, 심한 갈증의 해소를 나타내기도 한다. 눈은 순수나 캐릭터

가 본래의 자신을 되찾는 것을 시각화하고 있으며, 햇살은 인생의 빛, 생명의 빛, 진실의 빛, 사랑 등을 상징한다. 무더위는 캐릭터의 심리적 부담과 답답함을 나타내며, 화사한 날씨는 희망, 기대감, 설렘, 그리고 때로는 서러움을 시각화한 것이다.

변신

變身, transformation

연기는 배우들에게 '**변신**'(變身, **transformation**)을 요구한다. 변신에 대한 요구는 배우로 하여금 연기가 항상 감각과 몸에 관한 상상과 준비에서 시작되어야 마땅하다는 점을 일깨워준다. 대본을 읽었을 때 배우가 항상 가장 먼저 생각해야 하는 것은 캐릭터의 감각과 몸이다. 감각과 몸이 우선하지 않는다면 캐릭터가 하는 생각 · 기억 · 상상 그리고 그 와중에 캐릭터가 체감(體感)하는 감정은 절대 일어나지 않을 것이다. 감각과 몸에 대한 상상과 준비가 우선하지 않은 연기는 그래서 전부 거짓이나 다름없다.

배우들은 변신에 대한 강박을 가지고 있다. 다른 배우들이나 관객들이 보기에 자신이 충분히 변신하지 않았다면 연기를 잘하지 못한 것이라고 생각한다. 연기의 성패가 마치 전적으로 '변신'에 달려있는 것처럼 여긴다. 그런데 배우에게 있어서 '변신'이란 과연 무엇일까? 어떻게 성취되는 것일까?

변신이 배우가 다른 사람이 되는 것을 말하는 것일까? 배우의 변신은 다른 사람이 되는 것일 수는 없다. 왜냐하면 다른 사람의 기억을 갖지 않는 이상 우리는 다른 사람이 될 수 없다. 일생을 살아오며 그 사람만이 가지고 있는 모든 이미지가 기억이고 그 기억이 곧 그 사람이기 때문이다. 내 기억을 남이 가질 수 없는 것처럼 우리도 다른 이의 기억을 가질 수 없다. 그렇기 때문에 배우는 다른 사람이 가지고 있는 이미지들을 가지고 상상하고 연기할 수 없다. 무엇을 상상하든 배우는 자기 자신만의 감각과 이미지들로 연기할 수밖에 없다.

변신과 관련해서 드는 또 한 가지 의문은 애초에 캐릭터에 적합한 배우를 캐스팅하면 해결될 문제를 군이 한 배우를 과격하게 때론 파격적으로 변신시켜서 캐릭터가 되게 할 필요가 있는가이다. 어떤 변신들은 배우들에게 너무 가혹하게 느껴지는데, 자칫 배우를 학대한다는 비난을 받을 수 있는 위험을 무릅쓰고 군이 그렇게 캐스팅할 필요가 있을까? 그리고, 가능성이 거의 희박하지만, 만약 어떤 배우가 너무나 '완벽하게' 변신을 해서 관객이 그 배우가 작품에 출연한 것을 전혀 알아볼 수 없게 된다면, 과연 그 연기가 칭찬받을 만한 것일까? 더구나 배우가 변신을 해서 원래 그 배우가 가지고 있던 모든 매력을 잃어버리고 전혀 다른 사람이 되었다면 그 변신을 과연 지지해야 할까? <하우스 오브 구찌>에서 파울로 구찌를 연기한 자레드 레토의 경우가 그러하다. 원래의 배우를 전혀 알아볼 수 없는 상태로 창조된 파울로 구찌는 아무런 매력도 갖지 못한 찌질한 인간의 극치였다. 왜 군이 자레드 레토라는 배우를 캐스팅했는지 전혀 납득이 되지 않는다. 더구나 그의 변신은 연기력에 근거한 것이라기보다는 6시간이 넘는 시간 동안 고생한 분장사들이 가능하게 한 결과이다. 어떤 배우를 썼든 가능했을 일이다.

우리는 출연하는 배우를 보고 관람할 작품을 선택하는 경우가 많다. 특히 연기를 잘하는 배우들의 경우에는 더욱 그러하다. 그럴 경우, 우리는 우리가 그 배우를 여전히 알아볼 수 있으면서도 그 배우가 놀라울 정도로 달라져 있기를 바랄 뿐이다. 그 배우를 전혀 알아볼 수 없다면, 그 배우를 보러 간 의미가 사라질 것이다. 왜냐하면 우리가 어떤 배우를 좋아하는 것은 그 배우가 가진 뭔가 말로 설명할 수 없는 어떤 점들을 좋아하기 때문이다. 혹시라도 배우가 완전히 다른 사람이 된다면, 그 배우가 가지고 있던 모든 매력도 사라져야 맞을 것이다. 만약 그렇게 된다면, 그 배우의 연기를 좋아할 이유가 없게 된다.

　　관객이 배우의 '변신'에 찬사를 보내는 것은 배우가 완전히 다른 사람이 되었기 때문이 아니다. 관객의 찬사는 '변신' 자체가 아니라, 배우가 기울인 **철저한 예술적 노력**을 향한 것이다. 사실 배우가 된다는 것, 연기를 한다는 것, 캐릭터가 된다는 것은 이미 그 자체에 '변신'이 포함된다. 연기란 배우가 캐릭터라는 '매개체' 혹은 '촉매'를 통해서 '나이면서 내가 아닌, 나보다 더 뛰어난 존재로 거듭나는 것 혹은 재탄생하는 것'이기 때문이다. 즉 **연기란 배우가 캐릭터를 통해서 '변화'하는 것**이다. 그래서 변화를 추구하는 것이 배우의 본업이 되는 것이다.

　　변신에 문제가 생기는 것은 **'block'** 때문이다. 어떤 요인들이 배우의 몸과 소리가 각기 다른 캐릭터를 만나 유연하고 변화무쌍하게 변하지 못하도록 막고 있기 때문이다. 가장 흔한 요인은 '매너리즘'이다. 적당히 하기, 하던 대로 하기, 편안하게 하기, 아는 만큼만 하기, 이것들이 배우가 매너리즘에 빠져있다는 대표적 신호이자 증거들이다.

　　매너리즘은 두려움에서 기인하는 것이다. 두려움이 배우의 몸과 마음과 소리를 잠기고 닫히고 막힌 상태로 몰아넣고 거기서 빠져나오지 못하게 하고 있는 것이다. 잠겨있고 닫혀있고 막혀있는 배우는 다음과 같은 **고립·마비·부동**의 증상들을 보인다.

1. 미지의 영역에 자기 자신을 내던지고 풀어놓지 못한다.
   −"모르겠어요", "못 하겠어요", "어려워요", "하기 싫어요", "저는 안 그래요"를 입에 달고 산다.
2. 자신의 모든 것을 캐릭터에게 내어주지 못한다.
3. 갑옷과 보호막으로 스스로를 보호하려고 하는 데서 벗어나지 못한다.
   −자기방어적 태도를 보인다.
4. 실패를 두려워한다.
   −시도와 실패를 통해서 발견과 깨달음에 도달하기를 두려워한다.
5. 자기 자신이 비웃음거리가 될까 봐 남의 시선만 신경 쓴다. (자의식)
6. 자책한다.
   −연기가 잘 되지 않을 때마다 문제의 해결에 집중하기보다는 자신을 탓하고 질책하는 늪에 빠진다.
7. 무대가 안전하다고 느끼지 못한다.
   −현실과 무대, 삶과 연기를 혼동하고 있기 때문이다.
8. 자신의 내적 진실을 드러내지 못한다.
   −연기는 내적 진실을 드러내는 일이다.
9. 무엇보다 자기 자신을 부정한다.
   −연기는 인간의 모든 면을 포용하는 일이다.
   −자기 자신을 부정하는 자는 타인이든 캐릭터든 온전히 포용할 수 없다.

'변신'의 문제
transformation

연기 = 나이면서 내가 아닌, 나보다 더 뛰어난 존재로 거듭나기

변신에 문제가 있는 경우 → **block**

어떤 요인들이 배우의 몸과 소리가 각기 다른 캐릭터를 만나
유연하고 변화무쌍하게 변하지 못하도록 막고 있기 때문

가장 흔한 요인은 **매너리즘**이다

적당히 하기   하던 대로 하기   편안하게 하기   아는 만큼만 하기

매너리즘은 **두려움**에서 기인하는 것

부동
immobility

잠겨있고 닫혀있고 막혀있는 배우

1 미지의 영역에 자기 자신을 내던지고 풀어놓지 못하기 때문

고립
isolation

2 자신의 모든 것을 캐릭터에게 내어주지 못하기 때문

3 갑옷과 보호막으로 스스로를 보호하려는 데서 벗어나지 못하고 있기 때문

마비
paralysis

4 실패에 대한 두려움 때문

시도와 실패를 통해서 발견과 깨달음에 도달하기를 두려워하기 때문

자의식

5 자기 자신이 비웃음거리가 될까 봐 남의 시선만 신경쓰기 때문

6 무대가 안전하지 못하고 느끼기 때문   7 현실과 무대, 삶과 연기를 혼동하고 있기 때문

8 자신의 내적 진실을 드러내지 못하기 때문   연기는 내적 진실을 드러내는 일

9 무엇보다 자신을 부정하기 때문   연기는 인간의 모든 면을 포용하는 일

결국 변신과 관련된 모든 문제는 **훈련 부족**에서 기인하는 것

부단한 훈련을 통해
상상과 관찰에 자유롭고 거침없이, 아름답고 멋지게 반응하고 변화하는 몸과 소리를
가지고 있다면, 각기 다른 대본의 말들을 제대로 하기만 해도 배우는 이미 '변신'을 하게 될 것

상상과 관찰에 거침없이 변화무쌍하게 예민하게 반응하는 몸과 소리는
그리고 그를 통한 자연적 변신은 꾸준한 훈련만이 가져다줄 수 있는 결과

vulnerability

훈련으로 해결해야 될 문제가 생각과 걱정만 한다고 해결되지 않는다

예술적 수련

몸과 소리는 정직하다

강약을 겸비한 변화무쌍하게
변화하는 존재

몸과 소리에는 훈련의 양과 시간과 노력이 그대로 드러난다

결국 변신과 관련된 문제는 배우훈련 부족에서 기인하는 것이다. 부단한 훈련을 통해 상상과 관찰에 자유롭고 거침없이 아름답고 멋지게 반응하고 변화하는 몸과 소리를 가지고 있다면, 각기 다른 대본의 말들을 제대로 하기만 해도 배우는 이미 변신을 하게 될 것이다. 상상과 관찰에 거침없이 변화무쌍하게 그리고 예민하게 반응하는 몸과 소리는, 그리고 그를 통한 자연적 변신은 꾸준한 훈련만이 가져다줄 수 있는 결과이다. 몸과 소리는 정직하다. 몸과 소리에는 훈련의 양과 시간과 노력이 그대로 드러난다. <u>보호막과 갑옷을 벗어던진 **심신의 vulnerability가 예술적 수련과 결합**할</u> 때 셈여림을 겸비한, 변화무쌍하게 변화하는 존재로 배우는 거듭나게 되는 것이다.

변신은 상상의 조건값을 명확히 하고 상상의 재료들을 구체적으로 준비한 상태에서 자신의 몸과 마음이 달라지게 하려는 노력을 통해서 달성된다. 막연히 달라져야 한다는 생각만 한다면 변신에 대한 강박만 갖게 되고 어설픈 재주만 부리려고 할 것이다. 그리고 변신은 단지 몸의 변화만이 아니라, <u>**보기·시각의 자유로운 변화, 자유로운 상상이 몸·소리·말의 변화와 완전히 결합될 때 비로소 성취**</u>되는 것이다.

훈련된 배우는 극이 제시하고 요구하는 모든 것에 온전히 자기 자신을 내어준다. 변화는 저절로 일어난다. 변신은 재주 부리기가 아니다. 재주를 부리는 일은 매우 꼴 보기 싫은 행태이다. 배우가 한 인간을 얼마나 깊고 철저하게 탐구하고 '몸소'(몸과 마음을 던져) 구현하려고 노력하였는가, 변신은 그와 같은 노력이 일구어낸 매우 정직한 결과이다.

팔색조, 카멜레온, 천의 얼굴을 가진 배우

"팔색조", "카멜레온", "천의 얼굴을 가진 배우"라는 찬사를 받는 존재들이 있다. 그들은 자기 자신 안에 있는 우주의 별만큼 많은 '나'들이 캐릭터를 통해 자유롭게 드러나게 하는 존재들이다. 그들은 현실 속에 묶여 있는 자기 자신을 절대 자신의 전부로 보지 않는다. 현실 속에서 '내가 아는 나'는 많아 봤자 나의 10%에 불과하다. 훈련된 배우는 아직 발견되지 않고 드러나지 않은 90%의 '미지의 나', '새로운 나'가 캐릭터를 통해 발견되고 드러나게 하는 즐거움을 마음껏 누린다. 캐릭터는 배우의 '미지의 나'가 드러날 수 있게 하는 통로이다. 통로 없이는 그 무엇도 나오지도 드러나지도 않는다.

훈련된 배우에게 캐릭터는 **자기 자신을 확장시키는 자극제**가 된다. 훈련된 배우는 하던 대로 하지 않는다. 새로운 캐릭터를 만나면 늘 그 캐릭터를 온전히 구현할 수 있는 **완전히 새로운 여정에 돌입**한다. 예전에 했던 대로 한다면, 편안하게 하고 있다면, 쉽게 하고 있다면, 습관대로 하는 매너리즘에 이미 빠져 있는 것이다. 변신을 일삼는 훈련된 배우는 철저하게 뼈를 깎는 고통을 이겨내면서 매너리즘과 싸운다. 대충하기, 적당히 하기, 좋게 좋게 하기, 할 수 있는 만큼 하기는 그들의 사전에 없다. 훈련된 배우는 남다른 인간애가 낳은 남다른 정교함과 철저함으로 자기 자신을 내던지고 변화시켜 한 인간을 몸소 구현하는 맡은 바 책임을 다하고자 한다.

치장, 가식, 꾸밈, 포장, 겉치레, 이런 것들과 벽을 쌓은 예술가들의 작업을 보는 것은 언제나 가슴 설레는 일이다. 그러나 배우들의 99%는 어느 시점에 매너리즘에 빠진다. 개인차는 있지만, 한 작품을 하고 나서,

두 작품을 하고 나서, 세 번째 작품을 하고 나서 매너리즘에 빠진다. 배우들의 99%는 세 작품에서 연기하는 것을 보고 나면, 더 이상 볼 것이 없는, 별 볼 일 없는 존재가 되어버린다. 그만큼 습관과 매너리즘은 강하고 견고하다. 변신을 향한 열정은 매너리즘과의 처절한 싸움, 자신과의 중단 없는 투쟁을 마다하지 않게 하며, 그렇게 배우는 '투사'가 된다.

훈련과정에서부터 그 싸움을 철저히 하지 않으면, 연극영화과 4학년 졸업반 학생들의 대부분이 느끼듯이, 아직도 어떤 벽 안에 갇혀있어서 자신을 깨부수고 나오지 못하는 답답함에 시달리게 된다.

변신에서 유의할 점

변신과 관련해서 유의해야 할 점들이 있다. 바로 배우의 '안전'이다. 변신을 향한 치열한 열정은 높이 살 만한 것이지만, 그것이 배우 자신의 건강과 안전을 해하는 것이 되어서는 안 된다. 배우의 몸을 소중히 여기지 않는 현장이 많아서 배우를 학대하는 상황이 빈번하게 발생하고 있다. 배우 스스로가 자신의 몸을 소중히 여기지 않으면 아무도 배우의 몸을 소중히 여기지 않을 것이다. 몸을 사리지는 않되, 몸을 혹사시켜서도 안 될 일이다. <머시니스트>에서 크리스찬 베일이 보여준 변신은 분명 놀랍고 감탄스러운 것은 맞으나 결코 장려할 일은 아니다.

그리고 캐릭터로 변신하기 위해 현실의 삶에서도 캐릭터인 상태로 살아가는 배우들이 있다. 그런 배우를 메소드배우라고 착각하는 사람들이 있지만, 사실 그런 접근법은 메소드연기와는 아무 상관이 없는 것이다. 그런 배우들은 캐릭터를 완전히 체화하기 위해서, 혹은 캐릭터로 재탄생하기 위해서 캐릭터로 존재하고 살아가는 시간을 늘리려고 그렇게 할 것이다. 무대나 카메라 앞에서의 시간만으로는 부족하다고 느끼기 때문이다. 그러나 그렇다고 하더라도 현실과 무대를 혼동해서는 안 된다. 자신이 캐릭터가 되기 위해 극이 아니라 현실 속에 존재하는 사람들을 놀래키거나 불편하게 만들어서는 안 된다. 예술로서의 연기와 캐릭터는 극 속에서만 존재한다.

캐리커처 vs 입체적 캐릭터

굵은 선으로 캐릭터를 그려낼 수 있다. 굵은 선으로 그려내면 캐릭터의 특정한 특성들이 훨씬 더 선명하게 관객에게 인식될 것이다. 그러나 굵은 선으로만 캐릭터를 그려낸다면 캐릭터는 캐리커처에 불과할 위험이 따른다. 극에는 캐리커처로 그려내야 하는 캐릭터들이 있기는 하다. 그런 인물들은 2차원적인 인물이고 극에서 상대적으로 작은 역할을 한다. 그러나 중심적 역할을 하는 캐릭터들은 항상 입체적 인간이다. 굵은 선뿐만 아니라 미세한 선들이 필요하다. 입체적 인간을 구현하기 위해서는 그리는 선들이 신체적일 뿐만 아니라 심리적·정서적이어야 한다. 신체적 변형만으로 캐릭터가 되지 않는다. 몸의 변화에 상응하는 호흡과 소리의 변화, 보기의 변화, 인식의 변화, 사고의 변화, 심리와 정서의 변화, 말과 행동의 변화가 따르지 않는다면, 몸은 마네킹처럼 빈 껍데기에 지나지 않은 것이 되어버린다.

변화의 흐름

캐릭터를 만나 배우에게 일어나는 현격한 변화들은 관객에게 쉽게 인식되기에 그러한 변화를 보이는 배우들을 관객들은 연기를 잘한다고 생각하는 경향이 있다. 그러나 현격한 변화는, 예를 들어 바보 연기나 미친 연기에서와 같은 변화는 사실 상대적으로 연기하기 더 쉽고 수월하다. 바보 연기나 미친 연기를 하면 배우가 많이 달라 보여서 그것에 감탄하지만, 사실 연기적으로 봤을 때 그런 연기는 어떤 배우나 쉽게 일정 수준 이상으로 할 수 있는 것이다. 물론 바보 연기와 미친 연기도 최고 수준에서 연기하기에는 매우 어려운 것이 맞지만, 개인적으로는 바보 연기나 미친 연기에 연기상을 주는 것에 반대한다. 보기와는 다르게 연기하기 더 쉽기 때문이다.

보다 어려운 연기는 작품 전체에 걸쳐서 캐릭터에게 일어나는 미세한 변화들을 연기해내는 것이다. 중요한 캐릭터들은 극이 시작할 때와 극이 끝날 때 다른 사람이 되어 있고, 극은 내내 그 변화들을 이야기하고 있다. 심지어 하나의 장면이 시작될 때의 캐릭터와 장면이 끝날 때의 캐릭터는 다르다. 캐릭터에게 아무 변화가 일어나지 않았다면, 장면은 없었던 것이나 마찬가지이다. 시간의 흐름과 더불어 캐릭터가 자신의 길을 가며 길에서 마주치는 모든 것들을 겪고 이겨내며 변화하는 것, 그것이 사실 배우가 연기해야 하는 가장 중요한 변신이다. 영화 <대부> 1편에서 알 파치노가 연기한 마이클에게 일어난 변화가 대표적인 예일 것이다.

연기란 간단하게 말하면, 극 속 시간의 흐름 속에서 시시각각 매 순간 변화하는 일이다. 신체적으로만 변화하는 것에 그치는 것이 아니라 보기와 사고와 심리와 정서와 선택과 행동이 변화하는 일이다. 몸의 리듬과 심리적 리듬이 역동적이면서도 섬세하게 변화하는 일이다. 캐릭터의 구축이 변화가 일어나지 않는 콘크리트를 양생하는 일이 아니다. 살아있는 캐릭터로서 존재하고 산다는 것은 매 순간 삶을 살고 반응하고 변화하는 것이다. 고정되는 순간 생명과 삶은 사라진다.

변신과 Core

캐릭터들의 대부분은 core가 변하지는 않는다. 외연과 외연에 가까운 내연만이 변할 뿐이다. 극 안에서 core까지 변하는 캐릭터들은 그야말로 전혀 다른 사람이 된 것처럼 바뀌게 되고 그런 변화는 극심한 혼란과 고통을 수반하게 된다. 물을 60% 정도 채워 넣은 투명 생수병을 눕혀 놓고 병을 굴려보라. 바깥(외연)은 빠르게 회전하며 나아가지만, 병 안에 담긴 물은 거의 수평을 유지하는 것을 볼 수 있을 것이다. 생수병 자체가 찌그러지거나 파열되지 않는다면, 병 안에 든 물은 고정된 것은 아니지만 일정한 상태를 유지하게 된다. 캐릭터의 외연과 내연 그리고 core도 마찬가지 관계를 이룬다. 캐릭터들도 안에 든 core 자체가 파괴된다면 완전히 다른 캐릭터로 환생하듯이 변화할 것이다. 그러나 core 자체가 바뀌지는 않지만 외연과 외연에 가까운 내연에 변화가 일어나는 것, 그것이 극에서 대부분의 캐릭터에게 일어나는 변화이다.

core가 내연이 되고 그 내연이 그대로 외연이 된 캐릭터들의 경우에는 겉과 속이 일치하는 캐릭터이기 때문에 외적 변화와 내적 변화가 하나로 연결되어 있다. 그러나 외연이 core와 내연을 가리는 보호막이자 갑옷인 경우에 극은 극적 사건들을 통해 캐릭터가 보호막과 갑옷을 벗고 그

뒤에 숨어 있던 것들을 그대로 드러나게 한다. 그것이 드러나면서 캐릭터의 실체가 밝혀지거나, 캐릭터가 잃어버렸던 자신만의 빛과 색, 자아와 정체성을 되찾게 된다.

캐릭터의 core는 가장 깊은 곳에 숨겨져 있고, 배우는 대본에 외연으로 드러나는 신체적 특성들, 행동패턴, 언어의 선택, 언어패턴만으로 core를 엿보아야 하기에 파악하기 매우 어렵다. 설사 파악한다고 하더라도 캐릭터의 core를 배우 자신의 core와 어떻게 결합시킬 것이냐는 매우 어려운 문제가 남는다. 캐릭터의 **core**와 배우의 **core**는 합일을 위한 공통분모가 되어야 한다. 두 **core**가 결합했을 때 일어나는 놀라운 변화, 그것이 사실 배우의 변신에서 가장 중요하고 본질적인 변신이다.

광기狂氣, madness와 환골탈태

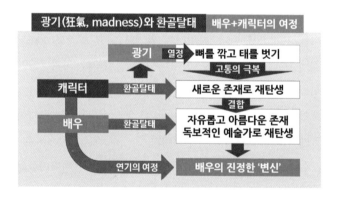

셰익스피어는 작품의 위대한 주인공들, 예를 들어 리어, 에드거, 햄릿, 오필리어, 맥베스, 맥베스 부인 등과 같은 캐릭터들을 '광기'에 휩싸이

게 한다. 광기는 지구에서 일어나는 '지진'이나 '화산 폭발'과 같은 지각 변동의 신호라고 할 수 있다. 광기는 캐릭터의 core에 어떤 변화가 일어나고 있는 조짐인 것이다. core의 변화는 보기의 변화, 지각과 인식의 변화, 그에 따라 사고의 변화, 정서의 변화로부터 시작된다. 그리고 그 변화는 캐릭터의 core에 엄청난 지각변동을 일으키고 캐릭터는 마침내 새로운 존재로서 다시 태어나게 된다. 그와 같은 변화의 과정을 겪는 대표적 캐릭터가 리어, 에드거, 그리고 햄릿과 오필리어이다. 셰익스피어는 인간에게 근본적인 변화가 일어나기 위해서는, 제대로 자기 자신과 타인과 세상과 삶을 볼 수 있기 위해서는 영혼이 흔들리는 경험을 반드시 겪어야 한다고 말하는 듯하다. 그야말로 '**환골탈태**'(換骨奪胎)의 경험을 중요한 캐릭터들은 극 속에서 하게 되는 것이다. 배우가 되어가는 과정, 배우가 예술가가 되어가는 과정도 캐릭터의 여정과 똑같이 환골탈태의 여정이어야 한다. 뼈를 바꾸고 태를 벗어내면서 자유롭고 아름다운 배우로, 독보적인 예술가로 다시 태어나야 한다. 그것이 배우의 진정한 변신이다.

아우라^aura, 바이브^vibe, 카리스마^charisma

배우·캐릭터에게서 발산되는 보이지 않는 기운을 '**아우라**'(aura)라고 한다. 그리고 아우라는 '**바이브**'(vibe)를 형성한다. 억지로 표현하려는 시도를 전혀 하지 않는데도 불구하고 배우·캐릭터가 가진 기운·분위기·정서 등이 타인(상대 캐릭터와 관객)에게까지 고스란히 전해져 올 때 우리는 그 배우·캐릭터가 '바이브'를 가지고 있다고 말한다. 바이브가 '진동'(vibration), 즉 '소리'를 만들어낸다. 그리고 그 바이브가 사람들을 설득하거나 감복시키는 강력하고 특별한 힘이나 매력을 가질 때 우리는 그것을 '**카리스마**'(charisma)라고 부른다. 배우·캐릭터에게서 흘러나오는 이 기운은 눈에 보이지 않지만 관객이 분명 느낄 수 있는 실체이다. 눈에 보이지 않는 것이기에 배우가 거짓으로 꾸밀 수 있는 것은 더더욱 아니다. 이 기운은 배우·캐릭터의 core에서 나오는 기운이다. 살아있는 배우·캐릭터의 생명력, 영혼, 정신력, 내면의 힘, 기상·기개·지조, 넓고 깊은 마음이 숨을 통해 막힘없이 배우·캐릭터의 온몸에 흐를 때에만 세상과 타인을 향해 뻗어 나오게 된다.

모든 기운은 눈을 통해서 드러나기 때문에 우리는 배우가 정말로 캐릭터가 되었는지를 배우·캐릭터의 눈빛과 전해지는 아우라와 바이브로 판단할 수 있다. 대개 기운이 약한 배우는 좋은 배우가 되지 못하는 이유가 여기에 있다. 한 명의 배우·캐릭터는 최소한 백 명의 관객을 압도할 수 있는 아우라와 바이브를 가져야 한다. 연기는 core에서부터 시작되는 그 기운을 관객에게 나눠주는 일이다. 나눠줄 기운이 없거나 모자란 자는 배우가 될 수 없다. 기운이 약한 캐릭터는 사실 캐릭터가 아니다.

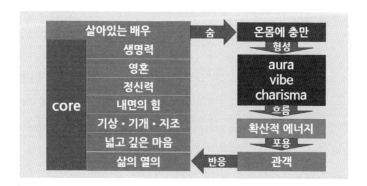

장애^{handicap}

극적 행동을 상상함에 있어 '장애'(obstacle)가 중요한 조건값이 되는 것처럼, 변신에 있어서 캐릭터가 가진 '장애'(handicap)가 연기적 상상의 조건값이 된다. 모든 인간은 정도의 차이는 있으나 신체적·정신적·정서적 제약과 한계와 장애를 가지고 있다. 대표적인 캐릭터가 리처드 3세이다. 리처드 3세가 가진 신체적 장애는 정신적 불구와 하나로 연결되어 몸 밖으로 드러난 것이다. 무작정 변신을 하려고 하면 막연한 상태로 헛된 시도만 일삼게 될 위험이 있다. 변신도 상상이기 때문에 상상의 조건값을 구체적으로 마련할수록 상상의 나래가 더 잘 펼쳐지기 마련이다. 캐릭터가 가진 신체적·정신적·정서적 장애는 변신을 향한 상상의 좋은 출발점과 토대를 제공한다. 장애 등급으로 분류된 장애만 장애인 것이 아니다.

동물훈련

배우들의 변신을 위한 좋은 훈련은 동물훈련이다. 어설픈 동물 흉내를 말하는 것이 아니다. 동물의 몸을 세밀하고 정확하게 관찰하고 그것을 나의 몸으로 가져와서 구현하는 훈련, 동물의 몸을 내 몸으로 가져와서 나의 호흡과 에너지의 흐름과 리듬이 바뀌게 하는 훈련, 그로부터 완전히 몸을 다르게 쓰는 훈련, 그리고 그렇게 달라진 몸으로 동물이 하는 모든 습성과 행동들을 해보는 훈련은 배우로 하여금 익숙하고 편안한 몸쓰기에서 완전히 벗어나게 해주며, 동물이 가진 에너지가 배우가 가지고 태어났으나 문명사회를 살아가면서 한없이 약화되어버린 원초적 생명력을 일깨

위준다. 동물훈련을 거듭하면서 그런 생명력이 일깨워지고 나면 배우는 가슴 벅찰 정도로 자유로워지는 자신을 발견하게 될 것이다.

그렇게 동물훈련을 해보면 배우는 깨닫게 된다. 근육 하나라도 자신이 원래 사용하던 대로 사용하지 않고 다르게 사용하는 것이 얼마나 어렵고 힘든 일인지 알게 된다. 다른 존재처럼 몸을 사용하는 것이 얼마나 고통스러운가를 알게 된다. 그리고 살면서 얼마나 자신의 몸을 한정적으로만 사용해 왔는지도 깨닫게 된다. 그 깨달음은 배우로 하여금 타인과 캐릭터의 몸을 함부로 허투루 상상하지 않게 한다. 정교한 관찰에 바탕한 철저한 감각적·신체적 상상이 '살아 꿈틀대면서도 독보적인 존재'로서 캐릭터를 창조하는 길임을 믿게 된다. 그것이 리 스트라스버그가 메소드 연기훈련에서 동물훈련을 그렇게 강조한 이유이다. 동물로서 몸을 쓴다는 것은 배우의 몸 쓰기를 가장 과격하게 변화시킨다. 가장 과격한 몸 쓰기를 해내고 나면, 배우는 어떤 몸 쓰기에도 두려움을 덜 느끼게 되고 자신감을 갖게 된다. 배우가 하는 모든 것은 자신감이 있어서 하는 것이 아니라 하면서, 해내면서 자신감이 생겨나는 것이다.

세상 모든 사람들이 배우의 교과서다

배우는 자신의 모든 것을 바쳐서 인간을 구현하는 예술가이다. 배우의 변신은 자기 자신을 타인과 결합시킨 결과이어야 한다. 그러기 위해서 배우는 변신을 위한 원형(元型)과 상상의 재료를 세상을 살아가는 사람들로부터 가져와야 한다. 삶의 시간을 살아오고 생생하게 삶의 순간을 살아가고 있는 사람들을 캐릭터 창조의 기반으로 삼아야 한다. 가장 생생하고 아름다운 캐릭터들은 배우 자신과 타인이 둘을 구분할 수 없을 정도로 결합하고 융합되었을 때 태어난다. 그런 관점에서 배우의 가장 좋은 교과서는 세상을 살아가는 사람들이다. 다른 사람들에게 관심이 없는 자, 타인을 편견과 선입관 없이 따뜻한 시선으로 바라볼 수 있는 인간애가 없는 자는 좋은 배우가 될 수 없다. 자기 자신만이 중요하다면 연기 말고 다른 예술을 찾아보기를 권한다. 배우의 변신은 타인을 보고 듣는 것에서 시작되는 것이다.

매체와 장르와 스타일에 따른 변화

배우의 변신에서 더 중요한 문제는 변신 자체보다는 작품의 장르와 스타일에 따른 변화, 그리고 매체에 따른 연기 조정의 문제이다. 연기는 극 속에서만 존재하고 모든 극은 장르와 스타일을 가지고 있다. 다양한 작품에서 연기를 할 수 있다는 것은 극이 요구하는 특정한 장르와 스타일 안에서 연기할 수 있다는 것을 의미한다. 장르와 스타일이 달라짐에 따라 연기가 달라져야 하고 캐릭터의 구축도 달라져야 하는 것이다.

비극에 나오는 캐릭터와 멜로드라마에 나오는 캐릭터는 캐릭터 자체가 다르고 따라서 연기의 접근도 달라야 한다. 코미디도 슬랩스틱 코미디, 시추에이션 코미디, 풍자, 풍속희극(comedy of manners), 로맨틱 코미디, 블랙 코미디, 패러디와 같은 많은 세부 장르가 있고 그에 따라 연기가 달라져야 한다. 희비극(tragi-comedy)처럼 비극과 희극이 하나로 결합된 연극은 또 다른 장르적 감각을 요구한다. 연극의 장르는 영화나 TV드라마에는 없는 서사극, 잔혹연극, 신체연극, 움직임연극, 이미지연극 그리고 매우 다양한 실험연극이 존재한다. 각 장르는 과격할 정도로 다른 연기를 배우들에게 요구한다. 연극의 하위 장르인 뮤지컬도 쇼뮤지컬, 북뮤지컬, 컨셉뮤지컬, 댄스뮤지컬, 락뮤지컬 등의 세부 장르가 있고 각기 다른 연기를 요구한다. 영화는 장르의 예술이라 불러도 과언이 아닐 정도로 뚜렷한 특성을 가진 장르들이 존재한다. 액션, 스릴러, 공포, SF, 판타지, 모험, 미스터리, 멜로, 에로, 누아르, 컬트, 고어, 전쟁, 재난 등등의 영화 장르는 각기 다른 연기적 감각과 표현을 배우에게 요구한다. 그런데 배우들은 이 부분에 대해서 어떠한 준비도 하지 않고 평범한 드라마 연기에만 몰두하는 경향이 있다. 매체와 장르와 스타일을 고려하지 않고 캐릭터의 변신만을 생각한다. 연기는 매체·장르·스타일에 따른 변화가 캐릭터로의 변신보다 우선한다.

예전에는 매체별로 배우들이 분리되어 있었다. 때로는 서로를 적대시하는 분위기까지 있었다. 그러나 이제는 배우가 매체를 넘나들며 연기하는 시대로 바뀌었다. 배우는 매체의 특성에 맞춰 자신의 연기를 유연하게 변화시킬 수 있어야 한다. "로코의 여왕", "멜로의 여왕", "액션 히어로"라는 표현처럼, 특정 장르에서 두각을 나타내는 배우가 있다. 분명 특정 장르의 연기를 특기로 삼기 위한 노력이 필요하다. 그러면서도 배우는 연기의 폭을 넓히기 위해 다양한 장르에 대한 감각을 키워가야 하고 장르와 스타일의 변화에 따른 연기적 유연성을 길러야 한다. 장르와 스타일에 대한 감각은 책으로 공부해서 기를 수 있는 것이 아니다. 각 장르와 스타일을 대표하는 좋은 극들을 직접 보면서 감각을 길러야 한다. 그리고 연극·영화에 국한되지 않고 다양한 예술들을 접하면서 예술적 감각을 키워야 한다. 전통예술과 최신 첨단예술들 둘 다를 살펴야 한다. '지금'의 예술은 늘 전통을 거부하거나 새롭게 수용하면서 생겨난다. 전통은 늘 재해석되어야 하는 원형(原形)이다. 그러나 '지금 이곳'에 맞춰 재탄생하고 탈바꿈하지 않는다면 그것은 죽은 예술이고 박물관에나 전시되는 것이 맞을 것이다. 물론 재해석이 가능하려면 원형이 원형 그대로 유지되는 것도 중요하다. 원형을 그대로 보존하는 예술가들은 늘 존경의 대상이다.

그럼에도 불구하고 **예술적 감각은 늘 앞서가야 하는 감각이다**. 정체되거나 뒤처지면 예술적 감각이라고 할 수 없다. 그리고 감각은 늘 **예술적 세련됨**을 향해 나아가야 한다. 겉으로 투박한 스타일의 작품조차도 그 안에 깃든 세련됨이 필요하다.

연기는 화학化學이다

화학(化學)은 "모든 물질의 조성(組成)과 성질 및 이들 상호 간의 작용을 연구하는 자연 과학의 한 부문"이다. 배우가 대본 속 캐릭터를 만나서 극적 인간상을 창조하는 일도 화학 작용과 다름없다. 배우의 변신은 바로 그 화학 작용의 결과인 것이다. 세상에 존재하는 모든 생명체와 사물들이 원소와 원소가 만나 분자를 이루어 존재하듯이, 극적 인간상으로서의 캐릭터는 배우라는 원소가 대본 속 캐릭터라는 다른 원소를 만나서 결합한 결과 태어난 분자와 같은 것이다. 이 결합은 물리적 결합에 그치지 않고 반드시 화학적 결합까지 나아가야 비로소 극적 인간상으로서의 캐릭터를 탄생시킨다.

화학적 결합이 원활히 일어나기 위해서 배우는 '순수한 나' 혹은 '투명한 나'로서 존재해야 한다. 피나는 배우훈련을 통해서 그런 나를 되찾은 배우에게만 진정한 변신이 일어난다. 원소로서의 배우는 대본 속 캐릭터뿐만 아니라 세상 속에 삶을 살아가는 타인들을 자신의 몸으로 가져와 결합하기도 하고, 심지어 동물이나 사물과 결합하기도 한다. **연기란 내 안과 밖을 하나로 섞고 연결하는 일이며**, 나와 세상·삶·타인·동식물·사물을 섞는 일이다. 음양오행설로 설명한다면, 나 자신이 음(-)이라면 내 몸과 마음으로 가져와서 결합하는 모든 것들이 양(+)이 되고 음양이 하나로 결합함으로써 태극이 된다. 그리고 그 결합은 **생명력과 상상력, 인간애, 열정과 용기**의 오행으로 촉진된다. 관객이 보고 만나는 캐릭터는 바로 그와 같은 결합을 도모한 배우의 '화신'(化身)인 것이다.

화학적 결합의 결과로 가시적인 캐릭터가 태어났다고 해서 거기서 연기가 끝나는 것이 아니다. 이제 극 속에 존재하는 모든 상대와 대상들과 다시 물리적·화학적으로 결합하는 일이 남아있다. 그 결합까지 온전히 이뤄냈을 때 배우는 비로소 자신의 연기와 변신을 완성한 예술가가 된다.

자율신경계 vs 비자율신경계

인간의 몸은 자율신경계에 속한 부분과 비자율신경계에 속한 부분으로 나뉜다. 비자율신경계는 인간의 의지에 따라 조절과 통제가 가능하지만, 자율신경계는 대뇌의 지배에서 비교적 독립하여 인간의 의지와 상관없이 자율적으로 작용한다. 비자율신경계는 의식적 행동과 반응, 의식적 노력에 의한 표현을 가능하게 한다. 자율신경계는 무의식적 행동과 반응을 보인다. 우리 몸에서 우리의 의지와 상관없이 스스로 움직이는 부분이 있다는 것은 극에 적합한 캐릭터들로 자유롭게 변신해야 하는 배우들을 큰 딜레마에 빠뜨린다. 즉, 내가 내 몸에서 내 의지대로 움직일 수 없는 부분들을 어떻게 극과 캐릭터에게 적합하게 할 수 있느냐는 문제이다. 이 문제의 해결은 거의 불가능해 보인다. 그렇다고 비자율신경계에 속한 부분만 통제해서 캐릭터를 창조한다면 그 캐릭터는 껍데기에 불과할 뿐일 것이다. 몸에서 가장 중요한 부분들이 캐릭터가 되지 못했는데, 어떻게 캐릭터가 되었다고 우길 수 있겠는가?

해결을 위한 한 가지 실마리는 있다. 자율신경계는 오직 진정한 상상에만 반응한다는 사실이다. 즉, 우리가 정말로 상상하고 정말로 믿고 정말로 원한다면, 그것을 할 수 있도록 몸이 스스로 알아서 움직인다는 것이다. 예를 들어, 우리가 정말로 무언가를 말하고 싶어 하면 몸은 우리가 그것을 말할 수 있도록 알아서 숨을 쉰다는 것이다. 우리는 그냥 말을 정말로 하고자 하면 된다. 언제 숨을 쉬고 얼마나 숨을 마셔야 하는지 생각할 필요가 없다. 몸이 꼭 필요한 만큼의 숨을 제때 쉴 것이다. 하지만 자율신경계는 거짓된 상상과 믿음에는 절대 반응하지 않는다.

연기를 하면서 배우는 이 원리를 믿고 깨우쳐야 한다. 그래야 온전히 캐릭터가 되는 데에 필요한 부분들을 자율신경계가 나름대로 해낼 것이기 때문이다. 배우는 훈련을 통해 비자율신경계의 의식적 간섭에서 벗어나 자율신경계가 스스로 알아서 반응하고 표현하도록 내버려두어야 한다. 그것이 진정으로 상상하고 반응하며 살아 존재하는 캐릭터를 연기할 수 있는 길로 향하는 것이다. 의식적 노력에 의한 표현을 하려면 1만 시간 이상의 반복 연습만이 진정한 통제를 가능하게 한다. 하지만 의식적인 분석과 계획에만 의존해서는 자율신경계를 움직일 수 없다. 통제는 두려움의 작용이다. 자유는 '놓아버림'(letting it go)에 있다.

자연적인 것 vs 자연스러운 것

연기는 자연스러워야 한다. 그래서 좋은 연기를 하기 위해서는 '연기'하지 않는 법부터 배워야 한다. 하지만 훈련이 되어있지 않은 배우에게 '자연스럽다'라는 것은 '하던 대로', '습관대로' 할 때 드는 매우 주관적인 느낌이다. 습관은 변화무쌍해야 할 배우를 늘 하나로 고정시키고 헤어 나올 수 없는 매너리즘에 빠지게 한다. 삶에서는 자신의 생각과 느낌을 있는 그대로 표현할 수 없어서 소리 내지 않고 몸에 힘을 주게 된다. 연기할 때에도 그렇게 하면서 '자연스럽다'라고 생각하는 것은 훈련되지 않은 배우의 '착각'이다. 배우는 자연스러운 것이 아니라 '자연적인 것'을 추구해야 한다.

우리가 타고난 자연적인 몸과 자연적 능력은 문명사회 속의 현실을 살아가면서 왜소화되어 왜곡되고 퇴화된다. 그런 왜소화된 상태로는 자유로운 변신이 일어나지 않는다. 지속적인 훈련을 통해 상상의 억압, 신체와 소리의 제한적 사용에서 벗어났을 때, 비로소 배우는 진정한 자연스러움이 무엇인지 알고 표현할 수 있게 되고, 또한 자유자재로 변신할 수 있게 된다. 살아온 세월만큼 몸과 마음과 정신에 견고하게 쌓인 습관을 제거하는 일은 오랜 훈련을 요한다. 신체 표현을 중시하는 모든 연기법들은 배우의 몸과 마음을 닫고 막히고 잠기게 하는 습관을 제거하고자 한다. 사고의 습관, 상상의 습관, 정서적 습관, 언어적 습관을 벗어나는 것은 훨씬 더 정교한 훈련을 요한다. 훈련을 통해 자연적인 몸을 회복하고 자유로운 상상과 그에 부합하는 소리를 가져야 한다. 그렇게 한다면 배우는 예술로서의 연기가 요하는 소리의 음악성, 신체의 역동적 조형성, 표현의 아름다움을 구현할 수 있는 존재가 될 것이다. 중립상태에 도달한 훈련된 배우에게 '자연적인 것'과 '자연스러운 것'은 같은 것이 되고 하나가 된다. 그러나 훈련되지 않은 배우에게 '자연스럽다'는 습관과 매너리즘에 불과하다.

과잉연기^{overplay} vs 소극적 연기^{underplay}

자연스러움의 문제는 과잉연기와 소극적 연기의 문제로 연결된다. 지나친 표현과 억지표현, 그리고 반대로 위축된 표현과 부족한 표현의 문제를 일으킨다. 많은 배우들은 현실의 삶에서보다 표현을 더 하게 될 때 흔히 "오버"한다고 생각하는 경향이 있다. 그러나 사실 현실의 삶에서 우리는 우리가 가진 생각과 느낌들을 '온전한 크기'로 표현하지 못하고 살기 때문에 **표현을 하지 않거나 소극적으로만 표현하는 데에** 익숙하다. 현실에서 우리는 'overplay'가 아니라 **'underplay'**에 능하다. 소리도 몸도 '작은' 표현에만 능하고 익숙하다. 그것에 따라 상상도 작아지고 열정도 작아진다. 자신의 생각과 느낌을 그 온전한 크기에 걸맞게 표현하고자 하는 것은 결코 '오버'가 아니다. 오히려 배우들이 하는 대부분의 연기적 시도는 과해서 문제가 되기보다는 덜 해서 문제가 된다. 자신의 생각과 느낌을 온전하게 표현해 본 적이 없기 때문에, 대체 어느 정도까지 표현을 해야 정말로 '과한' 것인지 **해보기 전까지는 알 수 없다.**

소극적 연기는 심리적 위축 상태에서 두려움이 작용한 결과이다. 자의식에 휩싸여 연기적으로 집중해야 할 것 대신에 '다른 것'에 신경을 쓰는 상태이다. 한 번도 해보지 않은 것을 하려고 할 때 자신이 과연 어떻게 될지 모르기 때문에 그것을 두려워하는 상태인 것이다. 익숙한 대로,

편안한 대로, 하던 대로, 습관대로 하는 것을 '자연스러움'이라고 착각하는 것이다. 심리적으로 위축되어 있기 때문에, 의외로 과잉연기보다 벗어나기 더 어려울 수도 있다. 자신의 생각과 느낌을 소리와 몸짓으로 200% 표현하려고 시도해야 한다. 그래야 표현이 100%에 가까운 상태에 도달할 수 있다. 처음부터 100%만 하려고 하면 20~40%를 하는 데에 그치고 말 것이다.

　과잉된 연기는 자기 자신을 숨기려는 무의식적 심리적 태도에서 기인한다. 연기를 하기 전에 자신의 생각과 느낌을 '정직하게' 표현하는 훈련부터 착실하게 하면서 과잉연기의 습관에서 벗어날 수 있다. 자신을 숨긴 채로 다른 것을 억지로 표현하려고 '가장'하면서 '~인 척'하기 위해 소리와 몸에 힘을 주어 표현하려고 하면서 과잉연기의 습관이 들게 된다. 과잉연기의 태도는 막연한 생각에 캐릭터가 되기 위해서는 '자기 자신을 버려야 한다'는 잘못된 인식이 낳은 결과이기도 하다. 버려야 하는 것은 자신의 습관과 두려움이지, 자신의 기억과 인생 경험, 생각과 상상, 살아 있는 몸과 마음은 연기에 있어 배우가 가진 가장 소중한 자산이다.

　과잉연기는 '기계적인 암기된 연기'와 동의어이기도 하다. 결과를 낳는 원인을 상상하는 대신에, 결과 자체를 모방하려고 하고 인위적으로 만들어내려고 한다. 우리는 그것을 기계적인 연기, 암기된 연기, 인위적인 연기라고 부른다. 그리고 그런 연기는 거의 항상 진부한 연기, 상투적인 연기가 된다. 그런 연기는 예술의 적이다. 과잉연기에서 벗어나기 위해서는 살아있는 인간에게는, 그리고 살아있는 인간들 사이에는 끊임없이 무슨 일이 일어나는지를 이해하려고 노력하여야 한다. 상대를 정말로 보고 듣고 그것에 '반응'하는 연기를 해야 한다. 과잉연기는 반응하지 않고 자기가 하고자 하는 것을 자기가 계획한 대로만 하려고 든다.

연기의 목적

보여주는 것이 아니라 나눠주는 것이다

픽사의 애니메이션 영화 <소울>(*Soul*)은 '삶의 목적'에 대해서 생각해보게 하는 영화이다. 삶에서 우리는 우리가 무엇을 좋아하고 잘하느냐에 집착하기 쉽지만, 사실 삶은 자신의 재능을 발견하기 위한 여정이 아니다. 그 재능으로 '무엇을 하는가', '무엇을 위해 그 재능을 발휘하는가'(목적)로 삶은 유의미한 것이 된다. 삶의 목적을 성취하는 것이 궁극적인 '자기실현'인 것이다.

연기를 한다는 것을 관객들에게 구경거리를 제공하는 것처럼 생각하는 배우들이 있는데, 참으로 그릇된 생각이다. 연기는, 그것이 무엇이 되었든, 관객에게 보여주기 위한 것이 아니다. 관객에게 '나눠주기 위한 것'이다. 그렇기 때문에 배우는 관객에게 진정으로 나누어줄 거리를 가지고 있어야 한다. 그리고 그것을 연기에 담아야 한다. 그것은 결국 '**진짜 삶**'과 '**살아있는 인간의 모든 경험**'이다. 배우는 관객을 자신만의 상상의 세계로 초대하고 자신의 생명과 사랑을 관객에게 나누는 존재이다. 그러면서 배우＋캐릭터는 관객에게 고백한다.

> "저는 제가 ~한 사람인 줄 알았습니다.
> 그런데 알고 보니 사실 저는 …한 사람이었습니다."

> "저는 제가 살고 있는 세상이 ~한 세상인 줄 알았습니다.
> 그런데 알고 보니 사실 이 세상은 …한 세상이었습니다."

> "저는 삶이 ~한 것인 줄 알았습니다.
> 그런데 알고 보니 사실 삶은 …한 것이었습니다."

> "저는 사랑이 ~한 것인 줄 알았습니다.
> 그런데 알고 보니 사실 사랑은 …한 것이었습니다."

이 말을 하기 위해 배우는 관객 앞에 '발가벗겨진 존재'가 아니라 '스스로 발가벗은 존재이자 자기희생의 예술가'로 우뚝 선 것이다. 어쩌면 보통 사람의 눈에 그것은 '미친 짓'으로 보일지도 모른다. 하지만 연기는 사랑처럼 미치는 일이다. 미친 듯이 하지 않고 배우가 캐릭터에 이를 수는 없다. 끝 간 데 없이 가보지 않고 캐릭터에 도달할 수 없다. 캐릭터에 도달하지 않고 다음 질문을 관객에게 할 수 없다. 극의 끝에서 배우＋캐릭터는 관객에게 이렇게 묻는다.

> "여러분은 어떠신가요?"

관객의 존재 없이 연기는 존재하지 않는다. **연기의 모든 순간은 관객의 지각과 인식 그리고 관점의 변화를 위한 것이다.** 연기의 순간에 배우가 하는 모든 것이 관객에게 보이고 들려야 하는 것은 맞지만, 애초에 배우는 목격되기 위해서가 아니라 나누어줄 거리가 있어서 관객 앞에 기꺼이 나선 것이다. 배우는 혼자서도 백 명의 관객에게 나누어주기에 부족함이 없는 기운(에너지)과 이야기를 가지고 있어야 한다. 배우는 인간의 대표선수이면서 또한 일당백의 거대한 존재이다.

지은이 김준삼

배우, 연출가, 액팅코치

경 력 현 한국예술종합학교 연극원 연기과 강사
현 세종대학교 영화예술학과 강사
현 극단 블루바이씨클프러덕션 대표
현 메소드연기워크샵 대표
경희대학교 연극영화학과 객원교수, 성균관대학교 연기예술학과 겸임교수, 서강대학교 영상대
학원 겸임교수, 국민대학교 연극영화학과 강사 역임

학 력 뉴욕 Actors Studio Drama School 연기 전공 석사(M.F.A.)
뉴욕 The Lee Strasberg Theater & Film Institute 메소드연기과정(3년) 수료
고려대학교 대학원 영어영문학과 미국문학 전공 석사
고려대학교 문과대학 영어영문학과 졸업

출연작 〈정글〉(2021), 〈의자 고치는 여인〉(2020), 〈벤트〉(2019, 2018, 2015), 〈햄릿: 여자의 아들〉
(2014), 〈이혈〉(2018), 〈비극의 일인자〉(2016) 외

연출작 〈5필리어〉(2018), 〈스탑 키스〉(2015, 2009), 〈꽃샘 추위〉(2011), 〈실비아〉(2010), 〈나처럼
해봐〉(2008) 외

저 서 『배우, 시간여행자』(2019), 『배우적 상상력으로 희곡 읽기』(2019), 『메소드연기로 가는 길』
(2008)

논 문 「이미지, 상상 그리고 반응」, 『한국연극학』(2014) ─ 신진우수논문상 수상

수 상 제3회 셰익스피어어워즈 연기상 ─ 클로디어스 역, 〈햄릿: 여자의 아들〉

연기와 예술 그리고 인생

초판1쇄 발행일 • 2022년 8월 31일
지은이 • 김준삼 / 발행인 • 이성모 / 발행처 • 도서출판 동인
주소 • 서울시 종로구 혜화로3길 5 118호 / 등록 • 제1-1599호
Tel • (02) 765-7145~55 / Fax • (02) 765-7165 / E-mail • dongin60@chol.com

ISBN 978-89-5506-868-9   정가 26,000원